松山高商・経専の歴史と三人の校長

―加藤彰廉・渡部善次郎・田中忠夫―

目次

序論

学校法人松山大学及び松山大学の前身・財団法人松山高等商業学校及び松山高等商業学校は、大正一二（一九二三）年二月二二日、文部省により設立許可の認可を受け、二月二四日にその旨告示を受けた。そして、三月三日に第一回理事会を開き、役員を選任し、加藤彰廉（以下、彰廉と略す）を専務理事及び校長に推挙した。そして、財団法人の登記申請を行ない、三月一三日に登記が完了し、四月二五日に開校した。学校設立に当たって多大の尽力をしたのは、加藤恒忠（拓川）、彰廉、そして新田長次郎（温山）である。さらに、この三恩人だけでなく、愛媛・松山の教育界、経済界、政治家も応援し、紆余曲折を経ながら誕生したのである。

これまで、松山大学の校史『松山商科大学三十年史』（田中忠夫編、昭和二八年、以下『三十年史』と略す）、『松山商科大学五十年史』（作道好男、江藤武人編、財界評論社、教育調査会校史編纂室、昭和四九年、以下『五十年史』と略す）において、また、井上要の『北予中学　松山高商　楽屋ばなし』（昭和八年一一月、以下『楽屋ばなし』と略す）、星野通編の『加藤彰廉先生』（加藤彰廉先生記念事業会、昭和一二年、以下、『彰廉先生』と略す）などにおいて、学校創立時のことが書かれているが、なお未解明な諸点が残っており、また、間違いもある。

例えば、加藤拓川が新田長次郎に三回にわたり寄附を依頼したが、その日時が明らかにされていない。また、松山高商創立について、彰廉が加藤拓川に提案したと松山大学のホームページ等で述べられているが、事実は逆でないのか、さらに、『三十年史』『五十年史』において、松山高商設立申請日と認可日について間違い、混乱がみられること、さらにまた、新田長次郎の松山高商創設資金額について、彰廉校長は大正一三年一〇月一〇日の開校式の式辞において四八万円と述べているが、その内訳がなお不明なこと、等々である。

松山高等商業学校創立の研究においては、最大の寄附者である新田長次郎が残した新田文書を調べなければ、新しい事実・真実はなかなか判明しないであろう。奈良のニッタ株式会社に新田文書があることが判明しているが、その文書開示は新田家の協力を得なければ困難であり、それはまだ出来ていない。また、長次郎研究も板東富夫編『回顧七十有七年』（昭和一〇年）にとどまっており、不十分である。また、学校創立のキーマンである加藤拓川の研究も、松山大学以外の人たちの研究成果がいくつかあるが（島津豊幸『加藤拓川伝―ある外交官市長の生涯―』愛媛県教育委員会「愛媛の先覚者」叢書第四巻、一九六六年）、成沢栄寿『伊藤博文を激怒させた硬骨の外交官　加藤拓川』高文研、二〇一二年）、本学の研究者の手による本格的研究はない。そして、これまでの校史では、拓川が残した日記もなぜか使用していない。

初代校長に就任する彰廉の研究については、既に、彰廉の死後、当時の本校教員の手による星野通編『彰廉先生』が刊行されているが、その後、大淵利男「明治期における加藤彰廉の財政論について」（日本大学『政経研究』第二三巻第一号、一九八六年）が彰廉の経済学・財政論を考察し、三好信浩『日本商業教育発達史の研究』（風間書房、二〇一二年）が、代表的商業教育家一〇人の一人として彰廉を紹介しているぐらいで、深められた研究がほとんどなされていないのが現状である。

彰廉研究の決定本は、星野通編『彰廉先生』である。同書は、幼少の頃、大阪遊学時代、東京大学時代、官僚時代、山口高等中学校時代、広島尋常中学校長時代、大阪商業学校時代、大阪高等商業学校時代、代議士時代、北予中学校長時代、松山高等商業学校長時代、終焉前後、と多岐にわたる生涯を追想録・追想談も交えながら、生き生きと叙述した好著であるが、現時点では、同書にもいくつかの点で一種の限界、問題点がある。例えば、まず、東京大学時代の彰廉について、不正確・不十分さが見られる。すなわち、大学時代の彰廉の勉学面のことがほとんど述べられていないし、また、東京大学への編入年月に間違いがある。ついで、文部省・大蔵省の官吏時代についてはわずか七行にすぎず、また、この時期、専修学校（専修大学の前身）で理財学（経済学）を講義したことが一切述べられていない。総じて、彰廉の大学時代とその後の就職期に、彰廉が何を学び、何を研究したのかが全く欠落している。

その後、彰廉は大蔵官吏をやめ、明治二一年に山口高等中学校へ赴任するが、その赴任期日が不明であり、また、二六年に同校で生徒のストライキ事件が発生するが、それも十分に解明されていない。その後、彰廉は広島尋常中学校長をへて、商都大阪に行き、市立大阪商業学校、大阪高等商業学校の教授、校長を二〇年近く務めるが、この時代の彰廉の残した文章の探索がなされておらず、その思想、商業教育論、経済学にかんする考え等の考察が不十分である。また、彰廉は、大正四年二月一五日に大阪高等商業学校長を辞任するが、その辞任理由が具体的に解明されていない。

そして、人生最後の仕上げである松山高等商業学校時代に関しても不正確さが見られる。編者である星野通らの学校であるにもかかわらず、松山高商の設立経緯についての史実確認が十分なされておらず、また、松山高商の文部省への「設立申請日」（大正一一年一一月二六日）を文部省の「認可日」と誤認していたり（なお、認可日は大正一二年二月二二日）、さらにまた、第一回卒業式（大正一五年三月八日）に彰廉校長が校訓「三実主義」（実用・忠実・真実）を発表したにもかかわらず、その記述、説明を全く欠落しているなど、いくつかの不備、欠陥が見受けられるのである。

彰廉が昭和八（一九三三）年九月一八日に亡くなり、第二代目校長に就任したのが教頭職を勤めていた渡部善次郎（以下、善次郎と略す）である。しかし、善次郎については、その研究や伝記はなく、経歴も不正確である。例えば、生年月日も種々説があり、松山高商二代目校長に就任した期日もこれまでの校史では昭和八年一一月一八日とされているが、正確には一〇月二六日であること、また、彰廉校長の死去後の校長選びにおいて、時の井上要理事が主導して、脳溢血で言語障害があり、すでに退職していた善次郎を二代目校長に強引に選出したこと、さらに不幸な渡部校長拉致事件が九年五月二三日に起き、学校の社会的評価を著しく下げたため、教授会側からの善次郎評価は大変低く、今や忘れ去られた存在となっているなど、この二代目の善次郎校長については、確かに晩年の時期の負の面はあるが、それ以前は正当に評価し、光をあてて復権することも必要かと思う。

善次郎が校長職を昭和九（一九三四）年五月三〇日に辞任した後、第三代目校長に就任したのが三六歳の若き青年教授田中忠夫で、同九年一〇月六日から昭和二二（一九四七）年二月二〇日まで、一二年余にわたり校長を勤め、学校の評価を回復、高め、「中興の祖」といわれている。そして、田中忠夫は、自ら昭和二八年に『松山商科大学三十年史』を編纂し、自己の時代も評価した。『三十年史』

は校史の決定版であるが、誤植が多いのみならず、いくつかの事実誤認や探究不足が見受けられる。また、昭和六一（一九八六）年には、本学の教員（稲生晴、神森智氏等）の編纂になる『田中忠夫先生』（松山商科大学、昭和六一年）が出版され、田中忠夫の伝記ならびに稲生氏による田中校長時代の学校経営が解説されている。

本書では、私立松山高等商業学校の創立時及び開校以降の高商・経専時代（初代加藤彰廉校長、二代目渡部善次郎校長、三代目田中忠夫校長）について、現時点での種々の資料や地元新聞である『海南新聞』や学生新聞である『松山高商新聞』、校則改正の申請文書、本学教員の回想、卒業生の回想等をつきあわせながら、正確な史実をたどり、これまでの校史の未解明な諸点を解明し、また種々の史実の間違いを正すことにする。特に、初代校長の彰廉の生涯については正確さを期し、その功績を改めて評価し、善次郎については復権を行ない、田中忠夫については学校躍進の貢献者であるとともに、戦時下の校長でもあり、負の側面も含めて冷静に考察せんとするものである。なお、戦後の伊藤校長については、学園機能回復者として触れることにしたい。

第一章　私立松山高等商業学校の創立

第一節　高等教育の充実・拡張――臨時教育会議の答申と原内閣の教育改革

大正六（一九一七）年九月二十一日、寺内正毅内閣は、岡田良平文部大臣主導の下、第一次世界大戦に伴う日本の経済社会の変化に対応し、学校制度を改革するために、内閣直属の諮問機関として、臨時教育会議を設置した（総裁は平田東助）。この臨時教育会議は、「内閣総理大臣ノ監督ニ属シ教育ニ関スル重要ノ事項ヲ調査審議」し、内閣総理大臣の諮詢に応じて意見を開申し、また、内閣総理大臣に建議することができる機関で、総裁一人、副総裁一人、委員三六名が任命され、教育策の根本を議した。寺内内閣時の大正六年一〇月一日、第一回総会が開かれた。諮問事項は、①小学校教育、②男子の高等普通教育、③大学教育および専門教育、④師範教育、⑤視学制度、⑥女子教育、⑦実業教育、⑧通俗教育、⑨学位制度、の九点にわたり、大正六年一〇月から八年三月に至る間に、教育制度全般に関する事項について討議し、それぞれ、答申がなされた。なお、大正七年九月二九日、寺内内閣に代わり、原敬内閣が成立するが、原内閣（中橋徳五郎文相）は臨時教育会議を引き継ぎ、審議を重ね、大正八（一九一九）年三月二八日の第三〇回を以て終了した(1)。

この臨時教育会議は教育制度全般に関わる答申、改革を目指したものであるが、特に、②の男子の高等普通教育と、③の大学教育および専門教育の答申が目玉であるので、その答申および答申に基づく改革について見ておこう。なお、本稿・松山高等商業学校の創立に関するのは②である。

②の男子の高等普通教育に関する答申は、大正七年一月一七日と五月二日の二回にわたって出された。その大要は、高等学校は高等普通教育を授ける所で、修業年限は三年、入学資格は中学四年修了者を認め、高等学校は官立、公立、私立とする。高等学校普通教育に従事する教員の資質の向上をはかり、高等普通教育の目的は教育勅語の聖旨を十分体得せしめ、国体観念を鞏固にし、中堅たるべき人物の陶冶に力を注ぐこと、などであった。(2)

この答申に基づき、原敬内閣は教育改革を行なった。大正七年一二月六日、「改正高等学校令」を公布した。また、一二月二六日、文部省は高等教育諸機関の大々的な拡張計画を発表した。それは、大正八年～一三年までの六カ年間に高等教育機関の大拡張を行ない、従来一万三〇〇〇人の収容人員を二万人とし、増設する学校として、高等学校一〇校、高等工業学校六校、高等農林学校四校、高等商業学校七校、外国語学校一校、薬学専門学校一校、合わせて二九校を官立学校として新設する計画であった。これらの高等教育拡張の為に内帑金一〇〇〇円が下賜された。(3) そして、原内閣の第四一帝国議会で「高等諸学校創立及拡張計画」を提出し、四四五〇余万円の予算も通過させた。(4) 実際には、各県の誘致競争があり、拡張計画以上に官立学校が新設された。

例えば、官立の高等学校は、既に八校設立されていたが、大正八年に新潟、松本、山口、松山、九年に水戸、山形、佐賀、弘前、松江、一〇年に大阪、浦和、福岡、一一年に静岡、高知、一二年に姫路、広島に、計一六校新設され、二四校に拡大した。また、高等工業学校は、既に八校が設立されていたが、大正九年に横浜高等工業学校、広島高等工業学校、金沢高等工業学校、一〇年に東京高等工芸学校、神戸高等工業学校、一一年に浜松高等工業学校、徳島高等工業学校、一二年に長岡高等工業学校、福井高等工業学校、一三年に山梨高等工業学校、計一〇校が新設され、一八校に拡大した。高等農学校・農林学校は、既に五校設立されていたが、大正九年に鳥取高等農業学校、一〇年に三重高等農林学校、一一年に宇都宮高等農林学校、一二年に岐阜高等農林学校、一三年に宮崎高等農林学校、計五校新設され、一〇校に拡大した。高等商業学校は、官・公立合わせて六校設立されていたが（東京高等商業学校、神戸高等商業学校、市立大阪高等商業学校、山口高等商業学校、長崎高等商業学校、小樽高等商業学校）、大正九年に名古屋高等商業学校、一〇年に福島高等商業学校、大分高等商業学校、一一年に彦根高等商業学校、和歌山高等商業学校、一二年に高松高等商業学校、横浜高等商業学校、一三年に高岡高等商業学校、計八校新設されて、一四校に拡大した。外国語学校として、東京外国語学校のほかに大正一一年四月に大阪外国語学校が設立され、二校に拡大した。(5)

このような、官立の高等学校、高等商業学校等の新設の時代の流れの中で、私立の松山高等商業学校も創設されていくのである。

なお、③の大学教育および専門教育の答申は、大正七年六月二二日に出された。その大要は、大学は総合制を原則とするが、単科大学も認める。大学の分科は文科、理科、法科、医科、工科、農科、商科等とする。分科大学は須要なる学術を教授し、その蘊奥を攻究することを目的とする。在学年限は三年、入学資格は高等学校卒業者とする。大学は官立の外に、私立、公立も認める。帝国大学分科大学の教授、助教授の俸給の増額をはかること、また、学年の始まりは四月とすることなどであり、希望事項として、大学において人格の陶冶および国家思想の涵養に意を注ぐことなどであった。(6)

そして、この答申に基づき、大学教育及び専門教育の改革がなされた。原内閣は、大正七年一二月六日に「大学令」を制定した。この「大学令」において、第一条で大学の性格を「国家ニ須要ナル学術ノ理論及応用ヲ教授シ並ニ其の蘊奥ヲ攻究スルヲ以テ目的トシ兼テ人格ノ陶冶及国家思想ノ涵養ニ留意スヘキモノトス」とし、従来の分科大学を学部に改称し、設置する学部として法学・医学・工学・文学・理学・農学・経済学および商学の八学部をあげた。また、単科大学の成立も認めた。公立大学、私立大学の設置も認めた。(7) その結果、「大学令」に基づく大学が次々に発足・誕生した。

例えば、官立の東京高等商業学校は、大正九年四月に東京商科大学に昇格し、また、私学では、大正九年二月、慶応義塾大学、早稲田大学、四月に明治、法政、中央、日本、國學院、同志社の各私立大学が「大学令」に基づく大学となり、一一年五月には大谷大学、龍谷大学、専修大学、立教大学、六月には立命館大学、関西大学、拓殖大学が大学となった、等々。

第二節　松山高等商業学校創立にむけて

原内閣の高等教育機関拡充計画により、四国では、愛媛に松山高等学校（大正八年）、高知に高知高等学校（同一一年）、徳島に徳島高等工業学校（同一一年）、香川に高松高等商業学校（同一一年）が設立された。松山高等学校は、大正八（一九一九）年四月「改正高等学校令」に基づき、四国で最初、全国で一二番目に設立された。初代校長は由比質で、三高教授より転任して就任した。九月に入学式が行なわれ、松山市公会堂を仮校舎に授業を開始し、翌九年八月持田町に完成した新校舎に移転した。そして、大正一〇年一一月二〇日に開校式が挙行され、由比松山高等学校長の式辞、井上要松山高等学校開校式協賛会総代、清家吉次郎愛媛県会議長らの式辞があり、盛大に祝われた。(8)

松山に松山高等学校が設立されるや、さらに四国大学（帝国大学）を設置すべく、もう一つ、松山で専門学校設立を要望する声が高まった。

伊予教育義会会長の井上要（伊予鉄道電気会社社長、元・衆議院議員、憲政会、北予中学理事等）は、大正一〇年一一月三日付けの『海南新聞』記事で、松山高等学校の開校を祝すとともに、高等学校の設立が最終目的ではなく、四国大学（帝国大学）の設置の実現を望むと、次のように述べた。

「松山高等学校の設立は実に我県民積年の大願である。然るに今や此大願成就して愈其の開校式を挙行すること、なったのは誠に祝賀に堪へぬ所である。而して過去二十五年以来此県民の宿望大願を象徴すべき団体は蓋し伊予教育義会であらう。顧みれば日清戦役の後我国運隆興の時に際し我国論は国民文化の泉源たる教育機関拡張の必要を認め、政府も亦四国高等学校の設置に就き考慮すること、なり、明治三十年の頃時の文部大臣樺山伯は岡田専門学務局長等を従へて親しく四国を巡視し調査すること、なった。此機に於て我愛媛の官民は一致して教育の進歩発展に努力し、殊に高等学校の設立を促進すべく会盟したる者が即ち伊予教育義会である。同会は熱誠を以て樺山大臣の一行を迎へたばかりでなく、盛んに内外に活動し、渡辺修（本県書記官）、藤野政高（海南新聞社長）、白川福儀（松山市長）の諸先輩に余（県会議長）も加はりて上京の上陳情し、又華族、富豪に就きて設立費用の寄附等を勧誘し、大ひに希望を嘱して居た折柄間もなく明治三十一、二年の頃財界の反動期に会し、財政緊縮、新事業打切りの時代となり、此運動も又中止するの余儀なきこと、なった。併しながら同会は閉息すべきものでないから、他の方面に於て進展すること、なり、同会より上海に於ける同文書院に学生を送り、教育的方面より日清両国の前途に貢献する事とした。則ち県下の中学卒業生より優秀なるものを選抜し、学資を補給して同文書院の生徒を出したのである。尤も其費用は県費の補助を受たものであったが、伊沢知事の時迄之を継続し、同知事の時代に至って県自ら此の学生を選抜する事となったのである。斯くて同会は微力乍らも県民一致の力を頼みて教育界に尽瘁し、殊に高等学校設立の本願には深く注意し来ったのであるから、最近愈同校設立の気運熟せる場合に当っても、第一に委員上京等の費用は同会に於て相当の負担を任じたものである。同会は固より多くの県下有力家を網羅し、その共同に頼りたるものなれども、隠れたる尽力家として三神仲太氏（前松山市助役）を忘れてはならぬ。同氏は無報酬にて二十余年の間、同会の事務と会計を担任せる篤志家である。同会よりこれを見れば、今回の高等学校開校は一応其目的を達した訳であるが、同会及我県民は四国大学の前提として高等学校の設置に尽砕したるものであって、高等学校を最終窮極の目的としたものではない。故に今日を以て第一歩を進めたる時とし、さらに大学の結成に向かって努力せねばならぬ。これを過去の経過に顧みて今後我が国運と文化の進歩を想ふときは四国大学設置の実現は唯時間遅速の問題に過ぎずして、固より疑ひなきものであらう。而して本会は熱心に今回の開校式を祝すると同時に、大学設置の一日も速かならんことを祈るものである」(9)。

そして、同年一二月一日の県会で清家吉次郎議員（政友会）が四国大学設置のためにも、松山に県立の高等商業学校を作りたい、県立松山商業学校に併設するとすれば、費用四万五〇〇〇円位でできる、定員は三〇〇名（一学年一〇〇名）として授業料収入一万五〇〇〇円が入るので、県費支出は三万円ですみ、校長も北予中学校長の加藤彰廉が適任で、容易に創立できるなどと、具体的に述べた。

「本県に於ける大問題と云うものは高等学校が出来まして軈て四国大学を造ろうと云う事が県民一般の輿望であります。高等学校だけでは大学を置くの力が弱いのであります。所謂算多き者は勝つのでありまして……依って私は県立一専門学校を設けてそうして四国大学に対する他地方との競争の上から算を一つ多くして置こうと思います。仮令へば高等商業学校を県立松山商業学校に合わせて造ると云うことに致しますれば建築物も多きを要するものではありませぬ。……松山市に於きましても半額ぐらいの寄附はするだろう、残りのものは県民総てが其の負担を私は厭わないと思います。そうして高等商業学校を置きますれば語学なりその他の教員と云うものは高等学校の教授諸君に嘱託して兼任してもらうことが出来る。北予の校長などは大阪の高等商業学校の校長をして居って最も適任者で、極めて簡単に出来る。凡そ四万五千円ありますれば高等商業学校が造られるそうであります。其内三百人定員と致しましても、一万五千円の授業料が寄ります。実際に県費で支出する所は三万円であります。三万円で一専門学校が維持出来ると云うならば、是程な容易なものはありませぬ」[10]。

さらに、それに対し、松山高等学校教授の北川淳一郎（明治二四年温泉郡三内村生まれ、大正六年東京帝大法科大学卒、八年松山高校設立とともに教授）が、一二月三日、四日の『海南新聞』に県立でなく、私立の高等商業学校が最善という「私立高等商業学校設立私案（上・下）」を発表した。（上）

では、四国における最初の最高学府という松山高等学校は、数年内に愛媛県における最高学府に成り下がると危機感を述べ、四国大学を松山に設立させるためにも、松山を文化の中心とし、もう一つ高等学校が必要であり、それは私立の高等商業学校が最善であることを論じた。そして、（下）では、既に設立されている官立の小樽、山口及び長崎の高等商業学校を例に、科目は九科目でよく、専任教員も四名（商業二、経済一、英語一）でよく、後の科目は松山高等学校などからの非常勤でまかなえば、経常費は四万円ですむ。定員は三〇〇名（一学年一〇〇名）とし、授業料は年間一人五〇円とすれば、収入一万五〇〇〇円となり、収支差額の二万五〇〇〇円は県・市と民間からの寄附によりまかなう、校長も北予中学校長の加藤彰廉に兼任してもらえば良い。難問は創設費であるが、北予中学校内の敷地を使用し、建物も北予中学に六校舎を建てると、実現容易であると具体的に論じた。

この北川提案は県立か私立か、松山商業学校の上か北予中学の上か、という点を除くと清家の提案とほぼ同一であった。すでに両者の間で意思疎通があったものと考えられる。

この北川提案は、極めて重要な提案なので、全文を掲載しておこう。

「四国に於ける最高学府と誇って居った松山高等学校は茲数年を出でない内に愛媛県に於ける最高学府になり下がるのである。それは香川、徳島及高知の各県が各一つ宛の高等学校か専門学校かを有する事になるからである。然しこの『愛媛県に於ける最高学府』と云ふ言葉は我等には少々滑稽味を帯びて聞こゆる。此言葉もうかうかして居ると将来自由につかう事が出来なくなる時期が来ないとも限らない。それは南予の学生は大分の高商に、東予は高松に、而して松高の唯一の堅塁と頼む中予地方の学生は広島に（若し松高存在の意義と価値とにして退下せば）吸収せらるべき事は明白であるが故である。勿論学校の価値なるものは上掲の如き形式的意義に依ってのみ評価すべきものでない。愛媛県の学生が入学しないからと云って、競争試験の応募者が少いからと云って苦にする事はないかも知れぬ。学校の価値が其質に在ることは云ふを俟たない。而して『質』なるものは学校当局者の人格、学殖、所在地県市民の学校に対する態度等に依って決定するものである。我等は愛媛県市民の学校に対する同情の程度が或る種の人々が云ふが如くしかく冷淡でない事を弁明して置度いと思ふ。愛媛県民は勿論、学校の設立に対して忘我的白熱的の歓迎をなさなかったのは事実だが、夫は当然の事ではあるまいか。松山に高等学校が出来たと云ふ事は、地方文化の為め誠に慶すべき事には相違ないが、其効果の愛媛県民に与ふる程度は、例えば伊予鉄道会社が其軌道を石手迄延長したと仮定して其と之との間に天地霄壌の差違あるものとも思へないと云って、高等学校の設立せられた事に依って生ずる直接的及間接的効果を否定するものではないが、其効果の及ぶ範囲は極めて僅少な人々にしか及ばないのは又事実である。然らば将来四国大学が松山に設置せらるゝならば奈何。一官立大学が松山に設立せらるゝ事は愛媛県民の均しく望んで止まぬ次第であるが、其愛媛県民自体に及ぼす効果は是亦熟慮を要する問題である。殊に将来の如く学校設立を要件として非常に多額の反対給付（それだけの金があれば而して之を他の公共事業に投すれば或は大学設立に数倍する精神的若しくは物質的利益を県市民に将来するかも知れない）を要求せらるゝとせば尚更考へものだ。一も二もなく熱狂を以て大学設立を迎ふべきものではない。併し我れ等は右の反対給付、大学設立に依りて充分償はるゝ場合には決して之が設立を否定するものではない。否、将来設立せらるゝ事あるべき四国大学が松山に設置せられん事を希望する熱誠の程度に於て決して人後に落ちないつもりである。併し松山に高等学校が出来たから、而して又松山に四国最初の高等学校が出来たからと云て袖手傍観して居ったのでは決して将来大学設置の強固なる担保とはならないのである。学校は学校で大なる奮発を要し、県市民は県市民で共同一致、賢明にして最善の手段方法に依って、之が設立運動を今からやらなければならない（勿論茲で云ふ運動は議員選挙運動の如き意味ではない）。而して賢明にして最善の手段方法とは何ぞや。それは其手段自身、方法自体が相当の社会的文化価値を具有する事を意味するのである。而して先づ手始めとして、我れ等は松山が他の四国高等学校所在地よりも、更に一層大なる文化事業を有する事であると考へる。而して、松山をして文化の中枢となし、他の学校所在地に優先せしむる為めには、松山に少なくとも二校の高等程度の学校の存在することが必要である。勿論其官立たると公立たると私立たるとは問ふ所ではない。松山に更に一つの専門学校程度の官立学校が設置せらるゝことは目下の所到底望み得ない。又県市の財政は初等教育を捨て中等教育を顧みないで公立専門学校を設立し、之を維持する程の余裕が無い事は云ふ迄もない。随ってどうしても私立学校としなければならないのである。世人は専門学校の設立維持に付、非常に多額の金が要ると思って居るやうであるが、それは専門学校によりけりで高等工業とか医学専門などではやり切れないのは勿論であるが、我等の提唱する高等商業であるならば、従来の郡立学校程度の経費も要せずして充分立派にやって行けるのである」(11)。

「高等商業学校といっても東京、神戸のは例外として見て、茲には小樽、山口及長崎の学校を標準として説明する。高等商業が専門学校令に拠り且官公私立いづれの方法に拠るも差支ない事は勿論である。而して修業年限は目下のところ三ケ年、中等学校（甲種商業学校を含む）卒業生を収容し、高等程度の商業教育を施す事を其の目的とする。高等商業学校の学科目は、要するに上記の目的に合するものである事は勿論であるが、法令は何等具体的に之を列挙しては居ない。随って各学校で多少学科目に相違があるが、大体に於て左の九科である。

修身、英語、法律、経済、商業（簿記を含む）、地理、第二外国語、数学、理化。

一週間の教授日時数、通常三十二時間であるから、一学年を二級とし三学年全級を通ず延時間一週百九十二時間となるのである。然し右諸学科中、法律、修身、経済及数学、理化は合併教授を行なう事が出来るのだから、結局教授側より見一週間の授業時総数は一〇六時間となるのである。

随って一教授の一週受持時数平均一六時間と仮定すれば、七人弱で充分。而も専任の教授は、商業二、経済一、英語一、合計四名で、他は所在地の高等程度の学校教授若しくは其他の方面からの兼任で充分なのである。高等商業学校の経常費の大多数は教員俸給費であるが、それも上記の如く僅少な人員で足るのであるから、其経費も事務費を合して毎年約四万円で事足るのである。が、授業料一人一ケ年五十円、三学年六学級三百人として一ケ年一万五千円を差引くも、僅に二万五千円に過ぎない。尚公共団体より一万円の補助を受くるものとすれば、学校としては毎年一万五千円を支出し得べき財源を具有すれば良い訳になる。これ位の基金の収集は愛媛県人士の財力と公共心とに訴へれば易々たる事であると確信する。経常費はもはや問題ではない。難関は創設事業であるが、創設事業の困難は主として其土地、建物及校長の三つである。我等一個の考へとしては、現在の私立北予中学校が近々其敷地を拡張する事となって居るとの事だし、此拡張敷地の大部分は中学校として使用しなくても差支ないとの事だから、之を使用する事とし、校長も現在の加藤北中校長の兼任を願へれば、其閲歴から云っても人格から云っても且又学校経済から云っても一挙三得である。最後に建物だが、之も大した事はない。北予中学と同構内に設置するとすれば、僅々普通教室六室と商品陳列室、簿記室を建築すれば間然するところなしだ。右の如くであるが故に、世人の想像し得ない位の小額の資金を以て優に形式的にも完全なる一高等専門学校を、愛媛県下に出現せしむる事が出来るのである。勿論学校の価値は其設備にばかりに依るものでなく、校長、教授の人格、学殖に依る事至大であるが、官立や公立の学校と異り、立派な校長及教授を得る事は非常に容易な事と考へる。我等貧弱只私文を提唱するに過ぎないが、有志の士にして、幸いに微意を容れらるゝ、ならんか。敢て犬馬の労を呑むものではない」(12)。

ところで、この北川提案は、設置費、経常費、専任教員等の点では、大変甘い見積もりであったが、私立の高等商業学校を北予中学校に併設する提案は卓見であったと評価できよう。

そして、この北川提案を受けて、伊予教育義会会長の井上要が来松の加藤拓川（外交官、貴族院議員）に話したところ、拓川が乗り気になり、拓川が加藤彰廉（北予中学校長）に相談し、彰廉も受諾し、彰廉が松山高等商業学校の創立計画と予算を立てることになったという。

井上要が『拓川集　追憶編』（昭和八年九月）の中で次のように具体的に記している。

「確か大正十年の冬頃だと記憶している。今の松山高等学校教授の北川淳一郎君が私に話したことがあった。『少くとも四国の文化文教の中心を松山市におき四国大学の基礎を作らうと云ふのには、今の松山高等学校の外に少くとも高等商業の一つ位は作らなければいけない。夫れを決行しては何うか。若し決行するならば甚だ便宜な方法がある。それは北予中学の上に高等商業課を設けることであり、現在の北予中学の校長は高商の校長として既に経験があり、且つ最も適材である。さうして、教室の増築と数名の専門教師をおけば宜いので之は必ず成功すると思ふ。教師は高等学校の教授にも援助を依頼すれば宜い』といふのであった。

然し私は高商はだいぶんの経費なり資金を要するからその実現は甚だ困難だと考へた。折柄加藤君が松山に帰ったので其話をすると『それは非常な名案だ、何とかして実行したいもんだ、やらうぢゃないか、金は何とかする』と云ふので、金は先づ第二計画として、取りあへず加藤北中校長に頼んで設計と予算を作って貰った」[13]。

また、井上要は『楽屋ばなし』の中でも、ほぼ同様で、次のように記している。

「加藤恒忠君に対して、私は北川先生から教へられた通り高商設立論を代弁した。すると、君は『それは面白い、一つ遣って見やうじゃないか』と非常に乗り気である。餅は餅屋に行かねばならぬ。それでは加藤彰廉君に相談して予算を立て、貰ふと忽ち肝胆相照し、彰廉君に相談を持ちかけたところ、同君は勿論異議のあるはづはなく快く受諾、数日後に予算を提出せられた」[14]。

さらにまた、初代校長の加藤彰廉が亡くなった（昭和八年）後、松山高商関係者の手で編纂された、星野通編の『加藤彰廉先生』（昭和一二年）の第二章「先生と松山高等商業学校」においても、大要次の如く記されている。

「松山高等学校教授北川淳一郎氏が県会議員清家吉次郎氏並びに井上要氏に対し、後年四国大学設立を期せんとすれば、松山高等学校のほかにさらに高等商業学校を創設せねばならぬ、これは空望空説ではない、かの北中の加藤校長は教育界の長老であり、さきには大阪高商の校長として令名内外に圧した人でないか、これを一中学に葬っておくのは勿体ない、牛刀をもって鶏を裂くとは蓋しこの類である、……というようなことを述べて、高等商業学校の設立を説いた。井上氏はこの説に耳を傾け、そして折柄東京から帰郷した加藤恒忠氏に向かってこの話を持ち出したところ、加藤氏も『面白い、一つやってみようぢゃないか』ということになり、これを加藤彰廉先生に相談したのである。相談を受けた先生も元より賛成で北中教諭筧教行氏に高商設立の予備調査を命じた」[15]。

このように、北川淳一郎→井上要→加藤拓川→加藤彰廉へと松山高等商業学校創立話が進んでいったことが分かる。

ところで、井上要がいつ拓川に話し、そして、拓川がいつ彰廉に話したのだろうか。『三十年史』や『五十年史』では、日時について触れておらず、不明である。そこで、若干考察しておこう。拓川日記をみると、貴族院議員として東京にいた拓川は、大正一一年一月五日に東京を出て、七日に松山に帰り、道後に一一日まで宿泊し、一二日に三津浜に移り、一三日に松山を発し、上京しているので[16]、おそらく、一月七日～一一日の間に、井上→拓川→彰廉へと創立話が進んだと推定できる。

なお、『三十年史』で、田中忠夫は「加藤彰廉氏はこの一文（筆者注：海南新聞の記事）に共鳴して早速北川氏を訪ねて懇談し、是非実現に力を尽そうということで加藤恒忠氏に相談した」[17]と書いているが、それは、井上要の『拓川集　追憶編』や『楽屋ばなし』、また、星野通編『彰廉先生』などの資料をよく読み込んでいない誤解であろう。また、松山大学ホームページの「三恩人」の加藤恒忠（拓川）の説明において「晩年、松山市長への就任を要請され、第五代市長となり、北予中学校加藤彰廉校長からの高等商業学校設立の提案に理解を示し、……」とか、また、加藤彰廉の説明において「後年、要請されて北予中学校（現、県立松山北高等学校）校長に就任し、高等商業学校設立をいちはやく加藤恒忠松山市長に提案するなど設立運動に尽力した」[18]などとあるのも、順序が逆であり、訂正する必要があろう。さらにまた、この時期は、加藤拓川はまだ松山市長に就任しておらず（就任は大正一一年五月二六日）、貴族院議員であり、その点も訂正する必要があろう。

第三節　松山高等商業学校創立計画

さて、『三十年史』によると、私立高等商業学校創立計画は、北予中学校長の加藤彰廉に委嘱され、彰廉は数日後に創立計画を練り、はじめは北川提案と同様に高商を北予中学内に併設する構想で、定員は一五〇名（一学年五〇名）に減じ、創立費二万円、教員洋行費三万円、経常費年額補助一万五〇〇〇円を計上したという。[19]なお、ここで、創立費が二万円になっているが、『三十年史』は加藤彰廉が新田家の負担のこと懸念して遠慮して作った寄附行為の草案だと推測している。[20]ただし、『五十年史』は、創立費を三万円としており、[21]両者に齟齬があり、どちらが正しいかは不明である。なお、経常費年額補助一万五〇〇〇円というのは、経常費は三万円でそのうち半額の一万五〇〇〇円を県から補助を求めるの意味と思われる。

だが、それを見た加藤拓川が、両校を併置するのは、高商の将来の発展を阻害することになるとして、独立した高等商業学校設立を唱えたという。(22)

そこで彰廉は、計画書を練り直し、高商を北予中学内から独立させることとし、創立費を一二万円に増額し、教員洋行費は三万円のまま、計一五万円とし、経常費も三万円、とした。そして、創立費及び経常費の半額は公共団体から補助を受け、残りの半額は民間からの拠出からまかなうという新計画を立てたという。(23)

この彰廉の松山高商創立計画・予算案を見た井上要は、『楽屋ばなし』の中で次のように彰廉の見識に感服し、また、拓川の高商独立案に賛同した。

「之を見た私は、流石は彰廉君で、私学の生命は教師にあり、第一に良教師の養成を必要条件としたのは豪いと窃に感服した。……その時恒忠君は北中には姑や舅が多い。却って面倒であるから、多少資金を増加しても寧ろ独立しやうと云い出した。成程北中には関係者が多い、高商併置を計るに当り、若し一人でも異論ありとすれば、之を押付けるわけにはゆかぬ。巧遅は拙速に如かず、速かに事を運ぶには独立もとよりよし。即ち、私も彰廉君も恒忠君に盲従し、極めて荒っぽい目算を立て、兎に角遣ってみやうと一致すること丶なった」(24)。

この新しい計画書を下に、加藤拓川が新田長次郎を訪問し、また、宮崎通之助愛媛県知事を訪問し、両者から快諾を得たという。

井上要が『拓川集　追憶編』(昭和八年九月)の中で、その旨を記している。

「それ（筆者注：加藤彰廉の高商創立計画）によると、十二、三万円あればやれると云ふことなので『それなら作らう、早速新田に相談しよう』と加藤君が大阪へ出かけ新田氏に相談した。同時に知事にも相談し、知事も『結構なことだから出来得る限り援助しよう』と云ふことであった」。(25)

さらに、井上要の『楽屋ばなし』も同様のことを記している。

「その頃松山市長は欠員中で、市民は切に恒忠君を擁立せんとし、君はまた逃げ廻る最中である。依って市の代表として相談する相手はないが、第一にこの案を以て時の知事宮崎通之助君に協議した。然るに宮崎君は両手を挙げて之に賛成し、県に於て十分協力を吝まずと言明したので、これに力を得た私共は、市は云ふまでもなく援助するであらうと推断し、それ以上は創立費及び経常費の約半額を民間より拠出せば成功疑ひあるべからずと見込みを立てたのである」。(26)

加藤拓川の訪問を受けた新田長次郎側の資料をみよう。長次郎は、私立有隣小学校を大阪市に手放した直後であり、直ちに賛成した。そのときの模様を長次郎は『回顧　七十有七年』（板東富夫編、昭和二年）の中で次のように記している。

「浪速区栄町二丁目に経営せし有隣尋常小学校を、大阪市の希望により市教育部に譲渡せし後、程なく松山市長なる親友加藤恒忠氏より、『松山市に於ては官立高等学校設立せられ、大学教育を受けむとする者には便宜を得たるも、県民に於てはさらに実業専門教育機関として高等商業学校の設置を熱望せり。且他日最高学府たる四国大学を設置せらる、ものとせば、高等学校の外に高等商業学校の設備あらば、其の地を松山に選定せらる、に便なり、君が財を投じて松山市に高等商業学校を設立するの意思なきや』との相談あり。余は細民教育たる有隣尋常小学校を大阪市に譲渡し、是に代わるべき適当なる社会事業に付考慮中なりしため、加藤氏の此の一言に直ちに賛成し、出身郷土たる松山市に於て、財団法人なる高等商業学校を設立するの決意を為し是が創立費用及経営費用を単独にて支出せむことを申出づ[27]」。

ところで、加藤拓川が新田長次郎を訪問して、寄附を頼み、長次郎が応諾した日時はいつだろうか。『三十年史』『五十年史』では何も触れていない。そこで、日時を考察しておきたい。長次郎が有隣小学校を大阪市に譲渡したのは、大正一一年の三月末だから、四月以降だろう。拓川の日記から長次郎訪問の日時を拾うと、恐らくは四月四日でないかと思われる。貴族院議員の拓川は三月二六日、帝国議会の閉院式に出て、東京で政府要人（内田康哉外相、山本達雄農相、高橋是清首相、元田肇鉄相等）と会合した後、四月二日に帰松の途につき、「夕発京」、三日「朝着阪、藤井投宿、十九郎ト落合」、四日「新田、楠瀬、小西、平井ト会見、十九郎夕発」、五日「早発直行、夕八時三津浜着」とあるからである[28]。

また、新田長次郎は『加藤彰廉先生』の第三編の追想談の中で、「この有隣学校を市へ寄附した翌日、加藤恒忠が来て私に、事業を松山に興さないかと勧めた[29]」とあることからもほぼ間違いないであろう。

また、加藤拓川が愛媛県知事の宮崎通之助を訪問し、県の補助金を依頼したのもこの帰郷中（四月五日～一三日まで松山に滞在）のことと推測される。なお、拓川がこの時、東京から松山に帰郷したのは、かねてから松山市長就任を懇請されており、承諾の決意を伝えるためで、四月一二日に市民代表者に決答している。日記に「午後二時三津ニテ市民代表者ヘ市長承諾ノ件決答」とある[30]。

さて、彰廉は加藤拓川の尽力により、県からの補助金、新田長次郎からの寄附金の目途もついたので、五月～八月の時期は、北予中学校長としての仕事と共に、松山高等商業学校設立の準備、すなわち、創立設備予算書（地所費、新築費、備品費等）、経常費予算の歳出（教員給、校長給等）、そして歳入（授業料、入学金、県市からの補助金、新田からの寄附等）を考案し、また、財団法人松山高等商業学校寄附行為の作成、松山高等商業学校規則の作成、授業科目、教員採用人事の考案等に専念したものと推測される。

そして、その準備の上、大正一一年八月二二日に、高商発起人会を開いた。拓川日記に八月二二日「高商発起会、井上晩餐」[31]とある。この会合は翌月、九月一四日の松山高等商業学校設立発起人会の準備の会合であろう。

そして、大正一一年九月一四日午後三時より、彰廉らは松山高等商業学校設立発起人会を二番町清交倶楽部にて開いた。この発起人会に彰廉（北予中学校長）、加藤拓川（大正一一年五月二六日から松山市長）、由比質（松山高等学校長）、北川淳一郎（松山高等学校教授）、村上半太郎（愛媛県信用組合連合会組合長）、近藤正平（三津煉瓦株式会社社長、三津濱商工会長）、高須峰造（弁護士、元・県議、元・衆議院議員）、野本半三郎（愛媛県会議長）、柳原正之（伊予日々新聞社長）ら教育界、政財界の主な人々が出席し、彰廉から経過報告、加藤拓川から新田長次郎との交渉顛末についての報告があった。それによると、校地は北予中学の北側に二五〇〇坪ばかり求め、校舎を新築し、大正一二年四月開校、定員五〇名（三年間で一五〇名）、創立費は一一万八三五八円六二銭、うち、県に七万円、市に三万円の補助金を申請し、残りの一万八〇〇〇円は新田長次郎の寄附に仰ぐこと、経常費は三万円という内容であった。協議では、創立費について、それぐらいでできるかとの若干の疑義も出たが、了承され、県、市に補助金を申請することを決め、また、発起人（三〇人）の中から設立委員を決めた。設立委員は、加藤彰廉（北予中学校長）、加藤恒忠（松山市長）、井上要（伊予鉄道電気会社社長、元・衆議院議員、憲政会、伊予教育義会長、北予中学理事等）、岩崎一高（政友会愛媛支部長、前・衆議院議員）、井上久吉（松山市会議長）、野本半三郎（県会議長）、石原操（第五十二銀行頭取）、新田長次郎（合資会社新田帯革製造所代表）の八人であった。このように、愛媛の政治家、経済人が松山高等商業学校の設立を全面的に支援していることが分かる。

この発起人会の模様について、大正一一年九月一五日の『海南新聞』は「私立松山高等商業学校の開校は明年四月、設立費は約十二、三万円」と題し、次のように報じている。

「私立松山高等商業学校を松山に設置すると云ふ運動は愈々具体化して来、此事は我が松山市にとっても又県にとっても甚だ喜ばしい事であって、何人と雖も、恐らく之に反対する者はない筈である。夫れは年来の希望であったる高等学校が我が松山市に設置され、進んで県民は帝国大学の設置を望んで止まないのである。即ち高等学校は大学設置の前提ともなり、更に此の高等商業が設置され、茲に有らゆる高等教育機関が殆ど完全と云ふ訳ではないが、之に近きまでに完備されると云ふ事はドンなに大学設置に好影響を与へ、之が実現さるべき上に就いて好都合であるかも知れない。この意味に於てもこの高等商業の設置さる事は県下教育界のためにドンなに喜ばしい事であるか知れない。由んば大学設置といふ事を切離して考へても、新たに一つの専門の高等学校の出来る事は一つの大なる幸福を県教育界の上に齎すべき事である。而してこの高商校の発企者は十四日午後三時より市内二番町清交倶楽部にその発企人会を開催し、この会に於て総ての方針を定め、寄付金の勧誘に着手し、其の足らざる所は或いは県費の補助を仰ぐとか、其他一定の方針に基いて運動を開始する筈であるが、之の設立費は約十二、三万円にて、内経常費は三万円位の予算となっている。これは新に地所を求め、総て新規に新設するとなると、却々之れ位では出来ないのであるが、現在の北予中学校北側、道後街道までの地所二千五百坪ばかりを買収して校舎を新築し、運動場とか、撃剣、柔道場等は現在の北予中学のを共に使用する事とするから、之れ位で充分新設する事を得、且経常費の如きも三万円位で済む訳である。而して開校は明年四月の予定で、最初は五十名を収容し、三年制で定員百五十名の予定であると云ふ事である」(32)。

また、翌一六日の『海南新聞』は「松山高等商業学校設立実行運動に着手、十四日発企人会で愈々決る」と題し、次のように報じている。

「私立高等商業学校発企人会は既記の如く十四日午後三時から市内二番町清交倶楽部に於て開会。加藤北予中学校長、加藤市長、野本県会議長、近藤正平、柳原伊予日日新聞社長、高須峰造、由比高等学校長、北川同校教授、御手洗愛媛新聞社長代理、夏井海南新聞社長代理等の諸氏出席し、最初加藤北予中学校長よりの、之れまでの経過の報告があって後、今後如何なる方針を以て実行運動を為すべきかに就いて協議する所があったが、此の創立費は一金十一万八千三百五十八円六十二銭で、中には僅かそれ位にて高等商業学校の設立が出来得るものか何うかに就いて疑義を有つ者もあつたが、然し、加藤北予中学校長の説明に依ると、北予中学校の経営及増築等を参考とし、尚同校の運動場等を使用する事にし、教員も一部分は各校の教授或いは教諭の人々に依頼し、兼任して貰へば充分之だけの予算で行ける自信があるとの回答にて、結局その創立費を如何に作るべきかが問題になったが、差当り県に対し七万円、市に対しては三万円の臨時補助金の下附を申請し、残りの一万八千円は大阪の新田長次郎氏の寄附に仰ぐ事に全体一決し、賛助員に県会議員、市会議員、県下銀行会社頭取、新聞社長等、其他有志に依頼する筈であるが、差当り之れが実行委員を選んで直に各方面に運動を開始する必要あり、夫れには取り敢えず、この地方の人々を選ぶ事とし、加藤北予中学校長、加藤松山市長、井上要、井上久吉、岩崎一高、野本県会議長、石原五十二頭取に依頼する事に決して散会し、愈々即日実行運動に着手する事となった」[33]。

なお、『海南新聞』記事には、創立費と経常費の総額が示されているが、内訳はない。それは、『三十年史』の第五章第二節の「財政」の第一項「創立計画と予算」にある（細目は一部略す）。この財政の執筆者は増岡喜義である。

「①創立設備予算	一一万八三五八円六二銭	
（イ）地所費	二万八九〇八円六二銭	備考
地所購入費	二万三三六四円	二五九六坪　一坪九円
小作人補償その他	一五四四円六二銭	
土工費	四〇〇〇円	
（ロ）新築費	六万五五五〇円	
本　館	九五〇〇円	木造平屋建　五〇坪　単価一九〇円
教室及び商品室図書館	四万一〇八〇円	木造二階建一五八坪　単価二六〇円

その他略

（八）備品費　二万九〇〇円

生徒机　　　　　　　　　三〇〇〇円

その他略

②経常費予算　初年度から完成年度まで三年間の見積もり

歳　出

一年　一万八三〇〇円　（教員給　　九三〇〇円　校長給 四〇〇〇円　その他校費 五〇〇〇円）

二年　二万四六〇〇円　（教員給 一万五六〇〇円　校長給 四〇〇〇円　その他校費 五〇〇〇円）

三年　三万六八八〇円　（教員給 二万六八八〇円　校長給 四〇〇〇円　その他校費 六〇〇〇円）

歳　入

一年　一万九〇〇〇円　（基本財産収入 一万五〇〇〇円　授業料 三五〇〇円
入学料 五〇〇円　指定寄附 〇円　県補助金 〇円）

二年　二万五五〇〇円　（基本財産収入 一万五〇〇〇円　授業料 七〇〇〇円
入学料 五〇〇円　指定寄附 三〇〇〇円　県補助金 〇円）

三年　四万二四四〇円　（基本財産収入 一万五〇〇〇円　授業料 一万〇五〇〇円
入学料 五〇〇円　指定寄附 三〇〇〇円　県補助金 一万三四四〇円）

差引剰余

一年　七〇〇円

二年　九〇〇円
三年　五五六〇円

③経常収支の収支予算書　一五〇人定員

歳　入	予算額	摘　要
授業料	一万五〇〇円	一五〇人　年七〇円
補助金	一万五〇〇〇円	基本金利子
受験料	二五〇円	五〇人　一人五円
入学料	二五〇円	五〇人　一人五円
不足金	三五一九円五銭	
計	二万九五一九円五銭	

歳　出	予算額	摘　要
俸　給	二万四二一〇円	
校　長	四〇〇〇円	一人
教　授	一万八四八〇円	年二六四〇円　七人
書　記	一六八〇円	月八〇円　一人、六〇円　一人
校医手当	五〇円	一人
雑　給	一九〇九円五銭	
校　費	二八二五円	

営繕費　　四〇〇円
雑　費　　一七五円
計　　　二万九五一九円五銭[34]」

また、『五十年史』は予算書を掲載していないが、九月一四日の設立計画予算として、『三十年史』と同様に、創立費は一二万八三五八円六二銭、経常費は二万九五一九円五銭、収入は一万一〇〇〇円で、収支は一万八五〇〇円余の不足が生じるが、うち、新田長次郎氏から経常費として毎年一万五〇〇〇円の補助を受ける、また、校長職として年額四〇〇〇円を計上しているが、加藤北予中学校長が兼任すれば、報酬は返上するので、経常収支はほぼ償える。問題は創立費の一二万八〇〇〇円であるが、県から七万円、市から三万円の補助を受けることにし、残りの一万八〇〇〇円余は新田長次郎氏より寄附を仰ぐと解説している。[35]

ただ、この予算書について、『三十年史』も『五十年史』も九月一四日のときの作成とみているようであるが、私は創立費予算については、その通りと思うが、経常費予算については、これは、一二月二六日の文部省への申請時の予算書であると思う。というのは、のちにも述べるが、経常費歳入に新田長次郎からの基本財産収入の利子一万五〇〇〇円が入っているからである。また、三年目から県補助金として教員給与の半額が入っているからである。それは、一二月一二日の県会で建議として出されたので、それを考慮して文部省への申請時に入れたのだと思う。

なお、新田長次郎は、創立準備一切を在松関係者に一任し、加藤彰廉、加藤恒忠、井上要、岩崎一高、野本半三郎、井上久吉、石原操らが設立者となり、実際は彰廉にすべて事務を一任し、創立事務所も北予中学校内に置き、創立準備がすすめられた。また、事務も忙しくなったので、秋になって佐伯光雄氏を迎えて、文部省方面の交渉をすすめてもらうことにしたという。(36)なお、佐伯光雄は愛媛県出身、山口高等商業学校の卒業生で、同窓に文部省実業学務局に勤務している矢野貫城《やのつらき》(文部省事務官)がいたので、文部省方面の交渉のために採用したものと推測される。

ところがである。松山高商創立費に関し、宮崎通之助愛媛県知事が手のひらを返したのである。というのは、時の政府(加藤友三郎内閣、大正一一年六月一二日～一二年八月二四日)が全般的な緊縮財政方針をとり(ワシントン条約に基づき海軍軍縮を行ない、また世論の要求に応え陸軍軍縮もすすめた)、九月一四日、各県に対し「地方財政緊縮に関する件依命通牒」を発した。愛媛県もこの国の方針に従い、財政緊縮をすすめることになり、松山高等商業学校への創立費の支出を断ってきたのである。

井上要の『楽屋ばなし』に、次のように記されている。

「その実行の第一歩として、知事に前約通り案を具して創立費の分担を県会に計らんことを要求した。手を翻せば雲となり、掌を覆せば雨となる。風雲の変化測るべからざるは人情世相から自然の気象に至るまで皆然らざるはない。即ち世間を見渡せば、この頃に至り風潮俄に一変して、積極より消極に急転回することとなって、政府は専ら政費緊縮の方針を執り、厳重なる訓令を発したので、君子豹変の態度を学びたる知事は前とは打って変り、高商に対しては創立費の分担協力は気の毒ながら出来ぬと、我々の要求に肘鉄砲を食はせたのである。こゝに於て我々の計画は根底より動揺を来した次第である」[37]。

愛媛県が創立費の補助金を断わり、肘鉄砲を食わせたのは、いつだろうか。『三十年史』『五十年史』をみても不明である。そこで、日時を考察しておきたい。私は、九月一四日の松山高等商業学校発起人会の後、井上、彰廉、拓川らが宮崎知事を訪問し、知事に前約通り創立費七万円の支出を組み、県会に提案してくれと言いに行ったときだと思う。丁度同じ日の九月一四日に内務省の財政緊縮の通牒が出されており、知事はそれをもとに前言を翻したものと思う。

　そのためであろう。九月一八日に加藤拓川と加藤彰廉は、大阪の新田長次郎を訪問している。拓川日記によると、九月一七日「此夜舟行東上、彰廉子同行」、一八日「午后着阪、新田来迎、鼎談至夕」[38]とある。だから、この訪問は愛媛県知事が創立費の補助金を断ってきて、松山高商設立が暗礁に乗り上げたので、その事情報告、対策のためと考えて間違いないであろう。なお、この時、拓川は食道癌と診断されており、会談の後、拓川はそのまま東京に行き、二一日東京小川町の賀古病院に入院し、一二月一二日まで療養している（なお、拓川日記の一九〇頁よると、本年三月上旬飲食に困難となり、粥、流動食となり、八月二八日に食道癌と診断されていた）。

　この会談で、新田長次郎が愛媛県の創立費補助金の肩代わりを引き受けることになったと思う。『五十年史』は「加藤恒忠がこの間の事情を新田長次郎に説明し、新田が県の補助金全部を引き受け、目的貫徹のため発起人を激励し、ここに松山高等商業学校設立が実現することになった」[39]と記し、また、井上要の『楽屋ばなし』も「この際は唯事情を率直に報告して、新田君の意見に任す外はないと決したもの丶、私共内心では最早高商設立もダメだと、半ば諦めて居た。然るに意外にもこの報告を聞いた新田君は少しも気を悪ふする模様もなく、『乗りか〻った船だ、県でもそれ程欲しがって金がないと云へば私が出しませう』と、一言再諾。少しも躊躇する処はない。之を聞いていよ〳〵太っ腹の新田君であると恒忠君さへも望外の喜悦に満ちた[40]」と述べている。

なお、成沢栄寿氏は『加藤拓川』（高文研、二〇一二年）の中で、九月一八日の拓川、彰廉と長次郎の会談について、「新田は私財五〇万円を投じて県の補助金を肩代わりし、文部省が指示する積立金を出すほか、先々の学校経営費の不足も引き受けると約束し、拓川と設立発起人会を激励した」と述べているが[41]、県の補助金の肩代わりについては正しいが、文部省の三〇万円の積立金要求については、まだ起きていないので、この点は誤解であろう。

ところが、一難去ってまた一難、高商創立計画はまた一大難関に直面した。というのは、今度は文部省実業学務局が松山高等商業学校の設立については、三〇万円の基本金を必要とする旨を要求してきたのである。

『三十年史』はその事を次のように記している。

「当時私立の高等商業学校は東京に大倉高等商業学校が一校あるのみであったが、時勢の進展と共に続々新設される機運にあったので、文部省としても本校の設立をテストケイスと考え、その認可には相当に慎重な態度をとり、基本金三十万円の内規もこの時できたものといわれている。時の文部省実業学務局商工課長矢野貫城氏は佐伯氏とは同窓の関係もあり、本校の設立については将来の発展に備えて種々有益な忠言を与えられたのであった[42]」。

なお、文中の文部省実業学務局事務官の矢野貫城は、明治一九年、高知県に生まれ、高知第一中学、山口高等商業学校に学び、四一年に卒業し、山口高等商業学校助教授をへて、大正二年から教授。大正四年から六年まで、文部省給費生としてコロンビア大学で経済学を学び、帰国後、文部省の実業学務局事務官をしていた。(43)佐伯光雄とは、山口高等商業学校時代の同窓であった。また、文中、「当時私立の高等商業学校は……大倉高等商業学校が一校あるのみ」というのは事実誤認で、他に高千穂高等商業学校がある。

また、『五十年史』もほぼ同じだが、次のように記している。

「ここでまた計画は一大難関に当面し頓挫した。問題は文部省が私立高等商業学校設立について三十万円の積立金を必要とする旨を通告してきた。関係者は前途に見込みを失ない計画の挫折を憂慮されたが、このことを加藤恒忠が新田長次郎に事情を説明したところ、新田は人びとの予想に反し、あくまでも計画の貫徹を強調し、積立金三十万円を引受け、大阪市木津川町の土地三千坪を提供し、学校がその譲渡を受け、その土地から生ずる一万五千円の利益を学校経常費に充当することになった(44)」。

さらに、井上要『楽屋ばなし』もその模様を次のように記している。

「文部省が私立で高商を設くる以上は設備費の外更に三十万円の基金を積まねばならぬ。さもなくては申請を認可せぬと云ふ厳命である。設備費さへも四苦八苦の末漸く工夫したのである。この上更に此巨額を調達する力も望みも到底ない。後から基金を作ると云っても、現実に之を握って居らぬ以上は許すことは出来ぬと頑張って、とても話にならぬ。この時ばかりは流石の両加藤君も私共も丁度汗水を流しつゝ、折角登って来た車が山の頂上で転覆し、谷底へ投げ出されたやうな絶望悲観を感ずるばかりで、茲に最後の難関に陥った。この上、最早新田君に負担を求むる途はない。けれども事情は之を報告せねばならぬ。事こゝに至っては恒忠君の奥の手も駄目である。たゞ『誠に相すまぬが、斯様な次第である』と説明すると、之はまた意外、新田君は少しも驚かず『それでは基金三十万円も引受ける』との返答である。君の太っ腹と一旦思ひ立ちたる事は貫徹せねば已まぬ気象は何れも夙くに認識して居りながら、この場合この答には真に胆を抜かれた。この時ほど歓喜したことはない。既に絶望したものが蘇ったのであるから、地獄で仏に逢った以上の歓びである」。(45)

ただ、文部省実業学務局（矢野貫城事務官）がいつ大阪の三〇万円の基本金を要求し、また、加藤拓川がこの基本金問題でいつ大阪の長次郎を訪れたのだろうか。長次郎を訪れたのだろうか。『三十年史』も『五十年史』も、また、加藤拓川井上要の『楽屋ばなし』もその時期を特定しておらず、不明であるので、考察しておこう。文部省の要求はおそらく一〇月頃であろう。一つの傍証であるが、小野圭次郎（元・北予中学教諭）が松山高商採用時の回顧の中で、彰廉が一〇月に文部省を訪ねたことを述べている。

「大正十一年のこと、高商の出来る前ですが、私が東京で遊んでいますと校長が文部省に来られました。当時学校設立といふことは、本省が慎重にといふ注文でその諒解を得るのが容易でなく、校長はその運動に見えられたのでした。その時に校長から私に、遊んでいるのならもう一度松山へ来ないかと勧めて頂きましたので、私は同じ学校へまた勧めるのはおかしいとお答へすると、いや高商へ来ないかと仰言った。こゝに日誌があります。その中に『重信市太郎氏から手紙が来て、一五〇で来ないかとの話』とあります。そして十月の末に電報が来まして、高商早晩できるとのこと、そして来ないかとの交渉でありましたから、私も返電を出しました。十一月になって愈々行くことに決めたと返電しますと、校長から履歴書すぐ送れとあり、やがていよ〳〵決定採用の旨の通知がありました」[46]。

このように、加藤彰廉が文部省に申請のために事前協議に一〇月に行っており、その際に事務官の矢野貫城から強く言われたのであろう。そして、びっくりして、彰廉が東京の賀古病院に入院中の拓川を訪問し（先にも述べた如く、食道癌のため、九月二一日〜一一月一二日入院）、拓川に対し、新田長次郎を訪問するよう依頼したものと思われる。拓川日記の一一月一〇日に「来客十五人……内藤、加藤、渡辺、珍田、清原、斎藤等要談ノ客多シ」とある[47]。日記中の加藤が彰廉であるとの証明は出来ないが、その可能性も否定できない。

そして、いつ、加藤拓川が大阪の長次郎を尋ねたのだろうか。拓川日記をみてみよう。拓川は、当時賀古病院に入院していたが、摂政裕仁の松山来訪（一一月二三、二四日）を市長として迎えるために、退院、帰松することになり、一一月一三日東京を立った。その途中に大阪に寄り、新田長次郎を訪問した。日記に、一一月一四日「早朝着阪、藤井投宿。平井母子来迎、平井、新田両家訪問」、一六日「平井、新田再訪」とある[48]。だから、私の仮説だが、拓川はこの帰松の途中、一一月一四日と一六日に新田長次郎に会談し、文部省からの三〇万円基本金要求の事情を説明し、長次郎から引き受けの諒解を得たのだと思う。拓川日記を見ると、一二月には新田訪問の記事はないので、一一月一四日、一六日と推定する以外にはないからである。

なお、井上要は『拓川集　追憶編』の中で、文部省から三〇万円の基本金の要求は、文部省への財団法人の設立と高等商業学校の創立を出願をした後で、その後、加藤拓川が新田長次郎に頼んだと述べているが、[49]文部省への出願時期が大正一一年一二月二六日なので、記憶違いであろう。また、一二月二六日以降や大正一二年一月以降の拓川日記には長次郎を訪問したという事実はないからである。

この点は今後、新田家の資料、土地の登記簿（三〇万円の基本金は新田の大阪木津川町の土地三三一九坪を松山高商に寄附）などを調べれば、時期の特定ができるかもしれない。

さて、新田長次郎の「太っ腹」[50]ないし、「私心を犠牲にする事における寛大さ」[51]により、基本金問題も解決し、創立準備がすすめられた。

大正一一年一一月二八日、松山高等商業学校創立委員会は二番町伊予清交倶楽部で会合を開いた。一一月三〇日付けの『海南新聞』に「高商創立費補助、県市が補助せぬ様なら新田氏から寄附を仰ぐ」と題し、次のように報じられている。

「松山高等商業学校創立委員会を二十八日午後四時より二番町伊予清交倶楽部に於て開催し、協議の結果、県に於て創立費の補助を為さざる時は新田氏の寄附を得て創立し、経常費は県市の補助を受くる方針に決定し、加藤松山市長、加藤北予中学校長等交渉の任に当り、新田氏の寄附を得る筈にて、近く加藤校長上阪し、市長と共に新田氏を訪問することになった」。[52]

なお、この『海南新聞』記事には、文部省の三〇万円の基本金要求が記されていないが、内部のことであり、加藤彰廉等設立者が敢えて情報を出す必要がなかったものと思われる。

松山高等商業学校創立準備は進み、大正一一年一一月三〇日には、最初の土地三反三歩を地主の野原万里氏から購入しており、その後も、野原氏らから購入した。[53]

なお、大正一一年一二月一二日の愛媛県議会（第九七回）では、県が創立費の七万円の補助金を出さなかったことに対し、せめて、経常費の補助を出したらどうかとの「私立専門学校に学校補助規定を準用するの意見書」が、清家吉次郎、野本半三郎が提出者となり、政友会派の小野寅吉、村上五郎、高畠亀太郎、憲政派の黒田此太郎、西村兵太郎、八木春樹が賛成者となり、可決された。その意見書は次の如くであった。

「明治四十三年県令第二十一号学校補助規定ハ主トシテ県下ニ於ケル公立中学校、高等女学校及実業学校ニ対シ経常費ノ補助ヲ規定セルモノニ係リ、私立専門学校ニ対スル規程ヲ欠如スルハ甚ダ遺憾トスル処ナリ。依テ県ハ速カニ斯種ノ学校ニ対シ該規程を準用スベキ規定ヲ設ケラレン事ヲ望ム。

右意見書提出候也。

大正十一年十二月十二日

愛媛県会議長　野本半三郎

愛媛県知事　宮崎通之助　殿

提出者　野本半三郎　清家吉次郎

賛成者　小野寅吉、村上五郎、高畠亀太郎、黒田此太郎、西村兵太郎、八木春樹」(54)

なお、愛媛県は松山高等商業学校創立にあたり、三年目からであるが経常費の補助金を支出することとした。

大正一一年一二月二一日の『海南新聞』は「松山高等商業学校開校準備漸く進む。新田氏更に教員養成費を寄附。市の補助は十二、十三年度」と題し、次のように報じている。

「松山高等商業学校の創立は、愈々委員の手にて具体的に各方面に運動を開始し、明年四月までには開校せしむべく努力中であり、創立委員の総代たる加藤北予中学校長は十月二十三日松山市に対し創立費補助の申請をしていたが、今回県の補助は経常費の中へ仰ぐ事となり、創立費収支予算中、収入に於て、新田長次郎氏は予定の金一万八千円の外に前記県補助金として計上せる七万円を併せて寄附する事となり、従って予算は、十一万八千三百十一円（総高）、内三万円（松山市臨時補助金）、八万八千三百六十円（新田氏の寄附）に予算変更し、尚、新田氏は此の外、教員養成優遇の為に特に三万円を臨時寄附し、同校にては教員二名を洋行せしむる事になったので、市の補助額たる三万円は之れを十二、十三年度に於て、各半分宛補助して貰ひたき旨市に追申した」(55)。

そして、創立費・経常費・基本金の目途がつき、大正一一年一二月二二日に高商発起人会議を開いた（拓川日記）。そして、一二月二六日文部省に「財団法人設立ノ義ニ付申請」が設立者八名の連署をもって提出し、寄附行為、並びに学校規則が添えられた。また、同日付けで設立代表者加藤彰廉から「松山高等商業学校設置願」が提出された(56)。

ただ、これまでの校史において、この文部省への申請日に関し、混乱がみられる。『三十年史』の年譜では、「大正十一年度　十一月二十六日　財団法人松山高等商業学校寄附行為認可せらる」(57)とあり、申請日と認可日を勘違いし、また日時も間違っている。また、『五十年史』では、その五〇頁で「大正十一年十二月二十六日『財団法人設立ノ義ニ付申請』が設立者八名の連署をもって文部省に提出され」と正しく記述されているものの、六〇頁では、一二月二六日を文部省の「許可」とし、さらに四〇二頁の「年譜」でも「十二月二十六日に設立の許可を得」と記し、間違いを踏襲しているのである。おそらく、執筆者が異なるゆえ、『三十年史』の間違いを踏襲したものと思う。

この間違いはどこからきたのだろうか。それより先の星野通編の『彰廉先生』(昭和一二年)を見ると、「加藤彰廉先生略年譜」の五頁で「(大正十一年)十二月二十六日松山高等商業学校設立許可さる」とあり、また、六八頁で「(加藤彰廉等設立者八名は)財団法人松山高等商業学校寄附行為の発起人となり、其筋に申請して大正十一年十二月二十六日にその許可を得」と記し、文部省への申請日を認可日(なお、認可日は大正一二年二月二二日である)と勘違いしている。だから、これまでの校史の間違いの原点は星野通編にあったことがわかる。

申請時の「財団法人松山高等商業学校寄附行為」の条文は次の通りである。

「　財団法人　松山高等商業学校寄附行為

第一章　目的

第一条　本財団法人ハ専門学校令ニ依リ高等専門ノ商業教育ヲ施スヲ以テ目的トス

第二条　学校ノ学科課程及其他ノ学則ハ別ニ之ヲ定ム

第二章　名称

第三条　本財団法人ハ財団法人松山高等商業学校ト称ス

第三章　事務所

第四条　本財団法人ハ事務所ヲ松山市大字味酒字井ノ口七十五番地(当分同市大字鉄砲町

七十八番地北予中学校内）ニ置ク

第四章　資産

第五条　合資会社新田帯革製造所代表社員ハ本財団法人設立ノ為メ左ノ通リ寄附ヲ為ス

一、創立費トシテ現金拾弐万円也

二、基本財産トシテ大阪市南区木津川町地坪参千参百拾九坪但シ此ノ地価参拾万円ニシテ収益年額金壱万五千円ノ見込

三、第壱回海外留学費トシテ金参万円也
第弐回以後ハ随時寄附ヲ為ス

第六条　合資会社新田帯革製造者代表社員ハ前条ニ依リ提供セル財産ノ全部又ハ一部ヲ随時其ノ価格ニ相当スル現金ト交換シテ之ヲ寄附スルコトヲ得

第七条　将来経費ノ剰余及他ノ寄附等ニ依リ本法人ノ積立金参拾万円以上ニ達シタル時ハ第五条第二項ニ依リ合資会社新田帯革製造所代表社員ノ提供セル資産ハ之ヲ還付スルコトヲ得

第八条　本財団法人ノ目的ヲ賛助シ金員物品ヲ寄附スル者アル時ハ之ヲ受クル事ヲ得

第九条　学校ノ経費ハ左ノ収入ヲ以テ之ヲ支弁ス

一、資産ヨリ生スル収入

二、授業料入学料及其他ノ収入

三、寄附金及補助金

第五章　理事及監事

第十条　本法人ニ理事五名以内ヲ置ク其ノ任期ハ参ケ年トス

第十一条　理事一名ハ専務理事トシテ本法人ヲ代表ス

第十二条　本法人ニ監事一名ヲ置ク

第十三条　理事及監事ハ会員中ヨリ合資会社新田帯革製造所代表社員之ヲ推薦ス

第六章　会員及評議員

第十四条　本財団法人ハ十名以内ノ評議員ヲ置ク評議員ハ会員中ヨリ専務理事之ヲ嘱託ス

第十五条　本財団法人ノ設立ニ際シ之ニ協賛シタル者ヲ以テ会員トシ以後左記各項ノ一ニ該当スル者ニ就キ評議員会ノ決議ヲ経テ会員ト為ス事ヲ得

一、本財団ノ事業ニ功労アル者

一、教育上経験名望ノアル者

一、金壱千円以上ノ寄附者又ハ之ニ該当スル物件ノ寄附者

第十六条　評議員ハ重要ナル事項ニ付キ学校長ノ諮問ニ応ス

第七章　寄附行為ノ変更

第十七条　本財団寄附行為ハ第一条ノ趣旨ニ反セサル範囲ニ於テ理事及監事ノ決議ニ依リ主務官庁ノ許可ヲ経テ之ヲ変更スルコトヲ得

第八章　財団法人ノ解散

第十八条　本財団法人ハ法定ノ原因ニ拠ルニアラサレハ解散スルコトナシ

第十九条　本財団法人解散ノ場合ニ於テハ還付条件ヲ有スルモノハ之ヲ寄附者ニ還付ス、其他ノ資産ハ理事及監事ノ決議ニ依リ教育ノ目的ニ寄附ス

附則

第二十条　第九条ニ規定セル寄附金及補助金ニシテ経費予算ニ不足ヲ生シタル場合ハ設立者ニ於テ之ヲ支弁ス

右相違ナキコトヲ証スル為メ署名捺印ス

大正十一年十二月二十六日

財団法人松山高等商業学校設立者

岩崎一高

井上要

井上久吉

石原操

新田長次郎

加藤恒忠

加藤彰廉

野本半三郎」(58)

また、「松山高等商業学校規則」の条文は次の通りである。

「

第一章　総則

第一条　本校ハ専門学校令ニ拠リ商業ニ関スル高等ノ教育ヲ施スヲ以テ目的トス
第二条　修業年限ハ三ケ年トス
第三条　生徒定員ハ百五拾名トス

第二章　学年学期休業日

第四条　学年ハ四月一日ニ始マリ翌年三月三十一日ニ終ル
第五条　学年ヲ分チテ左ノ二学期トス
第一学期　四月一日ヨリ十月三十一日ニ至ル
第二学期　十一月一日ヨリ翌年三月三十一日ニ至ル
第六条　休業日ハ左ノ如シ
一、日曜日
一、大祭日　祝日
一、本校創立記念日
一、春季休業　四月一日ヨリ同月十日ニ至ル
一、夏季休業　七月十六日ヨリ九月五日ニ至ル
一、冬季休業　十二月二十五日ヨリ翌年一月七日ニ至ル

第三章　学科目、授業日数

第七条　学科目並ニ其ノ程度及教授時数ハ左ノ如シ

学科目＼学年	第一学年 毎週授業時数 中学校出身者	第一学年 毎週授業時数 商業学校出身者	第二学年 毎週授業時数	第三学年 毎週授業時数
論理学				
心理学	二	二	二	二
哲学概論				
国語、漢文		二		
商業文、書法	二	二		
数学	四	四		
商業算術				
物理、化学		四		
商品学			二	
商業学	三		五	五
商業実践				不定時
商事研究				不定時
簿記・会計学	三		三	二

法学通論 民法、商法	三	三	三	三
経済学	三	三	二	
財政学				二
商業史 世界近世史			一	一
商業地理	一	一		
英語	九	九	八	八
第二外国語	二	二	三	三
特別講義			三	三
体操	二	二	二	一
合計	三四	三四	三四	三〇

備考　一、第二外国語ハ独語トス之ヲ修メサル者ニハ英語ヲ課ス
　　　一、特別講義ハ学校ノ都合ニ拠リ左記科目中ヨリ適宜教授スルモノトス
　　　　社会学、統計学、農業政策、殖民政策、労働問題、工業法制等

第四章　入学、休学、退学及懲戒

第八条　入学期ハ毎学年ノ始メトス

第九条　第一学年ニ入学ヲ許可スヘキ者ハ身体強健、品行方正ニシテ左ノ各号ノ一ニ該当スル

モノタルコトヲ要ス
一、中学校卒業者
二、専門学校入学者検定規程ニヨル試験検定合格者
三、専門学校入学者検定規程ニヨル一般専門学校ノ入学ニ関シ無試験検定ノ指定ヲ受ケタル学校卒業者
四、商業学校卒業者
但シ尋常小学校卒業程度ヲ以テ入学資格トスル修業年限五ケ年、高等小学校卒業程度ヲ以テ入学資格トスル修業年限三ケ年若クハ之ト同等以上ノ学校ヲ卒業シタルモノニ限ル

第十条　前条第一号第三号及第四号ノ学校ヲ其ノ年ノ三月ニ卒業スヘキ見込ノ者ハ入学ヲ出願スルコトヲ得但シ本校入学者決定ノ時期ニ於テ尚卒業セサル者ハ出願ノ効力ヲ失フ

第十一条　入学志願者ノ数募集人員ヲ超過スル時ハ学力試験ヲ行ヒ其成績優良ナルモノヲ選抜入学ヲ許可ス

第十二条　入学試験ハ第九条第一号乃至第三号ノ者ニ対シテハ中学校程度ニ依リ第四号ノ者ニ対シテハ商業学校卒業程度ニ依リ之ヲ行フ
入学試験ノ科目ハ生徒募集ノ都度之ヲ定ム

第十三条　本校ノ適当ト認ムル中学校、商業学校又ハ第九条第三号ニヨル学校ノ成績優良卒業者

ニシテ当該学校長ノ推薦アルモノハ無試験検定ニヨリ入学ヲ許可スルコトアルヘシ

第十四条　入学志願者ハ入学願書、履歴書、成績証明書及身体検査証ニ検定料五円ヲ添ヘ学校長ニ提出スヘシ

検定料ハ収納後ハ何等ノ理由アルモ之ヲ返付セス

第十五条　入学ヲ許可セラレタル者ハ指定期日迄ニ戸籍謄本及入学料金五円ヲ差出スヘシ

第十六条　入学ヲ許可セラレタル者ハ指定ノ期日迄ニ父兄又ハ本校ノ承認スル監督者ヲ保証人トシテ誓約書ヲ差出スヘシ

第十七条　保証人転居、改氏、改名又ハ改印シタルトキハ直ニ其ノ旨ヲ届出スヘシ

保証人死亡又ハ学校長ヨリ不適当ト認メラレタルトキハ更ニ保証人ヲ定メ誓約書ヲ差出スヘシ

第十八条　退学者再入学ヲ出願スル時ハ試験ヲ行ハスシテ原学年以下ノ学年ニ入学ヲ許可スル事アルヘシ

第十九条　生徒已ムヲ得サル事由ニ依リ退学セムト欲スルトキハ其ノ事由ヲ具シ保証人連署ヲ以テ学校長ニ願出テ其ノ許可ヲ受クヘシ但シ疾病ニ依ル場合ニ於テハ医師ノ診断書ヲ添付スヘシ

第二十条　生徒疾病ノタメ三箇月以上修学シ能ハスト思慮スルトキハ医師ノ診断書ヲ添ヘ保証人ノ連署ヲ以テ学校長ニ願出テ許可ヲ得テ当該学年間休学スルコトヲ得

生徒在学中ニ兵役ニ服スルトキハ学校長ノ許可ヲ得テ其間休学スルコトヲ得

前項ニ依リ休学ヲ許可セラレタル者服役ヲ終リタルトキハ直ニ原学年ニ復スルコトヲ得

第二十一条　左記各号ノ一ニ該当スル者ハ退学ヲ命ス
一、性行不良ニシテ改善ノ見込ナシト認ムル者
一、学力劣等ニシテ成業ノ見込ナシト認ムル者
一、出席不常ニシテ怠慢ト認ムル者
一、引続キ一ケ年以上欠席シタル者
一、正当ノ事由ナクシテ引続キ一ケ月以上欠席シタル者

第二十二条　学校ノ規則ニ違背シ風紀ヲ紊リ其他不都合ノ行為アル時ハ譴責停学又ハ放校ニ処ス

第五章　授業料

第二十三条　授業料ハ一学年金七拾円トシ左ノ区分ニ従ヒ指定ノ日ニ納付スヘシ
第一納期　金二十五円　四月末日限リ
第二納期　金二十五円　九月末日限リ
第三納期　金二十円　一月末日限リ

第二十四条　授業料ハ一旦納メタル後ハ之ヲ還付セス

第二十五条　休学中ノ者ト雖モ授業料ハ之ヲ免除セス但シ兵役ニ服スルモノハ此ノ限ニアラス

第六章　試験、進級、卒業

第二十六条　試験ヲ分チテ臨時試験及学期試験トス

第二十七条　臨時試験ハ担任教員ノ見込ニヨリ臨時ニ之ヲ行ヒ学期試験ハ学期末ニ之ヲ行フ
第二十八条　各学科成績ハ試験成績ト平常ノ成績及勤惰トヲ参酌シテ之ヲ定ム
学科目ニヨリ定期ノ試験ヲ行ハス平常ノ成績勤惰ヲ考査シ又研究ノ報告ヲ考査シテ其ノ成績ヲ定ムル事アルヘシ
第二十九条　学期成績ハ毎学期ノ終ニ於テ各科目ニ就テ之ヲ定ム
第三十条　学年成績ハ学年ノ終ニ於テ第一学期及第二学期ノ成績ヲ平均シテ之ヲ定ム
第三十一条　試験ニ欠席シタル者ハ其ノ事情ニヨリ平常ノ成績及勤惰等ヲ考査シテ成績ヲ定メ又ハ追試験ヲ行フ事アルヘシ
第三十二条　凡テ成績ノ評点ハ壹百点ヲ以テ満点トシ各学科ノ学年成績及学年ノ総合成績共六十点以上ヲ得タル者ハ進級又ハ卒業セシメ之ニ合格セサル者ハ原級ニ止ム
第三十三条　卒業シタル者ニハ卒業証書ヲ授与ス

附則

第三十四条　本規則施行ノ為必要ナル細則ハ別ニ之ヲ定ム」(59)

これらの「寄附行為」、「学校規則」は、その後改正をへながら今日にいたっている。原型の意味において極めて重要な史料である。

そして、この寄附行為をみると、新田長次郎は松山市の創立費補助金三万円も含めて、創立費一二万円の全額を支出している。加藤拓川が市長である松山市は愛媛県と異なり、創立費を支出するが、この時点ではまだ議会で承認されていないためであろう。その後、松山市は、創立費を二万円に

減額するが、大正一二年と一三年の二か年にわたり、各一万円支出した。(60)

なお、申請時の「松山高等商業学校規則」は、『三十年史』、『五十年史』になぜか掲載されておらず、『愛媛県教育史』第四巻五二五～五二八頁にあり、また、大正一三年八月改正の学校規則が『三十年史』五五～六一頁、『五十年史』五五～五八頁に掲載されている。

第四節　松山高等商業学校創立

大正一二（一九二三）年に入って、加藤彰廉ら関係者は文部省の認可を焦りながら待っていた。一月一三日の『海南新聞』は「私立松山高商設立認可を焦燥る」と題し、次のように報じている。

「既報の如く私立松山高等商業学校設立に関し客月二十六日文部省に認可申請書を提出したが、丁度年末期と迫っておった事とて、県当局では漸く最近に至りその運びに着手したので、学校側では入学期が迫った今日各地よりの規則請求其他照会等があるので大変焦燥している」。(61)

しかし、二月九日の『海南新聞』は加藤彰廉北予校長の談話――今は文部省の認可を待っているのみであり、松山高商開校の準備は整っている――を紹介し、「当分は借家住居の松山高等商業学校認可あり次第生徒募集　愈々四月から開校の運び」と題し、次の如く報じた。

「非常に難産と見えた高等商業も加藤北予中学校長、加藤市長其他の人々の熱心な努力と新田長次郎氏の之に対する非常な好意とで愈々この四月から開校することが出来得るまでに総ての準備が整ひ今はその筋の認可を待っているのみである。将来四国大学を得ようとする前提として高商の設立は地方のためこの上もなき結構な事であるが、右につき其主役である加藤北予中学校長は左の如く語っていた。『認可がありさへすれば直に生徒の募集に着手すべく実は認可を手具脛ひいて待っているのである。開校の準備等もモウスッカリ出来て居る。本年は募集生徒も僅に五十名であり、一クラスであり北予中学の教室が余っているから之を充て、講師は三名であるが、それも最早物色しているからその方は訳はない。そして明年三月までに建築の方は完成すれば宜しく、講師も松山高等学校の方に依頼する事になっているから準備の点は最早何等心配もない。松山市の補助額二万円の中市公会堂をやらふと云ふ事は彼の建物の評価如何に依って敦れになっても宜いと思っている。教室にするとしてもあのまゝでは困る。敦れ改修せねばならぬのであるから、安く見積もって呉れば貰ふが、一万円なんて評価される様ならば貰はない』云々[62]」。

そして、漸く、二月二二日付けで文部省から財団法人松山高等商業学校設立の許可が通告され、同日、財団法人松山高等商業学校に対し、松山高等商業学校設置が認可され、同月二四日にその旨告示された[63]。

なお、文部省告示第九十二号は「実業学校令及専門学校令ニ依リ左記実業専門学校ヲ設置シ大正十二年四月ヨリ開校ノ件認可セリ、大正十二年二月二十四日　文部大臣　鎌田栄吉」である[64]。

松山高等商業学校の開校は、本学ではよく私学で三番目と言われているが、正確には、私立の実業専門学校中、高等商業学校名を冠した学校（高千穂高等商業学校、大倉高等商業学校）の中でのことで、私立の明治、法政、中央、立命館、専修、明治学院、などの専門学校中の商科設置の学校を入れると、一七番目である。(65)

そして、三月三日、寄附行為第一三条により、理事に岩崎一高、井上要、新田萬次郎、加藤恒忠、加藤彰廉、監事に井上利三郎を選任し、同時に第一回理事会（持ち回り理事会）を開き、加藤彰廉を同校校長ならびに専務理事に推挙した。(66)そして、この第一回理事会の記録が本校運営の師表・手本となったと『三十年史』の執筆者・田中忠夫はいう。「それは学校長が専務理事を兼ねることと、一度専務理事、校長を選任すると財団は一切これに委任して敢て意見を挟まぬという慣行である。加藤校長時代にはこの持廻り理事会というのが相当に多い。これは理事会を開かずに議案と決議文とを書いたものを学校小使が持廻って各理事から印判をもらうという珍しい協議形式である」(67)。

その後、加藤彰廉校長兼専務理事は財団法人の登記申請を行ない、三月一三日、登記が完了した。また、財団法人は松山高商校長に加藤彰廉を文部省に認可申請していたが、三月三〇日付けで認可を受けた。(68)

まとめ

以上、松山高等商業学校創立期に関する研究において、これまで、不明だった諸点ならびに間違いについて考察してきたが、主な点を再度まとめ、また、課題について述べておきたい。

第一に、加藤拓川が三度にわたり、新田長次郎を訪問し、松山高商の創立資金を依頼した期日に関して。これまでの校史では期日不明であったが、拓川日記にづき、長次郎が創立資金の寄附の要請を受け了解したのが大正一一年四月四日、愛媛県の補助金の肩代わりを了解したのが九月一八日、文部省の三〇万円の基本金の積立てを了解したのが一一月一四日又は一六日と特定した。だが、これは、あくまで、拓川側からの考察であり、また、私の推察であり、訪問を受けた新田家の文書をつきあわせることが必要で、それでないと真実は解明されないだろう。

第二に、松山高商創立話の経緯に関して。これまで、北予校長の加藤彰廉が拓川に提案したと長らく大学の公文書で書かれていたが、順序は逆で、大正一一年の正月、井上要から話をうけた拓川が彰廉に働きかけたのが事実であったことを明らかにした。これまでの大学の公文書の記述は間違いであり、訂正する必要があると思う。

第三に、文部省への松山高等商業学校設立申請ならびに認可日に関して。現在の大学の公文書では正確に記述されているが、これまでの校史である『三十年史』では申請日と認可日の間違いがあり、また、『五十年史』でも混乱がみられる。申請日は大正一一年一二月二六日、文部省の認可日は大正一二年二月二二日、告示は二四日であり、正確さを期す必要があろう。

第四に、松山高商創立計画時の種々の資料中、とりわけ、寄附行為草案や予算案等に関して。これについてはなお不明な点がある。『三十年史』で財政の資料が出されており、戦災でも焼けていないので、学内の資料をもっと詳細に分析すれば、創立計画時の寄附行為草案や予算案等が判るものと思う。

第五に、松山高商の創立に当たり、新田長次郎が当初寄附した金額に関して。彰廉校長は、大正一三年一〇月一〇日の開校式の式辞で、新田長次郎の寄附額を四八万円と述べている。(69) だが、数字の根拠・内訳がなお不明なことである。そこで、少し考察してみたい。長次郎の当初の寄附予定金額は、創立費一二万円＋洋行費三万円＋基本金三〇万円の合計四五万円である。だが、新校舎の設計変更があり（木造から鉄筋コンクリートに変更し、大正一二年七月三一日起工）、経費増のため、さらに創立費五〇〇〇円を寄附したので四五万五〇〇〇円となった。さらに、長次郎は図書費として大正一二年から毎年三〇〇〇円、計一万円を寄附したので、総計四六万五〇〇〇円となる。だが、これだけでは、彰廉のいう四八万円にはならない。そこで、考えられるのが、経常費への新田の支出である。新田は経常費として、毎年一万五〇〇〇円を寄附している。それは、大阪の土地を松山高商に譲渡し、それを新田が借り受け、賃借料を毎年松山高商に支払うという方式を採用し、その寄附が一万五〇〇〇円である。この初年度の経常費一・五万円を加えると、ぴったり四八万円となる。これが、彰廉のいう四八万円でないかと推測される。ただ、創立費にこの経常費の一・五万円を加えることには若干の躊躊があり、また、基本金の三〇万円を既に計上しているので、二重計算でないかとの批判も出てこよう。もし、初年度の経常費補助でないとすれば、その後の新田の寄附であろうが、四八万円の内訳についいては、今後予算、決算の精査や新田家の文書を調べなければ正確なことは分からない。研究課題である。現時点では、初年度の経常費補助と仮定しておきたい。

第六に、この四八万円を現在の貨幣価値に換算するといくらになるかという問題である。これまでも、幾人かが試算を試みている。例えば、片上雅仁氏は新田長次郎は約五〇万円を寄附したといい、米価を基準にすると約五億円だが、実際の生活感覚としてはもっと高額で、当時の賃金水準なども勘案し、二〇億円とか三〇億円とかに相当すると推定している。(70)

私も試算してみよう。かりに消費者物価指数で換算すると、一九二三年（大正十二年）の消費者物価を一とすれば、二〇一二年時点で約一五九七・五倍になるので(71)、四八万円は七億六六八〇万円に相当する（四八万円×一五九七・五＝七億六六八〇万円）。ただ、この試算は甚だ乱暴な計算である。というのは、この四八万円の内訳には、土地代もあれば建築費もあり、洋行費もあり、備品費、図書費もあり、また、人件費もあるからである。消費者物価指数で試算すると、最大の費用である土地代や建築費、人件費が過少評価されるからである。そこで、一定の仮定の上で、現在価格に換算してみよう。

①基本財産として提供された大阪市南区木津川町の土地三三一九坪は三〇万円で、その坪単価は九〇円三九銭である。二〇一四年の大阪市浪速区木津川町の公示価格は一坪六七万四三八〇円となっているので、七四六〇・八倍となり、この三〇万円は二二億三八二四万円ぐらいに相当する。

②北予中学の北側の地所（農地）二五九六坪の購入費は二万三三六四円で、その坪単価は九円で

ある。二〇一三年の松山市道後樋又の農地取引価格は一坪三〇万五〇八四円となっているので、三万三八九八倍となり、この二万三三六四円は七億九一九九万円に相当する。

③農地買収に伴う小作人補償の一五四四円六二銭ならびに土工費四〇〇〇円を仮に二〇〇〇倍すると、一一〇八万九二四〇円に相当する。

④新築費〈本館や教室〈木造〉生徒控室、図書室等の建築費〉は六万五五五〇円で、坪単価はバラバラだが、仮に平均二〇〇円とし、二〇一四年の建物の坪単価をこれも五〇万円と仮定すれば、二五〇〇倍となり、この建築費は一億六三八七万五〇〇〇円に相当する。

⑤備品費二万〇九〇〇円は、これを消費者物価指数の一五九七・五倍にすると、三三三九万円に相当する。

⑥その他の創立設備費四六四一円三八銭を仮に消費者物価指数で換算すると、七四一万四六〇四円五〇銭に相当する。

⑦さらに、追加の建築費五〇〇〇円を仮に二五〇〇倍すると、一二五〇万円に相当する。

⑧また、追加の図書費一万円を消費者物価指数で換算すると、一五九七万五〇〇〇円に相当する。

⑨洋行費三万円は、仮に五〇〇〇倍すると一億五〇〇〇万円に相当する。

⑩初年度経常費として一万五〇〇〇円は、校長給四〇〇〇円、教員給九三〇〇円〈教授一人二六四〇円〉、その他の校費五〇〇〇円である。今日学長一六〇〇万円、教授一二〇〇万円と仮定して、それぞれ四〇〇〇倍と四五四五倍となる。その他を消費者物価指数で換算すると、六六二五万六〇〇〇円に相当する。

以上、創立費と初年度の経常費の総計四八万円は、三四億九四三二万九八四四円五〇銭、約三五億円となる。これはあくまで、仮定の上の私の試算である。なお、この約三五億円はやや高すぎるであろう。というのは、今日の地価は高いし、農地が宅地並み価格となっており、また、建設費も現代は耐震対策などもあり高いからである。正確な換算は今後の課題である。

(注)

(1) 文部省『学制百年史』昭和四七年、四四四~四四六頁。
(2) 文部省『学制百年史　記述編』四七一~四七二頁、『学制百年史　資料編』二四四頁。
(3) 文部省『学制百年史』四四九~四五〇頁。
(4) 同、四八六頁。
(5) 各大学のホームページより。
(6) 文部省『学制百年史』四八二~四八四頁、『学制百年史　資料編』二四五頁。
(7) 文部省『学制百年史』四八七~四八八頁。
(8) 『海南新聞』大正一〇年一一月二一日。
(9) 『海南新聞』大正一〇年一〇月三日。なお、『五十年史』は、井上要が松山高等学校開校式の式辞は四国大学の設置を望む旨を述べたとされているが(同四六頁)、式辞はこれと別で、間違いである。
(10) 『五十年史』四六~四七頁。
(11) 『海南新聞』大正一〇年一二月三日。
(12) 『海南新聞』大正一〇年一二月四日。
(13) 『拓川集　追憶編』一七六~一七七頁。

(14)井上要『楽屋ばなし』一二五頁。
(15)星野通編『加藤彰廉先生』六四～六五頁。
(16)『拓川集　日記編』一八〇頁。
(17)『三十年史』二頁
(18)松山大学ホームページの三恩人の解説。
(19)『三十年史』三頁。
(20)同五頁。ただ、私はこの時点（大正一一年一月）で、加藤彰廉が早くも新田長次郎から寄附を受けることを前提にして寄附行為を作ったとは思えず、この『三十年史』の田中忠夫の「推測」には疑問があり、間違いであろう。
(21)『五十年史』四七頁。
(22)『三十年史』三頁。
(23)『三十年史』三頁、『五十年史』四七～四八頁。
(24)井上要『楽屋ばなし』一二六～一二七頁。
(25)『拓川集　追憶編』一七七頁。
(26)井上要『楽屋ばなし』一二七頁。
(27)『回顧　七十有七年』四一一～四一二頁。
(28)『拓川集　日記編』一八二頁。
(29)『加藤彰廉先生』二〇一頁。
(30)『拓川集　日記編』一八二頁。
(31)同、一八八頁。
(32)『海南新聞』大正一一年九月一五日。
(33)『海南新聞』大正一一年九月一六日。
(34)『三十年史』二三八～二四二頁。なお、創立設備予算費の（イ）＋（ロ）＋（ハ）を合計しても一一万八三五八円六二銭にならず、三〇〇〇円不足する。理由は不明。
(35)『五十年史』四八頁。

(36)『三十年史』八頁。
(37) 井上要『楽屋ばなし』一三三～一三四頁。
(38)『拓川集　日記編』一八八頁。
(39)『五十年史』四八頁。
(40) 井上要『楽屋ばなし』一三六頁。
(41) 成沢栄寿『加藤拓川』二六一頁。
(42)『三十年史』八～九頁。
(43) 日外アソシエーツ『20世紀日本人名辞典』二〇〇四年。
(44)『五十年史』五〇頁。
(45) 井上要『楽屋ばなし』一三八～一三九頁。
(46)『加藤彰廉先生』三三七頁。
(47)『拓川集　日記編』一九七頁。
(48) 同。
(49)『拓川集　追憶編』七八頁
(50) 井上要『楽屋ばなし』一三八頁。
(51)『三十年史』八頁。
(52)『海南新聞』大正一一年一一月三〇日。
(53)『三十年史』二四四、二六一頁。
(54)『愛媛県議会史　第三巻』一三九〇～一三九一頁。
(55)『海南新聞』大正一一年一二月一一日。記事中、十一万八千三百十一円とあるのは、十一万八千三百六十円の間違いと思われる。
(56)『五十年史』五〇頁。
(57)『三十年史』の「年譜」一頁。
(58)「財団法人松山高等商業学校寄附行為」国立公文書館所蔵。『三十年史』二一七～二二〇頁、『五十年史』五〇～五三頁。設立者八名の住所は略。

(59)「松山高等商業学校規則」国立公文書館所蔵。『愛媛県教育史』第四巻、五二五～五二八頁。なお、『三十年史』『五十年史』には、申請時の「松山高等商業学校規則」は何故か掲げられておらず、改正時の学校規則が掲げられている。おそらく、史料探索ができなかったのであろう。

(60)『三十年史』二四三、二四五頁。松山市の創立費補助は、『松山市史料集第十一巻、近・現代編3』一一二五頁からも確認される。

(61)『海南新聞』大正一二年一月一三日。

(62)『海南新聞』大正一二年二月九日。

(63)『五十年史』五三頁。

(64)松山市『松山市史料集第十一巻　近・現代編3』昭和五八年、三一三頁。

(65)『岩波日本史辞典』岩波書店、一九九九年、一七四四～一七四九頁。この点の指摘は、神森智先生（元・松山大学長）のご教示による。

(66)『三十年史』九頁、『五十年史』五三頁。

(67)『三十年史』一〇頁。

(68)『海南新聞』大正一二年四月五日。

(69)星野通編『加藤彰廉先生』七六頁。

(70)『秋より高き晩年の秋山好古と周辺のひとびと』アトラス出版、平成二〇年、一四八頁。

(71)ネットの「いまならいくら」で計算。明治六年～昭和二九年（図録日本の貨幣・第8巻）で一三八六倍、それを大正一二年を一にして、昭和二九年が二七二・八倍。昭和二九年～五七年（日銀の日本銀行百年史・資料編）が四・八八倍、昭和五七年～平成二四年（総務省）が一・二〇倍ゆえ、二七二・八×四・八八×一・二〇＝一五九七・五倍となる。

第二章　加藤彰廉と松山高等商業学校

第一節　誕生・少年時代

加藤彰廉（以下、彰廉と略す）は、文久元年一二月二七日（新暦では一八六二年一月二六日）、伊予・松山藩士の江戸詰めの家臣・宮城正脩の次男として、江戸愛宕下にて生まれた。幼名は錠之助または錠吉である。父の正脩は松山藩では槍の師範として知られていた。

彰廉が生まれた前後のころは、幕末の疾風怒濤の時代であった。安政五（一八五八）年に日米通商条約が締結され、動乱が始まった。安政六（一八五九）年に安政の大獄、万延元（一八六〇）年に桜田門外の変、文久元（一八六一）年に和宮降嫁、文久二（一八六二）年に坂下門外の変、文久三（一八六三）年に長州藩の外国船砲撃、奇兵隊結成、薩英戦争、八月一八日の政変と続き、元治元（一八六四）年に禁門の変、第一次長州戦争による長州藩の敗北、慶応二（一八六六）年に薩長同盟が締結され、第二次長州戦争による幕府軍敗北、等々と続いた。親藩の松山藩は、第二次長州戦争時の周防大島の戦いで長州軍に惨めに敗北した。その年、藩主のお国入に従い、宮城正脩も彰廉も江戸から松山に移った(1)。

慶応三（一八六七）年に入り、第一五代将軍徳川慶喜は一〇月一四日に大政奉還を行ない、一二月九日、王政復古の大号令が発せられ、明治新政府が誕生した。しかし、旧幕府軍が反発し、慶応四（一八六八）年一月三日～四日に戊辰戦争がおこり、幕府軍は敗北し、松山藩は朝敵となった。そして、藩主・松平定昭は常信寺に恭順、謹慎した。

このような、幕末・維新の激動期に彰廉は少年時代を松山で送った。

明治元（一八六八）年、彰廉六歳であり、藩校明教館に入り、四書五経を学んだ。

明治四（一八七一）年、廃藩置県が行なわれ、松山藩は松山県となった。このとき彰廉は九歳。次男であった彰廉は跡継ぎのいなかった加藤彰家の養子となった（このとき、幼名を養父の彰の一字をとり彰廉にかえたと思われる）。養子先の加藤彰家は松山藩の槍の名手として有名であった。なお、養父は後、五十二銀行の二代目頭取になる人物であった。入籍当時の彰廉の状況について、星野通編の『彰廉先生』は次のようなエピソードをのせている。

「この加藤家入籍の当時は、先生は十一歳であったがまだ極めて小さく、加藤家に行くとき人力車に乗っていったが、その頭がうしろから見えなかったとかいふやうな話がある。当時の先生は髷を切っていたが、刀はまだ所持していて、子供のことゝて刀を腰に差したり、また手に持って遊んだりしていたといふ(2)」

明治五（一八七二）年八月学制が頒布され、松山でも小学校が設立され、一〇月に勝山学校が開校し、彰廉も転校した。小学校時代の彰廉の記述は貧弱で、星野編の『前掲書』は次のような一文を載せているだけである。

「こゝでは主として習字を習ったのである。俗に習字科といはれたもので、当時習字科の教師としては伊藤、高橋の両師があり、先生は伊藤師匠に、また先生の友達であった村井知至氏などは高橋師に教はったのである。当時この習字科の生徒が持つことを誇りとしたものに柳条の筆といふのがあったが、先生は常にこの筆を持っていて、友達仲間の羨望の的であったといふ。また当時の習字科の生徒には、上級生が下級生をいぢめる弊風があったが、先生は決してそんな悪戯などせず、休みの時間はよく庭の大きな樹の下に佇んで、みんなの遊び戯れるのをヂッと微笑して見ていたといふ(3)」

このように、彰廉は優秀でおとなしい性格であったようだ。

第二節　大阪遊学時代

明治七（一八七四）年、彰廉は従兄の平井重則とともに、三津から和合丸にのり、大阪に出て、川口の与力町にある私立の英語学校に入学した。養父彰の計らいによるものであった。この年、彰廉一二歳。同学校は西洋人の経営による宗教学校で、校長はウイリアム。教員の多くはアメリカ人で、モリス、ラニング、クインべの三先生から英語を初めて学んだ。生徒は六〇～七〇人いた。そして、ここで彰廉は洗礼を受けた。子供の頃から物云わぬ方で、性質は「外柔内剛」、養父母に対し極めて従順で、口返答したことがないという(4)。

明治九（一八七六）年、彰廉は官立の大阪英語学校（一二年に大阪専門学校と改称）に入学した。同学校は理学科と医学科があり、彰廉は養父の勧めで医学科に入り、解剖などを勉強した。しかし、「これは養家の勧めに従ったまでゞ……この方面はどうも先生の志に副はず、いさゝかもて余り気味」[5]であったという。

なお、この大阪専門学校時代の友人に、添田寿一（後、東大を出て、大蔵次官等を歴任）、林権助（後、東大を出て、外務官僚、駐韓公使となり、対韓、対露強硬外交を推進、第一次日韓協約、第二次日韓協約を主導し、韓国保護国化を推進した人物）等がいる。また、この大阪専門学校時代に、彰廉は剣道をたしなみ、同校剣道部を創設したという。後、彰廉は剣道を学生に勧めた。

明治一三（一八八〇）年一二月、大阪専門学校の組織替えがなされ、大阪中学校への名称替えと同時に、医学科のものを東大医学部に、法文理のものも東大に送り、残りのものを英語中学生とした。この組織替えの機会に彰廉は転身を考え、東京に出ることを決めた。[6]

第三節　東京大学時代

明治一四（一八八一）年、彰廉は東京大学文学部第一科の哲学・政治学及理財学科に編入した。星野通編『彰廉先生』では、「（先生は）明治十四年東京大学文学部政治学理財学の科を択んでその二年へはいった。これは先生が大阪で大学の一年に相当する課程を終っていたからである」[7]と述べている。ただ、この記述には、編入の月日の明示がなく、また、二年編入というのは間違いであろう。私は彰廉が東大に編入した時期は、二年からではなく、一年の後期からであると思う。というのは、当時、東京大学は一学年を前後二期にわけ、前期を九月一一日より翌年の二月一五日まで、後期を二月二三日より七月一〇日までとしていたこと、[8] および、大淵利男氏が論文「E・F・フェノロサの『理財学講義』とわが国財政学の発展」のなかで、明治一三年度（一三年九月～一四年七月）の東大文学部第一科の一年の履修生として、一八名の名をあげ、そのなかに、彰廉の名前があるからである。[9] したがって、彰廉は、明治一四年の二月二三日、一学年の後期に編入したものと考えて間違いないであろう。このとき彰廉は一九歳であった。

なお、当時の東京大学（明治一〇年四月創立）は法・文・理・医の四学部からなり、文学部は第一科史学・哲学・政治学科と第二科和漢文学科の二学科が置かれ、第一科の中に「経済学」が三年次配当として置かれていた。だが、明治一二年九月一八日に文学部の学科組織が改編され、第一科は哲学・政治学及び理財学科、第二科は和漢文学科となり、第一科から「史学」が削除され、新たに「理財学」が加えられた。そして、従来の「経済学」は「理財学」と改称された。そのような、学科改編後の一四年二月末に、彰廉は第一科の一年後期に編入したのである。ところが、その半年後の一四年九月一五日、さらに文学部の改編がなされ、三学科制となり、第一科が哲学科、第二科が政治学及理財学科、第三科が和漢文学科となった。こうして、彰廉が二年生になったとき、理財学は第二科に属することになり、理財学の講義時間が著しく増加した。第二科の授業科目は、第二年「理財学一年間毎週四時」、第三年「理財学（理財学・日本財政論）一年間毎週四時」、第四年「理財学（理財学・日本財政論）一年間毎週四時」（なお、三、四年次の理財学は毎週三時間、日本財政論が毎週一時間）となっており、彰廉は二年～四年にかけて「理財学」をみっちり学んだようである。[10]

そして、理財学の教授は、お雇い外人として有名なアーネスト・フェノロサであった。フェノロサは、明治一一年八月に赴任し、一九年八月まで八年間、政治学・哲学・理財学・論理学などを講義し、彼は、東京大学における最初の唯一の経済学の教授であった。[11] 彰廉の東大在学時代が明治一四年二月二三日から一七年七月一〇日までなので、在学中、フェノロサの各種の講義を存分に聴いていたことは間違いない。なお、明治一四年九月一五日の学科編成と理財学の講義増加に対応して、同年八月に大蔵省書記官の田尻稲次郎が嘱託となり、田尻が二年生を、フェノロサが、三、四年生の理財学を講義した。だから、彰廉は二年の時田尻稲次郎から、三、四年でフェノロサから理財学を学んだものと思われる。なお、日本財政論は市川正寧、佐伯惟馨、渋沢栄一などが担当しており、かれらから学んだものと思われる。[12]

フェノロサの理財学の講義内容については、大淵氏が前掲論文で詳しく紹介している。それによると、二学年では、理財学の本旨を十分に通暁せしめるために、十分に講義を行ない、教科書はフォーセットの『理財学』、ミルの『経済学原理』、ロッシェルの『理財学』などを使用した。三学年では通貨及び銀行論の講義を行ない、教科書は、マクラウドの『銀行の理論と実際』、ジェボンズの『貨幣論』、ウォーカーの『貨幣論』、ゴッシェンの『外国為替論』などを使い、四学年では、労力、租税、公債論の講義を行ない、教科書は、バクスターの『英国租税論』『国債論』、マカロックの『租税・公債論』、ゴッシェンの『地方税論』『租税論』、ソールトンの『労働論』、バイルズの『自由貿易弁』、バスティアの『保護税弁妄』、サムナーの『アメリカ保護貿易史講義』など、幅広く欧米の最新の理財学を教えたようである。そして、フェノロサの理財学は基本的にジョン・スチュアート・ミルの『経済学原理』（一八四八年）を基調としていたことが明らかにされている。(13)だから、彰廉もフェノロサからミルの経済学を多く学んだことがわかる。

また、東大時代の彰廉の研究活動について、星野通編の『彰廉先生』では当時、東大文学部の寄宿舎内に「十三社」という学生の学術研究親睦団体があり（十三社とは明治一三年度に入学の意味と思われる）、社員に入江金治、原田権平、林権助、浜田健次郎、春日秀朗、添田寿一、土子金四郎、中川恒次郎、平沼淑郎、等々がおり、毎月二、三回研究演説会を開き、彰廉も明治一六年二月二六日に「理財学の解」と題し、講演したことが紹介されている。(14)若者たちが、活発に研究発表していたことがうかがわれ、彰廉が早くも、理財学の権威として登場していることがわかる。

研究以外での彰廉は、部活に熱心であったようで、星野通編『彰廉先生』は、次のようなエピソードをのせている。

「当時の東京大学は、のちの帝国大学に比べて、整はぬところが多かった代り、それだけ面白いところもあったやうで、学生には運動場で野球をしたり、相撲をしたりするのがあり、その関係者が少くても、すこぶる熱心であったといふ。もちろん今日のやうにスポーツが盛んであったのではないが、ボートレースなども、隅田川でよく漕いだもので、先生は平沼淑郎氏や阪谷芳郎男あたりと、古ボートを漕ぎ廻った。

また大学時代に先生は柔道もやったもので、相棒はやはり阪谷男などであった。なんでも湯島に井上といふ柔道の師匠があって、先生はよくこゝへ通うた。

当時の大学の寄宿舎は、規則が極めて厳重で、先生はちやうど維新と同時に松山を引揚げた実家が神田にあったので、時々は同家に行って一泊することがあったが、帰るときには必ず外泊証明書を必要としたものである。当時の大学生には制服といふものがなく、服装はまち〳〵で、先生はいつも和服を着ていた[15]」

明治一七（一八八四）年七月一〇日、彰廉は東京大学文学部政治学及理財学科を卒業した。同時に卒業したのは、次の一二名であった[16]。

阪谷芳郎、平沼淑郎、添田寿一、久米金弥、土子金四郎、杉江輔人、浜田健次郎、藤山裕二、原川権平、中川恒次郎、春日秀朗、加藤彰廉。多くは、官僚や学者になっている。例えば、阪谷芳郎は大蔵次官、大蔵大臣、東京市長、貴族院議員、専修大学学長。平沼淑郎は市立大阪商業学校長、早稲田大学学長等。添田寿一は大蔵次官、台湾銀行総裁、日本興業銀行総裁、鉄道院総裁、貴族院議員。久米金弥は逓信省通信局長、農商務省次官等。土子金四郎は東京高商教授、等々。

第四節　文部省・大蔵省官吏時代

明治一七（一八八四）年七月一八日、彰廉は文部省御用掛を拝命し、普通学務局に勤務した。二二歳の時である。だが、その三カ月後の一〇月一八日、彰廉は大蔵省御用掛に転じ、主税局編輯課に勤務した。理財学につうじていたためであろう。そして、一九（一八八六）年一月一八日には二等主税属に任ぜられた。

彰廉は大蔵官吏をつとめながら、専修学校（専修大学の前身）で非常勤講師をつとめた。星野編の『彰廉先生』では、このことについて一切書かれていないが、当時、史料がなかったためであろう。そして、彰廉が専修学校でなぜ講義するようなったのか。それは、大蔵省の上司である田尻稲次郎の推薦であると思う。田尻稲次郎は嘉永三年薩摩藩士の家に生まれ、慶応義塾、大学南校などで学び、藩の貢進生として明治四年米国に留学し、エール大学・大学院で財政経済を学び、学位を取得後、明治一二年八月帰国した。翌一三年一月福沢諭吉の推薦で大蔵省に入省し、官吏のかたわら、同年九月の専修学校の創立に加わり、同学校経済学科の教授を務めた。また、明治一四年八月からは東京大学で理財学の講師もつとめる専門家であった。(17) 彰廉は大学二年のときに田尻から理財学を学び、さらに、彰廉が大蔵省入りしてからは、彰廉の上司としてさらに親しくなり、彰廉の経済学の素養を見ぬき、自分が創立に加わった専修学校の理財学の講師を紹介したものと推測する。

彰廉の専修学校での科目は「応用経済学」と「租税論」であった。大淵利男「明治期における加藤彰廉の財政論について」(18) によると、彰廉は専修学校第一年級で「応用経済学」を教え、三年級で「租税論」を教授したという。そして、それぞれ、講義筆記が刊行されている。「応用経済学」は明治二〇年四月二九日の発行となっている。だから、彰廉はおそらく明治一九年度の前期（明治一九年九月〜翌年二月）に一年生に講義したものと考えられる。「租税論」は三年生対象の講義で、発行年月不明である。大淵は明治二一年一〇月から二二年九月と推定しているが、二一年九月一七日には、彰廉は山口高等中学校教諭に赴任しているので、私はこの「租税論」は二〇年度（二〇年九月～翌年七月）に三年生に講義したものと推定しておきたい。

さて、彰廉が一年生に講義をした「応用経済学」（文学士加藤彰廉講述　高雄馬一郎筆記）の目次は次の通りである。

「第一編　生産上并ニ分配上ニ及ホス社会進歩ノ影響

第一章　富ノ増殖ノ通性

第二章　生産商業ノ進歩及ヒ人口ノ増加ハ価格并ニ物価ニ如何ナル影響ヲ及ホス乎

第三章　地代利益及ヒ賃銀上ニ及ホス社会進歩ノ影響ヲ論ス

第四章　利益ノ最下点ニ低減スル傾向ヲ論ス

第二編　政治ノ影響

第一章　政府ノ職務ヲ論ス

第二章　租税総論

第三章　直　税

第四章　物品税

第五章　政府ノ普通ノ職務ヲ生スル経済上ノ結果ヲ論ス

第一節　相続法

第二節　長子相続法

第三節　平等分配法

第四節　合資会社法
第五節　合資会社ノ種類
第六節　破産法
第六章　謬説ニ出テタル政府ノ干渉
第一節　自国ノ産業ヲ保護スル事
第二節　利子制限法
第三節　独占事業
第四節　労力者ノ同盟ヲ禁スル法律
第七章　放任主義及ヒ其範囲
第一節　干渉非干渉論
第二節　干渉論の反対説
第三節　放任主義の範囲
第四節　結　論[19]」

彰廉のこの講義「応用経済学」は、イギリスの経済学者・ジョン・スチュアート・ミル（一八〇六～一八七三）の『経済学原理―およびその社会哲学へ為せる応用』（第一版一八四八年、第七版一八七一年）の一部の抄訳である。

すなわち、ミルの『経済学原理』の目次は次の如くである（春秋社、戸田正雄訳、昭和一四年より）。

「序説
第一編　生　産
第二編　分　配
第三編　交　換
第四編　社会の進歩が生産および分配に与ふる影響
第一章　富の増進状態の一般特性
第二章　産業および人口の増進が価値および価格に与ふる影響
第三章　産業および人口の増進が地代・利潤および労賃に与ふる影響
第四章　利潤がその最小限度に達せんとする傾向
第五章　利潤が最低率に達せんとする傾向の帰結
第六章　停止状態
第七章　労働階級の将来
第五編　政府の及ぼす影響
第一章　政府の一般職能
第二章　租税の一般原則
第三章　直接税
第四章　消費税
第五章　その他の諸税

六　意見またはその発表に対する制圧

第十一章　自由放任主義の根拠と限界

一　政府の干渉を分って権柄的なものと、非権柄的なものとにすることができる
二　政府の干渉に対する反対。曰く、干渉そのもの乃至はその徴収の強制的なること
三　曰く、政府の権勢の増大
四　曰く、政府の仕事や責任の増大
五　曰く、私営の場合に於てはその事業に強き利害関係あるため能率たかし
六　曰く、民衆の間に共同行為をなすの習慣を養ふことは大切である
七　自由放任主義を以て一般原則とすべし
八　たゞし多大な例外的場合がある。曰く、消費者にして商品を十分に評価し得ざる場合。教育
九　曰く、人が他人に権力を揮ふ場合。幼少者の保護。下等動物の保護。ただし、婦人はこの部類に入らない。
一〇　曰く、永久的契約の場合
一一　曰く、個人がその代表者を以て経営せしむる場合
一二　曰く、利害関係者の要望を遂行するに国家の干渉を必要とする場合。たとへば、労働時間の如き、また、植民地の土地の処置の如き
一三　曰く、当事者以外の人々のために事を行なう場合。救貧法

一四　植　民
一五　そのほかの色々の例
一六　私営を適当とする場合に於ても、この私営者にあらざるときは、政府の干渉が必要であろう」[20]

このように、彰廉の「応用経済学」講義は、ミルの『経済学原理』のうち、第四編の「社会の進歩が生産および分配に与ふる影響」と第五編の「政府の及ぼす影響」の内容とほぼ同様であることがわかる。だから、彰廉は東大時代にフェノロサからミルの経済学を学び、その後もミルの研究を続け、学生にミル経済学を教えたものと考えられる。

ところで、ミルはスミス・リカードを受け継いだ自由主義経済学の最後の代表者である。だから、彰廉もミルと同じく、国家の経済への干渉、保護貿易論を退け、自由主義経済と自由貿易論を受け継いでいる。彰廉は講義のなかで次のように述べている。

「(政府の干渉の謬論について) 最モ著明ナルモノヲ自国ノ産業ニ保護ヲ与フルノ説トス。其意内国ニ於テ生産シ得ヘキ外国品ニハ重税ヲ課シテ其輸入ヲ禁シ、若クハ之ヲ衰退セシメ、内国ノ産業ヲ発達セントスルニ在リ。蓋シ其論ハ内国ノ生産品ヲ購買スルヲ以テ国ノ利益トナシ、外国ノ物品ヲ購買スルヲ以テ国ノ損耗トナス故ニ、内国品ニ比シテ其価廉ニ其品質良好ナル外国品ヲ購求スルヲ以テ其利益トナス所ノ消費者ト公衆トハ互ニ其利益ヲ異ニスト云ハサルヘカラズ。

然リト雖モ外国貿易ノ理ニ拠リテ之ヲ見レハ、外国品ノ輸入アルハ必ス其国ニ利益アル故ニシテ、従前ヨリモ少シノ労力費ト資本トヲ以テ以前ト同額ノ貨物ヲ得ルトキニアラサレハ、外国品ノ輸入ハ起ラサルナリ。是故ニ此輸入ヲ禁止シ又ハ租税ヲ課シテ之ヲ防止スルハ、一国ノ労力并ニ資本ヲシテ其効験ヲ薄カラシメ国ノ損失ヲ招クモノナリ。而シテ其損失ノ高ハ内国品ノ価格ト外国品ノ価格トノ差トス。人或ハ曰く、此価格ノ差ハ内国品ノ製造者ノ益、即チ国ノ利益トナルニアラスヤ、否ナ然ラサルナリ。何トナレハ其製造者ハ物品ヲ高価ニ販売スレトモ、其之ヲ製造スルヤ多クノ労力ト資本トヲ費スヲ以テ、決シテ余分ノ利益ヲ生セサレハナリ。（中略）輸入増加スルトキハ又之ニ応スル丈輸出増加スヘシ、左レハ自由貿易ノ為メ従来保護ヲ受ケ居タル其物品ノ製造ハ一朝ニシテ輸入品ノ為メ圧倒セラレ、之ヲ廃止スルモ、之ニ使用セラレタル資本及ヒ労力ハ輸入ノ増加ニ応スルタメ内国ニ適当ナル他ノ産業ニ使用セラレ、決シテ之カ使用ノ途ヲ失フコトナシ」[21]

以上の如く、まことに、彰廉はミルと同様、自由貿易論者であり、自由主義経済論者であったといえる。

しかし、ミルは単純な自由主義経済・自由放任論ではなかった。スミス・リカードの時代と違って、一八三〇年、四〇年代の資本主義の矛盾をも見ていた。周知の如く、スミスも一定程度国家の経済への干渉―国防費、元首の経費、司法の経費、公共事業、教育や宗教―を認めていたが、ミルの『経済学原理』の第五編第十一章の八以降にみられるように、自由主義経済の例外として、スミス以上に多くの分野で政府の干渉も認めていた。ミルが政府の干渉を認めた分野は、①教育、②幼少者、下等動物の保護（婦人を除く）、③永久契約の解除―人生の最も重要な契約である結婚も十分な理由がある時は解除を認める、④ガス、水道、清掃、道路、運河、鉄道、⑤労働時間、植民地の土地処置、⑥救貧法、⑦植民、⑧その他―地理的科学的探検、灯台の建造、科学研究、灌漑、病院、学校、印刷所等々である。[22]

彰廉の『応用経済学』も自由主義の例外として、政府の干渉を認めていた。彰廉が人民の幸福の増進、世の開化、国の安寧独立のために必要な干渉として、挙げている分野は、①教育、②幼者・不能力者の保護、③人民がなす場合よりも政府が行なった場合が良い事業―合資会社、④労働者保護―一日の労働時間を一〇時間より九時間に制限すること、⑤社会事業―慈恵事業、貧困救助等、⑥その他―結婚、植民、学術奨励、道路、港湾、疏水、給水、病院、学校の建設等である。[23]それは、ミルの事例と殆ど一致していた。

以上、彰廉はミルの自由主義経済論、自由貿易論を受け継ぎ、また、ミルと同様、単純な自由主義論者ではなく、例外も認め、人民の幸福のため必要な干渉も認める経済学者であったようである。ただし、このミルの自由貿易論は、例外として植民地領有や移民事業を認めており、この点は研究課題であるが、それは、ミル自身がイギリスの東インド会社に勤めていたことが関係していたのかも知れない。また、当時のイギリス資本主義の対外武力侵略・植民地化（一八四〇～四二年の中国でのアヘン戦争、五六～六〇年のアロー号事件に伴う第二次アヘン戦争、一八五三～五六年のクリミア戦争、一八五七～五九年のインドセポイの反乱への鎮圧によるインド支配強化など）の現実の反映でもあるかもしれない。

彰廉は大蔵官僚時代の明治二一年に『国家学会雑誌』第二巻第一六号に論文「税率軽重の効果」を発表している。その大要を紹介すれば次の如くである。

「税率を重くすれば税収が増加するという説、他方、反対に税率を軽くすれば税収が増加するという説があるが、ともに誤謬であり、税率の軽重のあいだに財政上最良の税率があるのである。すなわち、税率を高くすると却って税収が減少している事例は枚挙にいとまがない。たとえば英米の例をあげると、一八五六年のスコットランドにおいて、一ガロン八シリングの税率で酒税二八七万三七五ポンドを得たが、一八六一年一〇シリングに税率を上げたら税収は二七五万七八一ポンドに減少した。アイルランドでも同様に減少した。米国でも、蒸留酒の税率を一八六四年三月にそれまで二〇セントであったのを六〇セントにし、さらに七月に一ドル五〇セント、六五年一月に二ドルに引き上げた結果、一八六四年六月三〇日に終わる一会計年度の税収は二八四三万一〇〇〇ドルであったが、一八六五年六月三〇日に終わる一会計年度の税収は一六〇〇万七七七六ドルに減少した。このように、税率の増加は必ず税収を増大させるものではなく、却って度を越せば税収は却って減少するのである。そしてその理由は、①税率が高いと脱税が多いこと、②税率が高いと消費が減少すること、③税率が高いと代用品が発明されるためである。しかし、税率を妄りに軽くすれば消費が増大して税収か増加するというものでもない。程度問題である。次の表をみよ。

	率		消費高		税額
(一)	一	×	二〇〇〇	=	二〇〇〇
(二)	二	×	一五〇〇	=	三〇〇〇
(三)	三	×	一二〇〇	=	三六〇〇

（四）四 × 五〇〇 ＝ 二〇〇〇
（五）五 × 二〇〇 ＝ 一〇〇〇
（六）六 × 一〇〇 ＝ 六〇〇

この式により、（一）より（三）に至るまでは税率の増加は税収の増加となるが、それ以上税率が増加すると税収は減少するのである。他方、（六）より（三）に至るまでは税率の減少は却って税収の増加となるのであるが、それ以上税率を軽減すると税収は減少するのである。だから、要するに、度を越して税率を重くしたり、軽くするのも不可であり、（三）をもって最良とする[24]」

第五節　山口高等中学校教諭・教授時代

一．山口高等中学校時代の彰廉

明治二一（一八八八）年九月一七日、大蔵省勤務の彰廉は俄かに転向して、山口高等中学校教諭に転じた。それは文部省専門学務局長・浜尾新が山口高等中学校長河内信朝に推薦し、就職できたものであった。年俸は八〇〇円であった。[25] 山口高等中学校は、中学校令にもとづき設置された、第一高等中学校（東京）、第三高等中学校（大阪、後、京都に移転）につぐ全国三番目の名門校である（後、山口高等商業学校になる）。なお、山口への赴任期日について、星野通編の『彰廉先生』では不明であっ

たが、『山口高等商業学校沿革史』（一九四〇年）により、九月一七日であったことが判明した。(26)

彰廉が官僚をやめ、地方教育界に転じたのは、星野通編の『彰廉先生』によると、洋行の機会が与えられるという話があったこと、並びに病弱で医師から養生を勧められたことが理由でないかと推測されている。(27)

彰廉の山口高等中学校での担当科目は、倫理、歴史、哲学、英語、政治地理、理財学などであり、同僚教員として、隈本有尚、実吉益美、堅田少輔、井原百介、頓野広太郎、土井助三郎、谷本富などの諸氏がいた。(28)

山口高等中学時代の彰廉の教授ぶりについて、星野通編『彰廉先生』は、次のように述べている。「先生の教授ぶりは、極めて温厚且つ熱心な良師として、同僚並生徒間の信望を集めた。しかも先生は外面の柔に似ず、内に頗る烈々たる気魄を蔵し、一たび決然として所信に邁進するや、断じて屈せざるの概があり、加ふるに友誼に厚く、信義を重んずる」(29)

このように、彰廉は、温厚で人望があり、外柔内剛、信義を重んずる性格をいかんなく発揮していたと見られよう。

そして、明治二三年（一八九〇）一〇月一五日、彰廉は山口高等中学校教授に昇格した。

ところで、彰廉が山口高等中学校教授時代に何を研究していたのかは書かれた論文や資料がなく、残念ながら不明である。ただ、同教授時代の学生向けの講演として、①「経済上学生の義務を論ず」、②「日本は世界第一の国なり」、③「地理上より観察せる欧州将来の形勢」の三論考が残っていて、彰廉のこの時期の思想の一端が判明するので、紹介しておこう。(30)

①の「経済上学生の義務を論ず」の大要は次の通りである。

「我国はアジアの東隅に孤立する島国にあらず、諸列強と対等の権を有する一帝国である。然るに封建時代の長眠のため、世界の大勢に後れ、諸列強に対峙し、我が国権の伸張をはかる事が出来ていないのは痛恨の極みである。されば、三九〇〇万の同胞は農民、商工業者たるとを問わず、教育者、学生たるを問わず、我帝国の独立を維持し国権の伸張に尽くさねばならない。それは富国強兵、即ち、陸海軍を拡張し、国民の愛国心を喚起し、政治法律を整備し、農業、商工業を振興し、教育を振興することである。そして、これらに先だつものは資本である。我国をして富強ならしめるものは資本である。兵法に曰く、己を知らざるものは危うしと。予は之を借りて我国学生のためにいう。我国の資本は諸外国に比して極めて少なく、下位にある。イギリスの所得税は七八七七万五〇〇〇円であるに対し、我国は五三万五九九四円に過ぎない。現今の我国は少しでも資本の多からんことを必要としている。資本を殖やすに二法あり。一つは積極的に有利な産業に投下すること、二つは消極的にして資本を無益に消耗しないことである。第二の法を等閑にするもの多いが、決して第一の法に譲らない程重要である。然るに、世人これを等閑し、驕奢逸楽し資本を浪費し、また、消費のみして生産をなさざる学生の中に修学の資本を無益の遊楽に空費するものあるが、如何なる心ぞ。よって我国学生たるものは、父兄が豊かに学資を供するからといって決して遊楽無益のことに空費すべからず、学生たるものはできるだけ学資を節約し、もって父兄の家を富まし、国を富まさねばならない。これ、小にして学生の父兄への義務であり、大にして国家に対する義務である。勉めよ学生、勉めよ学生」

②の「日本は世界第一の国なり」の大要は次の通りである。

「近頃西洋の文明が入り来たりて、西洋は富国で強国だが、日本は貧国で弱い、劣等国であるとかの観念が国民の間に満ちて居るが、私は決して そのように思わない。日本は小なりと雖も独立国であり、二五〇〇年の旧国であり、四〇〇〇万人の人口を有し、四〇万の常備兵、三〇〇の軍艦を有する国であり、高慢になる必要はないが、妄りに西洋を尊び、我国を自ら卑下すべきでない。我が国力は、後来世界第一等の国となる形勝を備えるものなりと信じる者である。

経済と地理との関係について述べよう。経済学上、物の生産は一国の地形地勢の影響を受けること極めて大である。経済学上、物を生産するに三つの要素が必要である。即ち、外界の力、労力、及び資本である。この三要素の力増進すれば国の富自ら増進する。外界の力とは土地であり、山であり、川であり、海である。また、風雨寒暖の気候である。土地がなければ生産が出来ない、気候がよくなければ生産が出来ない。そして、資本と労力がなければ生産が出来ないのである。外界の力は自然の恩恵にして、人力で容易に増加できない。だから、資本と労力を各国同一と仮定するとき、経済上、この外界要素を多く付与された国は他国より利益多き国である。そして日本は経済的地理上最上の地位にあると私は思う。

地理と経済との関係について大要を述べると、地理は、一、気候、二、地質、三、地形の三つからなっている。我国は温帯にあり、且つ四季の変化もあり、熱帯や寒帯地方に比べて、遥かに自然の利益を受け、生産力が高い。土地は狭いが、土性、地味は良好である。また、地形は平野に富み、山岳に富み、山間の渓谷は平坦であり、海岸は湾曲して往来交通に便利であり、大洋、内海共に具備して、海産物豊富である。
だから、やたらに西洋に心酔し、妄りに外国を恐れる必要はない。否、日本は世界最良の地勢を有する国、世界第一等の国である。しかし、開国浅く、未だ天賦の資源を開発しておらぬ。然れども我国固有の智力と労力を費やして天然資源を開発するならば五十年を出でずして我が帝国が世界第一の国になることが出来よう。勉めよ諸君」

③の「地理上より観察せる欧州将来の形勢」の大要は次の通りである。

「現在ヨーロッパの諸国で、独立しているのは大小十七カ国あり、その独立を保持している理由は、一、地形が防禦に富めること、二、国民が政治的にまとまっていること、三、国民の知識道徳が高いことなどあるが、何よりも、一の地形の如き自然の恩恵が立国の基礎といわねばならない。今後もしヨーロッパに大変動あれば、自然防禦に乏しい国は、滅亡するであろう。

さきに私は、経済と地理との関係について述べたが、我が日本帝国は最も地理的に見て天恵に富み、国富の増進には最も良好であり、今後奮励怠らなければ、世界において最富強の国となること疑いなし（以下、略）」

以上の如く、彰廉は東京大学や大蔵省官吏時代には、ミル経済学を学び、研究し、理論的には、イギリスの古典派経済学のミルの信奉者であったが、山口高等中学校時代には、明治国家のリーダーと同様、後進国日本を如何にして列強と肩をならべ、対等の権利を有する「帝国」にするかを思案し、そのために、陸海軍を拡張し、国民の愛国心を涵養し、政治法律の整備を図り、農業・商工業の振興、ならびに教育の振興を説き、そのためにも、経済学者らしく、資本の重要性を説き、学生に対し、浪費を戒め、節約し、家を富まし、国家を富ますことが義務だと述べ、また、日本は地理的に見て、大変恵まれた環境にあり、後進国日本が努力すれば、いずれ、「世界第一等」の「帝国」になることができると、学生に夢と希望を与え、叱咤激励していたことがわかる。

このように、彰廉は、さきには自由主義経済論・自由貿易論者であったが、今や陸海軍の拡張、富国強兵を唱え、世界第一等の「帝国」化を論じているわけである。時代は一九世紀末である。世界は、自由主義の支配する資本主義から大企業の支配する独占資本主義へ、そして、帝国主義化、植民地支配が進んでいる時代である。日本も明治二二（一八八九）年には大日本帝国憲法が発布され、産業革命下の日本の早熟な「帝国主義」化が進みつつある時代であり、そのような大きな時代変化に彰廉も自由主義理論を転換していったものと思われる。

なお、山口高等中学校時代の教え子に、上山満之進（帝国大学法科大学卒、農商務次官、貴族院議員等歴任）や江木翼（東京帝国大学法科大学卒、書記官長、貴族院議員、鉄道大臣等歴任）、湯浅倉平（東京帝国大学法科大学卒、貴族院議員、朝鮮総督府政務長官、会計検査院長、宮内大臣、内大臣等歴任）など、のちに国家のリーダーとなるそうそうたる人物がいる。(31)

二．寄宿舎騒動事件

さて、明治二六（一八九三）年一一月、彰廉の在職中に、山口高等中学校で寄宿舎騒動がおき、生徒退学者一一四名（後、復学）、河内信朝校長免職という大事件がおきた。彰廉も山口高等中学校を去ることになる事件である。この大事件について、星野通編『彰廉先生』も触れているが、不十分なので、少し考察しておこう。

この寄宿舎事件は、『山口高等中学校沿革史』（一九四〇年）に、次のように、公式に記されている。

「明治二十六年十一月四日本校寄宿舎内に勃発した紛擾は、著しく学園の空気を緊張せしめ、勢の赴くところ遂に在京の先輩及文部省を煩す事となり、延いては、多年校務に尽瘁せる河内校長の退職を見るが如き痛恨事をも招来した。

本事件の誘因は一部教官の教授方法に対する生徒の不満に出でたるもの丶如くである。偶々十一月三日金曜日の天長節に於て、例の如く祝賀式を挙げた後、糸米白石方面に発火演習を行ったところ、生徒中より疲労の故を以て翌四日土曜日の休業を願出でたのを、前例に従ひ之を許可しなかった。然るに四日の定刻に至るも登校者僅々十数名であって自然同盟休校の姿となり、井原舎監は寄宿舎生徒に諭して出席を促したが、多くは隠避して応ずる者なく、遂に完全なる授業を行ふことが出来なかった。その夕寄宿舎に於ては、発火演習指揮官であった体操科担当池田助教授が、舎監心得として在舎生に対し、課業欠席の故を以て夜間外出を禁ずる旨を達したが、同夜九時頃に至り、寝室自習室並に廊下の灯火を消すと共に、各室一時に喧噪し、宿直舎監の制止を聴かず、少時にして井原舎監も登校し、百方之を説諭するも毫もその効が無かった。是に於て井原舎監は池田舎監心得並に宿直林雇と一室に入って鎮撫の方法を議すると共に、自ら河内校長の茶臼山邸に駆けて事の顚末を報じたが、午前一時頃に至り寄宿舎は漸く平静に服したから、監視を怠らずして、処分は翌日に入って行ふこと丶した。

事件の発端はかくの如く児戯に類するものであったが、未だ曾て前例無き事件であったから、翌五日、日曜日教官会議を開催して善後策並に主謀生徒の処分を議し、生徒は事件の成行を危懼して益々不穏に傾き、之を舎内に止むることは却って事件の再発を招く虞があったから、午後五時を限り一先づ生徒一同に退舎を命じ、夫々保証人宅に引取らしめること丶した。かくて六日は前日の教官会議に基き騒擾生徒の審問を行ひ主謀者を処分せんとしたが、寄宿舎生徒は舎生総代として机長十九名連署して前日の妄動を謝すると共に、今次事件の依って来る所以を述べて生徒取締及教授法の変更を請願し、通学生も亦総代十一名連署の上陳情書を提出して同様の主旨を述べ、事態は漸く複雑化せんとする傾向を示した。是に於て校長は彼等を訓諭して暫く命を待たしめ、再び教官会議を開いて処分の方法を諮議したが、その結果、旧寄宿舎机長は暴挙の主謀なりとして十九名を一律除名処分に附することに決し、本人及保証人を出頭せしめて之を申し渡したのである。

かくて七日午前、事件の経過を防長教育会に報告すると共に、生徒保証人を召集して主謀者以外の寄宿舎生徒の取調を行ひ、机長以外の六十九名を十日間の謹慎に処し、更に保証人及生徒一同を倫理講堂に集めて後来を戒諭し、尚保証人に対しては本校と互に連絡して一層取締の徹底を期したき旨を希望した。然るに謹慎処分を命ぜられた寄宿舎生徒は、今次事件が決して机長十九名の首謀に係わるものに非ずとなし、他の十三名と共に八十二名連署歎願書を提出して罰を一にせられんことを請ひ、通学生総代も亦襄に提出せる願書の指令を請うたが、何れも之を却下し、平静に復して授業に服すべき旨を示諭すると共に、同夜通学生の保証人を召集して、各自の保証生徒に対し八日より登校すべきよう戒諭ありたき旨依嘱した。

然るに八日午前、通学生総代十一名は再び書面を提出して、願書の採択なくんば暗に登校せざる旨を仄かしたから、学校当局に於ては最早尋常の方法を以て事件を解決する途なしと認め、教官会議に諮議して、先づ通学生総代十一名を除名し、同時に寄宿舎生八十二名もその提出した歎願書により同じく首謀者と認め、悉く除名処分を行った。然るに他の通学生全部百十四名も、願書提出の挙は通学生全部の意思に出づるものとして、前記十一名と同様の処分を要請したから、九日断乎百十四名を一律に除名し、学籍簿には唯だ数名の事故不在者を残すのみとなり、学校は全く廃校同様の姿となるに至った[32]」

以上の記述からみると、発火演習の疲れ→寄宿舎生徒の休業嘆願→学校当局の拒否→同盟休校→学校当局の外出禁止処分→寄宿生の騒擾→首謀生徒の処分の計画→寄宿舎机長一九名の謝罪と生徒取締及び教授方法の改善の嘆願→通学生総代一一名も同様の嘆願→寄宿舎机長一九名の除名処分・机長以外六九名の一〇日間謹慎処分→寄宿生は一九名の首謀に非ずとして、全員一律処分を嘆願→通学生も同様の嘆願ならびに同盟休校の示唆→学校当局・教官会議は寄宿舎生と通学生全員を除名処分、という流れとなり、学校当局の生徒への圧政的・官僚的態度が事態を悪化させた事が判る。

さて、その後、この騒動は、防長教育会の三浦梧楼が調停・斡旋し、生徒の復学で解決した。『山口高等中学校沿革史』は寄宿舎騒動の正常化について、次のように記述している。

「偶々この頃萩に帰郷中であった防長教育会商議委員子爵三浦梧楼は、新聞に依ってこの事を知るや深く之を憂慮し、鎮撫の為山口に出で、九日午前本校に河内校長を訪ねて事件の経過を聴くと共に、在県商議委員頓野馬彦・山口県書記官、同吉富簡一・山口県会議長と会して種々協議を行った後、十日その善後策を決定し、防長教育会長毛利公爵に打電して、一切の委任を請ひ、十二日午後二時を期して被処分生徒を松ノ木町端之坊に招集して種々訓諭するところがあった。依って翌十三日早朝、該生徒総代両三名は三浦子爵の旅寓を訪うて、謹慎悔悟の意を表し、本校に再入学を願出でたから、悉く復校を許可して十一月二十日より授業を開始し、漸く平常に回復することゝなった」[33]。

このように、寄宿舎騒動は三浦子爵の調停により生徒が反省したため、処分が撤回され、復学し、正常化した。ところがである。生徒たちがそもそも求めていた嫌悪する四教授の解任が実現されていなかったため、一一月二〇日、授業再開とともに、再びストライキ事件が起きた。一一月二六日付けの『大阪毎日新聞』記事は次のように記している。

「山口高等中学校紛議事件は三浦子爵等の仲裁に依り一旦事穏便に治まり、除名処分を受けたる二百二十六名の生徒中已に二百十一名までは謹慎を表して復校せしが、去る二十日授業を始むるに当って再び生徒の同盟休学を為すに至りたり、其の原因を聞くにさしも憤然蹶起して暴行に迄及びたる学生が、三浦子爵等の仲裁、即ち兎に角防長教育会に打任すべしとの仲裁を聴き温順に復校したるは三浦子爵等の説諭に服したるにあらずして、全く河内校長と内々約束する処ありしに依りてなり、其内約は学生にして帰校する以上は、平生学生の嫌悪する教授谷本富、土井助三郎、松井敬勝、教授舎監井原百介の四氏を免職すべしと云ふに在りしと（以下略）」[34]

この再ストライキの結果、再び、騒動となり、明治二六年一二月一二日文部省から参事官の岡田良平が山口に派遣され、一八日に校長心得となり、騒動収拾にあたり、生徒たちの要求が実現した。

一二月一八日に河内校長、同二〇日に倫理教授の谷本富が非職となり、同二〇日に舎監の井原百介が辞表を出し、免官となった。その後、職にとどまっていた他の教授達も学校設立者の防長教育会の井上馨の内諭により、引責辞任を迫られたという。[35]

その結果、一連の騒動で、非職は六人、依願免官は二人、転任七人、講師嘱託の解職が五人、合計二〇人にものぼった。それらの教授名は次の如くで、彰廉は非職・依願免官ではなく、転任となっている。[36]

非職　六人

・校長の河内信朝（明治二六年一二月一八日、大学南校卒、法学担当）

・教授の谷本富（二六年一二月二〇日、帝大文・教育卒、倫理・歴史担当）

・教授の松井敬勝（二七年七月三〇日、帝大理卒、動植物・生理・英語担当）

・講師嘱託の湯原元一（二七年七月三〇日、帝大医卒。ドイツ語・歴史・博物担当）

・教授の実吉益美（二七年八月三〇日、帝大理卒、数月・物理担当）

・教授の土井助三郎（三一年九月二八日、帝大工卒、物理・化学等担当）

依願免官　二人

・舎監の井原百介（二六年一二月二〇日、駒場農学校卒、農学士、農芸化学士、幹事・舎監）

・講師の林泰輔（二七年七月三一日、帝大文卒、漢文担当）

転任　七人

・教授の加藤彰廉（二七年四月五日、東大文卒、英語、歴史、哲学、理財学担当）

・教授の隈本有尚（二七年八月七日、東大理卒、数学・物理・測量天文学等担当）
・舎監心得の池田勝太郎（二七年一月一二日、陸軍歩兵一等軍曹、体操担当）
・教授の松平良郎（二八年四月六日、帝大文卒、国語、漢文担当）
・助教授の小原聞一（二八年四月六日、画学担当）
・教授の頓野広太郎（二八年八月三〇日、地理・化学担当）
・教授の富山久米吉（二九年七月一一日、帝大工卒、数学、図画担当）

さて、この寄宿舎騒動について、星野通編『彰廉先生』は次のように記述している。

「時は明治二十六年十一月四日の夜中である。山口高等中学校の後方の丘に上って空砲を放つものがあり、自宅にあった舎監は大いに驚き、急ぎ登校しようとすれば、生徒の一団これを追ひ、龍吐水をもって門内小池の汚水を浴びせるといふ有様。舎監は倉皇として逃れて校舎に入り、更に後丘に攀ぢようとして、こゝでもまた龍吐水の筒先を向けられて濡鼠となり、その他校舎の窓硝子、寄宿舎の什器なども破壊せられるといふ始末。翌日教職員会議の結果、寄宿舎生徒一同に退舎を命じたのであるが、これがため騒動の火の手は益々揚るに至った。

この空砲騒ぎは、ちやうど前日天長節の当日、早朝から発火演習があったので、その空砲の残りを放ったものであり、騒ぎの直接の動機は、発火演習の翌日は地方神社の大祭であるので、生徒側から一日休業を願ひ出たが、舎監がこれを許さなかったため、生徒側が激昂したものらしく、しかも生徒側の陳情書によれば、某教官の教授過厳、倫理科教授法並に試験法の不当と不信任（言行不一致）、某々教授の不品行、体操教師の苛酷等が述べられたのであるが、遠因は教職員間に派閥争ひにあったことに本づくものらしい。

それで騒ぎの翌日から教員は手分けして生徒の審問に当り、首謀者を摘発しようとしたがその効なく、次いで全部を停学処分に附したが、これによって騒動は益々烈しくなり、学校は父兄側と打合せをしたが纏まるところなく、学校設立資金の寄附者防長教育会代表の西下などもあり、遂に校長は心痛の余り卒倒して病床に臥するに至った。やがて校長と舎監と倫理教授の谷本富氏の三人は合議のうえ責を負うて辞表を提出するに至り、先生も谷本氏等と行動を共にしようとしたのであったが、谷本氏は固く先生を押しとどめて留任を勧めた。

かくて文部省から書記官の出張となり、生徒は全部改悛して復校したが、校長ら三人の辞意は翻へし難く、依願免官となり、他の教授はみなそのまゝで、暗に得意の色があった。文部省書記官は校長心得となり、やがて本官に任ぜられた。

先生は谷本氏の勧告で、一時は連袂辞職を思いとゞまったけれど、しかも信義を重んずる先生は、谷本氏らの辞職を安んじて傍観するを忍びず、内心大いに決するところがあり、これを谷本氏に伝へたのであったが、その後数カ月、つひに去って広島尋常中学校長に転じたのである。しかも最初谷本氏らが連袂辞職するも平然として引責の態度に出ることなく、いはば本領安堵に喜びの色を浮かべた他の教授連は、その後に至って学校設立費の寄附者たる防長教育会の世話役井上馨伯（のち公爵）から、それぞれ内諭があって、辞表を提出するの止むなき破目となり、騒動はこゝに全く落着したのである。

先生は山口在任中すこぶる谷本氏と親交を結び、谷本氏の辞職に際しては、氏と進退を共にするつもりであったところ、谷本氏の勧めで、止むなく暫時留任したものであり、谷本氏としては、この時のやり方は、他の平然たる教授連に油断させるために、先生を強いて留めて、自分達は率先して引責したのであるといふ。そしてこの間に処して、先生は一応は留任したが、やがて機を見て決然同校を去って、その進退を明らかにしたのであった」[37]

この記述によると、『山口高等中学校沿革史』には書かれていない生々しい生徒達の行動や教授間の派閥争いの存在（おそらく校長や舎監の谷本派とそれに反対する派）、また、彰廉の騒動への関与が記されている。おそらく、生前の彰廉から星野らが聞いていたのであろう。彰廉は生徒の受けもよく、攻撃対象にはならなかったが、騒動が起こると、基本的には当局側に立って生徒処分に同調したのであろう。そして、特に学生の糾弾の対象であった谷本富教授と親しかったので、信義を重んじる立場から責任を取り共に辞職しようとしたが、谷本教授に押しとどめられたことが指摘されている。

これら一連の騒動に対し、騒動収拾のため派遣され、解決に当たったのが、文部省参事官の岡田良平であった。岡田は明治二六年十二月一八日山口高等中学校の校長心得となり、二七年一月八日校長に就任し、騒動を収拾し、三〇年三月まで校長を務めた。なお、岡田はのちに、文部次官、貴族院勅撰議員、京都帝大総長となり、さらに寺内内閣と加藤高明内閣時に、文部大臣になり、さらにその後、枢密院顧問官、産業組合中央会会頭になるという大物官僚であった。

ところが、奇妙なことにこの騒動で非職・退職を余儀なくされた教授たちが後に栄転している。例えば、非職の河内信朝は東京高等師範学校長、同じく非職の谷本富も東京高等師範学校教授、依願免官の井原百介は大阪高等農学校長、転任の隈本有尚は福岡県尋常中学修猷館長、池田勝太郎も同助教諭兼舎監、である。[38]とすると、この「処分」は一体なんだったのかとの疑問が起きる。私の推測であるが、官側（岡田良平）は騒動を収めるために、教授たちを非職・免官としたが、本当の反省はしていなかったものと考えられるのである。

なお、田村貞雄「夏目漱石『ぼっちゃん』の舞台―山口高等中学校寄宿舎騒動―」（『山口県地方史研究』一〇一号、二〇〇九年六月）は、この騒動を紹介し、漱石の坊ちゃんの舞台が山口高等中学校と推測している、松山中学校生徒との悪戯と山口中学校生徒のストライキ騒動とは全く質が違い、この田村説には賛成できないが、ただ、騒動の紹介については、さすが歴史学者らしくすぐれた論文であり、参照されたい。

第六節　広島尋常中学校長時代

彰廉は、山口高等中学校の寄宿舎騒動の責任を取り、明治二七（一八九四）年四月七日、広島尋常中学校校長に転任した。[39]何故、広島か、誰の斡旋によるか等については星野通編『彰廉先生』に何も書かれておらず不明で、研究課題であるが、おそらくは官側（岡田良平）の推薦であろう。

彰廉が広島尋常中学校長に転任した、約四カ月後の八月一日、日清戦争が始まった。九月一三日には大本営が広島に置かれ、明治天皇も広島に移った。校長時代は軍国多忙の時期であった。また、この日清戦争期は産業革命期であり、商工業が発展した時代である。このとき、彰廉校長は、「我国勢ノ赴ク所ヲ考察シ将来我国ノ発展ヲ図ルニハ商業ヲ盛ニセザルベカラザルヲ深ク感ジ商業ノ発達ヲ図ルニハ先ヅ商業家ヲ養成スルノ必要アルヲ悟」ったという。[40] 彰廉が経済学一般の研究から商業を研究し、商業家を育成しようと考えたのがこの広島時代であったようだ。

ところが、この広島時代、彰廉校長は最初から面白くなかったようである。というのは、土着の教師に難しい人物が二、三人いて不愉快な気持ちを感じ、また、ある教師が生徒を連れて京阪地方を旅行したとき、青楼（妓楼）に遊んだことが発覚し、処分せねばならず、また処分すると処分が公になって学校の面目をつぶすので、困惑し、嫌気がさしたという。[41]

彰廉が嫌気をさしていたころ、大学時代の友人、平沼淑郎（第二高等学校教授）が、明治二八（一八九五）年九月二七日、大阪商業学校長に就任した。このとき、彰廉が平沼に手紙を出して、平沼の校長就任を賀するとともに、「自分も君と相共に浪華の都会で働きたい」と記し、転任を望んだ。[42] そこで、平沼が彰廉を大阪商業学校に誘った。

なお、この大阪商業学校について触れておくと、同校は明治一三（一八八〇）年、大阪財界の巨頭・五代友厚ら大阪財界人の手によって、商人にも学問が必要だとして「大阪商業講習所」として創立された学校で、一四年八月府立大阪商業講習所となり、東京商法講習所につぐ二番目であった。明治二二年大阪市制の発足と共に、「市立大阪商業学校」となっていた。

第七節　市立大阪商業学校教頭・校長時代

明治二八（一八九五）年一二月二六日、加藤彰廉は平沼淑郎市立大阪商業学校長の招きで同校教諭に就任した。教頭職であった。担当科目は英語、経済学、西洋史、統計学などであった。彰廉は平沼校長の下で喜びに満ち、授業を行ない、英語ではシェークスピアのハムレットを講じたり、四国出身の学生を集めた四国会を作ったり、また、何よりも、着任後の大事業として、「校友会」を設立した。即ち、明治二九（一八九六）年一〇月二九日の教員会議で、彰廉が、文芸、体育、ならびに諸運動機関として、全校職員生徒を以て設立する案を提唱し、以後、研究を進めた。

明治三一（一八九八）年一〇月二六日、平沼校長が大阪市助役に転任した（～三四年六月二一日）。平沼はその後しばらく校長事務取扱の職をつとめていたが、平沼の後任として、明治三二（一八九九）年二月一二日、彰廉教頭が市立大阪商業学校長に就任した。『市立大阪高等商業学校三十五年史』に「平沼助役校長事務取扱ヲ免セラレ、加藤彰廉校長ニ任セラレタリ」(43)とある。

そして、彰廉が校長になった直後の四月一四日、かねて準備を進めていた学生団体・校友会を設立した。

校友会発足にあたり、彰廉校長の訓示は次の通りである。

「今回本校において従来存したる種々の学生団体を改めて校友会なるものを組織したり。さて、その主旨は規則に掲げたるが如く、第一親睦を厚くし智徳を修養し、身体の強健を図るにあり、そもく学校の教育には表面と裏面とありて、学校教場においては教師は厳格なる顔にて教授すと雖も、退きて相互に運動するが如きときにありては談笑の裡に親しくその技を闘はすことあり。かくの如くにして諸子が教師に対して恰も父兄の如く、教師は諸子に対しては子弟の如く、表面と裏面と相俟ちて始めて十分の教育をなし得べし。（中略）

余は従来数々訓示しおきたる如く、体育部において水上の運動をなすも、また陸上の運動をなすも、その主旨は一にまた道徳を修養する手段たるに外ならず、諸子は決して水陸の運動は一の遊戯と速断すべからず、例へばボートレースをなす場合にも勝を制せんと欲せば一艇中協同一致するにあらざれば能はず。現に欧州などにおいては、これをもって国民の遊戯となし、もって国風を養成せり。故に兵役に就くの日に当りても、兵士はその国風によりて動作するが故によく協同一致の働きをなし得るが如し。諸子は十分この意を体すべく、従来の諸会は有志のものより成れるが故に入会するものと然らざるものとありしが、今回組織したる校友会は学校全体の会なれば、本校生徒たるものは一人も残らず入会せざるべからず」(44)

校友会は後、北予中学、松山高商でも設立されるが、彰廉の日頃からの抱負を実行せしめる会であった。なお、会の規則は星野編『彰廉先生』二五〜二七頁にある。

明治三二（一八九九）年一一月一五日、彰廉校長はこの日を大阪商業学校創立記念日と定めた。そして、創立二〇年の式典を挙行した。

なお、この年、文部省は、官立第二高等商業学校の設置を大阪市ではなく、神戸市に内定した。それに対し、大阪側が反発し、大阪選出の衆議院議員伊藤徳三外六名が帝国議会に建議案を準備し、翌三三（一九〇〇）年一月一八日、帝国議会に大阪への官立高等商業学校建議案が提出された。建議案はつぎの如くであった。

「高等商業学校設置ニ関スル建議案

我カ国商業ノ発達振興ヲ計ルニハ商業教育を普及セシムルニ在リ故ニ政府ニ於テ東京高等商業学校ト同一程度ノ高等商業学校ヲ大阪市ニ設置セラレムコトヲ望ム」[45]

しかし、審議の結果、大阪七〇、神戸七一で否決され、神戸に決まった。そこで、官立がダメなら市立で高等商業学校をつくろうと云うことになった。そして、この高等商業学校への昇格に尽力したのが、彰廉校長であった。『大阪商科大学六十年史』は次のように述べている。

「如上の趨勢を見てわが加藤彰廉校長は断然決意して、この四月一日から実施したばかりの改正規則を更に改廃し、従前の市立大阪商業学校より一躍市立大阪高等商業学校への改革を企図し、平沼助役と内外呼応提携して深く画策する所あった」[46]。

そして、彰廉校長は市立大阪商業学校を市立大阪高等商業学校に昇格させる認可申請を行ない、明治三四（一九〇一）年四月一一日、市立大阪商業学校を市立大阪高等商業学校に改称することの認可がおりた。東京高商についで二番目であった。なお、官立の神戸高等商業学校の設立は明治三五（一九〇二）年三月であり、市立大阪高商の方が一年早かった。そして、大阪高商の初代校長に彰廉が就任した。

しかし、その二カ月後の明治三四年六月二一日、彰廉校長は、大阪商業学校が高等商業学校に昇格したので、校長職を退いた。『市立大阪高等商業学校三十五年史』は「六月二十一日、校長加藤彰廉休職ヲ命セラレタリ」[47]と記している。休職を命ぜられたというより、彰廉自ら職を辞したのが真相である。なぜ、彰廉が校長職を退いたのか。星野通編の『彰廉先生』は次のように、彰廉の高潔ぶりを述べている。

「先生は時代の変遷に伴って、商業学校の程度を引上げて高等商業学校に昇格するの必要を感じ、市当局の諒解を求めてその実現に懸命の努力を傾け、いよく目出度く実現するや、栄誉ある初代校長に当然就任すべきはずのところを、特に辞して他の適任者を推し、自らは暫く退いて、静かに新学校の昇格第一歩を見守るといふ、その昇格のための努力が全く私心を離れた清浄潔白なものであることを証するに足るわけで、かくの如き佳話は、けだしこれを東西に求めて容易に見出し得ないところであり、先生の心事の高潔は、単にこの一件をもってしても十分に窺ひ得られるのである。『自分で昇格させておいて自分がその長になるなどとは、紳士のなすべきことでない』これが恐らく先生の偽らざる心境であったのであらう」[48]

彰廉が校長職を退いた結果、市立大阪高等商業学校長には、大阪市助役の平沼淑郎が、助役を辞任して、六月二一日に就任した。

第八節　市立大阪高等商業学校長時代

市立大阪高商を休職していた彰廉は、明治三四（一九〇一）年七月二日、平沼校長から大阪高商教授を嘱託された。『市立大阪高等商業学校三十五年史』に「襄ニ休職校長加藤彰廉本校教授を嘱託セラレタリ」とある。[49]なぜか。彰廉がいないと学校が困るからであった。星野通編『彰廉先生』で卒業生の椎名芳胤（明治三〇年卒）は次のように述べている。

「専門学校令によって高等商業になるに就いて、先生は市立の商業学校の校長ですから一旦校長をやめさして教授嘱託にする……然し学校としては先生がをらないと困るといふので嘱託の名前で置かれることになった」。[50]

明治三五（一九〇二）年一二月二五日、平沼校長が病気のため休職となり（平沼は後、明治三七年早稲田大学に移る）、翌三六（一九〇三）年三月三日、平沼校長のあと、彰廉ではなく、福井彦次郎（前、天王寺中学校長）が大阪高商の校長に就任した。それに対し、学生が反発、ストライキがおきた。しかし、彰廉の慰撫で治まった。『大阪商科大学六十年史』は「福井さんの就任の時ストライキがあった。……簡単にいへば中学の校長がうちの校長になったから……、加藤さんに対する同情です。あれは加藤さんの慰撫でおさまった」と記している。[51]学生がストライキをするぐらい、彰廉は「人望」があった。

明治三六（一九〇三）年九月二日、彰廉は市立大阪高等商業学校教諭に復帰した。教頭職で、福井校長を補佐した。然し、実質校長であったようだ。星野通編『彰廉先生』で、卒業生の椎名芳胤は云う。

「其間校長の福井といふ人が居って、これが一種の見識を持った人だ（が）……然し何分にも加藤さんといふ徳望家が居るので、校長よりも嘱託の先生の方へ皆へイ〳〵といふ訳であった。加藤さんが校長になられたのは四十二年ですが、それまでの長い間教頭として甘んじてをられた。皆福井校長の居ることは知ってをったけれども、何でも加藤さんの所へ持って行かなければ判らないから加藤さんに話したものです」(52)

彰廉の大阪高商教頭時代の明治三七（一九〇四）年二月八日に日露戦争が始まった。同年二月一一日、学校は日露戦争開戦を祝し、提灯行列を行なった。「紀元節拝賀式場ニ於テ、宣戦詔勅を捧読シ、夜ニ入リ役員一同市街ニ向ケ提灯行列ヲ行ヒタリ」(53)。学校も彰廉も戦争熱に沸いたようだ。

彰廉の教頭時代の明治三八年に、特筆すべきこととして、生徒処罰に関し、執行猶予の新例を設けたことである。これは彰廉の発案によるもので、生徒に罰すべき事件発生するも、場合によっては執行猶予として一定期間その行動を慎ましめ、更生すれば、卒業時にその記録を抹消し、世に送りだすという、どこまでも生徒を訓導する慈母に満ちた規程であり、「大教育家としての先生の面目」を示すものであった。(54)

また、彰廉教頭は、学校の教諭を留学させる制度を設けた。その第一号が同校出身の教諭明路常造（明治四〇年七月）であった。この教員の海外留学制度は、後、松山高商時代に引き継がれた。

明治四二（一九〇九）年五月八日、福井校長は依願免職となり、代わって、彰廉教頭が名実共に、市立大阪高等商業学校校長に就任した。(55)『市立大阪高等商業学校三十五年史』は「五月八日校長福井彦次郎依願免職、首席教諭加藤彰廉校長ニ任セラレタリ」[56]と記している。

ところが、彰廉が高商校長に就任した二カ月後の七月三一日、北区空心町の一民家より起こった火事が折からの強風と乾燥のため猛威を振るい、堂島川以北一面を焼き払い、遂に学校に及び、全校舎が灰塵に帰した。その際、先生は御真影と教育勅語謄本を市役所に安置したという。[57]

学校が焼失したため、九月仮校舎を西区江戸堀南通リ三丁目におき、翌四三年一月の大阪市会にて、大阪市南区天王寺烏ケ辻町にて新校舎を建築することを決定した。その際、先生は新校舎の設計について生徒にまで希望を聴かれ、卒業生の村本福松（後、大阪商大教授）は、「如何に先生が真の教育を考へて居られたかが知られる」[58]と感動している。

なお、明治四二（一九〇九）年一一月一五日、彰廉は校長として、創立三〇周年記念式を挙行した。

明治四三（一九一〇）年六月二二日、彰廉校長が高等教育会議で上京中に、学生の乱闘騒ぎが起きた。それは、本科三年生がボートレースでルール違反をしたので、二年生が制裁を加え、乱闘となった事件である。連絡を受けた彰廉が急遽帰阪し、騒ぎをおさめた。星野通編の『彰廉先生』に「加藤先生が居らなければ大喧嘩をやる、先生が戻って来れば級全体で謝まるといふことで治まった」[59]とある。また『市立大阪高等商業学校三十五年史』にも「六月二十二日、本科三年生ト同二年生トノ間ニ感情ノ齟齬ヨリ争闘シ各一名軽傷ヲ負ヒタリ。サレト両級生ハ其後直チニ悔悟スル所アリ。其不始末を陳謝シ出テタリ。六月三十日、右両級生徒ニ対シ訓戒ヲ与ヘテ事全ク済ミタリ」[60]とある。彰廉の人望の程がうかがわれる。

明治四四（一九一一）年四月二七日、天王寺の新校舎が落成し、六月一〇日、彰廉校長は落成式祝典を挙行し、夜は同窓会主催の祝宴を大阪ホテルで行なった。

明治四五（一九一二）年四月一六日、彰廉校長は大阪甲種商業学校長を兼任した。

同年七月二九日、明治天皇が死去し、九月一三日、明治天皇の葬儀に彰廉校長も参列した。

そして、皇室崇拝の彰廉は、明治天皇死去の直後の一〇月一日、高商生徒に対し、「修学綱要」を制定した。そこには彰廉の教育方針、思想がみられるので示しておこう。

「修学綱要

凡ソ生徒タル者日常ノ修養規範トナスベキハ教育勅語ト戊申詔書トニアリ。聖訓炳明日月ノ並懸リタルガ如シ。又誰カ岐路ノ迷羊タルアランヤ。然リト雖モ学究研鑚ノ余弊今仍ホ智育ニ偏シ動モスレバ道徳ノ貴キ所以ヲ忘ル、者ナシトセズ。真ニ恐懼ニ堪ヘザルナリ。由ツテ新ニ修学綱要五則ヲ撰ビ以テ本校教育ノ精神ヲ明ニス。冀クバ師弟一致実践躬行シテ聖旨ニ副ヒ奉ランコトヲ。

一、身体ヲ健全ニシ志気ヲ遠大ニシテ常ニ進取ヲ図ルベシ

一、生活ヲ質素ニシ勤勉以テ習慣ヲ作リ、苟モ軽佻浮華ノ行アルベカラズ

一、信義ハ人道ノ大本タリ、商務ノ基礎又此ニ存ス、不義不信ハ断ジテ戒ムベシ

一、社会生活ノ由ル所ヲ弁ヘ、彼我権利義務ノ尊重ヲ忽ニスベカラズ

一、致富ノ要訣啻ニ一身ノ利ヲ計ルノミナラズ又用イテ社会国家ニ貢献スル所以ヲ覚ルベシ」(61)

この「修学綱要五則」には、彰廉の思想や教育方針・商業教育論（健康重視、節約・勤勉重視、信義重視、権利義務の尊重、社会貢献等）がよくあらわれており、のちの松山高商時代の教育方針・校訓「三実主義」（実用・忠実・真実）にも通ずるものがある。

大正元（一九一二）年一二月二七日、彰廉校長は実業教育に貢献したとして、文部省より二五〇円下付された。翌二（一九一三）年七月二八日、彰廉は文部省からの下付金二五〇円と自身の寄附二五〇円を元手に奨学基金を作った。加藤奨学基金である。[62]彰廉の学生への思いがうかがわれる。

大正二（一九一三）年、学生による某先生辞職勧告事件が起きた。このとき、彰廉は厳しく学生を停学処分とした。然し、前述の如く、教育的配慮から執行猶予を付け、また試験前に停学を解除し、更生させる措置をとった。この事件の首謀者の兄椎名芳胤の回顧に次のように述べられている。

「先生は、学生のやったことは一つは愛校心の発露と云ふこともあるか知らぬが、然し師の恩の尊いといふことは知らなければならぬ。（中略）他のものは一週間の停学であったが、私の弟以下五人の首謀者は無期停学であった。さうして他の者は執行猶予になったが、僕の弟にはそれがなかった。段々試験が迫って来る。どうなるかと思っていると、試験のあるといふ前の日に書留郵便で停学を許されて、それで試験が受けられた。其後辞職勧告を受けた先生は、或いは他へ転出し、また甲種商業学校へ転ぜられた。これは加藤先生のお考へによるものと思ふが、一応先生を立て、おいて学生を処分したが、結局学生の希望は達せられた訳である。そんなことがあって間もなく先生自身も大正三年〔筆者注：正確には四年二月〕におやめになった。[63]」

大正三（一九一四）年七月二八日、ヨーロッパで第一次世界大戦が始まった。八月二三日、日本はドイツに対して宣戦布告した。そのような戦争のさなか、一一月二三日、彰廉校長は創立三五年記念式を挙行した。

だが、この年の終わりころ、彰廉校長は校長を辞任することを決意した。翌大正四（一九一五）年の正月、郷里の松山に帰っていた彰廉が『東京朝日新聞』の記者に校長辞職についてインタビューに答えている。

「目下問題となり居る加藤大阪高等商業学校長を郷里に訪ひその辞職の次第を聞く。曰く。予が高商教授となりしは二八年、校長となりしは四十年（筆者注：正確には四十二年）にして既に二十年の長日月に及び其間職員生徒の間柄至って円満にて未だ一回の紛擾を見しことなく、又今日とても何等蟠りなし。然れども予も漸く老境に入りたれば後進の途を開く為め辞職したる次第にて格別の理由なく、その辞職内面の事情に就ては此に明言するを好まず、日ならずして明瞭すべく、何か特別の事情生ずれば格別然らざれば辞意を翻さゞる決心なり」[64]。

この記事では、彰廉は「老境」を辞職理由にあげており、真の辞任理由を明言していない。

星野通編『彰廉先生』は、彰廉校長辞任についてどのように述べているだろうか。

「辞職の原因は市会乃至市参事会の空気に対して先生は嫌気がさしたためであるらしく、今まで高商の経営について市会や市参事会は別に特別の干渉を試みなかったのであるが、この頃になって予算その他において、従来と一変したやり方に出たので、温厚な先生も可なり憤慨したものらしく、今後の学校経営が仲々むつかしいであらうことを見透して、先生は卒然その椅子を投げ出したのであった」[65]。

このように、星野通編『彰廉先生』では彰廉校長と大阪市会・市参事会との対立、干渉があったことを明らかにしているが、やはり対立の具体的理由は書かれていない。

『大阪商科大学六十年史』は、加藤校長辞任の真因の一つとして、大阪市助役の関一との教育上の衝突であることを明らかにしている。即ち、加藤校長は教育上の見地から組別に授業をする事を主張、それに対し、関一は組別授業ではなく、東京高商におけるが如く合併授業をせよと加藤校長に要請し、対立したとのことである。(66)

さて、辞任を決めた彰廉校長は、大正四（一九一五）年一月一二日、松山から帰阪し、翌一三日に生徒を講堂に集め、告別演説をなし、また職員も集めて告別演説をなした。一五日付けの『東京朝日新聞』に「加藤高商校長は十二日深更郷里松山より帰阪、十三日登校、午後学生一同を講堂に集め、辞職に就きて一場の告別演説をなし、次で職員一同を招集し尚来校せる二、三卒業生と会見し、同様意中を披瀝したるが、何れも校長の意中を諒としたる由なれば、問題は円満に解決するに至るべし。尚氏は当分当地に踏み留まり、何等か計画すべしと云ふ(67)」とある。

そして、大正四（一九一五）年二月一五日、彰廉は校長を辞職した。明治二八（一八九五）年一二月二六日に市立大阪商業学校に赴任して以来、一九年あまりの勤務であった。なお、彰廉の後任は、片野実之助（前、山口高等商業学校教授）であった。

ところで、市立大阪高等商業学校長時代の彰廉の思想、商業教育論等について、星野通編『彰廉先生』では何も書かれていない。彰廉の執筆した文章を十分探索していなかったためであろう。そこで、この時代、彰廉の三つの論考、①「近世経済思想の変遷」（「大阪経済雑誌」第一四年第九月号、明治三九年七月一五日、大阪経済社）、②「商業教育と徳育」（「経済」第四号、明治四三年 五月二七日、日本経済社）、③「働くもの遂に最後の勝利を得ん、最近に於ける独逸の活躍(68)」（「日本実業」第五年（第五〇巻）六月号、明治四四年六月一五日、銀行新聞社）が残されているので、全文を掲載しておこう。

①「近世経済思想の変遷

文学士　加藤彰廉

近世社会の大問題は、其の国際間たると将た一国内たるとを問はず殆ど経済に根原せざるはなし。故に苟も之が解決を試みんと欲せば近世に於ける経済思想の変遷を討尋し之が研究を怠るべからず。然らざれば問題解決の上に於て大なる誤を生ずるに至るべし。

抑十八世紀より十九世紀の前半に至る一般経済的思想は、如何にせば生産を増加し得べきかてふ事にありて、商工業者の施設と国家の政策たるとに論なく、皆生産増加の観念を基礎として其の方策を画したりしが、十九世紀の後半即ち千八百七十年の頃より漸次思想に変化を来し、生産物を如何に処分すべきや、即ち消費てふ観念を生じ、従て一般の画策亦之を基礎とするに至れり。以下序を追ふて少しく之が説述を試みん。而して説明の便宜上生産時代と消費時代に区別す。

（一）生産時代

十八世紀の末より十九世紀に於ける科学の進歩は、諸種の機械の発明となり機械の発明は当時に於ける経済思想を助長して生産増加に功顕の著しかりしことは明かにして一点疑なき処なり。彼の有名なるスミス氏の分業法によれば職工一人一日僅かに四百本位に止まる留針の製造も、十人一日に四万八千本を製造し得べしとの説なるが、機械発明の結果は三人の職工にて一日七百五十万本を製造し得べきに至り、其他靴製造機械の発明は従前の六倍に、鋼鉄製造に於ける『ベスメル』式の発明は四倍若くは五倍の増加を来し、又米国の農具の発明は二十年以前に二千人を要したる事も今日にて五百人にて事足るに至れり。尚千八百八十七年の計算によれば、蒸気々罐の力は能く十億人の働きをなせるに非ずや。要するに今日の生産額は三十年前に比し五、六倍乃至十倍に達せる者も尠なからず。況んや之を手工時代に比較せば幾十倍幾百倍に達せるや測り知るべからざる也。而して機械発明の結果は資本の集注となり、産業方法の変革となり、分業は益盛に行はる、に至りたり。

（イ）資本の集注。機械を使用するに至り資本を要すること益々大に、大なる資本は生産を増加すること愈多きを以て此に資本の集注を来し、小資本にては到底営業に堪ふる能はざる事となり、遂に営業方法に一大変化を生ずるに至れり。

（ロ）産業方法の変更。資本の集注せられてより小資本は大資本となり、個人営業は共同営業と化し、手工の時代は去って機械の時代となり、小売商に至る迄大資本を以て支店制度を採用すること、なれり。是は固より自然の結果にして、予は仮りに之を名づけて軍隊的組織と称す。即ち軍隊の如く各其業務を区別し、上下の階級を分ち各自上長者の命令の下に活動せるを以てなり。現今の『ツラスト』の制度の如き又此の組織なり。

（ハ）分業。分業は益々盛に行はれ、其局部の仕事は極めて簡単となり、無教育者にも無経験者にもなし得べく、又小児婦人をも使用し得べきのみならず、却て賃銀は廉に、利益は大なるべければ、男工は是等の為に其範囲を侵蝕せられ賃金は益下落するを以て、職工問題、賃銀問題は社会に起り、幼年職工の為に法律は制定せられ、女子職工の為に幼児預かり所起るに至れり。

国民の経済的思想にして生産増加にありとせば、国家の政策も亦焉んぞ然らざるを得んや。即ち十八世紀に行はれたる保護貿易主義の目的たる、蓋し一は積極的に生産増加、外国貿易の奨励にして、一は消極的に外国品の輸入防遏にありたるは明にして、経済思想の時代権化とも謂つべきなり。然れども此の保護政策は佛国大革命の余波を受けて遂に自由貿易論となり、十九世紀の前半に至る迄旺盛を極め、保護主義は欧州各国共に稍下火となりしが、千八百七十年頃より再び保護主義の勃興を見、今や自由貿易の本家本元たる英国の如き迄此政策を採るに至れり。

(二) 消費時代

保護貿易主義の再興は百年の昔に逆戻りせるの感なきにあらずと雖も、十八世紀頃に行はれたる者と今日の保護主義とは其根本観念に於て異れり。之れ即ち経済思想の変遷より来る者たることに留意せざるべからず。十九世紀に於ける科学の進歩、機械の発明は産業界の革命となり、資本の大集、産業方法の変更を来し、分業は益盛に、遂に生産過剰となって物価下落の現象を呈するに至る。今試みに英国に於ける麦に付て之を観るに、即ち左の如し。

一八五五年	七四志
一八六七年より七七年に至る十年間平均	五四
一九〇二年	二八

於是乎欧米の経済学者は盛に其原因を研究したりしが、終に物価下落の主因を生産過剰にありとするに至れり。因って以て保護主義の再興を見、関税策を実行する至りたるも、其実行は報復主義となり或は互恵主義となり、終に一種の政策は案出せらるゝ至る。

(イ) 殖民政策。関税政策に失敗せる欧州各国は殖民政策を実行するに至れり。此の政策は自国の殖民地に其の生産品を輸出する者なるが故に、他国に関係なく自己のみを利し得べきを以て、欧米の各国は皆未開国を呑噬《どんぜい》掠奪し、少くとも之を自国の勢力範囲たらしめんとし、今日に於ける世界の未開地は殆んど欧米諸強国の勢力範囲たらざるなきの観あり。之れ亦殖民政策主義の発現したる者に外ならざるなり。

（ロ）資本の輸出。貨物の輸出は前に略陳せる如く自国の自由たる能はざるも、資本の輸出に対しては各国共に何等の制限をも加へざるを以て、各国皆盛に之が輸出を競へるの有様なり。而して今日之が競争地は清国なるべし。即ち清国に於ける鉄道、鉱山等同国の経営に関する者は殆んど外国資本なり。千八百九十九年に於いて露国が牛荘北京間の鉄道布設権特許の請求に対し英国の反対ありしが如き、又天津漢口間の鉄道布設費を白耳義の『シンヂゲード』より借入る丶の議に対し、英独二国の抗議ありたる如き、尚独逸が山東省占領当時に締結せる条約文中に『若し清国政府又は清国人民が山東省開発の為め外資の必要ある時は第一に独逸の資本家に申込むべし云々』の文句の存せる如きは何れも皆自国の資本を外国に輸出せんとするに外ならざる也。之を政治上より観察すれば、勢力範囲の拡張、政権の相奪となすべきも、経済上の見地よりせば、資本輸出の競争なりと云はざるべからず。又佛国が清国の為に本国に於いて資金を募集するや、二億法の募集額に対し一日の間に其応募額が三十六倍に達したるより推も、一般の思想を窺ふに難しからず。而して佛国が今日世界に放資せる其額は千九百二年に於いて百拾壱億九千円に及べるを見ば、資金の裕なるを知るに足るべし。

要之、十八世紀時代に起りたる保護主義は、如何にせば生産を増加し得へきかてふ生産増加の観念より出でたる者にして、今日の保護主義は生産物を如何に処分すべきや、即ち消費の点より発現し、其外形は同一たりとするも、其根本観念に於て全然異なれる者なることを識別せざるべからざる也」

②「商業教育と徳育　　文学士　加藤彰廉

凡て如何なる境遇に在ると、又如何なる職業に従事するとを問はず、人は皆社会の一員としても亦一個人としても、純潔にして高尚なる品性を有せざるべからざるは必然のことなれども、今日の進歩せる文明社会に於ける経済組織の重要因子たる商業家に於ては殊に其の然るを見るなり。

夫れ商人の任務とする所は、一地方における過剰を以て他地方に於ける不足を給充する媒介者たるにあるが故に、商人は其の任務の遂行、即ち商取引に依りて自己の利得を計ると共に一般社会の利益に貢献すべき性質のものなり。是を以て之を見るに商人の品性の如何は、必ずしも直接に商人自身の利益上に影響することなしとするも、社会全般の福祉上に関係すること甚だ大なりと謂ふべし。然れども亦商人は元来営利を以て直接の目的とするものなれば、其の利益を計るは敢て非難すべきことにはあらざれども、唯射利心に駆らるゝの余り、社会の利益を犠牲に供して自己の利をのみ計るに急なるの恐なしとせず。其の結果遂にアリストートルをして『凡ての商業は悉く害悪なり』と言はしむるに至れり。此の言は固より極端に失せるものなれども、而かも商人の公徳は古来疑問題たりしは否定すべからざるの事実なり。果たして然らば今日に於ける完全なる商業教育とは、単に学生に自己の利益を計る方法を教授する目的のみを以て企てらるべきものにあらずして、実に一般社会に貢献する使命を果たすべき真の商業家を養成する高遠なる目的を以て計画せられざるべからざるものなり。是を以て這般商業教育に従事する所の吾人は、単に学生の学識修得法の改善のみを以て満足すべきにあらずして、未来の実業家たる此等学生をして高潔なる道徳的情操を涵養せしめ、以て現代の文明社会に恥ちざる商業家たるの修養を為さしむるを旨とせざるべからざるなり。然れども凡て徳育は其の実果を収むること頗る困難なるものなれば、此の問題に就きては吾人は特に充分の注意と努力とを用ふるの緊要なるを信す。

抑々学生の智的修養は学識ある教授の講義に依りて之を為すを難からずと雖も、精神の修養即ち道徳的修養に至りては単に倫理道徳の講述のみにしては其の目的を遂することは甚だ覚束なき事なり。是に於いてか之を如何にせば其の目的を達し得べきかと云ふ問題生ず。此の問題は至難なる問題にして、之に対し的確適切なる解答を与へんことは固より容易の業にあらず。従て一言にして之を盡して一事を以て之を達すべきにあらずと雖も、吾人は其の実際上最も必要にして且つ最も有効なるべきものとして左の二方法を取らんとする者なり。即ち、

第一、商業学校に於ては生徒をして経験に富み且つ高尚なる品性を有する実業家に接触するの機会を多からしめ、以て彼等が将来実務に服するに当り必要なる廉潔の精神を涵養せしむる事。

第二、商業学校の教師は商業的学識を充分に有するの外、尚ほ高尚なる品性を有して生徒を感化するに足る所の道徳的模範たるべき者を招聘する事。

是なり。

今右第一の方法に就きて一言せんに、老錬なる実業家は其の実業界に於ける長年月の経験に依り現在の進歩せる社会の眞の商業家に必要なる要素は其の品性に存する事を堅く知悉せるが故に、其の実験及び其の実験に依りて形成せられたる道徳的観念は学生に実務的智識を与ふるに効果あるは

勿論、之が傾聴者たる学生の品性の陶冶に多大の感化を及ぼすは自然の理なるが故に、吾人は斯の如くにして吾人が今日最も遺憾とする所の学校に於ける徳育の不完全を補足し得べきは蓋し疑を容れざる所なり。

第二の方法に関しては吾人は上に陳べたると同一の理由に依り、商業学校には高潔なる品性を有する教師の最も切要なるを確信す。即ち凡て品性の教育は実際的模範を示すに如くはなきを以て、此の種の教師の得られざる限りは、純潔高尚なる実業家の養成は到底望むべからざるなり。

之を要するに、既に述べたるが如く、高尚なる品性を有し経験に富める実業家との随時的個人的接触にして少からざる感化作用を学生の品性上に及ぼすものとせば、学生と日に接触する教師の品性が学生の品性の養成上に一層直接にして有効なる感化を与ふるは自明の理なり。是の故に商業学校に於ける教師は、如何に完全なる専門的智識を有するとも、其の品性にして高潔ならざらんには未た以て真の良教師たるの資格ありと云ふべからず。是れその品性陶冶の最も緊要なる学生時代に於て此等の教師に訓育せらるゝ未来の実業家たる学生の品性の如何は其の社会の進運福祉に関係すること甚大なるものなればなり。

以上は商業教育の実験上最も痛切に感する所の徳育の不足を補足するの一端たるべきを信し、此に之を披陳して以て世の同憂者に問ふことゝせり。幸に取るべくんば之を取り、又教ふべくんば以て示教の労を吝むなからんことを望む」

③「働くもの遂に最后の勝利を得ん、最近に於ける独逸の活躍　市立大阪高等商業学校長加藤彰廉

△働かねばならぬ日本の現在

日本は今尚ほ絶対に働かねばならぬ時である。働いて而して実際の富を増大せねばならぬ。後れたるものが前の人に走って追ひつかんには勢ひ前人より以上の急調を以て歩を転ぜざるべからず。日本の商工業の外国に比して大に劣れるの今日、之に追ひつかんには更に新たなる努力と奮闘とを以て只管に前進せねばならぬ。

△恐るべき独逸人の勤勉

独逸が近頃非常に発達して、兎もすれば英国を凌駕せんとするの勢ひあるは、同国人が上下共に日夜営々として働くからである。英人は外国に行っても自国の習慣を墨守し、三時か四時には必ず店を閉鎖するが、独人は然らず。時に応じ所に処して甚だ巧妙なる商売をやる。清国各地に於ける独逸商人の勤勉にして機敏なるは驚くべきものである。

△英商人の自重と日本商人

英人も昔はよく働いたものであるが、頃来は余り富裕になったので働きの度が少し減じたのであらう。智謀深遠にして気楽なる英人すら能く働く独逸人のためには漸く其盛名を奪はれんとする有様である。今日遥か後輩たる日本人の働きは独人よりも将た世界の何れの人種よりも多く働かねばならぬ。今日は働きの競争である。働くものは長久に栄え其然らざるものは衰ふのである」

①の「近世経済思想の変遷」は、彰廉の経済学の素養を示している。すなわち、彰廉は近世経済の世界歴史を、（一）一八世紀から一九世紀前半のいかに生産の拡大をはかるかの生産時代と、（二）一九世紀後半（とりわけ一八七〇年以降）の過剰生産物をいかに処分すべきかの消費時代にわけ、その経済思想の変遷を論じている。すなわち、（一）の一八世紀の重商主義の時代には生産増加のため

に保護貿易主義がとられたが、フランス革命以降一九世紀前半の産業革命時代になり自由貿易主義がとられるようになったこと、そして、(二)の一九世紀後半の過剰生産時代には保護貿易主義が再興し、その失敗によって植民政策と資本輸出政策がとられるようになり、一八世紀の保護主義と一九世紀後半の保護主義とは根本において違いがあると、的確に論じている。

②の「商業教育と徳育」は彰廉の商業教育論の真骨頂を述べたもので、商業の社会的有用な役割、商人の役割を指摘し、と同時に商人が自己の利益のみをはかり、その品性・道徳に問題があったとして、商業教育の使命は未来の実業家たる学生に高潔な道徳的情操を涵養することが目的であり、そのための有効な二つの方法——高尚な品性のある実業家に接触する機会を多く作ること、並びに教員が高尚なる品性を有し学生に感化すること——を論じたもので、これまた卓見であった。

③の「働くもの遂に最后の勝利を得ん、最近に於ける独逸の活躍」は、ドイツが急速に発達したのは、勤勉だからだといい、後進国日本はもっと働かねばならぬと叱咤激励したもので、勤勉を尊ぶ彰廉の思想を述べたものである。

最後に、彰廉の市立大阪高等商業学校長時代の功績について述べておこう。卒業生明路常造（大阪高商教授、留学生第一号）が次のように四点にまとめている。(69)

第一に、校友会の組織（明治三二年四月）。

第二に、学校の創立記念日の制定（明治三二年一一月一五日）。

第三に、大阪商業学校を高等商業学校に昇格させたこと（明治三四年 四月一一日）。

第四に、外国留学の制度を作ったこと（明治四〇年七月）。

しかし、彰廉校長の功績はこれだけにはとどまらないだろう。さらに追加しておこう。

第五に、新校舎の建設（明治四四年四月二七日）。

第六に、加藤奨学金の設置（大正二年七月二八日）。

第七に、卒業生の就職の世話。

第八に、生徒への温厚で清廉高潔な人格的影響ならびに堅実な教育精神（修学綱要、商業教育論）の影響。

等々である。

第九節　衆議院議員時代

大正四（一九一五）年二月一五日、大阪市（市長池上四郎、助役関一）が加藤彰廉校長をやめさせたことで、学生が、卒業生が怒った。また、後にきた校長（片野実之助）が加藤先生より劣っていたとして卒業生が怒った。関一助役に談判したが、無理であった。丁度、その頃、衆議院の解散中であったので、卒業生の椎名芳胤と上田弥兵衛が相談して、彰廉を代議士に立候補させる運動を始めた。星野通編『彰廉先生』に「一つには市に対する反感、一つには先生に対する報恩」(70)のためやりだしたとある。

時は第二次大隈重信内閣期である。大隈内閣（外相は加藤高明）は、大正三（一九一四）年八月二三日第一次世界大戦に参戦し、一二月三日中国に対華二一カ条の要求を突き付け、一二月五日に第三五通常議会を召集し、そこで、陸軍の二個師団増設案を提案したが、衆議院で第一党を占める政友会が否決し、その結果、一二月二五日、大隈は衆議院を解散し、大正四年三月二五日に第一二回衆議院選挙が行なわれることになったのである。その候補に椎名ら卒業生達が彰廉（無所属、中立）を担ぎ出したのだった。

大正四（一九一五）年三月一〇日付け『東京朝日新聞』に、「新候補者の面影　大阪市加藤彰廉君（中立）」と題し、候補者紹介がある。

「江東八千の子弟に担がれた項羽に較ぶれば少々人数は少いが、二千幾人の卒業生から擁立せられた君は、立候補の事情に於て確かに出色である。仔細は助役の関君と衝突して辞職したのを卒業生仲間が気の毒がり、隠居所の作事か何かの積もりでエイ〳〵声で担ぎ上げて居るとの事で、恩師に対する報恩の仕方としてはチト変妙ではあれど、斯く迄子弟をして情宜を尽さしむる君の徳は没すべからざるものがある。明治二十年頃の大学出で二十一年から山口、広島の高、中学校に奉職し、二十八年大阪高等商業学校に就任してから二十年間、孜々営々育英に従事したとあれば、教育上の功績は著大で、成程二千人の卒業生に推薦せらるゝも無理ではない。立候補者の理由としては、第一、憲政の確立、即ち折角の立憲国も未だ其実がない、是が確立に働いて見たい。第二、現在の政党は徒に党争を事とし未だ国家を憂ふる真政党はない、之を樹立したい。第三、増師に対する世論は何れも真面目でない、慎重に研究して何れかに決したい。第四、営業税は全廃したい、第五、対支外交は殊に大阪市に大関係あれば飽くまで研究して見たい。第六、商工は立国の基だから益発展の途を講じたい、などゝ鹿爪らしく並べ立ては居れど、卒業生の懇請黙し難く立った迄で、経綸も野心も別にある訳でない。大阪の郡部から、農学校の井原君が名乗り出れば、市部から高等学校の加藤君が打って出るのも一奇で、互いに張り合わせた訳でもあるまいが、ドウか張り合って当選して貰ひたい」[71]

このように、彰廉候補は、商工立国、営業税廃止、立憲主義の確立等の政策を掲げていた。しかし、陸軍二個師団増設問題や対華二一カ条問題には態度をあきらかにしていない。ということは、結局は大隈内閣の対外硬の容認論であったと思われる。

さて、投票の結果は次の通りである。[72] 彰廉はトップ当選した。しかも断トツであった。

大阪市（定員六）

加藤彰廉	（新、無）	四四三〇
谷口武兵衛	（新、同）	二八二一
紫安新九郎	（前、隈）	二七〇九
金沢仁作	（新、隈）	二四〇八
金沢種次郎	（新、隈）	二一五〇
石橋為之助	（前、中）	二〇九五

次点
白河次郎（新、国）　一七〇〇

全国的には、大隈内閣与党の立憲同志会が有利で、大浦兼武内相による大規模な選挙干渉もあり、圧勝した。選挙結果は立憲同志会一五三、立憲政友会一〇八、立憲国民党二七、中正会三三、大隈伯後援会（公友倶楽部）一二、無所属四八、となり、引続き大隈が内閣を続けることとなった。

当選した彰廉は無所属団に入ったが、その後、公友倶楽部（無所属団の改称）、そして、公正会に所属した。そして、新人議員ながら、当選後の最初の第三六特別議会（大正四年五月二〇日～六月九日）には、「理化学研究所設置に関する建議案」を提案し、説明し採択されている。(73)また、第三七通常議会（大正四年一二月一日～五年二月二八日）では、彰廉は衆議院の請願委員長に就任した。(74)いかに人望があったかが判る。そこで、加藤委員長は、政府に対し、今日まで採択した請願を政府はその後どのように扱ったのか、その結果を詳細に統計にして報告せよと、要求した。政府は返事が出来ず、加藤先生を恐れたという。(75)

大正五（一九一六）年一〇月四日、大隈は予算案をめぐる貴族院との対立等から辞表を提出し、加藤高明立憲同志会総裁を後継首相に推したが、山県有朋ら元老の反対で実現せず、一〇月九日、後継内閣として、寺内正毅内閣が誕生した。その寺内内閣下に開かれた、第三八通常議会（大正五年一二月二七日～六年一月二五日）では、彰廉は決算委員長に就任している。(76)やはりここでも彰廉は人望があったことがうかがわれる。

第一〇節　北予中学校長時代

大正五（一九一六）年一月四日、私立北予中学校長として多大な貢献をした白川福儀《とみよし》（自由党の論客、県会議員、松山市長等をへて、明治三七年から北予中学校長に就任）が死去した。その後、後任校長探しで、北予中学会理事の井上要が、郷土出身の有力者たち、加藤恒忠（拓川）、秋山好古、勝田主計、新田長次郎らと相談し、前、大阪高等商業学校長・衆議院議員の加藤彰廉に白羽の矢を立て、特に拓川が彰廉を口説き、また、新田長次郎が援護射撃して、彰廉が北予中学校長に就任することになった。

彰廉を高く評価し、井上要に推薦したのが加藤拓川であった。拓川の井上要宛手紙（大正五年一月一七日）に次のように記されている。

「兼て申上候通、私学校長は官立公立以上の人物を要することは申迄も無之、今後北予の発展を計るには必ず教育界に名を知られたる人を獲るの必要ありと信じ候、当地の江原素六、杉浦重剛諸老の中学の如き世に重きを為すは全く校長其人の為に外ならず（中略）、彰廉氏の如き学識、徳望、人格の諸点に於て遍く海内に令名を馳せ居る人物は容易に得難し」[77]

以後、加藤拓川が彰廉を口説いた。井上要『楽屋ばなし』（昭和八年）に次のように記されている。

「北予中学の白川時代〔筆者注：白川福儀〕は、明治三十五年より大正四年に及んだ。そうしてこの十四年間は学校の受難試練の時代であると同時に、生動発育の時代である（中略）。

然るに何の不幸ぞ、白川君は大正五年一月松山病院に於て卒然として死亡した。その前年には藤野政高、藤野漸、木村利武の三君相次いでこの世を去り、学会（筆者注：社団法人北予中学会）は白川君を主盟とし、私と両人が理事として残ったに過ぎない。而して白川君は学校拡張の抱負を以て東京に出で、加藤恒忠、秋山好古、勝田主計君など ゝ種々画策を定め、その帰校するや病を得て急死したのである。こゝに於て私は唯一人の残れる当局者として、孤影悄然淋しく全責任を負ふこと ゝなり、誠に恐縮の外なき苦境に立つこと ゝなった（中略）。

北予中学は拠然としてその中心たり生命たる校長を失った。そうしてその善後の責を負ふものは私一人である。依って私は先づ加藤恒忠君に相談し、また、門田、秋山、新田の諸君並ひに勝田主計、内藤家令（久松家）両君にもその意見と協力を求めた結果、何れも今こそ北予中学は存廃の危機に立つものである。この際加藤彰廉君を起すにあらざれば、到底他にその人はない、同君を校長に得るにあらざれば、学校存続の見込みはないであらうと、意見は忽ち一致した。こゝに於ていよく彰廉君を口説くことに着手したが、それが容易のことではない。

その頃彰廉君は大阪高等商業学校長を辞し、自ら求めざるに大阪市民は君を擁立して衆議院議員に当選せしめた。よって君は帝国議会に於て大に活躍すると同時に、汎く帝国教育界のために指導者として、その経倫を行はんとするときである。氏は元来天成の教育家であり斯界の長老たるを以て、その声望の著聞なるは勿論である。故に大学その他より厚俸礼遇を以て君を迎へんとするもの少なからず、然かも悉く之を辞して中央政界に進出する折柄、之を貧弱なる北予中学に招いて郷土の福沢先生たらしめんとするのであるから、君が容易に承諾せざることもまた予想し得る処である。

この時、毒婦の恋人に於けるが如く最も執念深く彰廉君に付き纏って口説き落しに全力を傾倒したものは恒忠君であった（中略）。

同君総攻撃軍の内には、久松伯の間接射撃あり、また、私共の正面突撃もあったが、最も勇敢なる応援軍が大阪からも現はれた。それは新田長次郎君が熱誠を注いで君の就任を懇嘱したことである。その時新田君は

彰廉君にして松山の福沢先生たるべく教育のために自己犠牲を甘ずるに於ては自分も将来郷土の為には必ず貢献するであらう

と覚悟の一言を漏らした。この一言は彰廉君の耳には如何に響いたであらうか、私は知らぬ、或いは別に意に留めずして君は今まで之を忘れて居るのではないかと思ふ節もある。しかし、新田君は深く心に期する処があったもの、如く、この一言が基本となって、後年彰廉君中心の松山高等商業学校のため大なる出資の覚悟をなしたるのであることは私の新田君より親しく聴いたところである。物は成るの日に成るにあらず、北予中学の姉妹校として後に松山高商と成りたる種子は何人も知らざる此時既に蒔かれたるものである。

かくの如く彰廉君の一諾は千金よりも重い、殊に恒忠君の手紙にある通り『報酬の件に関しては彼此の間に於て一言も話及不致』、この貧乏なる学校長を頼むもの、頼まる、もの共に一言報酬の事に及ばずして決意するが如きは唯物主義万能の時代には一寸類のないことであらう。こ、に於て北予中学は復活して更らに活動飛躍の一歩を進むることとなった」(78)

かくして、大正五（一九一六）年二月一八日、彰廉は北予中学校長就任を承諾し、井上要宛手紙に

次のように述べた。

「拝啓愈々御清祥奉賀候陳者北予中学の件に就き諸君より御懇篤なる御手紙賜はり厚く奉存候小生甚だ不肖その任にあらずと存じ候へども事情止み難く御受け致すことに決定致候に就ては何分諸君の御同情と御援助とを賜はらんことを御願申上候先は右御受迄草々頓首

大正五年二月十八日

加藤彰廉

井上要殿

」(79)

大正五年三月一〇日、彰廉は私立北予中学校長、また、北予中学会専務理事に就任した。五四歳のときである。星野通編『彰廉先生』に次のように記されている。

「かくて先生は大正五年三月十日附をもて北予中学校長に就任した。北予中学会専務理事を兼ねたことはいふまでもない。これより先生は郷里のため一身を捧げて北予中学発展のため尽瘁し、北予中学の名声は俄かに四隣に重きをなすに至り、職員生徒、卒業生父兄はいづれもこの名校長を迎へ得たることに限りなき喜びを感じ、北予中学の校運隆隆として盛んなること未だ曾て見ないところであった。

即ち先生は漸次優秀なる教員を養成または増聘し、生徒の風紀を正して校風養成に努め、試験制度を改正し、剣道を正科とし、或は卒業後直ちに実務に就くもの、ために実科を授け、運動を奨励し、また父兄会をしばしば開いて家庭との連絡を密にした。また生徒の服装を改めて金釦の制服に毛皮編上靴、巻ゲートルとし、一定の雑嚢を携帯せしめ、更に帽子の徽章を改めて『中』の字に北斗七星を象った七個の星を加へ、赤色の帯線はこれを廃して、全く従来の面目を一新した。殊にカ

バンは松山で初めてゞあった」(80)

彰廉は、大正一三（一九二四）年二月一五日まで、約八年間、校長職をつとめた。

北予中学校長時代の功績について、星野通編『彰廉先生』によりまとめれば、次の如くである。(81)

一、優秀な教員を養成、招聘した。

二、生徒の風紀を正し、校風養成に努めた（服装を改め、金釦の制服、帽子の徽章を改め、北斗七星とする）。

三、試験過重の試験制度を改正し、平常点に重きをおくようにした（大正六年から）。

四、入学試験を他の中学校と同一日とした（大正八年三月から。独立自尊の精神を高調しようという意図で、校内教員の間に強硬な反対があったが、断固として邁進した）。

五、運動を奨励し、剣道を正課とした。

六、英語教育を重視した（大正一〇年から懸賞英文優等者に賞与）。

七、修身教育を重視した（大正一一年度より修身科教授法を改め、各教員を各学年に配し、各学年ごとに講堂に集めて臨時講演を行なわせ、彰廉校長自らもよく講演した）。

八、卒業後実務につくもののために実業科を設置した（大正七年度より）。

九、定員の増加をはかった（大正一〇年度より生徒定員を八〇〇名、一三年度より生徒定員一〇〇〇名に増員）。

一〇、学校の施設拡大をはかった（大正一〇～一一年にかけて、敷地二三七六坪の購入、普通教室六教室の新築、理科実験室の新築、等々）。

一一、財政基盤強化のため、北予中学後援会を設立した（大正六年、会長勝田主計、副会長井上要。
基本金三〇万円募集。第一期として一五万円募集、一二年末には一一万三八〇〇円）。
一二、愛媛県からの補助を実現した（大正一〇年より二万円、一一年より教員給与の半額）。
一三、父兄会をしばしば開いて、家庭との連絡を密にした。
一四、卒業生との連絡を保つために、七星会報を創刊した（大正七年五月から）。
一五、職員の一〇年勤続表彰式の挙行、職員の退職給与規程の作成等福利厚生の実施。

なお、七の修身教育の重視について、彰廉の講話が星野通編『彰廉先生』に紹介されている。彰廉は修身科の講義が道徳論の弊に陥るのを防ぎ、実践方面に意を注ぐと共に、国体観念を生徒にくりかえし論じている。この講話に彰廉の熱烈な国体思想がわかるので、少し長いが若干引用しておこう。

「天皇は遺伝的に至聖至善であること。今茲に遺伝の学説からいふても凡そ三千年の間連綿として系統が続いたといふことは誠に善美の極みでなければならぬ（中略）。日本の天皇は生れながらにして既に至善なる性格を有せらる、ものであると云へる。遺伝の法則から観ても万世一系といふ事は即ち至聖至善を意味するものである」

「万世一系の天皇を奉戴すること。英国に於ても伊太利に於ても露国に於ても、その君主は素より一系の君主ではない（中略）。我が国の様な万世一系の天皇が過去現在未来の三世を通じて無窮にいますといふ事は実に世界に其の比類がない所であって、我が最大の特色とする」

「我皇室は人民の大宗家であること。大和民族は神代の昔から子々孫々相承けて今日に至って居るものであって、従って一家族の子孫が段々と繁殖して大を致したものである。されば我皇室は人民の大宗家総本家であって、人民は皇室の子孫末裔といふ程のものである」

「忠と孝が一であること。茲に我が建国の由来を考ふれば、天皇は人民の父であって人民は天皇の子たり孫である。されば明治天皇の御製にも屢々人民の事を『子』と仰せられた。また今上天皇御即位の勅語にも、義は君臣にして情は父子と仰せられた。従って忠と孝は一義である。父子の情として天皇に尽す孝を君臣の義によって忠と名づけたに過ぎないのである。故に忠は孝の根本であって、また孝の大なるものといふべきである」

「忠君と愛国とは一であること。我国土は昔天孫が開き給うた所であって、即ち天皇の所有し給ふ所の国土である。されば我国を愛するはまた君に忠なる所以である（中略）。我国に於ては忠君と愛国は一であるけれども、外国に於ては忠君と愛国とは自ら別義である。而して彼れに於ては愛国重くして忠君軽しである。これが彼の国に於て往々にして愛国のために君主を逐ふ事がある所以である」

「国体と政体との別。国体は国家統治の主権に因て生ずる国家の体制である。政体は其主権を実地に行ふ方法の形体である。外国に於ては此の二者は一致するけれども、日本に於ては一致しない（中略）。我国に於ては万世一系の天皇が我国を統治し給ふこと、古往今来永世に変る所がない国体である。然しながらその政体は時によって変っている。天皇専制の時もあり、また貴族政体のときもあり、又武門政体の時もあり、また今日の如く立憲政体の時もある。その政治の形式は斯くの如く時々変更の跡を見る事が出来るけれども、万世一系の天皇が之を総攬し給ふといふ国体に至っては全く変るところがないのである。これ我国体のまた万国に大いに卓絶せる所である」

「大日本は万世一系の皇室を中心とし奉る家族制度の国家であって、しかも忠孝不二を以て国体の精華とするところの万国無比の国体である」(82)

大正六（一九一七）年四月二〇日、寺内内閣下の第一三回衆議院選挙が行なわれたが、彰廉は北予中学校長職専念のため立候補しなかった。大阪での後任は教え子の上田弥兵衛（米穀商、大阪堂島米穀取引所常務理事）であった。

第二節　松山高等商業学校長時代

加藤彰廉の教育人生のなかで、最後の仕上げが松山高等商業学校の設立であった。星野通編の『彰廉先生』も比較的詳しく記している。ただ、「序論」で同書の問題点について述べたが、同書では、松山高商の創立経緯に関する史実確認の不十分さがみられ、また、校訓「三実主義」の記述がないのも不可解な点である。以下、松山高商設立・開校以降の時代について詳しく見、この時期の彰廉の役割、功績について述べていくことにする。

一・松山高等商業学校開校

大正一一（一九二二）年一二月二六日、加藤彰廉らは財団法人と松山高等商業学校の設置を文部省に申請していたが、翌大正一二年二月二二日、文部省より認可を受け、二月二四日、その旨が告示された。

大正一二年三月三日、財団法人は、第一回理事会を開き、寄附行為第一三条により、新田長次郎が岩崎一高、井上要、新田萬次郎、加藤拓川、加藤彰廉を理事に、井上利三郎を監事に選出した。そして、彰廉を松山高等商業学校長兼専務理事に推挙した。そして、加藤彰廉専務理事は財団法人の登記申請を行ない、三月一三日、財団法人の登記が完了した。

だが、三月二六日、理事の一人で高商創立のキーマン、松山市長で貴族院議員であった加藤拓川が、松山高等商業学校の開校を待たずに遂に死去した。

財団法人は松山高商校長に加藤彰廉を文部省に認可申請していたが、三月三〇日付けで認可を受けた。そして、彰廉校長は、開校に向けて準備した。

㈠ 大正一二年度

四月、彰廉校長は新教員を採用した。一日に佐伯光雄（愛媛県出身。山口高等商業学校卒。商業学、商業文、簿記、商業算術）、渡部善次郎（愛媛県出身。早稲田大学卒、エール大学卒。英語）、六日に西依六八（佐賀県出身。京都帝大卒、理学士。商品学、数学、理化学）、田中忠夫（岡山県出身。三高をへて東京帝大卒、経済学士。経済学、経済史）、一〇日に重松通直（愛媛県出身。東京商科大学卒。商業学）の五人を教授として任用した。商業学関係が三人、経済学関係が一人、英語が一人であった。また、五月六日、古川洋三（愛媛県出身、関西学院高等商業部卒）を商業学研究のために、赴任前に米国ウィスコンシン大学に留学させた。留学第一号であった。

また、彰廉は、期日不明であるが、松山高等商業学校の「教授会規則」を定めた。それは、次の通りである。

「第一条　教授会ハ本校教授ヲ以テ組織ス但シ校長ニ於テ必要ト認ムルトキハ教授以外ノ職員ノ列席ヲ求ムルコトアルヘシ

第二条　校長ハ教授会ヲ召集シ議長トナル校長事故アルトキハ其ノ指名ニ拠ル

第三条　定例日ハ毎月第三水曜日トス但シ臨時ニ開会スルコトヲアルヘシ

第四条　教授会ハ左ノ事項ヲ審議ス

一、授業ニ関スル重要ノ事項

一、学生ノ操行学力等ニ関スル事項

一、学生ノ賞罰ニ関スル重要ノ事項

一、学生ノ入学及進級ニ関スル事項

一、規則規程等ノ制定改廃ニ関スル事項

一、其他校長ニ於テ必要ト認メタル事項

第五条　教授会ノ決議ハ凡テ校長ノ許可ヲ得ルヲ要ス」(83)

この「教授会規則」はその後改正をへながらも今日にいたっている。原型の意味において極めて重要な史料である。なお、教員人事に関する事項はなく、彰廉校長が人事権を握っていた。

四月一四日、一五日の両日、松山高等商業学校の入学試験を行なった。五〇名の募集に対し、志願者は一四二名（中学校出身一〇五名、商業学校出身三七名）であった。試験当日七名の欠席があり、結局一三五名が受験した。競争率は二・七倍であった。そして、二〇日に六一名の合格者を発表した。中学校出身四七名、商業学校出身一四名。うち県内は四〇名であった。合格者の氏名は『海南新聞』大正一二（一九二三）年四月二〇日付けに掲載されており、それは次の通りである。

「中学校卒業者　四七名

窪岡三五郎、塩崎四郎、西原種善、矢野勝義、池田国茂、梅村源一郎、武田正雄、木村了、小島良夫、野本矩一、石本功、沢田充、土居清孝、堀本久雄、本田九郎、仙波雄司、小山誠一郎、文野年紀、湯木一幹、菅原義孝、松野豊、片田三男、松浦俊久、森田雄夫、宮本郁、玉井英四郎、浜田喜代五郎、薦田昭弘、小田英澄、本多三七雄、御手洗義一、兼久良三、二宮義正、大関勝、牧野龍夫、渡部彦逸、宮崎清晴、碓井功、黒田稔、田村光秋、八原嘉秋、吉田茂雄、門屋尚一郎、富家正敏、安田鉄之輔、森寿、矢野弥太郎

商業学校卒業者　一四名

作道清郎、増岡喜義、緒方近一、井手要太郎、大野哲次郎、大内寿、末光茂好、広瀬森茂、越智雄三郎、小松茂、藤原要、高村保、木村逍庸、高木寮一」(84)

なお、合格者の中に、後に松山商科大学学長となる増岡喜義や高商教授となる浜田喜代五郎、菅原義孝、また、松山商科大学学長となる稲生晴の養父・二宮義正（後、八幡浜の稲生家の養子となる）、文部官僚で愛媛県知事となる加戸守行の父・末光茂好等がいるのが注目される。なお、この日の合格者の中に、「経友会」や新聞部で活躍する岡田栄資の名前がないのは腑におちないが、推薦あるいは

補欠で入学したのかもしれず、研究課題である。

四月二五日、第三回理事会を開いた。寄附行為第一四条により、加藤彰廉専務理事が評議員九名を推挙した。評議員は、井上久吉（松山市会議長）、石原操（五十二銀行頭取）、服部寛一（松山商業学校長）、村上半太郎（実業家）、野本半三郎（愛媛県会議長）、山内正瞭（東京商科大学教授）、八木春樹（実業家、県会議員）、由比質（松山高等学校長）、清家吉次郎（県会議員）であった。

第一回入学式は四月二五日午後一時より北予中学講堂にて開催された。来賓として、岩崎一高（本校理事）、井上要（同）、由比質松高校長（本校評議員）、村上半太郎（同）、御手洗忠孝（愛媛新報社長）、長井政光（元、松山市長）等が出席し、学生総代塩崎四郎の入学誓詞の朗読があり、入学生六一名の自署、後、加藤校長の訓示、井上要の祝辞がなされた。尚、加藤拓川は松山高商の開校をまたずに三月二六日に逝去し、出席できず、また、設立者の新田長次郎も所用のためであろうか、出席していないようである。

翌二六日の『海南新聞』に入学式の模様が「開校第一回の松山高商入学式二十五日北中講堂にて挙行」と題し、報じられている。

「私立松山高等商業学校の入学式は二十五日午後一時より北予中学校講堂に於て挙行された。来賓としては岩崎一高、井上要、由比校長、村上半太郎、御手洗忠孝、長井政光其他有志臨席、最初入学生総代の塩崎四郎君の入学誓詞の朗読があり、六十一名の生徒の自署がありたる後、加藤校長の訓示、井上要氏の祝辞があり、最も厳粛裡に三時式を終へた。高商校では二十五日入学式を終へたので、二十六日より授業を開始する事になっているが、校舎は本年一杯或は明年二月頃迄でなければ新築が出来ないので、先づ当分は北予中学の一部を教室とし授業する筈である。而して入学生は六十一名中約四十名は県人であり、中学卒業生四十五名、商業卒業生十五名の比例である。尚、教授並に講師は左の如くである。

校長　加藤彰廉
教授　佐伯光雄、西依六八、田中忠夫、渡部善次郎
講師　北川淳一郎、大江文城、林原耕三、高山峰三郎、小野圭次郎、重松通直、杉山尚寛
書記　田〔富〕家虎吉
嘱託　西原百太郎」(85)

なお、入学者は『三十年史』では六〇名で、うち、中学校出身者が四七名、実業学校その他出身者が一三名であり、四月二〇日の『海南新聞』記事より実業学校出身が一名少ない。『五十年史』も同様である。(86)推測するに、合格発表は『海南新聞』の通り六一名であるが、入学手続を一人しなかったものと思う。それは、『三十年史』の第五章第二節の「財政」によると、大正一二年度の入学金収入は三〇〇円（入学金は五円だから納入者は六〇人）となっているからである。(87)

同じ日の四月二五日、彰廉校長は開校、授業開始に当たり、松山高商の目指す商業教育の方針・理想を、新聞記者に対し、次のように語った。

「商業は誰でも出来る。実業家には誰でもなれる。学問はなくつても常識さへあれば容易であると云ふ事を能く我々は耳にするのである。勿論学問はなくとも立派な大商人、大実業家になっている人はあるが、然し夫らは異例であって、今日並に将来に於ける商業に於ては単に斯かる常識のみを

以て事足れりとする事は到底出来得ない事である。
常識は商人にとって無論必要である。然し之に加ふるに、将来は社会全体に就いての広い知識を有つ事が最も必要である。心理学も必要、哲学も必要、昔の如く常識並に経済学のみで満足しては居られない。夫れから商人には死亡率が多い。之れは運動不足等の為めであるかも知れないが、夫れ故に健康体である事も又必要である。更に又徳義を守る事も必要であれば、誘惑に打勝つ堅固なる意志も必要である。それ等の総ての点を備へた人間を造り出すべく、学校としては出来る得る限り理想への努力を致したいと思ふ云々[88]」

ここには、彰廉の年来の商業教育方針――幅広い知識の修得、健康な体づくり、徳義心の養成――が述べられており、のち、第一回卒業式で宣言する校訓「三実主義」につらなる構想の萌芽が見られる。

四月二六日、松山高商の授業が北予中学の一部、二階建教室の二階の三室を借りて開始された。

一学年目の授業科目は、論理学、心理学、哲学概論、国語、漢文、商業文、書法、数学、商業算術、物理、化学、商業学、簿記・会計学、法学通論、民法、商法、経済学、商業地理、英語、第二外国語、体操で、授業時数は中学校出身者、商業学校出身者共毎週三四時間であった。第一学年の中学校卒業者は国語・漢文、物理、化学に代えて商業学、簿記・会計学を毎週各三時間、商業学校卒業者は商業学、簿記・会計学に代えて国語・漢文毎週二時間、物理、化学を毎週四時間履修することとした。

「学校規則」の第二六条から三三条で試験、進級、卒業が規定されたが、さらにその細則が定められた。

「試験及進級細則」の主要点は次の通りである。学期試験に欠席したるものは平素の成績及勤怠を参酌してその成績を定め又は追試験を行なうことを得、追試験はその得点より二割減とする、学年成績評点六〇点未満の科目が当該学年科目総数の三分の一以内ならばそれを仮進級とする、学年成績六〇点未満の科目については在学中および第三学年終了後二ケ年以内に再試験を受けることを得、第三学年の終わりにおいて各学科目六〇点以上の成績を得たるものを卒業とする、六〇点以下の評点を有する科目ある時は修了証書を授与す、学業成績は甲八〇点以上・乙八〇点未満・丙六〇点未満とす、などであった。[89] すなわち、一、二学年の学年度末において、不合格科目（六〇点未満）が三分の一以内ならば仮進級となり、また、第三学年の終わりにおいて、不合格科目があれば仮卒業となる、という細則であった。これは、必須科目が多かったので生徒にとっては負担であり、落第、仮進級、仮卒業者が少なからず出ることになった。

四月、彰廉校長は開校と共に、「松山高等商業学校校友会」を発足させた。規則は学校側で用意し、「本会は会員相互の親睦を図り心身の修養に力め以て校風の美を発揮する」ことを目的に、本校生徒と職員、卒業生によって組織された。[90] 市立大阪高等商業学校時に組織したものの松山高商版であり、いかに彰廉が「校友会」に力を込めていたかが判る。

七月三一日、北予中学の北側の地に新校舎の起工に着手した。当初は木造の予定であったが、鉄筋（三階建）に変更した。卓見であった。そして、その費用のために長次郎は五〇〇〇円を寄付した。

一〇月二七日、北予中学校長をまだ兼務していた彰廉は、北予中学の修身の講話で、教育の趣旨について、次のように述べた。

「イ、知識。広く天地に知識を求め知識を磨くこと。ロ、実用的有益。実際的人物を作ること。ハ、忠実。社会的、交友的親和心を養ふこと」[91]。

ここには、彰廉の校訓「三実主義」（実用・忠実・真実）の構想が大分煮詰まってきており、その構想を早くも北予中学生に表明していたことが判明しよう。なお、「知識」を最初に持ってきたのは、北予中学校が普通中学であったためであろう。

一一月二一日、学術研究団体として経済学、経済事情、時事問題その他の研究を目的とした「経友会」が発足した。生徒の岡田栄資、浜田喜代五郎等が中心となり、若手教員の田中忠夫、重松通直等が指導した。

大正一三（一九二四）年二月一五日、彰廉校長はそれまで北予中学校長を兼務していたが、北予中学校長を退き、後任には、秋山好古大将が就任した[92]。

(二) 大正一三年度

開校二年目である。彰廉校長は四月一日、英語担当の教授として河内富次郎（岡山県出身。フランク大学卒）を、四月五日、法律担当の教授として一柳学俊（愛知県出身。京都帝大卒。文学士、法学士）を採用し、教員を充実させた。

大正一三（一九二四）年度の入学試験は、期日は不明だが、三月末に行なわれ、募集人員五〇名に対し、志願者は二〇二名で、前年の一四二名をさらに上廻った[93]。そして、四月一〇日に合格者六〇名を発表した。内訳は中学校出身者が四二名、商業学校出身者が一八名で、その合格者氏名は『海南新聞』大正一三年四月一〇日付けに掲載されている。なお、人名の解読不能字は□とした。

「天野□明、青木昌長、藤村正憲、福田三郎、檜垣駒太郎、今村源蔵、伊□□□、金岡健三、戒能通、小林元、黒杭隆爾、楠原利家、忽那勝栄、益満一、増田忠夫、水沼慎平、永井照太郎、中野信明、長尾□茂、長柄重義、西島季一郎、西山与治郎、野本矩通、□山友一、坂井進、白石□光、潮田浩助、関谷英雄、杉野正則、徳永信太郎、栂井勝比古、友石実、辻田高綱、土本勤、上田唯友、浮穴源吉、渡辺昭吉、山田本郎、矢能義一、横守敏介、八木太郎、吉川良一（以上中学校出身者四十二名）、土井茂、土居武夫、堀内計形、本田修、程野龍蔵、橋本正雄、梶下増男、森明、松平有愧人、長山清、小倉勝一、大井立身、岡田秀雄、友近満房、武田栄、塚本義武、山内一郎、山内恒信（以上商業学校出身者十八人）通計六十人」(94)。

四月一五日、鉄筋コンクリートの新校舎が竣工した（三階建て、一三室のべ六五二坪）。松山初のコンクリートの建物であった。以降、新校舎で高商の授業が開始された。

四月一六日、大正一三年度の入学宣誓式を挙行し、第二期入学生五九名が入学した（一人入学辞退）。

四月二一日、彰廉校長は学校の「校務分掌規程」を作り、教務、学生、図書、事務の四課を置いた。そして、教務課長に佐伯光雄、学生課長に渡部善次郎、図書課長に一柳学俊教授を任命した。学生課は後に生徒課に改めた。

五月一〇日、清浦奎吾内閣下第一五回衆議院選挙が行なわれた。清浦貴族院内閣（与党政友本党）対護憲三派（憲政会、政友会、革新倶楽部）の戦いであった。愛媛二区（温泉郡、伊予郡、定員二）は、政友本党から成田栄信、政友会から須之内品吉、無所属から岡田温（帝国農会幹事）が立候補し、そして、このとき、本校教授の渡部善次郎が憲政会から担がれ、立候補し、松高校長の由比質、同教授の北川淳一郎等知識人、文化人が応援した。また、善次郎が教えている松高の生徒や松山高等商業学校の生徒たちも、「渡部先生を落としてはならない」と連合して後援会を組織し、応援活動をした。特に、本校では弁論部が主となって運動した。さらに、松山中学、北予中学の同窓生も後援会を作って運動した。[95] 結果は、成田栄信三二三七票、岡田温三〇六五票で、この二人が当選し、須之内品吉二九五五票、渡部善次郎二九〇六票で、僅差で落選した。激戦であった。

七月一日、彰廉専務理事は、文部省（文部大臣・岡田良平）に対し、学校規則改正「規則改正ノ儀ニ付申請」をした。それは、①第三条を「生徒定員ハ二百五十名トス」と改正、すなわち現行の定員一五〇名を二五〇名に一〇〇名増やすこと、その実施は大正一四年四月からであり、②第三二条の次に第三三条として「本校ニ聴講科並ニ講習夜間部ヲ置ク」ことで、その実施は大正一三年九月一日からであった。①の定員増は、意外に志願者が増加したためであり、②の「聴講科」の設置は聴講希望者に一学科目または数学科目の聴講を許可することであり、「講習夜学部」の設置は昼間業務に従事するもののために夜間部を置くことであった。

なお、①の定員増の申請理由は次の如くであった。

「本校創立ノ際ハ入学志願者ノ数果シテ幾許ニ達スルヤ不明ニシテ、恐ラクハ其数多カラザルベシトノ予想ナリシヲ以テ其ノ収容数ヲ少ナクセルモ、愈募集ノ為ニ方リ志願者ノ数意外ニ多ク、又本年ハ更ニ増加シテ募集ノ三倍余ニ達セル状況ナルニヨリ其収容ヲ増加セントスルモノナリ。而シテ教室ノ収容力ハ別紙図面ノ如ク充分ノ余裕アリテ、将来ハ更ニ定員ヲ増加セントノ希望ナレドモ、

新設日尚ホ浅ニヨリ今回ハ一百名ノ増加トナシ、追テ内容ノ充実ト共ニ漸次収容者ヲ増加セント欲スルモノナリ」(96)

そして、八月二一日に文部省から学校規則改正の認可を受けた。①の定員は大正一四年度から二五〇名に増員となり、②の「聴講科」と「講習夜学部」は大正一三年九月一日から開校した。

一〇月一〇日、彰廉校長は開校式を挙行した。その前日の一〇月九日、『海南新聞』記者が彰廉校長を訪問し、インタビューに答えた。その中で彰廉校長は、本校創立は全く新田長次郎氏のお蔭と感謝し、教育の発展に臨みたいと抱負を述べた。

「開校以来一年に亘り仮校舎に於て教育を行なひつゝあった私立松山高等商業学校は、愈今十日から新築校舎に移転し、此日開校式を挙げる事になった。開校式を前に校内は万国旗を以て飾られ、校外には新田長次郎氏より寄贈の樹木が折柄の微風に揺られて、学校の将来を祝願するもの、如く、栄えある開校式を偲ばしめて居る。学校職員生徒は何れも開校式準備の為忙しくあちこちと奔走している。此忙しそうな中に校長室に加藤校長を訪ふとニコヤカに語る。『お蔭で予定通り竣工しました。格別これと云ふ所感もありませんが、只郷土の為めに新田氏が本校創立に種々御尽力下され、且つ多大の犠牲を払はれた事を衷心感謝しています。御承知のやうに、本校舎の設立費は十二万円の予定でありましたが、予定よりも二、三万円余計に経費を要しました。此等も新田氏から心よく出費して下さいました。斯様に新田氏は本校設立の為には恰も自分の別荘にでも臨むやうな気持で、建築当時にも本校に臨んで彼是と注意もするし、意見も述べられるし、愈竣工に当っても校庭或は堤防に樹木がないとか云って、自宅の庭園から引き抜いて、前に植へてある松等も送って来られたやうな訳です。実際欧州戦争当時の戦時成金等が学校其他に多額の金品を寄附した例は多々ありますが、これ等は何れも一時的のもので、斯様に新田氏の如く永久的に且つ自分の事にして努められた方はありますまい。然し、私達は新田氏が費用を幾何でも出して呉れるからと云って、これを乱費するやうなことはなく、益々此の地方に稀な教育事業の発達に努力したいと思っています。開校以来いろいろ抱負もありまして、既に教授を一名洋行させておりますが、来年は此の一名が帰って来ますので、更に一名の教授を派遣したいと思っています。尚来年度は生徒を増員し、八十名位を募集し、これに伴ひ教授や講師も増員する考へです。開校式に当って益々意義ある本校の発展に臨みたいと思っています」(97)

一〇月一〇日、開校式には、文部大臣代理事務官矢野貫城、愛媛県知事佐竹義文、伯爵久松定謨、松山市長岩崎一高、由比質松山高等学校長、新田長次郎ら三〇〇名が出席した。また、長次郎が慈父のごとく敬愛する子爵清浦奎吾（前、首相）が『信萬事本』の揮毫を寄せた。

彰廉校長の式辞は次の如くで、設立経緯及び教育方針を簡潔に述べた。

「閣下並ニ諸君、本日開校式ヲ挙行スルニ当リマシテ、文部大臣代理官、佐竹知事閣下、久松伯爵閣下、其他多数ノ方々ノ御賁臨を辱フ致シマシタルハ、寔ニ本校ノ光栄トスル所デアリマス。

本校ハ昨大正十二年四月北予中学校ノ一部ヲ借リ受ケテ仮校舎トシ授業ヲ開始致シマシタガ、本年四月校舎ノ建築略ボ落成ヲ見マシタカラ新校舎ニ移転シタノデアリマス。

其後内部ノ設備ヲ取急ギ最近漸ク完成ヲ告ゲマシタノデ茲ニ本日ヲトシ開校ノ式典ヲ挙行スルコト、ナリ、皆様ノ御来臨ヲ仰グニ至ツタ次第デアリマス。

本校の設立者ハ財団法人松山高等商業学校デアリマス。而シテ該法人ノ資金ハ新田長次郎氏ノ寄附金ヨリ成ッテ居リマシテ、其額四拾八万円デアリマス。

新田氏ガ本校ノ設立資金ヲ寄附セラレマシタル動機ハ、是ヨリ先キ氏ハ大阪市ニ於テ有隣小学校トイフ貧民児童ノ学校ヲ独力デ経営セラレテ居マシタガ、市ノ懇望ニヨッテ之ヲ大阪市ニ譲リ渡サレタノデアリマス。ソコデ一方ニ於テハ之ニ代ルベキ公共的事業ヲ起シタイトイフ希望ヲ持ッテ居ラレタシ、マタ他方ニ於テハ氏ノ郷里タル本県ノ為メニ何物カ貢献シタイトイフ素志ヲ懐イテ居ラレタ際、偶マ氏ノ親友デアル当時ノ松山市長タル故加藤恒忠氏ト会シ談此事ニ及ビマシタル時、加藤氏ノ忠言ニ基キマシテ遂ニ本校設立資金ヲ寄附セラレル事ニナッタノデアリマス。

翻ッテ県下ノ状況ヲ見マスルト、其宿望タル高等学校ノ官設ニハ成功致シマシタガ、県下ノ輿論ハ更ニ実業的専門学校ノ設立ヲ要求スルコト切ナルモノガアッタノデアリマス。故ニ新田氏ノ此挙ハ忽チ松山市ハ勿論県民諸君ニヨッテ深ク歓迎セラレマシテ、遂ニ発起人三十名ヲ選ブコト、ナリ、更ニ其中ヨリ数名ノ実行委員ガ選バレマシテ設立ノ実行ニ取懸ツタノデアリマス。

今回ノ此挙ハ市ハ勿論県及ビ文部省ニ於テモ大イニ賛成セラレマシテ、市ヨリハ特ニ二万円ノ設立補助金ヲ頂キ、マタ、設立ノ手続等ニ関シマシテハ県及ビ文部当局ノ特別ナル好意ニヨリ意外ニモ早ク進捗ヲ見ルニ至ツタノデアリマス。而シテ斯クノ如ク速ニ進捗致シマシタノハ本日文相代理トシテ特ニ臨場セラレマシタ文部事務官矢野貫城氏及ビ文部省実業学務局ニ居ラレマシタ本県出身ノ井上智一、鎌田恭次郎氏等ノ熱心ナル賛成ト特別ノ便宜ヲ与ヘラレマシタルコトガ、与ッテ力アリマシタコトハ勿論デアリマス。私ハ此機会ニ於キマシテ多額ノ補助金ヲ寄附セラレマシタ松山市、間接直接ニ好意ト援助ヲ寄セラレマシタ県民諸君、各新聞社、県及ビ文部当局、特ニ前記諸君ニ対シ本校ヲ代表致シマシテ深甚ナル感謝ノ意ヲ表明スルモノデアリマス。唯私ノ恨事ト致シマスル一事ハ加藤恒忠氏ハ病魔ノ為メニ、井上智一氏ハ震災ノ厄ニ遇ヒ、共に他界ノ人トナラレテ今日ノ祭典ニ列スルヲ得ザルコトデアリマス。

本校ノ組織ニ就キマシテハ修業年限ハ三年デアリマシテ、大体ニ於テ官立学校ト同様デアリマスガ、其内容ハ更ニ広汎ナルモノガアリマシテ、法令ノ許ス範囲ニ於テ時勢ニ順応シテ理想ヲ実行スルノ自由ヲ有スルコト大ナルモノアリト信ズル次第デアリマス。

本校ノ教育方針ニ就テハ学理ノ研究ハ申ス迄モアリマセヌガ、徒ラニ空論ニ馳セテ実地ニ遠ザカリ、或ハ詰込主義ニ偏シテ運用ノ才ヲ欠クガ如キハ之ヲ排シ、学生ヲシテ勤勉、努力、着実、剛健、学理ト相俟ツテ進取活動的有用ノ材幹タラシメント欲スルノデアリマス。

以上、本校設立ノ経過並ニ所感ノ一端ヲ述ベテ本日ノ式辞ト致シマス」(98)

ここに、のちの第一回卒業式で宣言する校訓「三実」の原型―実際的運用能力の養成、勤勉・着実な人格陶冶、学理の研究重視―が述べられている。

また、開校式に新田長次郎が出席し、祝辞を述べた。それは次の如くで、孫子の時代まで松山高商のために尽力すると述べた。

「自分は極めて口の下手な方で、自分の意志を皆様に完全にお伝へすることは出来ませんが、兎に角これしきのことに皆様から斯程に賞揚されますことは汗顔に堪へない次第であります。本校の創立に就いては既に加藤氏からお話しましたから、重ねて申し上げませんが、要するに財団法人として、前市長加藤恒忠氏等の奔走に依って今日あるに至ったものであります。丁度私が大阪市の貧民の為に設立致して居りました学校を大阪市に譲る事になった翌日、加藤前市長から高商設立の相談を受けた訳で、其後順調に本校が生まれた次第でございますが、私は只これだけで学校を放任したくはありません。また〳〵拡張し、私の代のみならず、孫子の末迄本校の為めに尽力したいと思っています。此事に就ては既に伜にも言ひ含めてあります。此上は学校の先生の宜敷き御指導と生徒諸君の卒業後の御尽力を祈る次第であります。昔から愚勢より多勢と云ふ事もありますから、どうか此のお考へで生徒諸君の御奮励と卒業後の御尽力を祈ります。誠に不束ながら、以上を祝辞と御挨拶に換へます(99)」

開校式に関する『海南新聞』記事は「秋の城北にそゝり立つる松山高等商業学校開校式 金風に翻る万国旗 十日午後二時松山の重なる官民を招待して式を挙ぐ」と題し、次のように記している。

「日本私立高等商業学校としての権威！松山高等商業学校開校式は今日午後から開校、洋館講堂に於いて開催された。此の日薄曇りの空に微風はさわやかに揺らいで校内に飾られた万国旗を始め各装飾品は今日の栄ある門出を祝福するものゝ如くである。此中に創立奔走者の故人となった加藤恒忠氏の写真が霊あるものゝ如く校内に飾られて、共に今日を祝福している。此中に荘厳な開校の挙式は行はれ、今日の盛大な式を祝福する校歌音律は静かに校外に流れ出でゝ、職員も生徒も来賓も皆一様に荘厳の気に打たれる。此頃から伊予鉄古町線臨時電車に依って、此光景の開校式と其余興前に城北の野に一偉観が放つ此建築を観覧せんとする来観者が漸次増加し、記念の開校式はいやが上にもそゝられて行った。引続き催す余興の数々―野球戦と音楽会。（中略）

私立高商は日本に二つ。東京の外に松山に在る耳。

松山高等商業学校は新田長次郎氏の出資と故加藤恒忠氏及び現校長加藤彰廉氏との奔走斡旋に依って今日あるに至ったものだが、私立高等商業学校として日本に東京に二校と早稲田、慶応、同志社の商科位がある位で、これは高等商業学校と銘を打っていない。然し、私立松山高等商業学校の創立に依って刺激され、同志社の如きは近く高等商業学校に変更されるとの事だ。然し、地方としては松山を以て日本の嚆矢とする訳である。殊に私立の自由として、学科目や教授方針も官立と異なり、試験制度等も再試験の方法等を採用し、更に聴講科や夜学科の制度もある。

建物は悉く最新式洋館。巍然として城北の野に聳立す。

同校の設立認可は大正十二年二月二十二日で、開校は同年四月二十五日であった。校地は城北練兵場の西側に二千五百八十五坪を買収し、之れに最新式洋館六百五十二坪を建築したものである。校舎は二十三坪よりなり、外に武術道場、及び職員住宅、使丁住宅がある。生徒は現在一年六十名、二年五十名あって、明年から定員を百名増加し、即ち二百五十名教育する予定になっている。教授は現在八名で、内一名は予定通り目下米国に留学中で、来年は更に一名を特派する筈である。講師は現在十四名で、校運は順次盛運に向かふであらう」[100]

開校式のあと、二日間にわたって校舎を一般に開放し、祝賀行事として、野球大会、弁論大会、音楽会、地方物産展などが催された。

なお、大正一三（一九二四）年一二月三一日現在の教授陣は次の通りである。[101]

職名	氏　名	担当学科	兼　務	学　歴	出身	就任年月日
校長	加藤彰廉			東京帝大文学士	愛媛	大正一二年三月三日
教授	佐伯光雄	商業学	教務課長	山口高商	愛媛	大正一二年四月一日
同	渡部善次郎	英語	生徒課長	エール大	愛媛	大正一二年四月一日
同	田中忠夫	経済学		東京帝大経済学士	岡山	大正一二年四月六日
同	西依六八	商品学		京都帝大理学士	佐賀	大正一二年四月六日
同	重松通直	商業学		東京商大商学士	愛媛	大正一二年四月一〇日
同	古川洋三	在外研究中		関西学院	愛媛	大正一二年四月×日
同	河内富次郎	英語		フランク大学	岡山	大正一三年四月一日
同	一柳学俊	法律	図書課長	京都帝大文学・法学士	愛知	大正一三年四月九日

この教授陣のうち、商業学の重松通直教授は大正一四（一九二五）年三月末に、彰廉校長と対立して退職している。それは、重松教授が資本論を教えていたところ、彰廉校長から、「資本論を教えることを許さぬ」と言われ、「ケンカ」し、また、軍事教練について遠慮ない意見を述べたところ、「辞めてくれないか」と言われ、大正一四年三月に退職した。(102)

㈢ 大正一四年度

開校三年目である。校務の執行は、佐伯光雄教授が教務課長、渡部善次郎教授が生徒課長を続け、彰廉校長を補佐した。

彰廉校長は、さらに教授陣の充実を図った。大正一四（一九二五）年三月三一日、法律担当の教授として村川澄（早稲田大学卒、法学士。会社法、相続法等の担当）を、四月一日に法律担当の教授として星野通（愛媛県出身。東京帝大卒、法学士。民法、債権総論等の担当。松山中学、松高出身で北川淳一郎の教え子）を採用した。これで、法学関係が三人となり、高商であるが、彰廉は意外に法学を重視していることがうかがわれる。

大正一四年度の入学試験は、期日は不明だが、三月末に行なわれた。本年度から文部省により定員増（一五〇名から二五〇名）が認められ、募集人員は約八〇名で、志願者が増えると思われたが、一七六名にすぎず、前年の二〇二名を下回った。そして、四月初めに入学式が行なわれ、八三名が入学した。

五月四日、新田長次郎の敬愛する子爵清浦奎吾（元、首相）が長次郎にともなわれ来校した。

五月一三日、彰廉は一柳学俊教授を法律学研究のため英国オックスフォード大学、ケンブリッジ大学に留学させた。古川洋三につぐ二人目であった。

五月二〇日、「経友会」は、アダム・スミスの生誕（六月五日）を記念するための記念講演会を、ジョン・スチュアート・ミルの生誕（五月二〇日）の記念も兼ねて、松山商業会議所において開催した。地方では珍しい純学術講演会で、百数十名も集まり、彰廉校長も出席した。「経友会」の岡田栄資（三年）が「アダム・スミスとジョン・スチュアート・ミル」と題し、個人主義経済学の建設者がスミスであり、社会主義経済学の祖がカール・マルクスであり、その過渡期の代表がミルであると論じ、スミスとミルの生涯を簡明に紹介した。ついで、矢野弥太郎（三年）が「経済学祖としてのスミス」、本田修（二年）が「スミスの植民論」、増岡喜義（三年）が「社会思想家としてのミル」、土居武夫（二年）が「ミルの婦人解放論」について講演している。[103]松山高商生の知的水準の高さがうかがわれる。

六月一三日、彰廉は商学関係の教授として大鳥居蕃（滋賀県出身。東京商大卒、商学士。取引所等の担当）を採用し、さらに教授陣の充実を図った。

そして、六月二〇日、本学卒業生に九州帝大への入学が認められ、また、七月一一日には東北帝大への入学も認められた。本学教学体制の充実が評価された結果である。

七月一五日、学生新聞『松山高商新聞』が発刊された。三田新聞、早稲田大学新聞、帝国大学新聞、立教大学新聞、一橋新聞、横浜高工時報、京都帝国大学新聞、山口高商新聞につぐ九番目であった。新聞学会の会長に教授渡部善次郎、顧問に校長加藤彰廉と教授田中忠夫がなり、また県下の各新聞の主筆・編集長らも講師として指導したが、生徒が主体で、三年生の岡田栄資、増岡喜義、野本矩一、二年生の塚本義武、土居武夫の五人が幹事となり、発刊した。新聞は、月一回発刊された。発刊の辞では、「何故に学生新聞を発行したか。数多い新聞紙の中に於て特に学生新聞を公刊する意義が何処にあるか。……学生新聞の社会上の機能は学生と社会との関係、学生相互の関係を意識的合理的に密接ならしめる点にある。かくて学生なる一団の社会の有機的関係を密接にし学生以外の社会との関係を正しく整へる点にある。学生新聞の意義は凡て此処より生れて来ると信ずる」と発刊の意義を記している。[104]岡田、増岡は「経友会」の会員であり、活動的で、彼等が中心となって結成した。

七月二五日、水泳部（部長は村川澄教授）による瀬戸内海水泳横断（三津浜〜柳井）が敢行された。彰廉校長らは舟行同伴、選手を激励した。『松山高商新聞』は第二号で、「世界的の壮挙　瀬戸内海横

断見事に完成さる」と讃えている。(105)

七月、現役陸軍将校が配属された。これは、「陸軍現役将校学校配属令」（大正一四年四月一一日）にもとづくもので、私立学校は任意であったが、受け入れ、後藤外馬少佐（善通寺騎兵隊附の陸軍騎兵大尉）が赴任した。(106) そして武器庫も作られた。

九月一五日、教育勅語謄本と御真影の下賜がなされた。

九月二二日、米国ウィスコンシン大学に商業学研究のため留学していた、花形教員、自由主義者の古川洋三が帰国し（一一月一日教授に昇格）、労働問題や商工経営等を担当するようになった。

一〇月九日、彰廉校長は松山高商開校記念会を、校友会総会と古川洋三教授帰朝歓迎会を兼ねて大講堂にて開き、教授陣と生徒が一堂に会した。生徒の岡田栄資の開会の辞、校友会会長彰廉校長の挨拶、古川教授の帰朝挨拶の後、総会に入り、佐伯光雄総務部長の会務報告、各部の報告があり、音楽部の演奏がなされ、昼食に移った。(107) ところが、昼食の折詰が原因で教職員、学生の殆どが食中毒にかかるという不幸な事件が発生している。

本年の秋―日時は不明だが―、彰廉校長は校訓「三実」の制定について教授会に諮った。それは、星野通編の『彰廉先生』にも『三十年史』にも『五十年史』にも触れられていないが、後年（昭和五九年）、大鳥居蕃教授がそのときのことを回想している。それは次の如くであった。

「大正十四年秋頃、初代校長加藤彰廉氏から『校訓』制定につき教授会に諮問があった。校長の腹案は、真実（truth : truthful）、忠実（faith : faithful）、実用（use : useful）で、真実に初まる各語句の解釈、説明は一切無く、その代わり?に、カッコ内の英語が示された。何れも日常使い慣れた平凡な言葉で、就中、『真実』『忠実』は古今東西に遍く妥当する人倫の大道で、異論のある筈は無く、また、『実用』は眼高手低の戒めを含む、堅実な修学、処世の指針に他ならず、新生間も無い、日本の片田舎の、ささやかな私立校の校訓としては、むしろピッタリであった。というわけで、一部若い教師の間では、あまりにも地味で常識的なこの校訓に不満もあったが、表立って異議を唱えるほどでは無く、そのまま加藤提案が公式に決定した。この『校訓三実』は、その後言葉の弾みで、便宜的に『三実主義』と呼ばれるようになったが、『主義』と呼ぶにふさわしいのは、最後の『実用』―実用主義―だけで、『真実』『忠実』など、およそ主義以前のもの、これを『主義』と呼ぶのは、おこがましい限りである――と私は思う。（一九八四・五・二九記[108]）」。

この大鳥居教授の彰廉校長への校訓「三実主義」批判は手厳しい。なお、彰廉校長の「三実」の配列の順序は「実用・忠実・真実」で、大鳥居教授のそれは記憶違いであるが、彰廉校長が大正一四年の秋の教授会に校訓「三実」を諮問したのは史実であり、間違いないだろう。

近づく一期生の卒業期を控えて、一二月八日に理事者（井上要、井上久吉、岩崎一高、石原操、野本半三郎、太田正躬、新田萬次郎）と教授陣（彰廉校長、渡部、村川、田中、後藤、西依、星野、佐伯、古川）と三年生が会合をもち、理事者側の井上要、太田正躬、岩崎一高らが就職に関する有益なる講話を行なった[109]。

大正一四（一九二五）年一二月二二日、専務理事彰廉は文部省（岡田良平文相）に対し、学校規則改正「授業料増額ノ件ニ付申請」を出した。それは、第二三条の改正で、学校経費増大のため、大正一五年度生より授業料を年額八〇円に増額することであった（現行七〇円）。そして、翌一五年一月一四日に認可を受けた[110]。

大正一五（一九二六）年一月二八日、大講堂にて、一、二年生が主催して三年生の送別会を挙行した。彰廉校長も出席し、第一回の卒業生のために一、二年生が送別会を開いたのは意義深く、「凡そ何時まで経っても親しいのは校友である」などとの送別の辞を述べ、続いて二年代表の矢能義一、一年代表仙波忠信が送別の辞を述べ、三年代表の土居清孝の回顧談、また、三年の井手要太郎、増岡喜義、岡田栄資、仙波雄司らが熱弁を振るった[111]。

同年二月一〇日、専務理事彰廉は、文部省（岡田良平文相）に対し、学校規則改正「規則中改正ノ件申請」した。それは、第五条中「第一学期第二学期」とあるを「前学期後学期」と改正すること、第六条中「本校創立記念日」の下に「十月十日」を加えること、第七条中「第二外国語」とあるを「独語又仏語」と改めること、などで、大正一五年四月一日より実施することであった。そして、三月一五日文部省より認可を受けた[112]。

なお、創立（開学）記念日について一言述べておきたい。今日の松山大学は学則第五二条で、「本学開学記念日」を五月二九日としているが、この日は新田長次郎の誕生日であって、開学記念日ではない。もし、彰廉校長の意思を引き継ぐなら、開学（創立）記念日を一〇月一〇日とするのが自然であろう。ただ、私の意見であるが、彰廉校長の一〇月一〇日説も腑におちない。大正一三年の一〇月一〇日は松山高商の新校舎の竣工完成を記念した式典日にすぎないからである。創立（開学）記念日は、いくつか考えられるが、たとえば、松山高商設立を決めた発起人会総会の九月一四日、文部省が財団法人および松山高商設置を認可した認可日の二月二二日、第一回理事会を開催した三月三日、財団法人の登記が完了した三月一三日、第一回入学式の四月二五日などがある。私は、高商の設立を決めた発起人総会の九月一四日、または、文部省から認可を受けた二月二二日のいずれかとすべきであると思う。

第一回卒業式を直前にした二月二五日、彰廉校長は『松山高商新聞』第八号に「第一回卒業生に一言す」という一文を載せた。それは、次の如くで、第一回卒業生たる栄誉と共に責任を論じたものであった。

「第一回卒業生に一言す。今回の卒業生は大正十二年本校創立と共に第一回の募集に応じて入学せるものにして、早くも星霜三年、今回我校第一回の卒業生として世に出るものにして、諸氏の喜びは勿論、予に於ても洵に欣快とする所なり。

然れども諸氏の入学当時を顧れば校舎は仮校舎と言ひ、諸般の設備完からず、学修上の不便を感ぜる事少からざるものありしは予の甚だ遺憾とする所なり。

惟ふに三年の学修敢て短かしと言ふべからざるも其学び得たるもの果して幾千ぞや、之を広大深遠なる学界より見れば僅かに九牛の一毛にして何の益する所もなかりし感なきにあらざるべし。然れども諸氏が校を去り世に出で、事に処し事を断ぜんとするの時に当って必ずや不知不識の間に其学修の効果の顕はる、ことは疑なき所なり。又教育の効果は修得したる智識の量にのみ因るものにあらずして、又学修中に於ける人間性格の陶冶に因るものにして、教育の要は寧ろ此点にあるものにして、教育を受けたる者と其然らざる者との差異は性格の陶冶如何にありと言ふべきものなり。予は諸氏が三年間校内外に於て自然陶冶育成せられたる性格の其入学当時に比し遥かに向上したるものあることを信じて疑はざるなり。

又予は今回の卒業生が我校第一回の卒業生たるの栄誉と権威を有することを祝福するものなり。諸氏は今後幾百幾千間年々出る所の幾多の卒業生の第一の先輩にして幾百幾千の後進の諸氏に対する先輩としての尊敬は決して何人も望み得べからざるものり。然れども栄誉のある所自ら責任之に伴ふものであることを忘るべからず。

諸氏は将に社会より其価値を批判せられんとするものなり。而て諸氏の受くる批判は聴て年々出る所の後進者に対する批判となるものにして、諸氏の一挙一動は実に重大なる影響を学校及び後の卒業生に及ぼすものなるを以て、予は諸氏の自重自愛せられんことを望むや切なり(113)」

大正一五(一九二六)年三月八日午前一〇時より本校講堂において、第一回卒業証書授与式が香坂昌康愛媛県知事、新田長次郎等の来賓多数を迎え、挙行された。式次第は、君が代斉唱(音楽部)に始まり、卒業証書授与、加藤賞授与、加藤校長祝辞、香坂愛媛県知事祝辞、井上要本校理事祝辞、新田長次郎祝辞等がなされた。卒業生は三九名であった。

この第一回卒業式について『海南新聞』(大正一五年三月九日)は次の如く報じている。

「松山高等商業学校第一回卒業式は、八日午前十時より同校講堂に於て開式。加藤校長は左記卒業生に卒業証書及賞品を授与し、終って同校長は去り行く教へ子に懇な訓示を為したが、次いで同校創設者たる新田長次郎氏の一隅の挨拶があって、香坂知事、井上伊予鉄社長は来賓を代表して祝辞を述べ、同十一時半閉式。かくて卒業生一同は校庭にて栄えある記念撮影を為し、紅白の祝餅をパクツイて散会した。

第一回卒業生（○は優等生）

池田国茂、碓井功、小田英澄、緒方近一、大野哲次郎、○大内寿、岡田栄資、越智雄三郎、兼久良三、加戸茂好、木村了、窪岡三五郎、黒田稔、小山誠一郎、塩崎四郎、菅原義孝、武智幸喜、富家正敏、土居清孝、二宮義正、西原種善、野本矩一、浜田喜代五郎、○藤原要、本多九郎、本多三七雄、○増岡喜義、松野豊、御手洗義一、宮本郁、宮崎清晴、梅村源一郎、八原嘉秋、矢野弥太郎、安田鉄之輔、湯木一幹、吉田茂雄、○渡部彦逸（以上三十九名）[114]」

また、第一回卒業式について『松山高商新聞』第九号（大正一五年四月一二日）の記事も見ておこう。そこでは、卒業生は四三名であり、第一回加藤賞は増岡喜義に授与されたこと、ならびに、四三名の卒業生の氏名と就職先が掲げられており、それは次の如くであった。

「本校第一回卒業証書授与式は瑞雲たちこめる三月八日の吉日に、本校講堂に於て挙行されたるが、当日は香坂愛媛県知事、新田長次郎氏をはじめ多数の来賓あり、いと厳粛裡に行なわれたり。

卒業式順序

一、君が代　音楽部
一、卒業証書授与
一、加藤賞授与
一、加藤校長祝辞
一、香坂愛媛県知事祝辞
一、井上本校理事祝辞

一、新田長次郎氏祝辞

一、蛍の光　音楽部

卒業生就職先及氏名（五十音順）

池田国茂（乙宗商店、大阪）、井手要太郎（伊予鉄電）、碓井功（某中学校）、小田英澄（自家、大連）、緒方近一（未定）、大野哲次郎（岸本商店、大阪）、大内寿（旭絹織物会社）、岡田栄資（帝大志望）、越智雄三郎（未定）、兼久良三（長瀬商店、大阪）、加戸茂好（毛斯倫会社、大阪）、木村了（未定）、窪岡三五郎（産業貿易会社、東京）、黒田稔（祭原商店、大阪）、小山誠一郎（西村夜学校）、作道清郎（自家）、塩崎四郎（未定）、仙波雄司（帝大志望）、菅原義孝（帝大志望）、武智幸喜（愛媛銀行）、富家正敏（自家）、土居清孝（伊予鉄電）、二宮義正（肥田商店、大阪）、西原種善（帝大志望）、野本矩一（祭原商店、大阪）、浜田喜代五郎（帝大志望）、藤原要（日本綿花会社）、本田九郎（愛媛県庁）、本多三七雄（祭原商店、大阪）、増岡喜義（帝大志望）、松野豊（大阪海上保険会社）、牧野龍夫（未定）、御手洗義一（山邑酒造会社）、宮本郁（吉田中学校）、宮崎清晴（愛媛県庁）、梅村源一郎（祭原商店）、八原嘉秋（大阪電気分銅会社）、矢野勝義（日本銀行広島支店）、矢野弥太郎（三十四銀行）、安田鉄之輔（入営、第一師団）、湯木一幹（藤本銀行）、吉田茂雄（伊予鉄電）、渡部彦逸（藤田銀行）

因に加藤賞授与されし増岡喜義君本紙経営部長として尽力せられし人にして本紙として誠に喜びに堪えぬ次第である」(115)。

第一回の卒業生の人数について、『海南新聞』では三九名であり、『松山高商新聞』では四三名と齟齬があり、『海南新聞』では井手要太郎、作道清郎、仙波雄司、牧野龍夫が掲載されていない。おそらく三月八日の卒業式では『海南新聞』の如く三九名が卒業したが、以後の追試でこの四名が卒業し、後の『松山高商新聞』は追加卒業生を含めて、四三名としたものと考えられる。

『松山高商新聞』記事から、松山高商の卒業生は、商業関係、銀行、運輸、公務員等に多く就職していたこと、大阪方面が多いこと、また、意外に帝大に進学希望が多かったことが判明し、就職率の良さ、高商生の水準の高さがうかがわれる。帝大志望の増岡喜義、浜田喜代五郎、菅原義孝、岡田栄資は九州帝大法文学部に進学した（なお、岡田栄資は、翌年伊予鉄電気に就職）。他方、第一回の入学生は六〇名であったので、卒業が四三名であったということは退学・留年が一七名もおり、意外に多かったこともわかる。理由は多々あると思われるが、一つの原因としては、授業科目の多くが必修であり、採点もきびしく、学生の負担が重かったことが考えられる。

さて、彰廉校長は、第一回卒業式で祝辞を述べた。だが、この記念すべき祝辞が、私の調査では『海南新聞』にも『松山高商新聞』にも『加藤彰廉先生』にも『三十年史』にも掲載されていない。ただ、『五十年史』には第一回卒業式の祝辞だとして、八六〜八七頁に掲載されているが、この一文は、さきに引用紹介した『松山高商新聞』第八号（大正一五年二月二五日）の「第一回卒業生に一言す」の転載であり、卒業式の式辞そのものではない。ただし、彰廉校長は、さきの「第一回卒業生に一言す」とほぼ同様の内容を祝辞で述べたものと考えられる。

そして、この第一回卒業式の祝辞の席上において、彰廉校長が校訓として「三実」を宣言したのは間違いない。それは、『松山高商新聞』第九号（大正一五年四月一二日）一面に次のように記載されていることから証明される。

「去る三月八日第一回卒業式席上に於て、校長は校訓を左の通り宣言せり。

一、実用　Useful

一、忠実　Faithful

一、真実　Truthful

因に右の校訓を要約して三実と呼び又用忠真U・F・T．とも称し、知徳体なる静的なるに比し用忠真は動的にして、実業界に雄飛すべき本校学生に対する校訓としては誠に麗はしきものと言ふべし」[116]

このように、『松山高商新聞』記者は、加藤校長の校訓「三実」を「誠に麗しきもの」と高く評価し、好感をもって受け止めた。

ところで、この彰廉校長による校訓「三実」の宣言の時期について、星野通編『彰廉先生』の「加藤彰廉先生略年譜」や「略沿革」には何も書かれておらず、甚だ不可解であるが、おそらく、執筆時（昭和一二年）において、星野通らの校訓「三実」の記憶も曖昧となり、また、史料探索が十分なされず、発表の時期を記すことができなかったためと推測される。

また、その後の松山商科大学の最初の校史である『三十年史』では、第三章生徒課の（四）で「校訓三実主義の制定」の項目を立てて論じているが、「その発表がいつ又如何なる形式でなされたものであったかはやや分明を欠ぐのであるが、大正十五年から昭和二年の春迄の間に発表されたものであろうことは疑うことができない」として、発表の時と形式について、大正一三年一〇月一〇日の開校式の当日、大正一五年三月の第一回卒業式の訓示、大正一五年九月の校歌の制定時の三説をあげた上で、「一番合理的なのは第一回卒業式当日の訓示説であるが、しかしその年の卒業生に与える言葉が松山高商新聞に載っているが、その中に一言もこれに触れてなくて、却って昭和二年の卒業式訓示に語られていることよりして少し腑に落ち兼ねるのである」[117]などと記している。やはり、田中忠夫、大鳥居蕃教授ら『三十年史』の執筆者たちの記憶も曖昧で確定できず、また、『松山高商新聞』を参照しながらも同紙第九号一面の記事を見落としていたようである。なお、第一回卒業式の祝辞は、『松山高商新聞』には載っておらず、『三十年史』の誤解である。

その後の校史である『五十年史』は、第一回卒業証書授与式において加藤校長が祝辞のなかで、「校訓として、一、実用（Useful）、一、忠実（Faithful）、一、真実（Truthful）の三実主義を宣言した」[118]と正確に述べている。ただし、より正確には、このときには「三実主義」ではなく、「三実」の宣言というべきであろう。なお、さきに述べたように、この祝辞が発見されたならばもっとハッキリすると思われる。

なお、ここで少し、校訓「三実」について、私の考察を示しておこう。

彰廉校長は第一回卒業式で校訓「三実」を宣言しただけでなく、説明もしたと思うが、その説明は未だ発見されていない。翌年の第二回卒業式（昭和二年三月八日）での祝辞においてその説明がなされ、その祝辞は残っている。このときに彰廉は「三実主義」と述べた。それは次の如くであった。

「終りに臨み諸子は我校教育の要旨なる三実主義に則り、出でては有為多能、行く所として可ならざるなく、実用的材幹を発揮し、己れの務めに対して忠実勤勉誠心誠意以て人の信頼を博し、入て

は益々智識を研き、徳を積み、真理を貴ひ、正々堂々俯仰天地に恥ぢざる底の人物たるの修養を怠らざらんことを望む」(119)

ただ、彰廉校長のこの説明も一〇八字程で短く、「三実主義」の配列・順序の説明もなく、不十分であると思う。また、彰廉校長はその後校訓「三実主義」を積極的に説くことをしなかったと言われており、真意を理解しにくいところがある。

この訓示を見る限り、彰廉校長の校訓「三実主義」の内容は卒業生と入学生の生き方の双方を合わせた訓育・教育方針であると理解できる。即ち卒業生に対しては、学校で学んだ真理を仕事に生かし「実用的材幹」・実際的能力を発揮すること、及び仕事を「忠実勤勉」に務め、「誠心誠意」をもって人のために尽くし信頼を得ることを望んでいる。また入学生に対しては、知識を磨き、真理を尊ぶこと、及び徳を積み、信念をもった誠実な人物になるよう修養を積むことを期待した。それを、シンプルに「実用・忠実・真実」と表現したと考えられる。北予中学の修身の講話では、「知識・実用的有益・忠実」の順であったが、松山高商では「知識」を「真実」に代え、「実用」をトップに「真実」を最後に廻しているのが違い・変化である。

彰廉校長が「実用」をトップに出したのは、おそらくは、松山高商が専門学校令にもとづき商業に関する高等教育を施すために設立されたことであり、また、第一次大戦後の発展する経済社会のリーダーとして誠実で有用な商業人材を送り出したいという考えが第一義的にあったためと思う。彰廉が「実用が第一義」と考えていたことは、後、温山会大阪支部の清水仙一(昭和三年三月卒)が座談会(昭和一〇年五月一四日、淀屋橋の魚喜楼)で述べている点から論証できる。

「あれは（筆者注：三実主義）第一回の卒業式の日か何かに聴かされました。私だけの考へでは、あの三実主義は会社で働くのにも必要であると痛感しています。ユースフル（実用）といふことは、大阪あたりでは最も大切であります。会社などによりますと、実用を尊ぶものと、手ぬるくても真面目なのを尊ぶものがありますが、私は営利会社としては実用といふことは頗る大切だと思ひます。然し実用に走り過ぎると誠実を欠くことがありますから、その意味に実用の一方に真実が挙げられてあって、三つを兼ね備へることが大成するゆえんであると教へられました。私もその通りこの教訓をよく体得すれば大成を期し得られると思ひます。が会社へはいっては、吾々は何といっても実用が第一義であると教へられました。そして、結局三実主義はい、校訓であると思ひます」(120)

このように、彰廉が「忠実」を二番目にしたのは、「実用」に走りすぎると「誠実」さを欠くために、「誠実」の意味の「忠実」を二番目に置いたのであろう。そして「真実」を最後に回したのは、真理探究はいうまでもないということであろう。

なおここで、高商開校当時の学生、教員たちの雰囲気を紹介しておこう。

第一回卒業生の増岡喜義（後の松山商科大学学長、名誉教授）が、平成二（一九九〇）年の『温山会報』第三二号に六〇数年前の「松山高商開校当時の思いで」を載せている。そこでは、北予中学の仮校舎で授業を受けたこと、岡田栄資、菅原義孝、浜田喜代五郎ら同級生のこと、先生方の面影、西依六八先生の太っ腹、らいらくさ、佐伯光雄先生の簿記は厳しく、生徒が泣かされ、それに対し佐伯先生の授業をボイコットし、さらに辞職勧告状を出すなどしたこと、それに対し、生徒課長の渡部善次郎先生が生徒を一喝し、お流れとなったこと、渡部先生の人望の高いこと、加藤校長は古武士のような、英国紳士の風貌、田中先生は真面目そのものであったこと、重松通直先生は大英帝国富士山経済組織論が口癖で独占資本主義を分かりやすく説明されて、口に出せないことを遠慮会釈なく云う方で加藤先生に辞めさせられたこと、北川淳一郎先生は痛快な性格の方で、講義よりも漫談の方が多く、四国の山々の話が多かったなどと生き生きと記されている。

㈣ 大正一五年度

大正一五（一九二六）年度も校務は佐伯光雄教授が教務課長を、渡部善次郎教授が生徒課長を続け、彰廉校長を補佐した。

大正一五年三月一五日、校則改正について文部省の認可を受けた彰廉校長は、四月一日に第二言語として、従来ドイツ語のみであったが、「独語又仏語」と改正、施行した。そして、フランス語の教員として、四月に高橋始（愛媛県出身、明治三一年生まれ。早稲田大学政治経済学部卒）を採用した。

大正一五年度の入学試験が三月三〇日と三一日に行なわれた。募集人員は前年度と同様に約八〇名で、志願者は前年の一七六名を大幅に上回り、三五九名であった。そして、驚くべきことに、英語（英文和訳）の問題において、「三実主義」が出題されている。出題者は渡部善次郎であり、それは次の通りである。

「1．As you are, we fear, no great success will be yours. So long as you are not ,what we mean you to be, a useful, faithful, and truthful man, you can scarcely hope to make your way in the world.」[121]

四月八日に合格発表がなされ、八三名の合格者を発表をした。入学者は『三十年史』で八五名になっているから、おそらく二名の補欠合格を出したものと推測される。(122) 四月一五日に入学式が挙行された。『松山高商新聞』は「新入生を迎ふ」と題し、歓迎の辞を掲載している。彰廉校長の「三実主義」の精神をよく理解した歓迎の辞であり、編集者の水準の高さをうかがうことができる文章である。

「青年が社会に出て活動し地位を獲得する為めには『学校出』と云ふ肩書を有することが必要条件であるかの如く考へている現代社会人には必しも賛同することは出来ないが、社会が教育の必要を痛感し、日に月に其普及隆盛を見ることは寔に喜ばしい事象である。

然るに教育の隆盛に従ひ学校の不足を告げ学問に志すものをして入学難の為めに困苦懊悩失望に至らしむこと尠からざるは吾等の最も遺憾とする所である。入学難の齎らす弊害は天下周知の事実にして従って入学難緩和の手段方法は教育者と否とを問はず国家重大問題の一として疾くより攻究せられつゝある所であるが、年々歳々学生の数が増加すること今日の如く、社会が学校出を要求すること今日の如く、官学私学に対する差別的観念今日の如くんば入学難は恐らく永久に解決の出来ぬ問題であらふ。

毎年三四月の交には各学校とも入学試験を行ひ、此難関を優勝突破したる学生は入学の光栄に浴するのである（入学の如き当然の事実も現今の状態に於ては光栄と云ふを妨げないのである）。我松山高等商業学校に於ても此栄光を担ひたる八十の新入学生を迎ふること、となった。吾等は是等の諸君を新たに迎えて茲に兄弟の誼を結ぶことを無上の愉快とするものである。是吾等が一言歓迎の辞無かる可からざる所以である。

入学生諸君は本校に入るに先立ち必ずや本校の趣旨に賛同し、自我を棄てゝ本校の校風に融和し同化することに異議なき筈である。吾等は此意味を入学の当初に於て徹底させ度いと思ふ。本校学生のモットーとする所は実際、忠実、真実の三語に止まる。之を三実とも云ひ又は忠、真、実と略称することもある。我等は今茲に之が解説を試みんとするものではでない。否我等の解説を俟たずして諸君は其意義を直感し得ることを疑はない。されば初めより此標語を口に唱へ且つ実行し得ると云ふ確信なきものは本校に入学するの無益にして且入学の資格なきものと云はねばならぬ。

近来の学生が疇昔の学生に比し著しく軽躁浮誇に流れ真摯着実を欠いでいることは定評がある。而して我等のみる所を以てするに中等学校の圧迫より遁れて高等専門学校の解放に遭遇したる時、入学難の臥薪嘗胆的困苦より脱出して反動的弛緩に襲はれたる時に於て其の最も甚しきを覚ゆるのである。茲に於て我等は云ふ、入学後の一ケ年は実に諸君の将来の幸不幸、成否の分岐点を画するものであると、凡そ総ての事物は成るの日に成るに非ずとは古人の云へる所であるが、諸君にして苟も想ひ一たび将来のこと至るにあらば必ずや吾等の云ふ所の入学第一年の極めて重大なる意義を覚知するであらふ。而して之を本校の三実主義に照合する時、蓋思ひ半ばに過ぐるものがあらふ。

吾等学生は将来国家を背負って立つべきものである。眼前の安逸、佚楽、放肆に耽り、若くは軽挙妄動、軽躁浮誇に陥り、以て市井無頼、匹夫野人と選ぶ所なきが如きは万有り得べからざる筈である。

吾等は諸君が必ずや此心を以て本校に入学せられたる事を疑はぬ。斯くして吾等は衷心より諸君

を歓迎するものである」(123)

六月、彰廉校長は商業関係の教授として渡辺良吉（大阪高商卒。加藤校長時代の教え子。商業英語、貿易実務担当、前・日本綿糸株式会社印度・カルカッタ支店長）を採用し、九月に英語担当として伊藤秀夫（愛媛県出身、明治一六年生まれ、明治三九年早稲田大学文学部哲学科卒。岩手県一関中学教諭、北予中学教諭、松山中学教諭）を講師に採用し、さらに教授陣の充実を図った。

九月三〇日、彰廉校長は校歌を制定した。作詩沼波武夫、作曲山田耕筰であった。それは、次のようなもので、校訓三実を学び、経済戦争に勇猛に勝ち抜き、報国せよとの忠君愛国思想を歌っていた。彰廉の思想を如実に示している。

「一、松山高商この名に栄あれ
　　校訓三実、我が身に体して
　　学はゞ行ひ習はゞ為さんと
　　誓ひし若人こゝにぞ集へる
二、伊予灘その水、世界に続けり
　　名城聳ゆる空又通へり
　　遥に連なる山々島々
　　望めば心は宇内に拡がる
三、武力の戦無き時あれども
　　経済戦争止む折あらめや

これにぞ日本を強国たらせむ
務は丈夫我等の務ぞ
四、向上の一路は必ず険難
百折不撓は男児の本領
勇猛精進三実報国
松山高商その名に栄あれ[124]」

一〇月九日より三日間、開校三周年記念祭が盛大に挙行され、各部の展覧会や催しものが行なわれた。

一〇月一二日、英・仏・独で法律、哲学を学んだ一柳学俊教授が、留学から帰国した。

一〇月二〇日、彰廉校長は親交の深い、前大蔵大臣、日銀総裁である井上準之助を招き、講演会を開いた。当日は松山商業学校や師範学校の生徒も聴講し、井上は日本銀行と普通銀行との関係、日銀の金利引下げが経済界に如何なる影響を及ぼすかについて講演した[125]。

一二月二七日、彰廉校長の上阪を機に、大阪の同窓生（第一回）が天満野田屋で歓迎会を催し、藤原要、池田国茂、兼久良三、本多三七雄、矢野弥太郎、加戸茂好、黒田稔、野本矩一、松野豊、二宮義正、大内寿、八原嘉秋、渡部彦逸が集まり、彰廉校長の挨拶のあと、席上、池田国茂が同窓会設立について希望演説をし、「松山高商同窓会大阪支部」設立のために、池田国茂、松野豊、藤原要の三名の委員を選出した[126]。以降、同窓会設立の気運が高まっていき、佐伯教授と卒業生の増岡喜義が中心となり、会則草案を作り、同窓会の命名を彰廉校長にお願いし、その結果、長次郎の雅号「温山」をとり、温山会と命名した(127)。

一二月、大正天皇が危篤となり、彰廉校長は全職員、生徒を率い、松山市の神宮奉斎会に行き、赤誠を掲げて御平癒を祈願した。彰廉の皇室崇拝ぶりがうかがわれる。しかし、一二月二五日大正天皇は崩御した。

昭和二（一九二七）年一月八日、かねてから準備の松山高等商業学校の同窓会・温山会の創立総会を、松山市一番町松山カフェーにて開いた。本校から佐伯、一柳、西依、渡辺、田中教授や在阪の卒業生十数人が集まり、会則草案を決め、会長は会則により彰廉校長が就任し、幹事として土居清孝、吉田茂雄、井手要太郎、小山誠一郎、作道清郎、本田九郎、仙波雄司の七名を選んだ(128)。

一月一八日には、卒業を目前に控え、一、二年生による三年生のための送別会が開かれ、彰廉校長も出席し、挨拶した。

また、かねてより一部教授の間で、消費組合設立の問題が懸案となっていたが、二月一九日に設立総会が開催され、組合長に彰廉校長、理事に西依教授、田中教授、村川教授が選ばれている(129)。

三月八日、本校第二回卒業式が午前九時半より香坂昌康愛媛県知事、橋本捨次郎松山高等学校長らの来賓を迎え、大講堂において挙行された。加藤賞は辻田高綱に授与された。第二回の卒業生は三八名であり、その氏名と就職先は次の如くであった(130)。

小倉勝一（祭原商店、大阪）、土本勲（同）、大井立身（岸本商店、大阪）、黒杭隆爾（大阪電気分銅）、忽那勝栄（田中商店、大阪市）、坂井進（愛国貯蓄銀行、大阪市）、潮田浩助（寿生命保険、大阪市）、関谷英雄（大阪バザー合資会社、大阪）、塚本義武（大阪瓦斯会社、大阪）、土居武夫（朝鮮郵船会社、大阪）、永井照太郎（藤本ビルブローカー、大阪）、友石実（長瀬商店、大阪）、栂井勝比古（桃谷印刷会社、大阪）、西山与治郎（日印通商会社、大阪）、本田修（田中商店、大阪）、吉川良一（杉村倉庫会社、大阪）、森明（松山高等小学校）、中野信明（教員）、楠原利家（三津小学校）、加藤有愧人（教員）、岡田秀雄（岩井商店、東京）、文野年紀（第百銀行、東京）、矢野義一（山邑酒造会社、神戸）、山内恒信（長野商店、釜山）、長山清（八幡製鉄所、八幡市）、渡辺昭吉（自家）、橋本正雄（自家）、辻田高綱（自家）、高木泰一（自家）、小松茂（自家）、大倉良一（自家）、今村源蔵（自家）、薦田昭弘（大学入学志望）、篠崎晋（入営）、戒能通（未定）、壇則四郎（未定）、堀内計彤（未定）、檜垣駒太郎（未定）。

昭和二年は不景気の年であるが、そのような中、本校の生徒は彰廉校長らの奔走により就職は良好であった。就職先は、商業、銀行、教員などが多い。また、地域的には大阪が多い。『松山高商新聞』は「大阪へ！大阪へ！卒業生の行く方　五分の三は京阪神へ、今年も就職はよい」と題し、次のように解説している。

「世は不景気の冷やかな風に見舞はれ折角卒業の喜びを得ながら同時に他面就職難の悲哀を喞たねばならない現時に於いて、幸にも本校卒業生は今年も良好な就職率を以つて殆ど総て職を得ることか出来たのは何よりである。これ加藤校長の奔走によるものであるが、職員も同窓も卒業生一同も深くその尊い努力に対し満腔の謝意を表している。就職先は矢張り京阪神地方が大分を占め少なくとも大阪及その付近に落付くこととなった。しかも中には東京、大連、釜山、九州等へ行く者もある。昨年の第一回卒業生中大阪方面に活躍する者と加へて約四十名である。やがて華城実業会に於ける我松山高商卒業生の活動は大いに見るべきものがあるに至るであろう」[131]
ただし、大正一三年度の入学生は五九名であったので、卒業生が三八名とは少ないが（三月八日時点の卒業）、その後、追試験があり、三月二四日付けで七人、井上雄一、佐藤辰己、友近満房、西島季一郎、野本矩通、程野龍蔵、森寿が卒業し、[132]さらに三月二八日付けで三人、山内一郎、増田忠夫、益満一が卒業し、[133]さらに四月一八日付けで二人、藤村正憲、喜根井正一が卒業した。[134]その後も二人、高村保、徳永信太郎が卒業した。このように、彰廉校長らは追試を繰り返し、生徒を卒業させていたことがわかる。

　さて、第二回卒業式における彰廉校長の訓辞は次の如くであった。「昭和新政」の始まりであり、彰廉校長の昂揚した精神がうかがわれ、そして校訓「三実主義」の説明もなされた。

「閣下並に各位。

　本日本校第二回の卒業式を挙行するに当り、閣下並諸君の御臨場を辱ふしたるは予の感謝措く能はさる所である。爰に一同を代表して厚く謝意を表す。

　偖卒業生諸子、予は諸子が三年間孜々として勉学に制規の考試を経て本校規程の学校を卒へたるを以て卒業証書を授与したり。是予の最も欣幸とする所である。殊に閣下及多数の来賓各位の貴臨せられたるは諸子と共に予の洵に光栄とするところである。

　今や諸子と別れんとするに当り此光栄ある式場に於て一言以て餞と為さんと欲するは予の衷情禁ずる能はさる所である。

諸子。予は諸子の卒業記念写真帳に「無躓於山躓於垤」と言ふ古人の語を録せり。諸子願くば常に此心を忘るゝこと勿からんことを。人往々にして小事を軽んじ之を等閑に付するの弊あり。殊に青年に於て甚しきを見る。諸子、御幸山や城山に躓て倒るゝ者はあらず。去れども道路の小石に躓て倒るゝ者はあり。堤の崩るも微々たる蟻の一穴よりすることあり。彼のセルビヤの一青年の放てるピストルが世界的大動乱を惹起すへしとは何人も夢想せざりし所であった。

諸子は小学校より今日に至る十数年間純潔無垢の経路を辿り、躓くべき石ころも無き坦堵の如き道路を歩み来れり。蓋学生々活は極めて単純なり。然れども今後諸子の踏破すべき社会の道路は複雑なり。険悪なり。大小諸種の障碍物は雑然として諸子の前路に横たはるあり。諸子にして若し小事に心を用ひず周到なる用意を欠くに於ては、知らず〳〵躓き倒れて遂に身を謬り延て世を害するに至らん。諸子善く其行動を慎み埑に躓かざらんことを要す。

諸子。諸子は我校の歴史に於ては第二回の卒業なれども、我帝国の歴史に於て著大なる画期的昭和新政の御代に於ける第一回の卒業生にして、予は諸子の感激甚大なるものあらんことを思ふ。諸子日に進み日に新たに而かも二千六百年に培へる我国体の精華、我国民の精神を服膺し発揮するは、昭和新政に当り群臣に下し賜へる大詔にあらずや。現時外国より種々の新思想滔々として入り来る。而かも我国には我国固有の精神あり、凝っては百錬の鉄となり、発しては万朶の花となる我大和魂を基調として、善く此等外来の新思想を取捨選択して誤らず、其短を去り其の長を採り、以て日に進み日に新に我国運の発展に貢献せんこと、是昭和新政の初に於て将に学窓を出てて社会に雄飛せんとする諸子の抱負あり意気たらずんばあらず。此抱負と意気とあらば人生の行路亦以て懼るゝに足らず。諸子の前途は洋々として多幸多望なりと言ふべし。

終りに臨み諸子は我校教育の要旨なる三実主義に則り、出でては有為多能、行く所として可ならざるなく、実用的材幹を発揮し、己れの務めに対して忠実勤勉誠心誠意以て人の信頼を博し、入ては益々智識を研き、徳を積み、真理を貴ひ、正々堂々俯仰天地に恥ぢざる底の人物たるの修養を怠らざらんことを望む。

若し夫れ、斯の如くにして身を持すること謹厳励精、事に当て用意周到細事を慎み又よく世の大勢を察して其の進運に順応し、日に進み日に新なるに於ては、諸子他日の成功期し待つへきなり。予は昨年の卒業記念写真帳に『勇往』と題せり。諸子は昨年の先輩と共に協心戮力、社会国家の為に勇往邁進せよ」[135]

(五) 昭和二年度

昭和二（一九二七）年度の校務も佐伯光雄教授が教務課長を、渡部善次郎教授が生徒課長を続け、彰廉校長を補佐した。

昭和二年度の入学試験が三月三〇日と三一日の両日に行なわれた。募集人員は前年より増やし一〇〇名で、志願者は三七四名で前年（三五九名）を少し上回った。そして、四月初めに合格発表を行ない、四月一五日に入学式を挙行し九二名が入学した。[136]なお、入学者が少なかったので、四月一七日に二三名の補欠入学を許可した。[137]

五月二八日、本県の生んだ海運界の成功者、山下汽船社長の山下亀三郎を招き、日本の海運事業界の実態についての講演会を行なった。

七月一〇日、彰廉校長は第一回温山会総会を波止浜公園観潮楼にて開いた。彰廉校長・温山会長、渡部善次郎、一柳学俊らの教授陣、卒業生の井手要太郎、辻田高綱、吉田茂雄、森明、檜垣駒太郎、山内一郎、増岡喜義、岡田栄資らの同窓が出席した。そして、新任幹事に土居清孝（第一回卒業、伊予鉄電気）、森明（第二回卒業、松山高等小学校）、吉田茂雄（第一回卒業、伊予鉄電気）、辻田高綱（第二回卒業、自家）を選出している。(138)

八月、陸軍大移動により、各専門学校配属将校の更迭が行なわれ、本校の軍事教官陸軍騎兵少佐の後藤外馬は、弘前騎兵第八連隊に転任した。代わって、高知歩兵第四四連隊副官陸軍歩兵少佐の安岡与禄（松山出身）が八月七日赴任した。後藤少佐は、温厚な人物で学生から慕われていた。(139)

一〇月一五日、彰廉校長は佐伯光雄教授を会計学研究の為に英国ロンドン大学に留学させた。三人目の留学であった。

なお、佐伯光雄の留学に伴い、教務課長は昭和二年一〇月三日から一柳学俊教授に交代した。

一一月一五日、国際連盟協会愛媛支部（支部長加藤彰廉、主事は渡部善次郎）は貴族院議員で法学博士の山川端夫（海軍・外務官僚で、加藤拓川とともにパリ講和会議に出席）を招き講演会を行ない、山川は故加藤拓川を追想し、国際連盟の精神、組織、活動などについて講演をした。(140)

昭和三（一九二八）年一月一〇日、本校では、御大礼事業（昭和天皇即位式）として、長次郎の寄附により講堂及び図書館（鉄筋コンクリート三階建て）の建設を計画し、その地鎮祭を挙行して、着工した。(141)

昭和三年一月二〇日、三年生の卒業を控えて、一、二年生主催の送別会が挙行された。彰廉校長も

出席し、三年生を代表して清水仙二が答辞をのべた。(142)

三月八日、第三回卒業式が金子幹太松山高等学校長ら来賓の出席の下、挙行された。本年度の卒業生は五六名であった（三月八日時点、卒業生の氏名、就職先は『松山高商新聞』第二八号、二九号に掲載されているが、省略する）。加藤賞は小松茂夫に授与された。彰廉校長の告辞は次の通りである。

「卒業生諸君との御別れにのぞんで一言申し上げます。

三年の課程を卒へて第三回の卒業証書を授与する事となり、来賓諸氏の多数御出席を得、光栄のいたりに存じます。

諸子は我校に於て得た智識と錬磨とを以て社会に出でんとして居るのであります。これ固より我輩の本懐とするところであります。

諸君、世間は困難にして、人生は実に行路であります。恰も自然界に山川草木、風雨のあるが如く、人生行路に於ては種々の誘惑、種々の悪行、不正があって、実に世渡りは困難であると人々は言ひます。成程自然界には山川あり渓谷あって渡り越すことの困難な場合があります。然し山川草木がある為に国土が美麗となり、人間が面白く生き得るのであります。若しも之等が無く、アフリカやアラビヤの沙漠の如き広漠たるところには到底人間は住むことは出来ないのであります。人生の行路に於ても種々なる困難あり、苦しみがあり、これらを征服する為に奮闘努力が生じ、初めて人間の価値があらはれてくるのであります。若し何等の困難もないならば平凡な禽獣の生活と変りはない。人間生活に困難な問題が起るが故に勤勉努力が生じ人生を有意義ならしめるのであります。かゝるが故に人生は行路難あると同時に実に楽い住み甲斐のあるところであります。まして青年の意気を以て突破すべく努力するならば社会は何ら恐るゝに足らないものであると信じます。然し勤勉と云ひ努力と云っても正義に基づかねばならない。不正不義の努力は真の努力ではないのであります。真の富貴幸福は正義に基づいた奮闘努力に依らずしては生れて来ないのであります。世の中には往々にして自己の勤勉努力によらずして富貴を得んとする者があるが、かゝる者が居るから偽が生じ、他人の富を羨み、甚だしきは之を奪はんとする者さへ出て来るのであります。之等は我々の最も遺憾とするところであります。

内外経済の状態殊に外国との取引については今更言ふまでもないことであります。即ち大正九年以来の不景気や昨年来の大恐慌が未だに癒えないのみならず、一面には国民の風紀は依然として奢侈贅沢に耽り、輸入超過が烈しくなってもやはり以前の好景気時代のことを夢みて居る様な状態であります。諸君は大いに考慮せねばならぬところであると同時に、之が改革をせねばならない責任を背負ふて行かねばならないのであります。

他方政治方面に於ては国民一致の立憲体制になり、やがて諸君も普通選挙に参加する年齢に達するであろうが、日本国民としての資格を保ち、日本国体の為に責任を持って尽さねばならぬと思ひます。

今日世界の各国は外面には世界の平和、口には軍備縮小、軍備撤廃をさへ唱へ、内部には最も厳重なる軍備を公然と拡張しながら、或は一方手段を講じて他国の政治を乱さんとして居るのであります。通商貿易に於てさへ口には資本の融通には国境なしと称しながら、内には関税政策を廻らして国境を固くしている有様であります。或は又口には人道主義を唱へると同時に反面には有色人種を圧迫するが如き、今日各国の言ふところ為すところ必ずしも一致していない。之等は世界の変遷期に於ける一時の矛盾にすぎないかも知れぬが、将来果して平和が来るとしても少くともそれに到達する迄は何百年以上を要するか知れぬと思ふ。故にそれまでに到る間の処置を講ぜねば我国の前途は憂ふるに足る点がありはすまいかと思はれるのであります。

実際今日の我国民の状態及び内外との関係を観るに或は国家の前途は多難かと思はれる。此の秋にあたり、この国家の責任を荷うて立つは青年諸子であります。国家が諸子に任すところのものは実に甚大なるものがあるのであります。

諸君は本校校訓たる三実主義を持して社会に出らるゝのであるが、三年間に得た知識を実際的に応用しながら進まねばならないと思ひます。心を正しうし身を慎み、他日国家に実用なる信実なる人物になられん事を希ふ次第であります。

お別れに際し平常の所感を述べて諸君の前途を祝するものであります[143]」

なお、三月八日に卒業できなかった学生は、その後追試験の結果、一一人が卒業でき、一七日に卒業証書授与式があり、本年の卒業生は全部で六七名となった。

(六) 昭和三年度

昭和三（一九二八）年度の校務は一柳学俊教授が教務課長を、渡部善次郎教授が生徒課長を続け、彰廉校長を補佐した。

昭和三年度の入学試験が三月三〇、三一日に行なわれた。募集人員は前年と同様に一〇〇名で、志願者は三八二名で、前年（三七四名）を少し上廻った。そして、四月初めに合格発表を行ない、四月一六日に一〇三名（中学校出身七六名、商業出身二七名、うち県外が五一名で半数を占める）の入学生を迎えて入学式が挙行された。彰廉校長は式辞のなかで、校訓「三実主義」の意義、入学後の覚悟について訓示した[144]。

昭和三年度の教員の担当科目を示しておこう（括弧内は学年）。

渡部善次郎教授	英訳（一、二、三）
西依六八教授	商品学（一）、数学（一）、商業算術（一）、化学（一）
一柳学俊教授	論理学（二）、心理学（一）、法学通論（一）
田中忠夫教授	歴史（二、三）、経済学（一、二）
渡辺良吉教授	商業英語（一、二、三）、外国実践（三）
村川澄教授	商法（二、三）、民法（一、二）
星野通教授	民法（三）、独語（一、二、三）、財政学（三）、信託（二）
大鳥居蕃教授	外国為替（三）、取引所（三）、会計学（三）、税関（二）、商通（一）、英訳（一）
古川洋三教授	保険、商工経営、簿記（各三）、交通、保険、簿記（各三）、英訳、英作（各二）
伊藤秀夫教授	英訳（一、二）、英作（二）
高橋始教授	仏語（一、二、三）、商業文（一）
小野圭次郎講師	英訳（一）
北川淳一郎講師	独語（二、三）

大江文城講師　　国語漢文（一）、書法（一）
高山峰三郎講師　哲学（三）
綿貫勇彦講師　　物理、地理（各一）
外人　　　　　　会話法（二、三）
安岡与六教官　　教練（一、二、三）
俊野講師　　　　タイプライティング（三）、特別講義（二、三）[145]

四月、彰廉校長は「商事研究規定」を制定し、第三学年生徒は担任教授の指導のもとに、商業学、経済学、法律学、簿記会計学、等の学科目より研究題目を選び、若しくは商工業の実地調査を行ない、その成果を論文又は報告書として提出することにした。[146]

四月二二日には、京都帝大教授の汐見三郎博士を迎え「統計指数について」の講演会を行なった。汐見教授は経済界の現象の観察にとって必要な統計指数、特に物価指数について論じた。[147]

六月五日、田中忠夫教授が率いる朝鮮・満州旅行団と西依六八教授引率の野球チームが高浜を出て、朝鮮、満州に遠征旅行に出かけた。野球チームは朝鮮の野球チーム（釜山鉄道、大邱、京城鉄道、逓信局、延喜専門学校、平壌実業団等）と対戦し、田中旅行団は、釜山、京城、平壌、長春、ハルビン、奉天、撫順炭坑、旅順戦跡、大連等を廻り、六月二二日無事高浜に帰った。[148]

八月三一日には、前年度御大礼事業として着工した講堂及び図書館の建築が竣工し、二階、三階を講堂とし、階下を図書館とした。[149]

さらにまた、御大礼記念事業として、学校では、一、故加藤拓川氏の胸像建設及び奨学資金創設、二、大運動場の拡張を計画し、また、温山会では九月九日の総会で新田長次郎胸像建設をきめた。[150]

九月二九日から一〇月一日までの三日間、彰廉校長は創立五周年記念祭を挙行した（会長加藤彰廉、副会長渡部善次郎）。校友会の各部で種々の催し物が行なわれた。

一〇月三一日、英国に留学していた佐伯光雄教授が帰国した。

一一月一〇日、御大礼・昭和天皇即位礼拝賀式が京都で行なわれた。本校でも一〇日午後二時から拝賀式を行なった。彰廉校長より講話があり、後、太鼓を響かせながら彰廉校長作歌の「国体の歌」を唱えながら、市内を行進し、祝賀した。[151]

なお、彰廉校長作歌の「国体の歌」は次の如くで、加藤校長の忠君愛国の国体主義の精神がよくわかる（ただし、殆ど唄われなかったという）。

「一、我が日の本の　国体は　幾世かわらぬ　一系の　皇尊を　いたゞきて　義は君臣を　わかてとも　情は父子の　如くにて　君の恵みの　いや深く　広き　世界に　比ひなし

二、八千余万の　国民は　昔ながらの　兄弟よ　いとも畏し　皇室は　吾等が為の　宗家なりされば忠孝　一如こそ　わが国体の　美しく　他に類ひなき　しるしなれ

三、建国こゝに　三千年　養ひなせる　わが国の　大和魂　そは何ぞ　赤きこゝろの　熱血をいざ事あらば　君の為　国の為にと　流すなる　わが民族の　精華なり

四、発して万朶の　花となり　凝て百錬の　鉄となる　実に頼もしき　このこゝろ　仰けは高し　富士の嶺　臨めば深し　日本海　実にうるはしき　この国土　守れ同胞　もろともに[152]」

昭和四（一九二九）年三月八日、第四回卒業式が、市村慶三愛媛県知事、秋山好古大将、井上要伊

予鉄社長、御手洗学松山中学校長らの来賓の列席の下、挙行された。卒業生は七九名であった。彰廉校長の告辞は次の通りで、校訓「三実主義」の精神でわが国発展の為に尽くせよと訓示した。

「今日は第四回の七十九名の卒業証書を授与す。私は諸君の光栄に対し衷心より喜び耐えない。何か一言申さねばならぬが、平素言って居る次第で改まって述べることはない。然しながら御別れに当って平素の言を繰返すことにする。

諸君は学校生活を終え、今日以後、実業社会に入るのであるが、社会は複雑で一面より言へば、汚れたものに思はれる。乍然又一面より見れば善にして、美しく、又暗黒の面より見れば、厭ふべき汚らはしきもの、光明の方より見れば楽土の様に思はれる。故に正義を持ち、誠を以って、社会の光明の方に向って常に我校の三実主義の精神を実行して行けば、社会は世人の言ふ如き憂ふべき、恐るべきものではない。正義、誠がなければ社会は憂ふべき、恐るべきものとなるであらふ。

今日我国に於て、国難を説き前途危ふしと叫ぶ者がある。艱難汝を玉にす、玉磨かざれば光なし。今日国難あれば諸君は一層勇起して行くべきである。若人は何によらず悲観すべきではない。ローマは艱難のために滅びたのではない。平家の滅亡亦然り。諸君は艱難に出合ふ事を恐れてはならない。諸君の勇気を試みる好機会だからである。徒らに生活難を訴へ、富貴を羨み、濫りに人の力に依頼するが如き卑屈な利己心は余の好まざる処である。彼等は何故に発憤して自己の運命の開拓に向はないのだ。諸君は犠牲的精神を発揮して目前の利害を顧みず、すべからく遠大の希望に向って進まれんことを希望する。

従来、貿易は国規に従ふと言はれていたが、私は国規は商業貿易に従って来るものであると思ふ。

昔は武力によって来たが、今日は其の反対に商業が先立ち、然る後に武力が従ふものである。今日の商業は世界的である。されば我国威を発揚し世界に輝かすは、諸君の双肩にあると云はねばならない。

どうか諸君の若き血ある活気を以って将来我国発展の為に、今後大いに努力せられん事を(153)」

(七) 昭和四年度

本年度の校務も一柳学俊教授が教務課長を、渡部善次郎教授が生徒課長を続け、彰廉校長を補佐した。

昭和四（一九二九）年度の入試が三月三〇、三一日の両日に行なわれた。募集人員は前年と同様一〇〇名、志願者は四二七名で、前年（三八二名）をさらに上回った。史上最高の志願者数であり、入学難であった。

四月一五日、入学式が本校講堂にて行なわれ、九九名（中学校出身六九名、商業学校出身三〇名、うち県外が四九名）が入学した（内二人は無試験入学、この年から初めて）。彰廉校長は、式辞で専門学校の学生として今後進むべき道を訓示し、校訓「三実主義」の深遠な意味について述べた(154)。

四月二五日、国際連盟協会愛媛支部（支部長は加藤彰廉、主事は渡部善次郎）は新渡戸稲造（第一高等学校長、東京帝大教授、東京女子大学長、国際連盟事務局次長等歴任。貴族院議員）を招き、午前一一時から本校講堂において学生のために「商業道徳の向上は諸君の努力にまつ」と題した講演会を行ない、また、午後六時半より三番町国技座にて「国際協調時代来る」と題し、市民向けの講演会を行なった。[155]

五月一日、彰廉校長は増岡喜義（大正一五年松山高商卒、九州帝大入学、昭和四年九州帝大法文学部卒）を講師として採用した。卒業生教員の第一号であった。

六月四日、伊藤秀夫教授を英国ケンブリッジ大学に留学させた。四人目の留学であった。

同日、国際連盟協会愛媛支部は、役員を改選し、加藤彰廉支部長にかわって、新支部長に渡部善次郎、副支部長に一柳学俊を選出した。また、松山高商学生支部も結成した。[156]

六月一五日、松山高商講演部（講演部長は一柳学俊）の主催で、第一回全国大学高専学術講演大会を愛媛県公会堂で開催した。一柳学俊、加藤彰廉の挨拶があり、本校から講演部員の白形健夫が「我国産業の工業化に対する一考察」、高橋国次郎が「人生活動の一大生命」、永井昌訓が「汝自身を知る者は」と題し講演、他校からは、広島高等師範、神戸商大、関西学院、大阪商大、山口高商の学生たちが講演した。松山高商の学生たちの知的水準の高さがうかがわれる。加藤彰廉は挨拶のなかで、「講演は学的聖戦なり、公平なる弁論を希む」といい、スポーツにおけるフェアプレーがあるように講演会もフェアプレーが必要である。然らば講演会に於けるフェアプレーとは何か。それは「自己の収集した全知識の正しき取捨選択によって到達した真理々想を吐露して以て、世人を惑はし或いは国家社会を毒するが如き奇矯過激の論に対し堂々と反逆の論陣をはる学的聖戦に於ける勇士の態度そのものである。まことや、自己の身内に鬱積する学識々見を外に発して世人をして科学に対する正しき認識力を把握せしむるとともに炳として厳存する邦家三千年の社会の発展に寄与することこそ若き学徒の真の使命であらねばならない」と激励した。[157]

七月三〇日、彰廉校長は校旗を制定した。校旗の星印は新田帯革会社の社章によったものであった。

九月二一日、大正一二年一一月に発足し、かなり活動していた学術研究団体「経友会」は種々の事情から一時中断していたが、本年五月の増岡講師の赴任とともに、同講師の尽力により蘇生し、発会式を新聞学会室にて開いた。そして、第一回研究会を二四日に「金解禁の目的方策及機構を論じ平価切下説に及ぶ」の題目の下研究会がなされた[158]。

一〇月一一日、彰廉校長は新田長次郎、故加藤拓川の銅像除幕式および前年竣工した講堂の落成式を挙行した。この式典に新田長次郎、加藤拓川未亡人を始めとして、市村慶三愛媛県知事、御手洗忠孝松山市長、秋山好古大将、金子幹太松高校長、井上要商業会議所会頭・本校理事ら多数の来賓が参加した。彰廉校長の挨拶のあと、新田長次郎、加藤未亡人、知事、市長らの挨拶が続き、最後に井上要が「新田氏を本校創立の母とすれば故加藤氏は本校の父なり」と両氏を讃えた。後、講堂落成式、胸像除幕、祝賀宴が行なわれた[159]。

一〇月二四日には、アメリカのウォール街で株式が大暴落し、それ以降、世界大恐慌に発展していく。

昭和四年一一月二五日の『松山高商新聞』第四八号に、「仮卒問題に就いて」の学生の投書があり、それを契機に、仮卒問題が大きな問題になった。投書の大要を要約すれば次のようである。本校は他の学校に比し多くの科目を課せられて学生の負担となっている、大半の科目は優れた成績をあげているのに、わずか一ないし二科目の落第点を有するため、仮進という不名誉を受ける、卒業期にはそれが仮卒となる、再試験制度があるが、これも負担である、第一回卒業以来この制度は暴威をふるってきた忌まわしい試験制度だとして、現行試験制度（再試験制度）を撤廃し、全科目成績平均制度を採用せよ、との内容であった。不景気、就職難の到来の時期であり、長年の学生の不満の種であったので、この投書を契機に三年生が大会を開き、委員を選び、学校側に対し、①三年生試験採点上の学校側よりよき考慮、②卒業試験後卒業日までに一回試験を増やし仮卒者の減少を図ることを要求した。『松山高商新聞』記者は、この三年生の要望に対し、当局と教授に再試験の機会と寛大な取り扱いや温情主義を求める姑息なものだと批判し、選択科目制の導入を提案していた。[160] この時は、学生たちの要望は実現しなかった。

昭和五（一九三〇）年に入り、前年のアメリカの大恐慌が世界に波及し、世界恐慌となり、また、日本に波及し、昭和大恐慌に発展していった。時の内閣は浜口雄幸民政党内閣である。蔵相は井上準之助で、その金解禁、緊縮政策が昭和恐慌に拍車をかけた。そして、就職難が到来した。

『松山高商新聞』第五〇号（昭和五年一月二五日）は、本年の卒業期を控え、就職難の記事「就職地獄。不景気のドン底に投げ込まれて、卒業生よ何処へ行く、売れるは運動選手ばかり、果然為す所を知らぬ卒業生」との一文を載せている。そこで、彰廉校長ら学校当局は随分以前から何度も上阪し、各会社、商店を訪問、交渉したが、余り芳しくなかったと報じている。また、同紙は学生たちに就職戦線突破のアドバイスも載せている。彰廉校長は「思想の穏健着実なることが第一」といい、渡辺良吉教授は一九三〇年は不況の年であるため「特に能率の人を要求する」といい、一柳学傍教授は今も昔も変わらぬ就職の要件は「一、健康体を有する者、二、常識発達せる者、三、辛苦に堪へ得る者、四、研究心に富める者、五、信用の出来得る者。就中三、五を重視すること」といい、田中忠夫教授も「一、健康な身体、二、最も誠実な意思、三、明晰な頭脳、四、快活な態度」を述べている。[161]

二月二二日、松山出身で前、田中内閣の蔵相、勝田主計が来校し、講演会が行なわれた。勝田は現在の不況、経済の状況を論じ、「国難を救うものは実業教育の振興」などと論じた(162)。

三月八日、第五回卒業式が木下信愛媛県知事、大久保敬松山農学校長ら来賓の出席の下に本校大講堂において挙行された。卒業生は七五名であった。加藤賞は吉元一則に授与された。今回新たに設定された小倉賞（小倉長太郎氏の寄付）は西原泰二に授与された。卒業者氏名は『松山高商新聞』第五二号に掲載されているが省略する。なお、大学に進むものは多くなり、本年は神戸商大、大阪商大、九州帝大合わせて一二名が入学し、加藤賞の吉元は神戸商大に、小倉賞の西原は大阪商大に進学した。

さて、昭和恐慌下、就職難の時代における彰廉校長の訓示は次の通りで、世の艱難に対し、「三実主義を実行し、一路己の目的に邁進せよ」というものであった。

「閣下並に各位。

今日卒業証書授与式を挙行するに当りまして多数各位の御賓臨を辱うしたることは本校の洵に光栄とし感謝するところであります。

今回は第五回の卒業でありまして七十五名であります。前回迄の卒業者は二百四十四名でありまして、合計参百十九名であります。

今回の卒業者中大学に進むもの三四名を除き、他は皆実業界に入らんと欲する者でありまして、就職難の今日就職口少く、今日迄其就職の略ほ決定せる者漸く三分の二位でありまして、未た大分残って居りますのは甚だ遺憾でありますが、其内に決定するものと思ひます。

それから只今小倉賞を与へましたが、此は昨年本町の小倉長太郎氏が学生奨励費として寄附せられたる資金を以て設定したるものでありまして、今回初めて授与したるものであります。此賞は精勤を主として学業操行等を考査して与ふるのであります。

又教授の海外留学費は昨年度を以て第一回分は終了したのでありますが、新田氏は昨年第二回分として更に三万円を寄附せられ、昨年已に一名英国に留学し当秋に帰朝する筈でありますが、本月又一名独逸に留学せしむる事になって居ります。

之より卒業者諸君に向て一言したい。

諸君！諸君は三年の蛍雪の労空しからず、制規の試験を完了したるを以て、本日茲に卒業証書を授与したるは余の最も歓喜に堪へざる所であります。

諸君。龍は水中に在るも一旦雲を得れば猛然興起して天に昇り其威を発揮すと云ふ。諸君は中等学校に於て又次で本校に於て学ぶこと数年、此間に於て諸君は能く智を磨き、徳を修め、体を練り以て他日の雄飛に備へたのであります。

今や諸君は学窓を出で実社会の活動舞台に登り、以て大いに其力を振はんとす。之恰も龍の池中に在て、静かに英気を養ひ機を得て天に昇り、其勢威を振ふが如きものにして、男児の本懐之に過ぐるものあらざるべし。

然れ共諸君。世路は険悪、社会生活は艱難多く、学生々活の如く平易坦々たるものにあらず。されば少しの油断をも許さず。又姑息偸安を許さず、唯常々奮闘努力以て万難を排し、不屈不撓以て有らゆる辛苦に堪へ、自ら恃んで人を恃まず、正を履み、義を守り、而して我校三実主義を実行し一路己の目的に向って邁進するにあるのみ。

諸君。諸君に此勇気ありや。此自信ありや。然り此勇気あり、此自信あり。世路の険悪、社会の激浪、何の恐るゝ事か之あらん。何の憂ふる事か之あらん。果して斯くの如くんば、諸君の成功は毫も疑なし。社会は実に斯くの如き青年を双手を挙げて迎ふるものなり。

何の就職難か之れあらん。

諸君、余は再び云ふ。

龍潜淵得雲興と。

池中の龍も何時かは天に昇る。余は諸君の名の世に顕はるゝの遠きにあらざるを信ずるものなり。

余は之を以て諸君を送るの辞となす[163]」

三月二四日、彰廉校長は田中忠夫教授を経済学研究のため、ドイツ（ケルン大学、ミュンスター大学、ベルリン大学）に留学させた。五人目の留学であった。

なお三月末に、開校以来の英語の教員で、『英文の解釈』『英語の文法』『英語の作文』『英語のアクセント』など幾多の著書を公にして全国の受験生の救世主の如く慕われていた小野圭次郎が退職し、また、本校軍事教官として昭和二年以来勤めていた安岡与六少佐は今回の陸軍異動により第二二連隊に転任した[164]。

(八) 昭和五年度

本年度の校務も一柳学俊教授が教務課長を、渡部善次郎教授が生徒課長を続け、彰廉校長を補佐した。

昭和五（一九三〇）年度の入学試験が三月二七、二八日に行なわれた。募集人員は前年と同様に一〇〇名で、志願者は不況の影響で前年（四二七名）より大幅に減少し、三四五名であった。[165] そして、四月初めに合格発表を行ない、入学式を行ない、一〇四名（中学校出身七九名、商業学校出身二五名、うち、県外が五一名）が入学した。だが、入学者が少なかったためか、さらに、一〇名の補欠入学を行なった。[166]

四月、彰廉校長は浜田喜代五郎（大正一五年松山高商卒。九州帝大法学部卒。法律担当）を助教授として採用した。増岡喜義に次ぐ本校出身の二人目の教員であった。また、伊藤秀夫教授の留学に伴なう英語の授業担当のために山内一郎（昭和二年松山高商卒。九州帝大文学部卒。英語担当）を講師として採用した（ただし、九月に伊藤教授帰国により退職する）。

四月一二日、講師増岡喜義（昭和四年四月採用）が助教授に昇格した。

五月二八日、本校国際連盟協会学生支部の懇請により、枢密院顧問官で元外相の子爵石井菊次郎及び衆議院議員田川大吉郎を招き、国際事情にかんする講演会が行なわれた。

八月二一日、英国に留学していた伊藤秀夫教授が帰国した。

九月二七日より二九日までの三日間、本校は創立七周年を祝う記念祭を挙行した。彰廉校長を会長に、渡部善次郎を副会長に教職員、生徒総出で連日種々の催物があり、観衆が数千人訪れた。[167]

九月二八日に、温山会は総会を開き、加藤校長古希記念事業に関する件を議事として、委員（渡部善次郎、一柳学俊、渡辺良吉、佐伯光雄、高橋始、増岡喜義、岡田栄資、浜田喜代五郎、辻田高綱、井手要太郎、森明、矢野輝一、西本定義、山内薫）を選び、銅像、会館、奨学資金、道場、図書館等々の意見が出て、検討することとした。[168]

一〇月、従来の「経友会」を更に拡大して、大鳥居蕃、増岡喜義らを中心に「経済研究会」を発足させた。[169]

一〇月三〇日は教育勅語発布四〇年に当り、全国的に記念式が行なわれ、本校でも彰廉校長は教育勅語煥発四〇周年記念式を挙行した。[170]

一一月一四日、浜口首相が東京駅で右翼の佐郷屋留雄に撃たれて重傷を負う事件が起こった。不穏な時代が始まった。

一一月一七日、加藤彰廉先生古希記念事業委員会が開かれ、渡部善次郎を委員長に選出し、事業について協議し、非公式に内定していた加藤会館及び彰廉の胸像の件は保留し、奨学資金の創設を決め、一万円を募集することを決めた。[171]

昭和六（一九三一）年も昭和恐慌が続き、軍部によるクーデター計画（未遂）が起こるなど社会不安の時代が続いた。不況のため、本年度から教員の留学派遣が中断した。だから、村川澄、星野通、大鳥居蕃らの少壮教授は留学できなかった。

三月八日に、第六回卒業式が愛媛県知事（代理竹崎学務部長）等来賓の出席の下挙行された。卒業生は八二名。卒業生代表は丸山孝男であった。

彰廉校長の告辞は次の通りで、昭和恐慌の国難の中、学生たちに奮起を促すものであった。

「今日知事各位の臨席を得て、第六回卒業式を挙行するは、只に私自身、卒業生諸君のみでなく、本校として最も光栄とする処である。茲に諸君の今日の卒業を祝すると同時に、将来に向っても祝福するものである。

然しながら、今日の国内の形勢又国外の形勢を見るに、今後大いに諸君の奮起を要するものがある。諸君は屢々国難の声を聞いている。而もその種々なる国難は全く打開されたであろうか。全く安泰なる状態に復したであろうか。否。

思想国難は未だ絶滅したとは思はれない。むしろその姿を水平線下に没して潜行的に凡ゆる方面に活動しているのである。

又経済国難は益々深刻化しつゝある。失業者の数は年々増加しつゝあり、数十万を数へ、労資闘争は愈々数多く、商工業の不振亦甚だしいものがあると同時に、農村の困窮は既にその極限に達したと思はれる。

今一歩進んで世界の形勢を見るに、或は不戦条約、或はロンドン会議と世界平和に貢献するもの大なるものがあるが、省れば各国自身は国家の万一を慮って、常に軍備の充実に汲々たるの有様である。

又関税の障壁を高くして自国の産業を保護し、他国のそれを不振におとさんとしているのである。表面には斯く和親をとなへ、裏面に至っては思半に過ぐるものがある。

国家は実に如斯多事多難である。徒らに国民の苟安を許さざるの時である。国難を打開し、隆盛を期す可きの時である。此時に当り、学校を出て実社会に入り、国家の難局にあたらんとする諸君の責任は重且大である。と同時に又快事とす可き所である。此の意味に於て、私は大いに諸君の前途を祝福するものである。一度物質的思想の侵入と共に独立独歩の精神を忘れ、他力にようんとし、難きを棄てゝ易きに就かんとするは現在我国の傾向である。自ら光明を発見せん事を努めず、青年はただ就職難におびやかされ、溌剌たる意気を失っている。勿論人間は衣食に生きるものであるが、就職難は一時的であり、やがて打開さるゝ時が来るものである。敢て自ら悲観、失望す可き物ではない。

再度諸君の前途を祝福し、あくまで誠意を以て事に当り誘惑に陥ることなく、大にしては国家隆昌の為、小にしては一家具隆の為、三実主義の実践を望んで止まない(172)」。

三月一四日、専務理事加藤彰廉は、文部省（文部大臣田中隆三）に対し、学校規則の改正「規則中改正ノ儀ニ付申請」を出した。改正の要点は、①第三条中「生徒定員は二五〇名とす」を「生徒定員は三〇〇名とす」に改める、②第五条中「前学期 四月一日より一〇月三一日に至る」を、「前学期四月一日より一〇月二〇日に至る」に改める、「後学期一一月一日より翌年三月三一日に至る」を、「後学期一〇月二一日より翌年三月三一日に至る」に改める、③第六条第四項「一、春季休業四月一日より同月一〇日に至る」を、「春季休業四月一日より同月七日に至る」に、第五項「一、夏季休業七月一六日より九月五日に至る」を、「一、夏季休業七月二一日より九月五日に至る」に改める。④第七条「学科目並に其の程度及毎週教授時数表」を「別表」に改める、⑤第六章「試験、進級、卒業」を「進級、卒業」に改める、「第二六条乃至第三三条」を削除し、「第二六条　各学年の課程修了は該学年中に於ける学業の成績及勤惰を考査して之を定む。第二七条　未修了の学科多きものは原学年の課程を再修せしむ。第二八条　未修了の学科につきては在学中又は第三学年の考査終了後満一ケ年以内に再考査を受くることを得。第二九条　全学年の課程を終了したるものには卒業証書を授与す」に改正する、

⑥第七章「講習科及講習夜学部」を「聴講科及講習部」と改める、「第三四条を全部削除として、第三〇条本校に聴講科及講習部を置く」であった。①の定員を増やしたのは、近年志願者が増大し、競争率が三倍半から四倍余に達していたためであった（昭和二年度三七四名、三年度三八二名、四年度四二七名、五年度三四五名）。ただ実際は毎年一〇〇名以上入学させているので、実態に定員を合わせたものとみられる。④の学科目の改正は主として、時運の進展にともなう改正及び、従来から学生の不満であった必修制の負担を軽減する選択制の導入であった。すなわち、「独語又は仏語」を「選択外国語」に改め、「選択外国語は英語以外独、仏等の外国語中より其一つを選」ぶことで、実際は中国語の導入であり、また従来の「心理、論理、哲学」を「修身科」に改正、統計学、工業大意を必修とすることであり、選択制の導入は、「選択学科目は商業学、経済学、法律学中に於て必修科として課せざるもの及諸政策、哲学、論理学、心理学、教育学、歴史等の内より三科目乃至四科目を選択」することで、学生の不満・負担軽減を受け入れたことであった。⑥の講習夜学部を講習部に改正したのは、昼間にも講習を行なうためであった。そして、三月三一日、文部省から「学校規則」の改正が認可され、四月一日から実施された(173)。

㈨昭和六年度

本年度の校務も一柳学俊教授が教務課長を、渡部善次郎教授が生徒課長を続け、彰廉校長を補佐した。

昭和六（一九三一）年度の入試は、三月二七日、二八日に行なわれた。学校規則改正により定員が三〇〇名に増加したが、募集人員は前年と同じ一〇〇名であった。志願者は前年（三四五名）より増大し、四一三名に回復した。そして、四月初めに合格発表を行ない、四月一一日に入学式を行ない、一一〇名（中学校出身八五名、商業学校出身二五名）が入学した。ただ、彰廉校長は三月二三日から感冒で病臥し、入学式に出席できず、代わって教頭の渡部善次郎教授が式辞を述べた。渡部善次郎は、松山高商が故加藤恒忠翁、新田長次郎氏、現校長加藤彰廉氏の潔き志と尽力により生れたとその起源より説き起こし、更に「実用・忠実・真実」の校訓三実を訓説して専門学校学生としての将来進むべき道を述べた(174)。なお、彰廉校長はその後回復し、四月一四日以降校務に復帰した。

四月二四日には、彰廉校長は、本県選出の衆議院議員清家吉次郎（政友会）を招き、三年生に対する講演会を催した。清家は、人間は自己の長所を知り、発揮しなければならない、同時に国家的にも日本の長所を発揮しなければならない、そうすれば就職難問題などは案外たやすく片づくなどと、激励した(175)。

五月二三日に、国際連盟協会副会長の山川端夫博士が再び来校し、国際連盟の役割と軍備縮小の運動について講演を行なった(176)。

五月三〇日、一柳学俊教授が岡山県立笠岡商業学校長に赴任のため、退職した。一柳教授は京都帝大卒で、文学士にして法学士の学位を有し、大正一三年に赴任し、深遠博識な学識を有し、温和な性格で父の如く慕われ、また、図書課長、教務課長（昭和二年一〇月三日～六年五月三〇日）を務め、また、新聞学会副会長、経友会顧問、講演部長、文芸部長、山岳部長、国際連盟協会副支部長などを歴任し、また、仏教青年会の委嘱を受け、松高の北川淳一郎教授と共に東奔西走講演し、社会教育、啓蒙活動を行なうなど、本校にとってかけがえのない人であった(177)。

なお、一柳教授退職のため、その後任の教務課長には渡部善次郎が六月一六日に就任した。生徒課長との兼務であった。

六月一二日、増岡喜義助教授が教授に昇格した。

九月一八日、関東軍が満州事変を起こし、一〇月にはまた軍部によるクーデター計画（未遂）がおき、不穏な時代が続いた。

一〇月、渡部善次郎教授が体調を崩し、東京帝大の真鍋教授の診察を受け、神奈川の温泉で静養していたが、二一日に帰郷した(178)。

一一月、下宿生のための「有師寮」（道後湯之町南町）を開寮した。寮の名称は彰廉校長がつけた。

昭和七（一九三二）年に入って、さらに不穏な時代が続いた。一月一八日に、前年の満州事変に呼応して、海軍が上海事変（第一次）を起こし戦火をひろげた。そして、世界の目が上海に注がれている間に、関東軍は全満州攻略作戦を進め、三月一日に関東軍は満州国を建国し、事実上日本の植民地にした。そして、国内では、景気回復の兆しが見られ始めたが、なお不景気が続き、特に農村の疲弊は深刻であり、そんな中、二月九日には衆議院選挙の応援演説に向かう途中で前蔵相の井上準之助が右翼血盟団により暗殺され、三月五日には、三井財閥の総帥・団琢磨も血盟団に暗殺されるなどした。

このような緊迫した中、二月一日には、三年生を送る送別会が本校講堂にて行なわれ、彰廉校長も出席し、挨拶している。

三月八日に、第七回卒業式が久米成夫愛媛県知事ら来賓出席の下、挙行された。卒業生は七一名であった。時運を反映し、満州、朝鮮、大阪方面にも就職した。彰廉校長の訓辞は次の如くで、今日の重大な国難に直面し、卒業生に対し、国威、国力、国運の隆盛に努力せよというものであった。

「諸君は本校所定の学業を卒へたるを以て、今卒業証書を授与せられました。諸君の喜は勿論、予の喜も諸君に劣らないのであります。

　諸君は今より独立の人となって実社会に入るのであります。その言行は直に国の政治経済、実業教育、外交等に影響するものでありまして、即ち我国の文化に於ける其関係は重大なるものでありますから、平素善く其言行を慎まなければなりません。

　今や我国は実に重大なる国難に直面しております。思想界に於ても政治界に於ても経済界に於ても将又外交界に於ても我国の歴史に曾て見ざる難局であります。諸君はこの未曾有の重大なる時期に於て学校を出て其渦中に投ぜんとするものでありますから、其困難は察するに余りあります。然し此の困難に当て敢て懼れず、之に打勝ち之を打開して前途の光明に向て邁進せなければなりません。

　由来我国は一難を経る毎に国勢益々上り、国威愈々揮ふ特性を持って居ります。これ一には我国民の忠勇と其努力に拠るのであります。されば諸君は常に外に向っては眼を世界に放ち、志を四海に馳せ、以て国威の発揚に努め、内に於ては忠実善く其職務に服し、華を去り実に就き、以て国力の充実に力を致し国運の益々隆盛ならんことに努力せられんことを望むのであります。

　一言希望を述べて諸君の前途を祝福します」[179]。

(一〇) 昭和七年度

本年度の校務は、教務課長の渡部善次郎教授が体調不良のため、佐伯光雄教授に代わった（三月二四日より）。

昭和七（一九三二）年度の入学試験は、三月二七日、二八日に行なわれ、募集人員は一〇〇名で、志願者は前年よりも減少したものの、三六〇名であった。そして、四月はじめに合格発表があり、一二日に入学式が挙行され、一一六名（中学出身九二名、商業出身二四名）が入学した。[180] なお、彰廉校長の入学式の式辞は『松山高商新聞』に掲載されておらず、未発見である。

本年四月より、従来生徒を悩ませ、生徒泣かせの仮卒制度が廃止された。すなわち、第三学年の終わりにおいて不合格科目があり、また平均六〇点に足らないものは仮卒業として学籍を離れることが出来ず、また、一、二学年でも学年度末に不合格科目があれば仮進級となっていたが、本年度からそれを廃し、不合格科目があっても修業として学籍を完全に離れることが出来、又学籍を離れれば上級学校に進む事ができるようになった。さらに従来の標準点六〇点が五〇点に下げられ、生徒の負担は軽くなった。[181]

四月二三日、ドイツに留学していた田中忠夫が二年間の留学を終えて帰国した。

本年度も不穏な時代が続いた。四月二九日、上海事変収拾のため上海に派遣され、停戦を断行した松山出身の白川義則陸軍大将が上海の虹口公園で爆弾テロ事件により重傷を負うという事件が起きた（翌月死去）。

また、五月一五日、犬養首相が暗殺されるという大事件が起き、政党内閣の崩壊となり、以後、日本の軍国主義化が進んでいった。

七月四日、温山会東京支部は、実業専門学校校長会議のため上京の彰廉校長を迎え、日本橋千疋屋にて第八回総会を開いた。この総会に山内正瞭（東京商科大学教授）も出席した。このとき、彰廉校長は次の校長を山内先生に頼んだ。[182]

八月の陸軍の人事異動で、配属将校の本宮隆市少佐が二十二連隊大隊長に転任し、代わって陸軍歩兵中佐関誠一が本校に赴任した。

一一月二九日、三〇日の両日、本校は松山高商創立九周年の記念祭を開催し、教授対学生の対抗野球や映画大会、音楽大会等と種々の催しがなされた。[183]

昭和八（一九三三）年一月二四日、一、二年生主催による三年生を送る送別会が挙行された。彰廉校長、渡部善次郎教授も出席して、挨拶をしている。

二月一〇日、彰廉校長は野中重徳（愛媛県出身、東亜同文書院卒業。支那語、漢文）を講師として採用している。

三月八日、第八回卒業式が一戸愛媛県知事らの来賓出席の下、挙行された。卒業生は七六名であった。加藤賞は伊藤正彰に授与された。彰廉校長の式辞は『松山高商新聞』に掲載されておらず、未発見である。

三月二四日、専務理事加藤彰廉は、文部省（文部大臣鳩山一郎）に対し、学校規則改正「規則改正ノ儀ニ付申請」を出した。それは、「講習部」を廃止して「別科」（定員三〇名）を創設し、中学卒業者に対し、一年間の商業教育を行なうもので、四月から実施というものであった。四月四日に文部省より認可を受けた。[184]

(二)昭和八年度

本年度の校務は佐伯光雄教授が教務課長を、渡部善次郎教授が生徒課長を続け、彰廉校長を補佐していた。

昭和八（一九三三）年度の入学試験は、三月末に行なわれた。募集人員は一〇〇名で、志願者はインフレ景気の影響で前年（三六〇名）より少し増え、三八四名（中学校出身三二九名、実業学校その他五五名）であった。志願者は、松山中学がトップで、北予中学、今治中学と続き、また、朝鮮や大連などからも応募があった。四月初めに合格発表がなされ、一〇日に入学式が行なわれ、一〇八名が入学した。彰廉校長は、本校の設立につき、故加藤恒忠翁、新田長次郎氏の潔き志と尽力により生れたことを説き、更に実用・忠実・真実の校訓「三実主義」を訓辞して、時局多難の折柄、後日実業界に雄飛せんとするものに新たなる覚悟を促し、精励せよと訓示した。[185]

四月、「商事調査会」を設置し、大鳥居、増岡教授らと学生が組織し、活動を始めた。[186]

また、四月二一日、一昨年以来軽微な脳溢血で治療を続けていた古参の教頭渡部善次郎教授が健康回復ならず、退職した。渡部善次郎は在任中、生徒課長、教務課長、新聞学会会長、国際連盟協会愛媛支部主事・支部長等を歴任していた重鎮であり、次期校長と期待されていただけに突然の事で各方面を驚愕させた。『松山高商新聞』第八三号は次のように述べている。

「本校教授渡部善次郎氏は今回健康勝れずとの故を以て辞職した。教授は本校創立以来教頭の重職にあり、学識深く人格高く〔学〕校の内外に信望厚く、学校敬慕の的であった。教授今回の辞職は余りの突然であり、各方面へ非常なセンセーションを巻き起こしている。

教授は一昨年来軽微な脳溢血に犯され、爾来専心加療漸次良好を伝へられていたが、近時健康旧の如くならず、遂に退職の上静養することになったのである。

教授は十ケ年の長き精励恪勤の誉高く次期校長として期待されていたのであるが、突如として退職不得止に至ったことは非常におしまれている」(187)

しかし、その後一三日、卒業生二八名が緊急協議会を開き、留任運動を起こし、夜、渡部教授を訪問し、涙ながらに留任を依頼し、翌一四日に彰廉校長を訪問し、留任を懇願した。彰廉校長は「学校として渡部教授の留任を希望することは諸君と同様であるが、一度辞職されたのであるから、渡部教授が正式に辞意を翻す旨学校に対し意思表示をされねば工合が悪い、若し教授が正式に翻意を表明するなら学校は喜んで迎へる」と表明したので、卒業生、在学生達はその旨を渡部教授に伝え、翻意を懇願した。その結果、渡部教授は、一、二カ月静養後再び教壇にたつことになった(188)。このように渡部善次郎は卒業生や学生たちから慈父の如く慕われていたことがわかる。

なお、渡部善次郎の退職に伴い、彰廉校長は後任の新生徒課長に田中忠夫教授を任命し、五月四日より就任した。

さて、本年五月ころから、彰廉校長は体調不良になった。菅井校医によると、彰廉校長の病気は、本校落成時に既に関節リュウマチを患っていたが、その後、気管支カタルを患い、五月には胃腸病も併発し、上、中旬は時々学校に出勤し、事務もとっていたが、五月下旬から熱が三八度台となり、六月にも発熱が続き、欠勤となった。七月は三七度五、六分に下がったが、微熱がとれずやや衰弱の様子であるが悪性ではないとのことであった。しかし、八月には左下腹部に腸間膜リンパ炎が襲い、継続的に痛みが続いていた。菅井医師が往診の度に痛いといわれていた。(189)

六月五日、彰廉校長は商学関係の教員として太田明二氏（愛媛県出身、神戸商業大学卒、商学士。会計、簿記、商業学等担当。のち、松山商科大学学長）を講師に任用した。

二．晩年の加藤彰廉

昭和八（一九三三）年八月三一日、病床にある彰廉校長は、教務課長の佐伯光雄、生徒課長の田中忠夫を自宅に招き、学校の後事を託した。田中忠夫は『彰廉先生』の追想録のなかで「二十九日先生の鉛筆で自署された葉書が届いて、三十一日朝十時に佐伯教授と二人で来て呉れとあった。定刻に二人でお伺ひすると、先生は周囲の人を凡て遠ざけて、学校の後事に就いて縷々誠心を披瀝されてのお話があった。先生も涙の中に語られ、我々も亦涙の中に承った次第である」(190)と述べている。

この「学校の後事」が何であったか。それは①辞職願を理事会に伝達することと、②山内正瞭先生に後任校長を依頼すること、山内先生には一応ご内諾を得てあるとのことであった。(191)

ここに出てくる山内正瞭は、明治九年愛媛県の山内正貫の次男に生まれ、三五年東京帝大法科大学を卒業し、大学院を出たあと、長崎高等商業学校教授、校長となり、その後、東京商科大学教授になっていた。また、大正一二年以来、松山高商の評議員をつとめ、加藤彰廉の後任校長として意中の人であった。

九月一七日、彰廉校長は死去の前日、佐伯光雄教授及び板東富夫（新田長次郎の秘書）を招き、遺言を伝達した。臨終前日に立ち会った佐伯光雄は星野通編『彰廉先生』の中で、「想起するだにお気の毒なのは、その御臨終でした。胃潰瘍で七転八倒の苦痛を訴へられ、天は何でこの仁者を最後までかく苦しめるのかと思ふくらいでした。その苦しい際の遺言も、一言家事に及ばず、自分の死後の校長問題ばかりでした。これはよほど気に懸かってをられたと見え、これで安心されたものか、再び遂に何事もいはれず、一日ののち他界されました(192)」。

このように、彰廉校長は死の直前まで、学校の行く末を心配し、後任校長問題を気にかけていた。

九月一八日午前一一時二〇分、彰廉校長は創立一〇周年記念祭を前にして永眠した。最後の病名は慢性腹膜炎であった(193)。

彰廉校長逝去と同時に、学校は緊急教授会を開き、善後策を協議した。加藤家喪主の正彰氏と協議し、二一日本校講堂において校葬とすることを決定し、葬儀委員長は井上要理事、副委員長は佐伯光雄教授と決めた。また、学校は一八日直に喪を発し、一九日より二二日まで臨時休校とし、二二日より実施の定期試験を二九日に繰り下げること、一〇月中旬より挙行することを決定していた一〇周年記念祭を無期延期することを決めた(194)。

九月二一日午後一時から大講堂にて校葬が執り行なわれた。葬儀委員長井上要、副委員長佐伯光雄。加藤校長の葬儀に、新田長次郎、一戸二郎愛媛県知事、河田嗣郎大阪商大学長、東京大学の同窓である、阪谷芳郎、平沼淑郎男爵等二〇〇〇余名が出席した。そして道後祝谷の常信寺に埋葬された。

井上要葬儀委員長の弔辞は次の如くであった。

「昭和八年九月十八日、我が松山高等商業学校校長加藤彰廉先生逝去せらる。嗚呼愁ひ哉、茲に本校は校葬の式を挙げ、謹で先生の英霊を弔ふに当たり、追慕の念益々深く哀悼の情愈切なり。

先生は資性篤実にして剛直、自ら責任を執る事最も厳正にして、事を苟くもする事なし。年少にして夙に秀才の誉あり。明治十七年早くも帝国大学を卒へ学士の称を受く。当時学士たるもの誠に少く、朝野尊重して相競ひ栄禄を以て之を迎ふ。先生亦職を文部省に奉じたるも自ら信ずる処あり、明治二十一年決然官府を辞して専ら教育の事に従ひ、爾来四十有八年一貫して育英の業に勤め未だ曾て其の志を改めず、以て今日に至る。斯の如きは世間殆ど其類を見ざる処にして、先生が教育界の長老として一世の景仰を受くる所以のものは決して偶然にあらざるなり。

大正十二年（筆者注：大正五年の間違い）北予中学の校長を要するに当り、郷国の熱望と内外の懇請は終に先生の容るゝ処となり、帰りて其の任を装ふや、一意専心其力を尽くし、為に同校の面目を一新して新興を見るに至りたるのみならず、先生の徳望によりて基本金の募集を遂げ、同校の基礎を定むる事を得たり。而して先生は今日に至るまで同校理事として指導監督の責に任ぜられたるものなり。

此の時に当り、先生を以て一中学の校長に止むるは所謂牛刀を以て鶏を割くの憾あるを免れず、先生に因りて更に高等なる教育機関を創設し、大いに教化を布くに如かずとの議あり。忽ち内外の共鳴翼賛する処となり、大正十二年終に本校の創立を見るに至る。則ち本校は実に先生に因りて起りたるものにして、当時若し先生なかりせば、本校は決して起こらざりしものなり。故に先生は真に本校の父母に外ならず。爾来今日に至る迄十年の間、内に於ては基礎愈充実して教育の成果を収め、外に於ては信頼益厚く大いに発展の勢を加ふ。是れ皆先生の賜にあらざるはなし。今や其の十周年記念式を挙げんとする時に際し、不幸にして先生を喪ふ。誠に痛恨に堪へざるなり。

然れ共、今や本校の基礎既に成り、先生の遺命はまた明らかに其の向ふ処を示せり。

吾人本校に関する者協心戮力奮って本校の隆昌を計り、先生建学の精神に依りて教育の使命を全ふするを得ば、先生も亦慰むる処あらん乎。吾人の先生に報ゆる途又決して此外にあらざる事を信じ、之を誓ふと共に先生の英霊亦永く本校を守護せらるべきを信ずるものなり。

茲に本校を代表して恭しく敬弔の誠意を捧ぐ

昭和八年九月二十一日

財団法人松山高等商業学校理事　葬儀委員長　井上　要(195)」

また、新田長次郎の弔辞は次の如くであった。

「謹而故松山高等商業学校長加藤彰廉氏の霊に告ぐ。

君は人格識見共に高邁にしてさきに神宮皇学館長として又大阪高等商業学校長として令名特に高かりしことは普く人の知る所なり。君は且つて大阪高等商業学校が大学に昇格せらるゝや、これを機として勇退せられんとするにあたり、君に教へを受けたる子弟が君の留任を懇願してやまざりき。然るに君が依然として聞かざるや君が知らざる中に東奔西走、遂に君を衆議院議員に当選せしめたるが如き、実に師弟間の美談尽きざるものあり。又以て君の薫化の如何に高かりしかを知るに足る。

大正十二年財団法人松山高等商業学校の設立せらるゝや選ばれて君が校長となる。

爾来茲に満十ケ年励精格勤よく其の重責を完うせられたり。本校が今日の隆盛発展を来したる所以又故なきにあらず。

本年満十周年を迎へて校運愈々盛に祝賀の式典を挙行せんとする計画ある時に当たり突如として君を失ふ。痛恨の情に堪えざるなり。

噫悲しき哉。余は君と同郷の因みを以て君が在阪時代にも特に交誼を賜はり兄弟の情にもまさるものありしに忽焉として逝かる、又語るによしなし。然れ共無常は世の常なり、寧ろ功成り名遂げて逝かる、君は幸福なり。

君が多年の育成せる数多の子弟が君の遺志を継ぐ、君の魂は永遠に生きるの所以なり。

茲に校葬を以て君が愛せられし学生、卒業生、職員、学校関係者一同衷心より君の霊を送る、又以て冥すべし。

聊か蕪辞を述べて弔辞となす。君が霊よきたりうけよ。

昭和八年九月二十一日

合資会社新田帯革製造所

社長　新田長次郎

」(196)

三　加藤彰廉校長の功績

加藤彰廉の松山高商校長時代の功績について述べておきたい。

第一に、学校は人であり、優秀な教員を多く採用したことである。佐伯光雄、古川洋三、渡部善次郎、田中忠夫、西依六八、一柳学俊、村川澄、星野通、大鳥居蕃、高橋始、渡辺良吉、伊藤秀夫、等々。また、本校出身で帝大に進学卒業した増岡喜義、浜田喜代五郎、等々を採用した。そして、教員を留学させた。この伝統は、その後の校長時代にも引き継がれた。

第二に、校訓「三実主義」（実用・忠実・真実）の制定（大正一五年三月八日）である。これは生徒訓育の教育方針であり、卒業式や入学式等で繰り返し述べられた。その精神は、変遷はあるが、その後の校長時代にも引き継がれた。なお、田中忠夫は『三十年史』のなかで、「（「三実主義」について、加藤校長は）説かれること少なく、又書かれること殆んどなかったこの校訓（昭和二年の卒業式訓示が現存文献の唯一のものである）[197]」などと記しているが、式辞で繰り返し述べられており、不正確であろう。

第三に、校友会をつくり（大正一二年四月）、校友会活動を重視した。彰廉校長は正課に劣らず、教育の一環として部活動を重視した。文芸部、講演部、外国語部、剣道部、柔道部、野球部、庭球部、競技部、水泳部、山岳部、端艇部、弓術部等。又新聞学会、経友会等も奨励した。その精神は、その後の校長時代にも引き継がれた。

第四に、設備、定員を着実に増やし、学校を発展させ、社会的評価を高めていった。例えば、校地は開校当初の大正一二年に二五九四坪にすぎなかったが、一三年に一七一八坪、一五年に二七五坪、昭和二年に七七四坪、三年に五四七坪を買い増し、拡張し、四年に四四八坪を北予中学のために分譲するが、五年に七七一坪買い増し、順次校地の拡張を図り、総計六二三一坪にまで二・九倍に増やし、必要校地を確保した。[198]また、志願者増に伴い、定員も当初の一五〇人から、大正一四年度二五〇人、昭和六年度三〇〇人に倍加した。そして、志願者は、大正一二年度は県内が九割を占めていたが、次第に県外が半数を占め、全国から集まるようになった。

第五に、常に節約、倹約を旨とし、学校経営に当たった。校内文書の用紙は印刷物の裏を用い、封筒もすべて裏返して二度の務めを果たさせた。それは、単に節約の意味でなく、精神的溌剌さを与えて創造的能力を産む母胎となるからである。[199] その精神は、その後の校長時代にも引き継がれている。

第六に、学校は生徒が主で生徒思いの精神を培った。松山高商一〇周年記念事業で記念品を贈るとき、来賓に二円、生徒には五〇銭ですます案を佐伯教授が提案したとき、彰廉校長はお冠で、学校は生徒が主であり、来賓や職員に記念品を出さずとも生徒にだけはやるべきだ、出すとすれば双方同一が良い、足らなければ自分が出そうと述べた、という。[200] また、生徒が誤ったことをすれば厳しく罰するが、学生への温情主義も並みではなかった。その精神は、その後の校長時代にも引き継がれている。

第七に、有識者をよく招き、講演会を開催した。井上準之助、山下亀三郎、山川端夫、新渡戸稲造、勝田主計、石井菊次郎、等。

第八に、卒業生の就職の世話をよくした。これは、卒業生からよく聞くことで枚挙に暇がない。

第九に、同窓会である温山会の創立である（昭和二年一月）。また、その名付け親も彰廉であった。

第一〇に、学生寮である有師寮を作った（昭和六年一一月）。その名付け親も彰廉であった。

第一一に、働く者のために夜学部を設けた（大正一三年九月）。その精神は、戦後にも受け継がれた。

第一二に、彰廉の人格の影響である。彰廉は「外柔内剛」の人であった。また、「伊予の福沢先生」

といわれるような（井上要、新田長次郎）、教養のある人格者であった。『三十年史』を執筆した田中忠夫も「古武士的精神と英国紳士的教養を兼ね備えた稀に見る人格者」で、学校運営や生徒指導の実際は「非官僚主義的と家族主義的」態度であったと高く評価している。(201)彰廉は出自が武士であり、大学時代イギリスの古典派経済学を学び、博識があり、温厚で、相手思いの人格者で人望があり、それが教職員や生徒に大きな影響を与えた。ただし、彰廉は戦前期のリーダーとして、後進国日本の「帝国」化をめざし、熱烈な皇室崇拝、忠君愛国、忠君報国の国体論者であったことも指摘しておかねばならない。

まとめ

以上、本章「加藤彰廉と松山高等商業学校」により、明らかになった点、再確認される点をまとめておこう。

第一に、彰廉の誕生日について。彰廉の生まれは文久元年一二月二七日で、西暦表示では、一八六二年一月二六日となるが、本学のホームページ等では一八六一年生まれとなっており、間違いであり、訂正する必要がある。

第二に、彰廉は幼いころから優秀でおとなしく、温和で、「外柔内剛」の人柄であった。それは生涯を通じて確認されることである。

第三に、彰廉が東京大学に編入したのは、星野通編『彰廉先生』で述べられた二年編入ではなく、一年の後期、明治一四年の二月二三日であった。

第四に、彰廉は東京大学時代に理財学（経済学）をお雇い外国人のフェノロサから、主として、ジョン・スチュアート・ミルの自由主義経済学を学んだことである。

第五に、大蔵省官吏時代に、専修学校（専修大学の前身）に田尻稲次郎の紹介で非常勤講師を務め、そこで、ミルの経済学・財政学を講義したことである。

第六に、大蔵官吏をやめ、明治二一年に山口高等中学校へ赴任するが、その年月は星野通編『彰廉先生』では不明であったが、明治二一年九月一七日であった。

第七に、山口高等中学校教授時代の明治二六年一一月に生徒のストライキ事件に遭遇し、彰廉は、温和な性格で生徒に慕われており、生徒の攻撃の対象にはならなかったが、攻撃の的となった同僚（谷本富）と親しかったために、責任を感じ、退職を決意し、明治二七年四月七日広島尋常中学校長に転任したことである。

第八に、広島尋常中学校長時代に、商業教育に関心を強め、また、大学時代の同僚・平沼淑郎の引きで市立大阪商業学校に転任したことである。

第九に、市立大阪商業学校を高等商業学校に昇格させたのは、彰廉の尽力の賜であったことである。にもかかわらず、彰廉は校長を続けることを潔しとせず、校長職を平沼淑郎に譲り、また、平沼が病気辞任のあとは福井彦次郎に譲り、その高潔さがうかがわれることである。これらは、星野通編『彰廉先生』で指摘されており、再確認される点である。

第一〇に、市立大阪高等商業学校長時代に教育者として存分に力を発揮し、多大な功績を残し、また、経済学、商業教育論でも見識を示したが、大正四年二月一五日校長職を辞任した。その理由は、大阪市助役の関一との教育上の対立だったことである。

第一一に、彰廉が校長職を辞任した後、市立大阪高等商業学校の卒業生たちが大阪府から衆議院議員候補に担ぎ、選挙運動を行ない、大正四年三月二五日の第一二回衆議院選挙でトップ当選させるなど、驚くほどの人望があった。そして、一年生議員ながら、請願委員長、決算委員長に就任するなど、議会でも一目置かれていたことである。

第一二に、彰廉は、衆議院議員でありながら、大正五年三月一〇日、推されて郷里の私立北予中学校長兼北予中学会専務理事に就任するが、それにあたって、加藤拓川、新田長次郎、井上要ら郷里出身の有力者が総懸かりで説得し、彰廉がその熱意に応え、北予中学を再建、発展させたことである。

第一三に、北予中学校長を兼ねながら、松山高商の創立に尽力したことである。高商の創立に関しては、松高教授の北川淳一郎の提案にはじまり、井上要→加藤拓川→加藤彰廉へと創立話がすすんでいったことである。本学のホームページ等では、加藤彰廉→加藤拓川となっており、逆であり、訂正する必要があろう。

第一四に、松山高商の文部省への申請日は大正一一年一二月二六日であり、認可日は一二年二月二二日であったことである。星野通編の間違いが、その後の校史である『三十年史』『五十年史』にも踏襲されていたことである。

第一五に、本校の創立記念日について、彰廉校長は、大正一五年二月一〇日の文部省への学校規則改正の申請で、一〇月一〇日としていたことであり、これは新しい発見であった。

第一六に、校訓「三実主義」の発表時期は、大正一五年三月八日の第一回卒業式であったことである。星野通編の『彰廉先生』では「三実」の発表について何ら触れられていなかったが、それは星野通らの記憶も曖昧で、また史料探索が不十分であったためであり、また、その後の校史『三十年史』でも十分に確認されなかったことである。

第一七に、第一回卒業式の彰廉校長の式辞は現在まで未だ未発見であり（『五十年史』の引用は間違い）、その探索は今後の重要な課題である。

（注）

（1）星野通編『加藤彰廉先生』加藤彰廉先生記念事業会、昭和一二年三月、一～二頁。
（2）同、三頁。
（3）同、六頁。
（4）同、七、一九四、一九五頁。
（5）同、九頁。
（6）同、九、一〇頁。
（7）同、一〇頁。
（8）大淵利男「E・F・フェノロサの『理財学講義』とわが国財政学の発展」（日本大学法学会「政経研究」第二十一巻第一号、昭和五九年四月）、四頁。

(9)同、一〇頁。
(10)同、六～八頁。
(11)同、八～一四、一七頁。
(12)同、一九頁。なお、日本財政論の担当については、大淵利男「E・F・フェノロサの『理財学講義』とわが国財政学の発展　再論」(日本大学法学会「政経研究」第二十二巻第一号、昭和六〇年四月)一七～一八頁より。
(13)同、一九～三二頁。
(14)星野通編『前掲書』、一二頁。
(15)同、一一～一二頁。また、同書に阪谷芳郎が彰廉の大学時代の追想談を載せている。そこで、彰廉はボート、柔道、乗馬などをよくしたこと、彰廉は大変おとなしく穏やかな人で、学問好きな人、議論家ではなかったが、自分の主張を曲げない立派な人格者であったこと、身体は弱かったが武道をよくしたことなどを紹介している(同、一〇六、一〇七頁)。
(16)大淵利男「E・F・フェノロサの『理財学講義』とわが国財政学の発展　再論」(日本大学法学会『政経済研究』第二十二巻第一号、昭和六〇年四月)、五〇頁。
(17)臼井勝美他編『日本近現代人名辞典』吉川弘文館、二〇〇一年、等より。
(18)日本大学『政経研究』第二三巻第一号、一九八六年。
(19)加藤彰廉の講義を学生が筆記し、専修大学が出版したもの。この講義録は松山大学法学部の服部寛准教授が探索したもので、氏に感謝申し上げる。
(20)ジョン・スチュアート・ミル『経済学原理』戸田正雄訳、春秋社、昭和一四年。
(21)加藤彰廉『応用経済学』一二六～一二八頁。
(22)ジョン・スチュアート・ミル『経済学原理』五、一二六二～三〇五頁。
(23)加藤彰廉『応用経済学』一五六～一六三頁。
(24)『国家学会雑誌』第二巻第一六号、明治二一年六月。
(25)星野通編『前掲書』一四頁、一四〇、一四一頁。
(26)『山口高等商業学校沿革史』一九四〇年、二二二頁。

(27)星野通編『前掲書』一五～一六頁。
(28)同、一五～一六頁。
(29)同、一八頁。
(30)同、三六〇～三七五頁。カタカナをひらがなにして、要約した。
(31)同、一五頁。
(32)『山口高等中学校沿革史』三〇九～三一一頁。
(33)同、三一一頁。
(34)田村貞雄「夏目漱石『ぼっちゃん』の舞台―山口高等中学校寄宿舎騒動―」『山口県地方史研究』一〇一号、二〇〇九年六月、より引用。
(35)星野通編『前掲書』二〇～二一頁。
(36)田村貞雄「前掲論文」より。
(37)星野通編『前掲書』一九～二一頁。また、星野通編の『前掲書』に谷本富が「加藤彰廉君を憶ふ」と題し、この時の騒動を回顧している。それによると、谷本は直情径行だが、加藤彰廉は温厚篤実で、同僚の皆から好かれ、また、生徒の気受けも良く、攻撃の焦点になるようなことはなかった。自分は責任をとって退職するというと、加藤彰廉は自分も一緒に枕をならべて討ち死にすると言い張ったので、説得して、反対派の教授を油断さすために残って貰ったと述べている（同、一三九、一四〇頁）。
(38)田村貞雄「前掲論文」より。
(39)『東京朝日新聞』明治二七年四月一〇日。
(40)星野通編『前掲書』四三頁。この発言は、明治四四年六月一〇日彰廉大阪商業学校・大阪高等商業学校勤続一五年の祝賀会での挨拶。
(41)同、一二二～一二三頁。
(42)『大阪商科大学六十年史』一四四頁。なお、加藤彰廉の採用の事情については、平沼淑郎が星野通編『前掲書』のなかで、「噫、加藤彰廉君」と題し、回顧している。
(43)『市立大阪高等商業学校三十五年史』六〇頁。
(44)星野通編『前掲書』二四～二五頁。

(45)『大阪商科大学六十年史』一三七頁。
(46)同、一四一頁。
(47)『市立大阪高等商業学校三十五年史』八一頁。
(48)星野通編『前掲書』三〇頁。また、同書で、加藤彰廉が身を引いたことについて、卒業生の小島昌太郎が「美談」であり、尊敬と魅力を感じたと述べている(同、一五一頁)。
(49)『市立大阪高等商業学校三十五年史』八二頁。
(50)星野通編『前掲書』一三〇頁。
(51)『大阪商科大学六十年史』一六〇頁。また、星野通編『前掲書』一四四頁。
(52)星野通編『前掲書』一三〇頁。
(53)『市立大阪高等商業学校三十五年史』八七頁。
(54)星野通編『前掲書』三五頁。
(55)『東京朝日新聞』五月九日。
(56)『市立大阪高等商業学校三十五年史』一一一頁。
(57)星野通編『前掲書』三七〜三八頁。
(58)同、一五五頁。
(59)同、一三六〜一三七頁。
(60)『市立大阪高等商業学校三十五年史』一一五頁。
(61)星野通編『前掲書』四四頁。
(62)同、一九二〜一九三頁。
(63)同、一三八〜一三九頁。
(64)『東京朝日新聞』大正四年一月一三日。
(65)星野通編『前掲書』四七〜四八頁。
(66)『大阪商科大学六十年史』二〇二〜二〇三頁。
(67)『東京朝日新聞』大正四年一月一五日。
(68)この彰廉の論文の所在については、法学部の服部寛氏よりご教示を受けた。感謝したい。

(69) 星野通編『前掲書』二八九～二九一頁。
(70) 同、二四〇頁。
(71)『東京朝日新聞』大正四年三月一〇日。
(72)『東京朝日新聞』大正四年三月二七日。
(73) 第三十六回帝国議会衆議院理化学研究所設置ニ関スル建議案委員会議録第一回」大正四年六月七日。
(74)「第三十七回帝国議会衆議院議事速記録第三号」大正四年一二月八日。
(75) 星野通編『前掲書』二六一頁。
(76)「第三十八回帝国議会衆議院決算委員会議録第一回」大正五年一二月二八日。
(77) 井上要『北予中学　松山高商　楽屋ばなし』昭和八年、四七～四八頁。星野通編『前掲書』五三～五四頁。
(78) 井上要『前掲書』三八～五五頁。また、星野通編『前掲書』に井上要が「思い出のかずかず」と題し、北予中学に彰廉を迎えた事情を記している（同、一六〇～一六三頁）。また、新田長次郎も彰廉に働きかけ援護したことが、同書に記されている（同、一九八、一九九頁）。
(79) 星野通編『前掲書』五六頁。
(80) 同、五六～五七頁。
(81) 同、五七～六二頁。
(82) 同、三九〇～三九四、三九八頁。
(83)『三十年史』六三頁。『五十年史』六二～六三頁。この「教授会規程」の審議事項には、教員の人事に関する事項がない。彰廉校長には、教授会に人事権を付与する考えがなかったのであろう。なお、教授会を「教員および研究について唯一の決議機関」とし、教授会に教員の「資格査定、任免に関する事項」が規程されるのは、戦後の松山商科大学になって、昭和二七年一月に制定された「松山商科大学教授会規則」からである。ただし、当時、一般教授会と特別教授会があり、人事権は特別教授会の付議事項であった（『五十年史』二六八～二六九頁）。
(84)『海南新聞』大正一二年四月二〇日。
(85)『海南新聞』大正一二年四月二六日。なお、中学卒業者と商業卒業者数は四月二〇日の『海南新聞』記事と若干異なる。

(86)『三十年史』八七頁。『五十年史』六一頁。
(87)『三十年史』二四五頁。
(88)『海南新聞』大正一二年四月二六日。
(89)『五十年史』六四～六五頁。
(90)『三十年史』二八二頁。
(91)星野通編『前掲書』四二二頁。
(92)『海南新聞』大正一三年二月一七日。
(93)『三十年史』六六頁。
(94)『海南新聞』大正一三年四月一〇日。
(95)『愛媛新報』大正一三年四月一三日。
(96)『松山高等商業学校規則改正認可』大正一三年八月二〇日、国立公文書館所蔵。
(97)『海南新聞』大正一三年一〇月一〇日。
(98)星野通編『前掲書』七五～七七頁、『五十年史』七六～七七頁。
(99)『海南新聞』大正一三年一〇月一一日。
(100)同、大正一三年一〇月一一日。
(101)『三十年史』六四頁。なお、ドイツ語や体育、一般教育等は講師（非常勤）に依存。
(102)仙波恒徳「松山高商時代の思いで」『温山会報』第二二号、平成二年より。なお、仙波氏によると、重松教授はその後東京に出て、専修大学や早稲田実業で教鞭をとられ、昭和三年に東京府立第三商業学校、一五年に大分高商、一九年に満州の新京法政大学、二一年に大分経済専門学校に復職し三五年に退職、その後別府大学、広島経済大学で教鞭をとられた。また、大分大学の山本雅三教授によると、重松先生はマルクス主義者ではなく、明治大正のリベラルな伝統をうけた理想主義者であり、ヒューマニストであったという。
(103)『松山高商新聞』第一号、大正一四年七月一五日。
(104)『松山高商新聞』第一号、大正一四年七月一五日。同、第五七号、昭和五年九月二七日。
(105)『松山高商新聞』第二号、大正一四年八月一日。

(106)『松山高商新聞』第三号、大正一四年九月一日。
(107)『松山高商新聞』第五号、大正一四年一一月一日。
(108)『大鳥居蕃「『松山商科大学三十年史』補遺」『松山商科大学六十年史』(写真編)、一九八四年、一九五頁。
(109)『松山高商新聞』第七号、大正一五年一月二〇日。
(110)「授業料増額ノ件ニ付申請」大正一四年一二月二二日、国立公文書館所蔵。
(111)『松山高商新聞』第八号、大正一五年二月二五日。
(112)「規則中改正ノ件申請」大正一五年二月一〇日、国立公文書館所蔵。
(113)『松山高商新聞』第八号。なお、『五十年史』はこの文章を三月八日の卒業式の彰廉校長の式辞として引用しているが(同、八六～八七頁)間違いである。
(114)『海南新聞』大正一五年三月九日。なお、『海南新聞』記事には、卒業生の一人、矢野勝義がもれている。
(115)『松山高商新聞』第九号、大正一五年四月一二日。なお、読みやすいように、卒業生の氏名と就職先を入れ換えた。また、『五十年史』八六頁も参照。
(116)『松山高商新聞』第九号、大正一五年四月一二日。
(117)『三十年史』一五六頁。
(118)『五十年史』八六頁。
(119)『松山高商新聞』第一七号、昭和二年三月二八日。
(120)星野通編『前掲書』三四六～三四七頁。
(121)『松山高商新聞』第九号、大正一五年四月一二日。
(122)『松山高商新聞』第九号、大正一五年四月一二日。『三十年史』八七頁。
(123)『松山高商新聞』第九号、大正一五年四月一二日。
(124)『五十年史』八九～九〇頁。
(125)講演要旨は『松山高商新聞』の第一四号(大正一五年一一月二〇日)、一五号(昭和二年一月二〇日)に掲載されている。
(126)『松山高商新聞』第一五号、昭和二年一月二〇日。
(127)『三十年史』三三五頁。『五十年史』五八九頁。星野通編『前掲書』一八四、一八五頁。

(128)『五十年史』五八九頁。また、松山商科大学総務課『松山商大物語』昭和五七年、一八頁参照。なお、この書物は、松山高商四〇周年を記念して、毎日新聞が松山商大の歴史を連載したもの（昭和三八年九月二日〜一二月一五日の五七回）をまとめたもの。
(129)『松山高商新聞』第一六号、昭和二年二月二〇日。『五十年史』九二頁。
(130)『松山高商新聞』第一七号、昭和二年三月二八日。
(131)同。
(132)同。
(133)『松山高商新聞』第一八号、昭和二年四月三〇日。
(134)『松山高商新聞』第一九号、昭和二年五月二六日。
(135)『松山高商新聞』第一七号、昭和二年三月二八日。
(136)『松山高商新聞』第一八号、昭和二年四月三〇日。合格者の氏名が掲載されている。
(137)『松山高商新聞』第一九号、昭和二年五月二六日。
(138)『松山高商新聞』第二一号、昭和二年七月二八日。
(139)『松山高商新聞』第二二号、昭和二年八月二七日。
(140)『松山高商新聞』第二四号、昭和二年一一月二〇日。
(141)『松山高商新聞』第二六号、昭和三年一月二三日。
(142)同。
(143)『松山高商新聞』第二八号、昭和三年三月二一日。
(144)『松山高商新聞』第二九号、昭和三年四月二三日。
(145)『松山高商新聞』第二八号、昭和三年三月二一日。尚、高橋始教授迄が専任教員、小野圭次郎講師以下が嘱託講師。佐伯光雄教授は留学中。
(146)『五十年史』九七頁。
(147)『松山高商新聞』第三一号、昭和三年六月二一日。
(148)『松山高商新聞』第三一号、昭和三年六月二一日。同三二号、七月五日。
(149)『五十年史』一〇〇頁。

(150)『松山高商新聞』第三三号、昭和三年九月二九日、『五十年史』一〇二～一〇三頁。
(151)『松山高商新聞』第三五号、昭和三年一一月二三日。『五十年史』一〇二頁。
(152)『松山高商新聞』第三五号、昭和三年一一月二三日。『五十年史』一〇三～一〇四頁。
(153)『松山高商新聞』第三九号、昭和四年三月二六日。
(154)『松山高商新聞』第四〇号、昭和四年四月二五日。
(155)『松山高商新聞』第四〇号、昭和四年四月二五日。第四一号、昭和四年五月二五日。
(155)『松山高商新聞』第四三号、昭和四年六月二五日。
(157)『松山高商新聞』第四二号、昭和四年六月一四日。
(158)『松山高商新聞』第四六号、昭和四年九月二五日。
(159)『松山高商新聞』第四七号、昭和四年一〇月二五日、『五十年史』、一〇七頁。
(160)『松山高商新聞』第四九号、昭和四年一二月二五日。
(161)『松山高商新聞』第五〇号、昭和五年一月二五日。
(162)『松山高商新聞』第五三号、昭和五年四月二五日。
(163)『松山高商新聞』第五二号、昭和五年三月二五日。
(164)同。
(165)同。
(166)『松山高商新聞』第五三号、昭和五年四月二五日。
(167)『松山高商新聞』第五七号、昭和五年九月二七日、同第五八号、昭和五年一〇月三一日。
(168)『松山高商新聞』第五八号、昭和五年一〇月三一日。
(169)同。
(170)同。
(171)『松山高商新聞』第五九号、昭和五年一一月二五日。
(172)『松山高商新聞』第六三号、昭和六年三月二五日。
(173)「校則改正ノ儀ニ付申請」昭和六年三月一四日、国立公文書館所蔵。『三十年史』六八～六九頁、八七頁。
(174)『松山高商新聞』第六四号、昭和六年四月二五日。

(175) 同。
(176) 『松山高商新聞』第六五号、昭和六年五月二五日。
(177) 同。
(178) 『松山高商新聞』第六九号、昭和六年一〇月二八日。
(179) 『松山高商新聞』第七三号、昭和七年三月八日。
(180) 『松山高商新聞』第七四号、昭和七年四月一二日。
(181) 『松山高商新聞』第七五号、昭和七年五月一二日。
(182) 『松山高商新聞』第七八号、昭和七年九月一五日。星野通編『前掲書』に山内正瞭の彰廉の追想録談があり、彰廉が亡くなる前年学校長会議で上京した後、卒業生の会が日本橋千疋屋であり、その時山内氏も同席し、その席上、彰廉が山内氏に後任校長を依頼したことを明らかにしている(同、二〇六、二〇七頁)。

(183) 『松山高商新聞』第八〇号、昭和八年一月一日。
(184) 「規則改正ノ儀ニ付申請」昭和八年三月二四日、国立公文書館所蔵。
(185) 『松山高商新聞』第八三号、昭和八年四月一二日。
(186) 『五十年史』一一八～一一九頁。
(187) 『松山高商新聞』第八三号、昭和八年四月一二日。
(188) 『松山高商新聞』第八四号、昭和八年五月一一日。
(189) 『松山高商新聞』第八六号、昭和八年七月一一日。同、第八七号、昭和八年九月一八日。
(190) 星野通編『前掲書』一七四頁。
(191) 田中忠夫「温山会報と五十年史を読んで」『温山会報』第一七号、昭和四九年。稲生晴「松山高商と田中忠夫先生」『田中忠夫先生』二七頁。

(192) 星野通編『前掲書』一七七頁。
(193) 同、一〇二頁。
(194) 『松山高商新聞』第八八号、昭和八年八月二七日。
(195) 『松山高商新聞』第八八号、昭和八年八月二七日、星野通編『前掲書』一一一～一一二頁、『五十年史』一二二～一二三頁。

(196)『松山高商新聞』第八八号、昭和八年八月二七日。
(197)『三十年史』一七三頁。
(198)同、二六三頁。
(199)星野通編『前掲書』一七〇頁、『三十年史』一八頁。
(200)星野通編『前掲書』一七六頁。
(201)『三十年史』一八、一五八～一六〇頁。

第三章　渡部善次郎と松山高等商業学校

第二代松山高等商業学校長の渡部善次郎については、伝記はなく、研究も行なわれていないのが現状である。そのため、生年月日も文献により異なり、また、松山高商教授時代に憲政会から衆議院選挙に立候補したことも無視されている。さらに、二代目の校長に就任した時期について、これまでの校史では昭和八（一九三三）年一一月一八日であるが、間違いで、正確には一〇月二六日である。さらにまた、序論でも述べたように、二代目校長への選出のされ方、ならびに渡部校長拉致事件という不祥事があり、本学での二代校長への社会的評価は低く、忘れ去られた存在となっている。

本章では、渡部善次郎の生涯と松山高商、校長時代については晩年の負の側面はあるが、それ以前は正当に評価して考察することにする。

第一節　誕生～松山高等商業学校教授まで

渡部善次郎（以下、善次郎と略す）は、明治一一（一八七八）年四月六日、下浮穴郡田窪村（温泉郡南吉井村田窪）に渡部伝四郎・ハル夫妻の長男として生まれた。この出所は、海南新聞社編の『愛媛県人物名鑑　第一輯　松山市、温泉郡の部』（大正一二年）によるが、生年月日については、後の文献で種々異なっている。例えば愛媛新報株式会社『愛媛県紳士録』（昭和九年）では明治九年一二月六日生まれであり、『重信町誌』（昭和六三年）では明治一〇年の生まれ、『愛媛県史　人物編』（平成元年）でも明治一〇年となっている。このように、善次郎の生誕年は明治九、一〇、一一年と種々異なる。『松山商科大学五十年史』（昭和四九年、以下『五十年史』と略）では「愛媛県温泉郡の出身」としかなく、生年月日は記されていない。

善次郎は東京から松山に帰郷後、地元新聞『海南新聞』の主筆を務めていたので、同社編の『愛媛県人物名鑑』は比較的信用がおけると思われる。それによる経歴を掲げれば次の如くである。

「温泉郡南吉井村田窪一二〇一番地。明治一一、四、六生。母ハル、安政三、一、九生。妻イチエ、明治一六、七、一一生。二女貴与、同三六、二、一七生。長男譲、同四一、七、一六生。三女妙、同四四、五、二生。君は伝四郎の長男にして明治四十三年父死亡により相続す。松山中学卒業後明治三十三年文部省検定試験に合格し、近江第二中学校に奉職。同三十五年松山中学校に転じ、後早稲田大学に入り、明治三十八年専門部卒業、同年九月米国エール大学に入り、同四十一年卒業してマスター・オブ・アーツの学位を受け、同四十一年東洋拓殖大学（現東洋協会大学）に奉職し、傍ら東京歯科医学専門学校外数校で教鞭を執りしが、大正九年帰郷、同十年四月より松山高等学校講師として現今に至る。傍ら海南新聞社主筆たり」[1]。

なお、この経歴でも松山中学への入学、卒業年や早稲田大学への入学年などが不明である。

『五十年史』での善次郎の経歴紹介では、明治三〇年に松山中学を卒業、文部省の検定試験に合格し、近江第二中学校教諭となり、同三四年に松山中学校へ赴任、同三六年に早稲田大学三年級編入試験に合格、同三七年大学英語政治科を卒業、同年米国に渡りエール大学に入学し政治経済学を修め、マスター・オブ・アーツの学位を取得したとある[2]。ここで、松山中学卒業年や早稲田大学編入学年がわかる。

なお、『五十年史』は出所を明示していないが、出所はおそらく、『松山高商新聞』第八九号（昭和八年一一月二五日）からの転用・要約と思われる。そこで、『松山高商新聞』をみてみよう。この記事は、初代校長加藤彰廉が亡くなった後、第二代目校長に就任した善次郎の経歴、人物について、『松山高商新聞』創刊時の幹事・香椎如雪（本名野本矩一）が紹介したものであり、善次郎も目を通していると考えられ、正確であると思われるので、以下、引用しよう。

「一代の名校長、加藤彰廉先生卒去のあとをうけて新たに本校々長となった渡部善次郎先生は、本県の生んだ教育界の一偉人である。

渡部校長は本県温泉郡南吉井村田窪の人。明治十一年四月六日の生れ。本年五十六才の働き盛りである。幼にして秀才の誉高く、明治三十年松山中学校の第五期生として卒業、かって普選で鳴らした法学博士今井嘉幸氏、朝鮮軍司令官として羽振をきかす陸軍中将川島義之氏は共に中学以来の先生の友人である。……（一行分不明）松原海軍少将、浜田王子製紙技師長等錚々たる人々がいる。

明治三十年文部省の検定試験に首尾よく合格、教育界への第一歩を近江第二中学校に振出し、越へて同三十四年六月松山中学校教諭として迎へられた。翌三十五年の松山中学第十期の卒業生のうちには今の伊藤秀夫、佐伯光雄の両教授が居る。明治三十六年早稲田大学の三年級への編入試験に合格、三十七年同大学英語政治科を卒業した。……（一行分不明）栃尾鉄道の専務渡辺秀二氏等は同期である。本校の伊藤秀夫（明治三十九年大学部文学科）、村川澄（大正十三年大学部英法）、高橋始（大正十四年大学部英法）の三教授は共に稲門出の後輩である。

明治三十七年九月米国に渡り、エール大学に入って政治経済学を修め、マスター・オブ・アーツの学位を得、次いで欧州諸国を視察して帰朝、故後藤新平伯の拓殖大学に聘されて英語科の主任教授となる。エール大学出身の日本に於ける同窓には故会計検査院長田尻稲次郎子爵や岡部長職子爵等がある。血脇守之助の東京歯科医学専門学校外数校に教鞭を執りよく郷里青年の……(一行分不明)。

大正九年、故山に在る老母堂への孝養の為、東都に於ける志を絶って帰臥し、海南新聞主筆として操觚界に入り、かたはら松山高等学校講師として、その得意の英語を講じた。その母堂の病気癒ゆるや、母堂の命ぜらるまゝに『お願ほどき』の為、わざわざ石鎚山へ登るなど其孝養到れりで、孝行者たる先生の面目躍如たるものがある。大正十二年本校創立と同時に教頭として迎へられ、爾来十年間よく故加藤校長をたすけて故校長の信頼すこぶる厚いものがあった。一時健康を害して専ら静養に努めて居たが近来とみに恢復し意気軒昂たるものがある。

先生は頭脳明晰、学殖深く、筆の材、舌の材としてその多智多才を謳はれて居る。又涙脆い情の人であり、学生、卒業生に慈父の如く景仰されている。囲碁、将棋は地方に於いても有名な素人の玄人であり、この点でも断然校長である。又よく高浜等で一日を釣に楽しむ姿をみることがある。先生の煙草好きとユーモリストであることはあまりによく知られすぎている(以下、略)」[3]

なお、この『松山高商新聞』の経歴は、さきの海南新聞社の『愛媛県人物名鑑』とは、松山中学校への赴任年や早稲田の卒業年について若干年を異にするが、『松山高商新聞』の方が正しいと考えておこう。また、善次郎の松山中学時代、漱石が明治二八年四月より一年間英語の教師として赴任しており、善次郎は漱石から直接英語を学んだかもしれず大変興味深いものがある。

このように、エール大学を出て、拓殖大学で教鞭をとっていた善次郎は、母の介護のために大正九（一九二〇）年に帰郷し、海南新聞に入り主筆を務め、翌一〇（一九二一）年から松山高等学校（大正八年四月開校、校長は由比質）の講師（英語）をしていた。また、さきの経歴には載っていないが、一一（一九二二）年一月に郷里の南吉井村の村会議員にも就任していた。

第二節　松山高等商業学校教授時代

善次郎は、大正一二（一九二三）年四月松山高等商業学校が設立されると同時に、四月一日同教授に採用された。このとき四五歳。担当は英語であった。そして、採用教授の中では年長者であったのだろう、加藤彰廉校長の補佐役教頭を務めた。

大正一二年四月一四、一五日に入学試験が行なわれ、二〇日に六一名の合格者を発表、二五日に入学式が挙行され、二六日から北予中学の校舎を借りて授業が始まり、善次郎は英語を教えた。

因みに大正一三（一九二四）年度の入試は三月末に行なわれ、四月一六日に入学式が挙行され、五九名が入学した。

同年四月二一日、彰廉校長は学校の「校務分掌規程」を作り、教務、学生、図書、事務の四課を置いた。そして、教務課長に佐伯光雄、学生課長に渡部善次郎、図書課長に一柳学俊教授を任命した。学生課は後に生徒課に改められた。なお、善次郎は昭和八（一九三三）年三月まで生徒課長を務めた。

ところが、この年の善次郎にとって最大の出来事は、愛媛の憲政会から衆議院選挙の候補者に担ぎ出されたことである。これまでの校史『三十年史』『五十年史』では何故かいずれも無視されている史実である。以下みてみよう。

一・衆議院選挙に立候補

大正一三（一九二四）年一月一日、枢密院議長清浦奎吾に組閣命令が出て、七日、清浦奎吾内閣が成立した。貴族院中心の特権内閣であった。それを契機に、第二次護憲運動が始まった。一〇日、政友会、憲政会、革新倶楽部の三派有志が清浦特権内閣打倒の運動を開始した。一五日には政友会総裁の高橋是清が清浦内閣反対を声明した。ところが、それに対し、翌一六日、清浦内閣を支持する政友会幹部、山本達雄、中橋徳五郎、床次竹二郎らが脱党し、政友本党を結成し、政友会が政友本党と政友会に分裂した。愛媛でも政友会が分裂した。一月三一日、清浦は衆議院を解散し、五月一〇日に第一五回衆議院選挙が行なわれることになった。そこで、各政党で候補者の擁立が進められた。愛媛県第二区（温泉郡、伊予郡、定員二）では、清浦与党の政友本党が現職の成田栄信を、野党の政友会が須之内品吉（弁護士）を、同じく野党の憲政会が渡部善次郎（松山高等商業学校教授）を擁立し、また、無所属・中立から、農民代表の岡田温（帝国農会幹事）が出て、二つの議席を四人が争う激戦となった。

これら候補者擁立の事情は次の如くである。政友会は政友本党に走った成田栄信への憎しみから松山市長の岩崎一高（加藤拓川の後任市長）の出馬を検討したが、岩崎が市長の現職にあり、また温泉郡の政友会が分裂騒動で解体同然にあることから、実現せず、勝田主計蔵相（愛媛県出身の貴族院議員、清浦内閣の蔵相、勝田は政友会系）の推挙で出馬した須之内品吉（弁護士）を推薦することにした。憲政会は現職の門屋尚志を候補に内定したが、門屋が固辞し、代わって県議の窪田吾一を立てようとしたが、岡田温が農民の支持を受け、その無党派・清新さから人気を博しているのをみて、急遽、松山高等商業学校教授・松山高等学校講師の善次郎を説得し、善次郎もこれを受け、松山高等校長由比質や同校教授北川淳一郎など、松山高校・松山高商の教授・生徒による応援態勢がとられたのである。

以下、少し、善次郎候補擁立の経過をみてみよう。四月三日、憲政会愛媛支部は、門屋尚志辞退を受け、候補者擁立が順調に進まず、焦慮の揚げ句、善次郎を第二区の候補に擁立した。四月五日付けの『海南新聞』は次のように報じている。

「憲政会第二区（温泉、伊予）の候補難は其の後益々支部幹部の焦慮する所となり、過般支部に於ては上京委員を選定し、三、四の者突如上京、候補者を物色中であったが、上京委員の報告は何等の吉報を齎さず、空しく近く帰松する事と決定したらしい。それが為め憲政会支部に於ては、総選挙の目睫の間に迫れる今日、愈焦慮の揚句、従来の方針を一新して現松山高等学校講師渡部善次郎氏を推す事に決定し、日夜同氏を慫慂していたが、大体に於て諒解を得、三日開会の三番町明治楼に於ける予選会席上に於て同氏の立候補承諾を得たと伝ふる者あるが、若同氏にして四囲の事情止むを得ず立候補を宣言するとせば、岡田温氏最も打撃を蒙るべく観測せられている。併し、其の後探聞する所に依れば、渡部善次郎氏は目下の情勢として家庭親戚等より極力反対の声がある。或い

は候補断念に至るやもしれずと云ふ」(4)

しかし、『海南新聞』の予想に反し、四月八日、善次郎は立候補を決意し、憲政会愛媛支部の松木喜一、相田梅太良らが善次郎を公認した。しかし、手違いがあった。中央の憲政会本部は県議の窪田吾一を公認した。それは、候補者について全権委任を受けていた愛媛の憲政会幹部の上京委員、武知勇記・岩泉泰が、地元で善次郎を擁立している事を知らずに中央と協議し決定したためであった。党内の不統一、失態であった。四月九日の『海南新聞』は次のように報じている。

「渡部善次郎氏が第二区より候補者として衆議院総選挙に出馬すると決したるに就いては、最初去る三日憲政会愛媛支部の総会に於て渡部氏が予選し、松木喜一、相田梅太良の両氏相携へて柳井町の渡部善次郎氏宅を訪ひ、憲政会愛媛支部が氏を公認する旨を告げて同氏の決心を促したる処、熟考の結果翌四日に至りて遂に渡部氏は立候補を快諾するに至りたるが、嚢に相携へて上京せる武知勇記、岩泉泰の両氏は憲政会本部に幹部を訪ひて、第一候補桜井彦一郎、第二候補五百木良三、第三候補橋本徹馬、第四候補窪田吾一の四氏に就きて諒解を求め、又一方加藤総裁をその邸宅に訪ひて奔走する処ありたるが、第一、二、三、の各候補は何れも出馬を肯んせず、遂に第四候補窪田吾一氏を公認する事に幹部始め衆議一決し、遂に同氏に対して選挙費用を交付したりとの由にて、本部は勢ひ渡部善次郎氏を認めざるに、愛媛支部では本部の意志に背反して、渡部善次郎氏を公認せる結果を見るに至りたれば、遂に第二区に於て本部対支部の同士討ちを演ずるに至るべしと云ふ」(5)

このように、愛媛の憲政会は地元推薦の善次郎と中央憲政会本部推薦の窪田吾一で対立することになり、混迷・紛糾した。

それに対し、松山高等学校長由比質、同教授北川淳一郎らは、善次郎の応援を始めた。また、教授のみでなく、松山高等学校や松山高等商業学校の生徒達、さらに、松山中学、北予中学同窓生も善次郎応援のため後援会を組織し、運動を始めた。松高校長の由比質は、四月一一日の松高の始業式において、学生の本分にもとる選挙運動はよろしくないが、学問研究の立場から正しいと信ずる政治を実現するため、学生が選挙を応援するのは差支えないと容認した。由比は大正デモクラシー論者であった。このように、教授、学生、同窓生らが提携して護憲論者・善次郎当選のため運動を始めたのだった。松山高商では特に弁論部が善次郎の応援の中心であった。四月一三日の『愛媛新報』は次のように報じている。

「憲政派第二区候補者渡部善次郎氏は愈言論戦に取かゝり、十二日夜堀江の演説を振出として伊予・温泉郡に於て最も猛烈に演説会を開くことになっている。この演説会には由比校長も自ら出場すると云っていた位であるが、北川・尾崎・名須川の三教授は堀江の演説を始めとして各所の演説会に出場することになっている。それで渡部氏の教えている松高並に松高商の学生も、『渡部先生を落としてはならない、自分達青年の燃えるやうな意気でもって渡部先生を当選せしめたい』と云ふので、連合して渡部氏の後援会を組織しようと云ふことになっている。松高商生の学生は弁論部が主となって、応援演説を開始しようとして既に準備を整へている。松高に於ても十一日の始業式の時に、校長から学生としての本分にもとるやうな選挙運動は宜しくないと云ったそうであるが、純真な学生が自己の信ずる政治と云ふものを学問的立場から論じて政界廓清の為めに渡部氏のやうな識見があって政党的に処女性のある新人を選びたいと言ふ趣旨で応援演説会を開くことは差支えないであらうと云っているから、之も演説会を開くようになるであらう松山中学・北中の同窓生も渡部氏後援会を組織して□屋旅館を事務所とすることになっているから、学生団は全部ここに集まって一つの力となり、言論に宣伝に極力渡部氏を応援することになるであらう。本県の選挙界に於て斯る純真な応援振を見せると云ふことはあたらしい記録である」(6)

四月一三日、愛媛の憲政会内部の対立を憂って、貴族院議員で憲政会派の伊沢多喜男が調整に来松した。しかし、県議の窪田吾一は候補をおりず、調停ならず、紛糾した。四月一五日の『海南新聞』は次のように観測し報じた。

「憲政会第二区の立候補行違ひ問題は、伊沢氏の来松によって円満解決を見ることと一般に想像していたが、実際はさうでもなく、問題は益々紛糾せんとする状態に在るらしい。即ち憲政会は第二区に於ける候補難に懊悩煩悶したる結果、如何なる人物を拉致し来るも可なりとの絶対権を委任して本部との交渉委員、岩泉泰、武知勇記を挙げ……遂に窪田吾一君を推薦し、本部を口説き落として同氏の運動補助費として一万円を提供せしめること、し、意気揚々として帰松した。然るところ、何ぞ図らん。健忘性に罹った支部幹部は上京委員との口約を無視して其留守中渡部善次郎氏を推薦するに決したので二派に岐れることとなった。純理論に従へば窪田氏は党内人なき余り遂に決起した所謂犠牲候補であり、財力に於ては渡部氏の比でないが、本部の公認をも得た同情すべき点がある。夫で氏を推薦した岩泉、武知両氏は勿論他の純理派の人々も窪田氏を推すべしとして一歩も譲らず、為めに十三日の如きは伊沢氏を中心として終日善後策に腐心したが、何等纏まるところなかりしのみか、問題は益々紛糾せんとする傾向にある。然して一方渡部氏に於ても当初若し立候補せば本部の公認は素より窪田氏同様一万円の補助がある如く思惟し、之れに氏自身が捻出する二万円を加ふれば悠々当選圏に入るべき軍費ありとの算段から決意したものであったところ、本部の補助は窪田氏に限られ、渡部氏には一厘の補助もない所から、案に相違を来し、昨今些か厭気が差し、運動も亦非常に鈍った感がある。故に世間では多分窪田氏が辞任し、円満解決を見るであらうと目されて居たものが、今は反対に渡部氏の方が辞退し、純理に従ふて窪田氏が決起しさうな形勢にあるが、其の孰れに決するも尚ほ多少の曲折は免れざるべく、選挙界消息通の多くは最後は窪田氏に決するものと観測しているやうである」(7)

だが、この『海南新聞』の予想はあたらなかった。伊予郡・温泉郡の憲政会幹部（伊予郡の林実正、武知勇記、相田梅太良、温泉郡の仙波良太郎、徳本良一、松木喜一）が混乱の責任をとり、連袂辞職して、四月一七日、愛媛支部は善次郎を憲政会の公認候補としたのだった。

以後、渡部善次郎は憲政会候補となり、同時に、松高校長の由比質、同校教授の北川淳一郎、松山高商の一柳学俊らの教授、ならびに松高、松山高商の学生や松山中学・北予中学の同窓生らの応援をうけて選挙活動を行なった。なお、応援の中心人物・北川淳一郎は、温泉郡三内村井内の出身で、松山中学、三高を出て東京帝大独法科を卒業し、しばらく北海道で官吏生活をしていたが、大正八年四月松山高等学校開校とともに帰郷し、教授に就任していた。そして、北川は松山中学時代に当時同校の教諭をしていた渡部善次郎の教え子でもあった。(8)

四月二六日の『海南新聞』は第二区の当落について、政友本党の成田栄信と憲政会の渡部善次郎が当選確実と予想した。

「成田栄信（本・前）が優勢の地位にある。之に続いて農民党から岡田温氏（中・新）が名乗りを挙げ、次に政友会が候補難から護憲派とは反対者の現内閣擁護という灰色の須之内品吉氏（中・新）を推す事となり、之に相前後して憲政会から渡部善次郎氏（憲・新）の立候補を見、遂に激戦の幕は切って落さる。岡田氏は形勢が悲観されていたが、最近三氏共互角の形勢を伝えている。所が例の須之内派の違反事件が伝えられて、同氏の地盤に大分動揺を見た為、結局、此の区では成田・渡部両氏が確実性を有っていると噂されている」(9)

四月三〇日には、温泉郡三津浜町で、善次郎候補の政談演説会が行なわれ、北川淳一郎が「立憲政治の真意義」と題し応援演説をした。(10)

五月一日には、温泉郡浅海村で、青年有志が善次郎候補の人格識見に心服し、応援することを決め、同時に護憲青年党を結成し、政治活動を始めた。(11)

五月一〇日に第一五回衆議院選挙の投票が行なわれた。この日の『海南新聞』は政友本党の成田栄信が優勢、あと一人は憲政会の渡部善次郎か政友会の須之内品吉と予想した。

「第二区では、成田氏最も優れ、氏の当選は確実なこと、せられている。残る三人の中では渡部、須之内両氏略同様の状態に在り。岡田派は政友会が腰を入れぬ丈不利な立場に置かれてある。従って当落を決するは渡部、須之内両氏の間にあることは勿論である」(12)

しかし、この『海南新聞』の予想も二位についてははずれた。愛媛二区（定員二）の選挙結果は、一位成田栄信（政友本党）三二三七票、二位岡田温（無所属）三〇六五票、三位須之内品吉（政友会）二九五五票、四位渡部善次郎（憲政会）二九〇六票で、善次郎は僅差であるが、落選した。(13)もし、愛媛の憲政会が早くから善次郎にまとまっておれば、当選したと思われる。

二・その後の善次郎

総選挙後、善次郎は再び教授職に専念し、英語を教え、校務では教頭として加藤校長を扶け、生徒課長を務め、校友会活動では文芸部長等、学外では国際連盟愛媛支部主事等の諸団体に関係し、貢献した。

大正一三（一九二四）年一〇月一〇日には、新校舎の竣工完成を記念して開校式が盛大に挙行された。大正一四（一九二五）年度の入試は、三月末に行なわれ、四月に入学式が行なわれ、八三名が入学した。そして、この年、新聞学会が設立され、『松山高商新聞』第一号が七月一五日に発刊されたが、善次郎はその会長に就任した。なお、顧問は加藤彰廉と田中忠夫がなり、幹事は三年生の岡田栄資、増岡喜義、野本矩一、二年生の塚本義武、土居武夫であった[14]。善次郎が会長に就任したのは、海南新聞主筆を務めていた経験からであろう。

大正一五（一九二六）年一月の村会議員選挙において、善次郎は郷里の南吉井村会議員に再選されている。

大正一五年三月八日の第一回の卒業式を控え、善次郎は『松山高商新聞』第八号（大正一五年二月二五日）に「卒業生諸君を送る」と題し、次のような送別の辞をよせた。

「本校三年生の諸君は日ならずして業を卒へ校門を辞して将に社会の人とならんとす。我等之を本校教職に承け三年の間日夕相親めるもの感慨無量ならざるを得ない。

先づ諸君は本校第一回卒業生たることに於て重大なる意義を有する。諸君が入学の当初に於て吾等固より不敏〔憫〕と雖全力を挙げて諸君を玉成し、一つは諸君自身の為めに、一つは本校の名誉の為めに社会に有用なる人格者を送り出し、以て本校創立の目的を如実に強調せんと決心したのである。しかも満弩緩み易し、我等顧みて果たして当初の決心に孤負せざりしや否やを識らない。唯知る所は諸君は具さに拮据黽勉、能く学校の趣旨を体し我等の指導を服膺し（時に或は我等を指導し）、近く卒業の栄誉を贏ち得んとすることである。固より我等は諸君を以て玉成せりとは云はない。而已ならず尚ほ諸君に向かって望むべきことの多々あるを知る。蓋し理想は容易に実現し得べからざるを知るからである。而も諸君が社会に有用の材たり将来有為の人物たることは毫も疑を容れざる所である。

想ひ起せば諸君が入学の当時、仮校舎に授業を開始し、相共に不便、不備、辛苦を忍び来り、従って他の学校に於て見るべからざる融和親密の情を馴致し、殆ど父子若くは兄弟の誼に近きものがあった。されば今や諸君を社会に送り出さんとするに際し、歓喜祝賀の情禁じ難きと同時に哀別離苦の悲を感ぜずには居られない。

諸君の適く所は各異なり、其距離に於ても或は邇く或は遠きものあらん。而も其何処に適従するに拘らず、諸君の父兄が諸君の幸福を祈り諸君の一挙一動に目を放たざると同様、吾等も亦第二の父兄を以て任ずるもの、諸君の進止挙措は我等の念頭を去ることは出来ない。諸君幸に此意を了得せられんことを切望する。

諸君は正に風波逆巻く『社会』に身を投ぜんとす、或は一種の恐怖を感ずることもあらん。而も諸君は社会の風波と奮闘し、之を凌駕せん為めに準備し来ったものである。平素の修養に基調し、真摯に着実に進出せば必ずや瀬戸内横断以上の成功を収むべきを疑はない。狐疑逡巡は禁物である。佚楽偸安は害毒である。常に健康を重んじ可及丈け義務を完全に尽し、目的地に向って驀進せよ。諸君を送るには余りに常套語であるが、成功の秘訣は此外に出でない。是を以て送別の辞とする」(15)

三月八日、松山高商の第一回卒業式が新田長次郎ら来賓を迎えて挙行され、三九名が卒業した（後、追試で四名が卒業）。このとき、加藤彰廉校長が校訓「三実」（実用・忠実・真実）を宣言した。

大正一五（一九二六）年度の入学試験が三月三〇日と三一日に行なわれ、四月一五日に入学式が挙行され、八五名が入学した。なお、英語（英文和訳）の入試問題において、「三実」が出題されたが、その出題者は善次郎であった。

善次郎は、学外の社会活動として、国際連盟協会愛媛支部の主事をしていた。同協会は貴族院議員加藤拓川が国際平和、軍縮を進めるために大正一一年一月二日に設立したもので、支部長は拓川がしていたが、拓川の死後、加藤彰廉が遺志を継ぎ支部長を務め、善次郎が主事をしていた。その活動のため、善次郎は大正一五年五月九日、東京にて開催の国際連盟協会全国支部長会および同協議会に出席のため上京し、一二日に帰郷した。

昭和四（一九二九）年四月二五日、国際連盟協会愛媛支部は新渡戸稲造（第一高等学校長、東京帝大教授、東京女子大学長、国際連盟事務局次長等歴任。貴族院議員）を招き、午前一一時から本校講堂において学生のために「商業道徳の向上は諸君の努力にまつ」と題し、講演会を行ない、また、午後六時半より三番町国技座にて「国際協調時代来る」と題し、講演会を行なった。(16)

同年六月四日、国際連盟協会愛媛支部は、国際連盟の精神を学生や一般人に普及するために、松山高商の学生支部を結成した。また、役員の改選を行ない、渡部善次郎が会長に、一柳学俊が副会長に就任した。(17)

昭和六（一九三一）年五月三〇日、一柳学俊教授が岡山県立笠岡商業学校長に赴任のため退職し、六月一六日、渡部善次郎は一柳学俊の後を受け、教務課長に就任し、彰廉校長を補佐した。なお、生徒課長も続けており、兼務であった。

ところが、同六年の夏、渡部善次郎は軽い脳溢血で倒れ（糖尿病が原因）、療養生活に入った。秋には、相州玉川村七沢福元館にて療養した。また、六年の年末から七年の正月にかけては別府温泉にて療養した。

昭和七（一九三二）年二月一二日から、渡部善次郎は病後にもかかわらず、校務にて京阪神地方に出張した（おそらく三年生の就職支援）。それにあわせ一六日には、温山会大阪支部が渡部善次郎を迎えて浄正橋筋楠屋にて歓迎の懇親会を開いた。大変盛会で三一名も出席した。また翌日にも、大五会（大阪在住、五期生か？）が渡部善次郎を迎えて千代崎橋いろは本店にて懇親会を開き、こちらにも一二名が出席した。(18)教え子が京阪神に多く就職しており、歓迎された。

昭和七年三月八日、第七回卒業式が行なわれ、出席した。またその後の卒業生による謝恩会にも加藤彰廉校長と共に出席した。(19)

同年三月二四日に、善次郎は入試を前にして激務の教務課長をやめ、佐伯光雄教授に代わった。(20)

同年五月五日、善次郎は東京にて開催の国際連盟支部長会議に出席し、一〇日帰郷した。

善次郎の病気回復ははかばかしくなく、遂に昭和八（一九三三）年四月一〇日、松山高等商業学校を辞職し、彰廉校長も承認した。

だが、善次郎は人望があった。その直後、生徒・卒業生から留任運動が起こった。八年四月一三日、温山会が緊急協議会を開き、渡部教授の留任運動を展開した。一四日には、生徒も生徒大会を開催し、留任を希望した。それに対し、善次郎は「今のところ健康覚束なきも、一、二カ月後には回復するであろうから、学校さえ許してくれるなら再び教壇に立つ」と述べた。また、加藤校長も「教授が正式に翻意を表明するなら学校は喜んで迎える」と答えた。その結果、六月末善次郎は講師として再び教壇に立つことになった。(21)

その直後の八年九月一八日、かねてから体調を崩していた彰廉校長が死去した。彰廉校長死去後、すぐに緊急教授会を開き、遺言の発表、二一日に校葬、葬儀委員長井上要、副委員長佐伯光雄、校長事務取扱に佐伯光雄教授を決め、九月二一日午後一時から大講堂にて校葬が執り行なわれた。

第三節　第二代校長時代

一．第二代渡部善次郎校長の誕生

彰廉校長葬儀の後、次の校長選びが始まった。彰廉校長の遺言は、次期の校長は東京高商教授の山内正暸先生であった。遺言に基づき、佐伯光雄校長事務取扱が東京に山内先生を訪問し、校長就任を懇請した。また、財団法人側の井上要理事も東京に山内先生を訪問、校長就任を依頼した（いずれも日時は不明だが、九月末から一〇月初めにかけてであろう）。教授会側が井上理事から山内先生との会談結果を聞くと、山内先生は「二年後ならば就任してもいい」と云ったとのことであった。しかし、その前の佐伯光雄の訪問時の内容とは異なっていたらしい。そこで、再度、井上理事が山内先生を訪問し、その報告を教授会側が聞く予定の日に、突然井上理事が渡部善次郎を帯同して来校し、善次郎を校長に任命したという。

『三十年史』を執筆した田中忠夫らはその時の状況を次のように記している。

「渡部善次郎校長の選任はやや唐突であった。井上要理事は何の先ぶれもなく、十一月十八日朝渡部善次郎氏を帯同して来校し、教職員に対して同氏を起用したとの通達があり、時を移さず講堂において就任式が執り行なわれた。渡部氏は本校創立以来最長老教授として学校を育て上げて来た老練有為な人であったが、動脈硬化による言語障害がひどくなって教職にたえないところから、この年四月に辞職した人で、明らかに校務にたえる健康状態ではなかった。しかし、教職員一同は、一旦決定した上はこの病弱な先輩を扶けて加藤校長の遺業を完うしようとの健気な覚悟を以てこの人事を迎えたのである」(22)

なお、文中の一一月一八日というのは、『三十年史』を執筆した田中忠夫らの記憶違い、間違いである。というのは、『松山高商新聞』第八九号（昭和八年一一月二五日）によると、善次郎は一〇月二六日午前九時に校長就任式をしているからである。だから、井上理事が善次郎を帯同したのは一〇月二六日である。

さらに、『五十年史』の校長選出の記述も見ておこう。『三十年史』の記述を踏襲し、ほぼ同様であるが（日にちが間違っているのも同じ）、この日に異議申し立てがあったことを明らかにしている。

「校長就任に当っては、十一月十八日朝井上要理事が何の先ぶれもなく渡部善次郎を帯同して来校、校長室に教職員一同を召集して、『渡部善次郎氏を校長に任命する』旨を宣言した。一同は動脈硬化・言語障害のため教職に堪えずとして退職した渡部教授の起用に一瞬呆然となったが、佐伯校長事務取り扱いが口火を切って故加藤彰廉校長の遺志と違いはしないかと述べ、古川教授も異議を申立て、これに対して井上理事は渡部校長を推す旨をいい切ってその場は終わり、時を移さず講堂で就任式が挙行された。教職員のなかには渡部校長の病状からして就任を不本意とする空気が強かったが、故加藤校長の墓土がまだ乾かない今日、事を荒立てるより新校長を扶けて学園護持をはかるべきということになり、事態は平静をとり戻し学園運営の新体制がつくられた」[23]。

また、この日の異常な光景を、井上要理事に異議を申し立てた古川洋三が後に歴史的経過もふくめて回顧している。それは次の如くであった。

「加藤先生の御遺言実現のために当時の伊予鉄社長で学校の一理事であった井上要氏が東京に山内先生をたずねられてその会議の結果を聞く第一回の教授会が開かれたが、その時同氏より聞かされたことは、山内先生はまだあと二年しなければ定年とならないので、二年後ならば松山高商に就任してもいいとのことであった。加藤校長が病にたおられた後、校長事務取扱をしておられた佐伯先生も山内正瞭氏の許を訪ねられて校長就任を懇願せられたことも聞いた。そのときの話と井上氏の話とは若干相違するところがあった。かくて再度井上氏の上京により山内氏の本意を確かめてもらうことにしたのである。かくてわれわれは第二回目の山内先生の御返答を聞くという大きな期待をもって或る日校長室に集まったのである。しかるにわれわれの期待とは全く反対に、健康上既に学校を辞任しておられた渡部善次郎氏がモーニング姿で井上理事に帯同せられて校長室に姿を現されたのである。一同はその瞬間奇異な感じを受けたのである」[24]

さて、井上要理事の主導の下に、一〇月二六日、渡部善次郎が第二代松山高商校長に就任した。校長に就任した善次郎は、『松山高商新聞』第八九号（昭和八年一一月二五日）に次のような、加藤彰廉校長の遺志を継ぐ旨の挨拶文を寄せた。

「不肖今般理事諸君の御推薦を蒙り本校々長の職を汚す事に相成りました。元来校長の任に当るものは気力に於て体力に於て相当旺盛なるべき事は必要条件の一つと心得ます。然るに不肖の如きは其の必要条件を欠く事著しきのみならず、故加藤先生の如き人格高く博識多才の名校長の後を享けて只管恐懼に堪へない次第であります。然れども一旦此重職に就き此大任を引受けましたる以上、全力を傾倒し万全を尽して後斃れんのみと決心の臍を堅めて居る次第で御座います。併し幾ら決心して居ましても外界特に卒業生諸君の御援助を得なければ結局孤城落日、滅没の一路あるのみで御座いますから、諸君が故校長に対する御好意の余炎を以て故校長の遺緒を継がんと欲する小生をも併せて御援助あらん事を切に希望する次第で御座います。就任に際し一言御挨拶申述べます」[25]

善次郎の校長就任は、教授会側からみると、唐突で奇異であるが、大阪朝日、大阪毎日、大阪時事などの中央紙や地元の海南新聞、伊予新報、愛媛新報、愛媛毎夕などの新聞も、最適任者であると報じている。(26)たとえば、『海南新聞』は次のように、渡部校長が最適任で、選出手段も適切であったと論じた。

「(渡部善次郎は) 松山高商創立以来の教頭として、功労の多いばかりでなく、学殖深く且つ温厚篤実にして学校の内外に信望のある渡部善次郎氏を後任校長として推薦することに決し同氏の承諾を得たので二十六日渡部氏の就任を見るに至ったのは、その選任決定がまことに順当なる措置であったと同時に全く適任者を得たものであると言へる。……われ等は加藤氏の逝去と同時に他の考慮するの余地を剰さず、直ちに渡部氏を後任校長に推薦するの措置に出でざりしを、むしろ不思議とする位ひである。……元来学内の行政を主宰し、且つ対外的に学校を代表すべき校長は一面に於て人格徳望の士でなければならないと同時に、他面行政的手腕の要求せられることが痛切であって、単に専攻の学問に秀でたる故のみを以て、足れりとなす能はざるは勿論である。渡部氏の閲歴と経験と人物とは、決して不足ありとは思はれない。ことに創立の当初より加藤前校長を扶け、……(一行不明) それが学校に対する功績であるばかりでなく、実に最もよく同校創立の本旨を体得しかつ最もよく前校長の方針を理解していることを証明するものであって、そのことこそ後任校長としての、肝腎の資格を保有する所以である。……われ等は主としてこの問題の為に奔走努力したる同校理事と創立者との後任校長推薦の手段のまことに適切妥当であったことに敬意を払ふと同時に深く新校長に嘱望する」(27)

また、『松山高商新聞』も「渡部新校長を迎ふ」と題し、歓迎の記事を載せた。

「本校創立以来校長として今日の基礎を築かれた加藤校長逝きて既に二ケ月、平和の学園に悲の色濃く、教授にも生徒にも常に一抹の淋しさが漂って居た。

一日も校長なくしては校務を処理し、生徒の訓育教化を為すは至難である。由来私立学校は師弟相互間の関係最も親密なる事第一にして、本校々長は学力深淵且経営の才に秀で、人格高潔、生徒の真情の真の理解者たる事を要し其の人選頗る難事である。

茲に渡部善次郎先生後任校長に決定され、十月二十六日午前九時、就任式挙行されるに及び、主なき東南隅の校長室にもたちまち光挿しこみ、今は学園至る処華やかな談笑の声さへ洩れるに至った。

先生は人も知る如く早稲田大学、米国エール大学の出身にして、長き教育界の経験は高邁なる其の識見、人格と相並びて我等の敬慕措く能はざる所である。特に本校創立以来『高商の守神』として教頭の重職を占められ、校長就任式に当りては力強く『加藤校長の遺志に基き、生徒中心主義を以て』と発表され、生徒の真の理解者たる事を裏書された。

我校は創立以来既に十年を閲し、一大発展の時代に移りつゝある。此の時に当り斯る名校長を得た事は喜びに堪えないところであり、我等は先生の教に遵ひ一致協力して校運の発展を期す可きである」(28)

以上のように、渡部善次郎は第二代校長として、学外のみならず、学内の生徒達からも歓迎されていたことは間違いないであろう。

ここで、井上要理事が独断で善次郎を第二代目校長に推挙したのか、それとも、新田長次郎の了解を得て行なったのかについて、若干考察しておきたい。

『三十年史』や『五十年史』では明確でない。私は井上要理事の独断ではなく、井上が長次郎の了解の上で行ない、教授会一同に一〇月二六日に渡部善次郎を推挙する旨を宣言したものと思う。そもそも校長就任に関し、長次郎の了解なしに井上が独断で行なうことはあり得ないし、また、長次郎は板東富夫を通じて加藤校長の希望は山内先生であることの報告を受けていたから、校長の変更について井上から相談を受け、了解したと考えて間違いない。なお、傍証であるが、長次郎の『回顧七十有七年』に、第二代校長の推薦について、「茲に於て同校創立以来首席教授として校長を補佐し来りし渡部善次郎氏を後任校長に推薦し、同十一月より就任せし」(29)と触れており、井上要が長次郎と相談の上、渡部善次郎を理事会にて決定したことに間違いないだろう。

善次郎が校長に就任した後の一一月七日に財団法人の評議員会が開かれ、理事、評議員、監事の改選が行なわれた。

「本校財団では十一月七日午後一時より本校に於て評議員会を開いた。当日は大阪より新田、板東両氏も来校、井上理事等全部出席、同夜五時より梅之家に於て晩餐を共にした。本校財団では今回理事、監事及評議員の一部改選が行なわれたが、新たに就任した人々は左の通りである。

専務理事　渡部善次郎
理事　新田幸一
　　井上要
　　板東富夫

岩崎一高
監事　新田宗一
　　　石原操
評議員　井上久吉
　　　服部寛一
　　　山内正暸
　　　仲田伝之舩
　　　太宰孫九
　　　近藤正平
　　　小倉長太郎」[30]

なお、文中、新田、板東とあるが、新田は長次郎でなく、宗一である。このように、一一月七日に評議員会が開かれ、記事にはないが、当然理事会も開かれ、善次郎が専務理事に選出された。これまでの校史（たとえば、『松山大学九十年の略史』では、善次郎が専務理事に就任したのは一一月二二日となっているが、資料的根拠が不明で、間違いでないか。

一一月八日の午後六時より温山会は、渡部善次郎新温山会長（温山会長は会則により学校長が就任）及び井上要母校理事を招待して三番町の明治楼にて懇談会を開いた。四〇名程が出席した。温山会代表の井手要太郎（第一期卒）が歓迎の挨拶、善次郎校長が答辞、井上理事の挨拶などがあった。井手代表は、井上理事に感謝し、渡部新校長に期待する挨拶をした。[31]

一二月二日、新聞学会が主催して、本学会会長の渡部善次郎を招き、生徒集会所にて校長就任の祝賀会を開いた。(32)

一二月九日、専務理事渡部善次郎は、文部省（松田源治文相）に対し、「規則改正ノ件ニ付申請」を行なった。それは校則第三条の改正で、授業料八〇円を九〇円に値上げするものであった。一二月二七日に認可を受けた。(33)

また、学校では、毎年志願者が四〇〇名を突破しているのに、一学年の定員一〇〇名は少ないとして、しばしば教授会の間では定員増が話題となっていたが、渡部善次郎校長就任と共に計画は具体化され、定員増加のために西依六八教授以下数名の委員を選び、調査を始め、定員は一五〇名増加して四五〇名（一学年一五〇名）とするのが適当という案が出ている。(34)

また、温山会では、故加藤彰廉先生の功績を記念するために、記念事業を計画し、一周忌までには完成させたいとの希望で、事業内容としては、銅像の建設、追悼録の編纂、校舎の増築等で、記念事業の関係者は温山会以外に、大阪商大、北予中学の関係者も網羅する案が出ている。そして、二月に実行委員会をつくり、西依、渡辺、村川、伊藤、増岡の五教授ならびに井上書記が任じられた。そして、実行委員会によって決定された記念事業の内容は次の如くであった。①加藤先生の銅像建設、②加藤先生追悼録編纂、③加藤記念館の建設、④加藤奨学金の設定、総経費は五万円で、広く一般より募集するというものであった。(35)

昭和九（一九三四）年三月八日に本科第九回卒業式と別科第一回修了式が行なわれ、本科八六名、別科二五名が卒業した。渡部善次郎校長の式辞は次の如くであった。

「諸君は過去三年間に亘り克く校規を守り校則に遵ひ勤勉力行の結果、茲に現はれて卒業の栄冠を贏ち得たのである。歓喜の至りに堪えへない。時恰も国家非常時に際し、国民は上下挙って緊張し、憂慮しつゝあるが故に、此際学校を卒業するも就職上多大の難関に逢着するに非ずやと憂ふるもの少なからず。然るに今日迄の成績に見れば従来になき好結果を見且就職先も従来以上堂々たる有力会社である。世間の景気稍々挽回したる結果にも依ることと思へども本校卒業生の真価次第に広く認識されたるに非ずんば曷くんぞ如此を得ん。

今や識者の間に於ては、日本は如何にして此非常時を無事突破すべきやに関し痛心惨憺たるものあるも、吾人より見れば諸君が在学当時と同一の志操を把持する以外他に良策しあるを知らず。即ち国家の法規を遵守し勤勉力行一意奉公の誠を尽すに在るのみである。

唯一つ諸君に誡告すべきは、諸君は今日以後社会に出で各方面の社会人に接するが故に、常に緊張し警戒し心の手綱を弛めぬ事である。自己の為すべきこと為し、尽すべき義務を等閑にせぬ事及他人より借金せぬ事を造次顛沛も忘れぬ事である。世間往々にして青年時代借金を重ね、其為終生頭の上らぬ例は数ふるに遑なき程である。諸君の如き将来あるもの、大に戒心すべき事共である。一言以て諸君に寄す」(36)

なお、稲生晴氏は論文「松山高商と田中忠夫先生」のなかで「(渡部校長は)卒業式には病気欠席し、校長式辞は西依六八教授が代読した」(37)とあるが、『松山高商新聞』には「渡部校長は謹厳の面持にて別項所載の如く最後の訓辞を与へて懇に諭す所あり」(38)とあるので、欠席ではなく、出席して訓辞を直接述べたと思われ、稲生氏の間違いであろう。

昭和九年度の入学試験は三月末に行なわれ、定員は一〇〇名に対し、志願者は四七九名の多数に上り、前年度（三八四名）を大幅に上回った。

そして、入試作業が終わった直後の三月三一日、善次郎校長は佐伯光雄教授（教務課長）への遺恨が残っていたのだろうか、三月三一日付けで解雇する行動に出た。『三十年史』はいう。

「九年三月、佐伯教授は一片の書状送達によって解職せられると共に、学園への立ち入りを即時禁止せられるという異例の処遇を蒙った」(39)

また『五十年史』もいう。

「渡部校長は就任以来佐伯教授に対して許せない気持ちがあり、昭和九年三月西依教授らの諫止にもかかわらず佐伯教授を一片の書状送達によって解職、学園への立入りを即日禁止するという異例の処置をもって対した」(40)

ただ、この渡部校長の行動に対し、この当時、長女の結婚式で三月末から上京し、一〇日ほど松山に居なかった西依六八教授が帰松し、このことを聞き、「こんなベラボウな話があるものではない」と怒り、田中忠夫を同伴して渡部校長に翻意を促す行動に出た。後に田中忠夫が『五十年史』の記述の誤りを指摘しながら回想している。

「五十年史には『西依教授らの諫止にもかかわらず……解職』（一三〇頁）とあるが、これは誤りで、四月以前に佐伯さんの解職を知っていた人は、校内には多分（例外一人を除いて）誰も居なかった。西依さんはご長女の結婚式のため三月末以来十日ばかり上京して留守であった。残っている古い教授連が善後処置を相談するために集まったが、誰一人として何とかしようと言い出す人がなく、自分も自分自身の勇気のないことにわれながらあいそのつきたことを、今も痛いほどおぼえている。それから数日たって西依さんが帰校され、西依さんの発意で再び会合したが、この時西依さんは、こんなベラボウな話があるものではない。何としても渡部校長に翻意してもらわなくてはならぬと言い出され、翌日自分は西依さんのお供をして渡部さんのお宅を訪ね、西依さんは席上強く再考を促がされた。渡部さんからは今すぐ再採用ということもどうかと思うので、九月から復帰してもらうことにしようというご返事であった(41)」

このように、西依六八教授の強い働きかけによって、善次郎校長も軟化したようである。

なお、『松山高商新聞』編輯子は、善次郎校長による佐伯教授解任について次のように観測している。

「佐伯教授の性格は風変わりである為め、近来は同僚諸教授との折合も香ばしくなかったとの噂であるが、兎に角教授を失ったことは本校の大損失ではある。然し又一面之によって学内空気を一新し従来の寡頭政治が一層民衆化され、此の方面で寧ろ好結果を齎すに非ずやとも考へられている(42)」。

「寡頭政治」とは穏やかでないが、佐伯教授が学内の校務を取り仕切っていたとうつっていたものと思われる。

さらに、善次郎校長は昭和九年四月一日付けで、学内空気一新すべく人事の大異動を行なった。まず、教員人事では、学外よりの諸講師を整理して専任講師を採用した。即ち、高山峰三郎（倫理、哲学概論）、大江文城（書法、国語、漢文）らを解任し、新たに菅原義孝（高商、第一回卒）、国田要（大日本武徳会武道専門学校卒）、田村茂（高商、第四回卒）、川崎の諸氏を採用した。また、学内の校務体制の異動を行ない、田中忠夫を教務課長に、大鳥居蕃を生徒課長に、渡辺良吉を会計課長に任命し、新たに、人事課と庶務課を制定し、村川澄教授を人事課長に、西依六八教授を庶務課長に任命し、人事を一新した。また、校友会の各部長も全面的大更迭を行なった。(43)

昭和九年四月初めに本科の第一一回入学式が行なわれた。一三〇余名が入学した。『松山高商新聞』に善次郎校長の式辞は掲載されていないが、その状況を『松山高商新聞』第九三号は次のように報じている。

「振鈴の響き渡る午前九時、ほてった顔を笑ませながら先づ新入学生入場、教授、父兄も同じく悦ばしげに入場着席するや、先づ渡部校長起って開式の辞を述べられるや異常な緊張の下に第十一回入学宣誓式の幕は切って落される。新入生代表河本君朗らかに宣誓書朗読、次いで各自順次筆を執って宣誓書に自著す。自著終るや渡部校長再び立って難関を突破して入学した事を祝し、今日より高商生として常に学校の名誉を思ひ大いに勉強されたいと悟さる。教務課長、生徒課長もそれぞれの立場より懇切に注意を与へ、非常な緊張の内に神聖な式を完了した」(44)

なお、稲生論文では、「(渡部校長は）入学式に出席したが、式辞は田中先生が代読した」(45)とあるが、この『松山高商新聞』記事によると、善次郎校長が式辞を述べており、稲生論文は間違いであろう。

四月二〇日、別科の入学式が行われ、五一名が入学した。

五月九日、善次郎は来る一一、一二日東京にて開催の国際連盟協会の支部長会議、また、一六日～一九日文部省召集の実業専門学校長会議に出席のために上京の途についた。(46)

二　渡部校長拉致事件

だが、善次郎校長の佐伯光雄教授解雇という仕打ちに対し、それへの反動が起き、学校を揺るがす大騒動が勃発した。

昭和九（一九三四）年五月二三日、ある卒業生によって、善次郎校長を睦月島に監禁するという事件が起きたのである。『三十年史』はこの不祥事件について、「や、性情奇激な一卒業生が渡部校長の就任を不適当と考えてきびしく辞職を迫ったという事件である」(47)と僅か一行しか触れていない。

他方、『五十年史』は比較的詳しく記している。

「卒業生亀井某が友人那智某を誘い、在校生穂上某を呼び出し、渡部校長辞職強要を計画。五月二三日夜九時に校長宅を訪問、名を騙って校長を道後公園横宇佐八幡神社境内誘い出し、ピストルをもって脅迫。自動車で三津三本柳に到り、同夜は亀井の親戚宅にて一泊、翌朝回漕店所有の発動機船で海上数マイルの孤島、睦月島に向い、上陸後かねて借り置いた空家に連行した。ここで、数日間校長を監禁し辞職を強要。それを一件書類にしたためさせ、同月二七日憔悴し切った校長を伴って帰り自宅に送り届けた」(48)

五月二七日に善次郎校長が辞職を約束したので解放された。そして、五月三〇日に善次郎校長が辞表を提出した。教授会側にとっては寝耳に水であった。

さて、善次郎校長が辞表を提出したことにより、この拉致監禁事件が世間に明るみに出て、全国報道され、松山高商の大不祥事事件となった。

例えば、六月三日の『東京朝日新聞』は「拳銃を突付けて校長に辞職強要。松山高商の奇怪事暴かれ、学生三名捕はる」と題し、次のようにセンセーショナルに報道した。

「松山高等商業学校長渡部善次郎氏が去月三十日突然健康問題を理由として同校井上理事に辞表を提出した問題は、学校当局並びに関係者を驚愕させただけに、検事局並びに警察当局では不審を抱いて内偵を進めていたところ、裏面には教育界未曾有の驚くべきテロ事件が暴露し、関係者を唖然たらしめた。即ち松山市東雲町松山高等商業本年度卒業生藤井初（二四）、同町同校一年生坂上藤太郎（二〇）、松山市和泉町那智亮介（二二）（何れも仮名）の三名は、去月二十二日の夜県警察部長の名をかたって、渡部校長を温泉郡三津浜町に呼びだし、舟に乗せて同海岸沖の興居島に連れだし、人なきところで眼前にピストルを擬し、驚く校長に校内浄化のため辞職してもらひたいと脅迫し、同校長より五月中に辞職する旨の誓約を取り、ここに同校長が三十日辞表を提出するに至ったもので、右の三名はいずれも三十日自首せんとしたところを、松山署に捕はれ、取調の結果、事実を自認したが、その背後に黒幕があるものと見られ、同校職員生徒に非常なセンセイションを巻起し、校長の絶対留任運動が巻起らんとしている」(49)

六月四日、井上要理事は大阪に新田長次郎を訪問し、協議し、後任校長の選考には相当時日を要するので、その間教務課長田中忠夫教授を校長代理とすることに決定して帰松した。翌五日、井上理事と新田幸一理事が午前一〇時に学校を訪問して、長次郎との協議結果を教授会に報告し、また講堂に全学生を集めて、今般の不祥事について新田長次郎翁と協議した顛末及び田中教授を校長代理に任命したことを報告した。そして、それを受け、田中忠夫教授による校長代理就任の挨拶があった。(50)

六月五日、生徒が今回の不祥事について、自発的に次のようなお詫びの声明書を発した。

「声明書。此度本校が不祥事件を惹起して神聖なる教育界を汚し、社会を騒がせたことは、我々学生一同の衷心より御詫びする次第です。……我々は今後益々自重し、故加藤校長の遺訓を奉じて学究に専念致します、右声明致します」(51)

六月六日、善次郎は学校を退職した。

六月七日、午後一時半、全教授、生徒挙げて、常信寺に赴き、彰廉校長の墓前で、教授団代表の田中忠夫校長代理と生徒代表の安田輝彦（三B級長）が「加藤彰廉先生に捧ぐる辞」を朗読し、学園更生を誓った。(52)

さて、善次郎を監禁した亀井は、井上理事によって告訴され、七月二五日、松山地裁の予審終結、亀井要は起訴された。七月二六日の『東京朝日新聞』記事は「島へ運んで四日間、拳銃で脅迫す。松山高商校長監禁事件、首謀者起訴される」と題し、次のようにセンセーショナルに報道している。

「教育界の大不祥事件として世を騒がせた松山高等商業学校の学生ギャング事件は松山地方裁判所野田予審判事係りで二カ月にわたる審理が続けられた結果、二十五日漸く予審終結。松山市東雲町秀次郎次男松山高商卒業生亀井要（二四）は有罪と決定。同日直ちに公判に廻されたが、予審調書は二千頁といふ厖大なもので、罪名は不法監禁脅迫、強要となっている。亀井は本年三月高商卒業後、かねて渡満の意思を抱き、渡部校長に紹介状を依頼して果たさなかったことから、校長に対して快からず思っていた矢先、偶々同人の姪で愛媛幼稚園保母たりし藤井初子（二四）（仮名）から同校長の私行上の問題を聞くに及び、いよ〳〵同校長に対する反感を強めたが、本年四月同人がもっとも私淑した同校教頭佐伯光雄教授及び嘱託の講師数名が解任され、反渡部校長の雰囲気が醸成されるや、非常手段を以て渡部校長を退職せしむるに如かずと決意し、同校二年生坂上藤太郎（二〇）（仮名）及び松山市和泉町松山商業卒業生那智亮介（一九）（仮名）をかたらひ、ピストルその他を用意し、去る五月二十三日夜九時半頃松山市外道後湯之街の渡部校長宅を訪ねて同校長を誘出し、ピストルを突付け目隠しをして、自動車に乗せ市外三津浜付近に至り、翌朝同港から舟で睦月島に連行き、予め用意して置いた家に四日間渡部校長を監禁し、その間ピストルで校長を脅迫し、校長の辞職、その他の誓約書に署名させ、二十七日夜自宅に送還したもので、主犯亀井に教唆されて行動を共にした、坂上、那智の両名はいづれも執行猶予となった」(53)

この事件について、後、古川洋三教授は首謀者の亀井の立場を擁護する見解を述べている。

「正義感の非常に強かった亀井要君（既に戦死）をはじめK君その他二、三人の学生が佐伯氏の辞職を聞いて憤慨決起したのである。亀井君は小生とは親しくしていた関係上学生時代からよく遊びに来ていたが、渡部事件後或る日小生宅に来た時、詳しい事情を聞いた。渡部氏が校長就任後、二度ばかり当時キャンパスの北側にあった校長宅を訪れ『辞職勧告』をしたとのことである。『その理由は渡部氏の私生活について彼が詳細に知っていた事情があったためであって、その話も彼から詳細に聞かされた』。彼は渡部校長から四月になったら辞職するとの言質をとっていたのであるが、その直後、佐伯先生の辞職問題が起こり、これが少なからず彼ら三、四人の者を刺激して、遂に或る夜、渡部氏の宅におしかけ、中島迄つれて行き、先生をそのまま残した。……思うに、彼は正義感に溢れ、学校が泥沼に陥ることを救ってくれた勇者であると私は思う(54)」

なお、文中、中島とあるは古川洋三の記憶違いで睦月島である。七月、渡辺良吉教授（大正一五年赴任、商業英語等担当）が、来る日印会商（昭和一一年）に対する民間綿業者の要望に応えるために、日本綿織物対印輸出組合のインド代表委員に就任するために辞任した。(55)

三．次期校長選びについて

さて、再び、次期校長選びが始まった。その経緯について『松山高商新聞』第九八号（昭和九年一〇月三〇日）が「教授会一致で田中教授を推す。良き先例を開いた」と題し、その就任事情について次のように記している。

「田中新校長就任事情については従来と面目を一新し、教授会の意向が極めて重視されるに到り一大進歩を示した。即ち井上理事は九月下旬上阪、新田長次郎氏と面談、後任校長問題につき種々協議する所があり、後任校長問題は漸く具体化するに到った。同理事は帰松後西依教授を招致し、後任校長に対する教授会の意向を諮りたるに依り、同教授は直ちに教授会を召集、各教授の隔意なき意見の開陳を求めた。然る処全員後任校長に田中忠夫教授を推薦することに一致し、連署を以て其の旨井上理事に申告したのである。井上理事も亦教授会の意向を諒とし十月五日理事評議員会を召集、後任校長としては学校職員一同の希望に基き田中教授を任命したき旨を諮りたるに全員一致賛成、斯くて十月六日正式発表を見るに到ったのである。

従来と異なり、教授会の意見が財団の意思決定に斯くも重大なる役割を演じたことは貴重な先例を作れるものであり大いに進歩であると好評されている」[56]
また、『三十年史』は校長選びに関し、教授会側の動きを次のように記している。
「後任校長の就任については、この度は学校教授会の推薦にまちたいという理事者側の意見に従い、教授会はもちろんのこととして、全員一致加藤氏の意中の人山内正瞭氏の御出馬を熱望した。学校側よりは田中、西依両氏が数回、又人を代えて度々同氏を訪問懇請したが、同氏のご都合で遂にこの希望が実現されなかったのは残念であった。そこで、次善の策として、加藤校長の精神を理解する人という観点から、同僚中の田中教授を推薦することになった。この推薦の中心人物は西依教授であり、年少の田中氏を推した西依氏の雅量は一同の敬服したところである」[57]
『五十年史』の記述は次の如くで、理事者側の動きも伝えながら次のように記している。ただ、『五十年史』は『松山高商新聞』とほぼ同一で、その種本は『松山高商新聞』であったことがわかる。
「第三代校長には教授田中忠夫が就任した。新校長就任に当たっては従来と面目を一新し、教授会の意向が重視されることになり、井上理事は九月下旬に上阪して新田長次郎と面談し、後任校長問題について協議。帰松して西依教授に後任校長に対する教授会の意向をはかり、同教授は直ちに教授会を召集、各教授の隔意なき意見の開陳を求めた。教授会は期せずして田中教授を推薦することに一致し、連署をもってその旨井上理事に申告した。ついで十月五日に理事評議員会が召集され、井上理事は後任校長として学校教職員一同の希望にもとづき田中教授を任命したき旨をはかり、全員一致これに賛成し、翌六日正式に発表された」[58]
また、後に回想で古川洋三もいう。

「渡部事件があって後、当時松山高商の大久保彦左エ門の役をつとめておられた西依先生を中心として加藤先生の信任の厚かった現愛光学園校長田中忠夫教授を高商校長に推挙する話が進められ、小生も双手をあげて賛成したのである」[59]

ただ、『松山高商新聞』『三十年史』『五十年史』の記述で少し腑に落ちないのは、善次郎が五月三〇日に辞職し、田中忠夫校長代理が一〇月六日に就任するまで四カ月以上かかっており、その間の教授会側および理事会側の動きがつまびらかではない。その間の動きを明らかにしているのが、後の田中忠夫の次のような回想である。

「自分の校長事務取扱い時代には二度山内先生を東京のご自宅にお訪ねして懇請した。学校の会計、教師団・卒業生・在校生の現状を資料を持参して説明申しお願いした。よくお聴きもいただいたし、意外なほど学校事情もよく知っていられるので、あるいはと思っていたが、帰校後十日ほど後にお断りの手紙をいただいた。早速再度上京してお願いしたが、この時は先生は自分を学士会館までおつれ下さり、昼食をも饗されて、最近ご身辺ご多忙でとても帰山できる状況ではないとキッパリお断りになった。東京からの帰りに大阪へ立ち寄り、新田家の大番頭板東さんにお会いして山内先生不首尾の報告もし、誰方か適当な方をお考え下さるようにお願いした。帰校後、教授会にその報告をしたのは勿論であるが、考えてみれば佐伯さん校長事務取扱い時代にお引き受けいただけなかったものが、不祥事件をひきおこした後にお願いすることは、お願いすること自身が非常識というべきであったであろう」[60]

このように、田中忠夫校長代理は、上京し、故加藤校長の意中の人である東京商科大学教授の山内正暸氏に対し、校長就任を二度にわたり交渉した（この行動は教授会側の独断ではなく、井上理事や長次郎の諒解の上での行動であったと思う）。訪問時期はおそらく六月～九月初めと思う。しかし、山内氏が多忙を理由にキッパリ拒否した。そこで、田中忠夫は山内先生不首尾を大阪の板東富夫（財団理事）に報告し、校長候補を依頼した。そこで、板東がその旨を長次郎に報告し、長次郎が井上を大阪によび、九月下旬井上が長次郎を訪問して、次の校長について協議し、「教授会の推薦に待ちたい」ということになり、井上が帰松して西依教授に伝え、西依教授が教授会を召集し、同教授が田中忠夫を推薦し、全員一致田中忠夫に決まり、その旨井上理事に報告した、という流れで話が進んだとみてよいだろう。

一〇月五日、理事会、評議員会が開かれ、井上要理事が学内の教授会の意見をいれて、田中忠夫を校長に推薦、決定した。六日、田中忠夫教授が講堂にて、教授、学生一同に対し、就任挨拶を行なった。

この第三代目の校長選びにおいて、理事者側の井上要および新田長次郎らは「教授会の意向」を尊重することにしたことが判る。

ただ、後に大鳥居蕃教授は井上要理事が「学校のことは学校自身で選んでくれ」と言ったのではなく、大阪の板東富夫（実は新田長次郎の意志）からの電報であったと述べている。

「事件〔渡部校長事件〕をスクープした大阪朝日紙が、全国版社会面でこれを大々的に取扱ったので、学校側からは大鳥居教授が急遽大阪に出向き、浪速区久保吉町の新田邸で新田長次郎に面会、財団理事板東富夫氏（合資会社新田帯革製造所総支配人）立会の下に、つぶさに善後の事情を述べ、かつ率直に所信を表明した。その約一週間後、大阪から板東理事の名で次の電報指令が学校に届いた－

『ツギノコウテウハセンセイガタデキョウギノウエスイセンサレタシ』ーというわけで、『次期校長は学校自身で選んでくれ』と言ってくれたのは、前記〔松山在住の〕理事で無かったことは確かである」[61]

しかし、この大鳥居蕃氏の見解は井上理事への反発から出た誤解であり、「次の校長は先生方で推薦するように」述べたのは、長次郎が井上理事と協議の結果であった。その点、『三十年史』もいう。「田中校長の就任については一言附記すべきことがある。それは学校運営については校内教員の意見を尊重するという伝統が、この時を契機として非常に力強く再認識されたということである。学校のことは『先生方に一任したい』というのは財団出捐者新田家の本校創立以来の基本方針であり、校長が財団理事を兼ねるという制度もこの趣旨に出たもので、このことは創立当初より本校の基本的特質の一つであった。この伝統的基本方針が田中校長の就任に至る一連の経過で、理事者側にも、学校教員側にも非常に強く再認識されたことは特筆して置いてよいであろう」[62]

理事会主導の二代目渡部校長の誕生と渡部校長拉致事件、そしてその辞任事件は、校長を「教授会の意向」により選出し、それを財団が承認するという慣例をつくり出す結果をもたらしたといえよう。[63]

昭和一一（一九三六）年三月一七日、善次郎は子息の譲の勉学の地・長崎にて死去した。五七歳であった。

まとめ

以上、本章により渡部善次郎に関し、明らかになった諸点ならびに課題についてまとめておきたい。

第一に、渡部善次郎の経歴に関して。生誕から松山高商の教授に就任するまでの時期については不明なことが多いことである。それは、教授会側の渡部校長への評価が低く、無視し、これまで研究してこなかったためである。

第二に、善次郎の政治的立場に関して。善次郎はジャーナリストの経歴があり、国際連盟協会愛媛支部の主事、支部長を引き受けるなど、加藤拓川の後継者であり、進歩的な護憲派である。また、教授時代の大正一三年に憲政会から担がれて衆議院議員選挙に出た。この選挙では松山高等学校の校長や教授たち、また教え子たちが運動したが、僅差で落選した。もし、愛媛の憲政会がまとまって早くから運動をしておれば当選した可能性は高かったといえる。

第三に、高商における善次郎の地位に関して。善次郎は就任以来、教頭として加藤彰廉校長を献身的に支えていたことである。学識もあり、人望もあり、ユーモアもあり、多くの卒業生や在学生、また県下では一般に加藤彰廉の次の後継者とみられていたことである。ただ、彰廉そのものは次期校長を東京高商教授の山内先生を考えており、善次郎ではなかった。また、善次郎が病気して退職して以降、当然ながら教授会側は誰一人後継者とは思っていなかったことである。しかし、教授会側には唐突であるが、井上要理事が病気の善次郎を二代目の校長に担ぎ出した。そして、それは井上の独断ではなく、長次郎の了解を得た上で任命であったことである。

第四に、二代目校長としての功績に関して。渡部校長時代は短かったとはいえ、人事を一新し、定員の増加（三〇〇名から四五〇名に増員）の検討を始め、また、加藤彰廉先生記念事業を発足させるなどしており、次の田中校長時代に実現する政策を始めていたことである。

第五に、善次郎は佐伯教授に遺恨をもち、解雇という暴挙に出たことである。そして、それが不幸な事件を引き起し、松山高商始まって以来の大不祥事となり、学校の社会的評価を大いに引き下げることとなった。だが、この不祥事が契機となり、財団側は次の校長は教授会の意向により選出し、それを理事会が承認するという慣例がつくられたことである。

（注）

（1）『愛媛県人物名鑑　第一輯　松山市、温泉郡の部』（海南新聞社、大正一二年）九六頁。なお、愛媛新報社の『愛媛県紳士録』（昭和九年）では、早稲田大学専門部卒業は三七年、松山高等学校講師は大正一一年となっており、この紳士録はあまり信用できない。

（2）『松山商科大学五十年史』一二六頁。

（3）『松山高商新聞』第八九号、昭和八年一一月二五日。

（4）『海南新聞』大正一三年四月五日。

（5）『海南新聞』大正一三年四月九日。

（6）『愛媛新報』大正一三年四月一三日。
（7）『海南新聞』大正一三年四月一五日。
（8）『松山高商新聞』第二一号、昭和二年七月二八日。
（9）『海南新聞』大正一三年四月二六日。
（10）『愛媛新報』大正一三年五月一日。
（11）同。
（12）『海南新聞』大正一三年五月一〇日。
（13）『愛媛県議会史』第三巻、九三三頁。
（14）『松山高商新聞』第一号、大正一四年七月一五日。
（15）『松山高商新聞』第八号、大正一五年二月二五日。
（16）『松山高商新聞』第四〇号、昭和四年四月二五日、同四一号、五月二五日。
（17）『松山高商新聞』第四三号、昭和四年六月二五日。
（18）『松山高商新聞』第七三号、昭和七年三月八日。
（19）同。
（20）『松山高商新聞』第七五号、昭和七年五月一二日。
（21）『五十年史』一二〇頁。
（22）『三十年史』二〇頁。
（23）『五十年史』一二七頁。なお、文中一一月一八日というのは、『三十年史』の間違いを踏襲している。
（24）古川洋三「心に残る思い出」『温山会報』第一六号、昭和四八年九月。
（25）『松山高商新聞』第八九号、昭和八年一一月二五日。
（26）同。
（27）同。
（28）同。
（29）新田長次郎『回顧七十有七年』四一五頁。
（30）『松山高商新聞』第八九号、昭和八年一一月二五日

(31) 同。
(32)『松山高商新聞』第九〇号、昭和九年一月一日。
(33)「規則改正ノ件ニ付申請」昭和九年一二月九日、国立公文書館所蔵。
(34)『松山高商新聞』第九〇号、昭和九年一月一日。
(35)『松山高商新聞』第九〇号、昭和九年一月一日。『松山高商新聞』第九一号、昭和九年二月一九日。
(36)『松山高商新聞』第九二号、昭和 九年三月八日。
(37) 稲生晴「松山高商と田中忠夫先生」松山商科大学『田中忠夫先生』昭和六一年、二六頁。
(38)『松山高商新聞』第九二号、昭和 九年三月八日。
(39)『三十年史』七二頁。
(40)『五十年史』一三〇頁。
(41) 田中忠夫「温山会報と五十年史を読んで」『温山会報』第一七号、昭和四九年。
(42)『松山高商新聞』第九三号、昭和九年四月二五日。
(43)『松山高商新聞』第九三号、昭和九年四月二五日。『五十年史』一三〇頁。『三十年史』八四頁。
(44)『松山高商新聞』第九三号、昭和九年四月二五日。
(45) 稲生「前掲論文」二六頁。
(46)『松山高商新聞』第九四号、昭和九年五月一八日。
(47)『三十年史』二〇頁。
(48)『五十年史』一三〇頁。
(49)『東京朝日新聞』昭和九年六月三日。
(50)『松山高商新聞』第九五号、昭和九年六月一五日。
(51)『五十年史』一三一頁。
(52)『松山高商新聞』第九五号、昭和九年六月一五日、『五十年史』一三一～一三二頁。
(53)『東京朝日新聞』七月二六日。
(54) 古川洋三「心に残る思い出」『温山会報』第一六号、昭和四八年九月。
(55)『松山高商新聞』第九六号、昭和九年七月一二日。

(56)『松山高商新聞』第九八号、昭和九年一〇月三〇日。
(57)『三十年史』二二頁。
(58)『五十年史』一三三頁。
(59)古川「前掲論文」一八頁
(60)田中忠夫「温山会報と五十年史を読んで」『温山会報』第一七号、昭和四九年。稲生晴「松山高商と田中忠夫先生」松山商科大学『田中忠夫先生』昭和六一年、二八頁。
(61)大鳥居蕃「『松山商科大学三十年史』補遺」一九四頁。
(62)『三十年史』二三頁。
(63)『松山高商新聞』第一三〇号、昭和一一年四月二四日。

第四章　田中忠夫と松山高等商業学校・松山経済専門学校

田中忠夫研究の決定版は、本学教員（稲生晴、神森智氏ら）の手になる『田中忠夫先生』（松山商科大学、昭和六一年）である。同書は、『加藤彰廉先生』にならい、田中忠夫の生いたちから東京帝大時代にかけて同級生の回想、思い出や教え子の回想、同僚の回想等を掲載し、田中忠夫の人間像を生き生きと浮かび上がらせている。また、稲生晴元学長による論文「松山高商と田中忠夫先生」は田中忠夫の精神的基盤・規範として「キリスト教と武士道」精神を指摘するとともに、第三代校長に就任するや、「日本一の高商に」という大胆なスローガンを掲げ、学校経営に邁進された業績を活写した解説であり、と同時に戦時下の田中忠夫の負の側面を併せて論じたバランスのとれた出色の好論文である。

ただし、同書ならびに稲生論文もいくつかの点で、問題点がなくはない。田中忠夫の伝記としてはなお不十分、不明な諸点がすくなからずある。たとえば、勉学、研究面のことが殆ど触れられていないこと、また、高商時代に関し、加藤彰廉校長の校訓「三実主義」の宣言を昭和二年と誤認したり（正確には大正一五年）、さらにまた、戦時下の田中校長による三実主義の明確化を「昭和一五年度生徒要覧」と誤認するなど（正確には一六年度）、『三十年史』以来の間違いを踏襲していることである。その他、前校長渡部善次郎の校長就任の期日を間違っていたり、渡部善次郎への評価が低すぎること、等々である。

以下、同書の不備を補いながら、第三代校長田中忠夫と松山高商時代・松山経済専門学校時代について考察することにしよう。

第一節　生誕〜三高、東京帝大時代

田中忠夫は、明治三一（一八九八）年四月一三日、岡山県小田郡矢掛町に父民平・母フケの長男として生まれた。民平は若いころは農業を営んでいたが、明治二四（一八九一）年ころから図書や毛糸、用紙等を取り扱う商売を始め、小売り店を始めた。妻のフケは裁縫が得意で裁縫塾を開き、家計を支えた。四〇（一九〇七）年からは薬の製造販売に転じ、家運は隆盛であった。また、父はカトリック教徒で、毎日の礼拝は欠かしたことがなかった。そのような家庭環境の中で田中忠夫は幼少・少年時代を過ごした。(1)

小学校時代の田中忠夫は、学業、操行、体育その他どの科目も抜群の成績でずっと高学年に至るまで一貫して最優秀児であり、同級生みんなの憧れの存在であり、全校生徒の尊敬と信頼を一身に集めていたようである。(2)

大正元（一九一二）年四月、田中忠夫は岡山県立矢掛中学に入学し、五年間学んだ。中学時代の忠夫は、成績優秀で同級生は忠夫を目標に意識して努力していたという。忠夫は授業のときなどは、進んで質問したり自ら手を挙げて答えるようなことはなかったが、あてられたときなどははっきりと明確に答え、いささかも間違ったことはなかったという。休憩時間などは、特定の者とだけしかつきあわないということは微塵もなく、既に大人の人格ができていた。また、自分がこうと信じた

ことは飽くまでやり通す信念の持ち主であったが、決して人に押し付けるようなことはしなかったという。(3)

そして、大正六（一九一七）年三月、田中忠夫は矢掛中学を卒業した。

同年四月一日、田中忠夫は第三高等学校（一部甲類）に入学した。下宿は岡山の同じ村の出身でカソリック信者である親戚の三宅とら宅に宿した。(4) このときはまだカソリックであった。ところが、一年生の終わりに精神的危機がきた。大正七年の早春、奈良の教会で告白したところ、フランス人の神父が「あなたの信仰では教会の秘蹟に近づいてはなりません」ときびしくいわれ、破門され、それ以来カソリック教会に一切行かなくなったという。(5) その後の経緯は不明だが、ある下宿屋を追い出されて、行く先に困っていたところ、フトした奇縁で中学の友人にすすめられて三高ＹＭＣＡの寄宿舎に入った。その動機も脚気で参っていたため、寮では米のご飯が食べられるということに惹かれたためであったという。寮に入った正確な時期は不明だが、八年の五月ころであろう。ところで、ＹＭＣＡはキリスト教でもプロテスタント派であった。田中忠夫は寄宿舎生活する中でプロテスタントに段々興味が沸き、聖書も面白くなり、プロテスタントを強く信じるようになってきたという。(6) このように、三高の寄宿舎時代にカソリックからプロテスタントに改宗した。

なお、三高時代の同期に、のちに御茶の水女子大学長になる久米又三、鹿島建設社長になる鹿島守之助、三年間首席で通し、のち東北帝大教授となる服部英太郎、四方博、坂義彦やのち弁護士となる湯浅恭三、岩田春之助などがいた。(7)

三高時代の田中忠夫について、同窓の湯浅恭三が、生き生きと思い出を記しているので、紹介しておこう。

「田中忠夫君と私は同じ年に京都の第三高等学校に入り、同じ年に卒業したから三高学生キリスト教青年会（通称三高ＹＭＣＡ）に住んだのも同じ三年間であった。……忠さんは大変真面目で勉強家であった。『自由』をモットーとしていた三高は忠さんの理想のタイプでなかったかも知れないが、学校とはよく解け合っていたと思う。忠さんと私とはクラスも同じであったから同じ教室に居たし、ＹＭＣＡでの生活に関しては毎日顔を合わせていたから、いろいろな思い出がある。忠さんは私と違って運動は余り得意でなかったが、それでもＹＭＣＡにテニスコートがあったから、時々一緒にテニスをやったことがある。また上賀茂までランニングをやり名物の焼餅を買って帰ったことも覚えている。なつかしい思い出につながる。

私達の高等学校時代は世界的に自由主義の盛んな時代であったが、日本の思想界でもいろいろと新しい運動がおこりつつあった。そのうちでも特に有名であった二、三を取り上げると、社会主義で有名な河上肇先生、哲学者西田幾太郎先生等の講演や論文の発表、西田天香氏の一燈園を中心とする社会奉仕活動、文学や絵画や演劇における新しい動き、武者小路実篤氏を中心とする『新しき村』等がよく世間に知られている。忠さんをはじめ私達三高ＹＭＣＡにつながる者達もこれらの運動に多大の興味をもち、それらの中心になっている人達の話を聞いたり、書いたものを読んだり、演劇をみたりしたものである。忠さんは殊に『新しき村』と一燈園に強くひかれていたような記憶がある。武者小路実篤、有島武郎、西田幾多郎氏を三高ＹＭＣＡに招いて、親しく講演を聞き話し合ったこともある。またセザンヌ、ルノアール、ミレー、その他の印象派や後期印象派の画家達の絵にも忠さんをはじめ我々は興味を持って展覧会に行ったり講演会に出たりした。また新劇の方では松井須磨子や坪内逍遥等の築地小劇場、京都ではエランヴィタルの演劇に興味を示していて、ＹＭＣＡでも劇をやろうという連中もいて練習までやったことがある。

忠さんはまたキリスト教に特に熱心で、日曜日には必ず教会に行き、ＹＭＣＡでの毎朝の祈祷会にも熱心に出席していた。三高の英語の先生、栗原基先生は当時若者達に有名であった。アメリカのフォスディック先生の著書の日本語訳を出版されたが、三高のＹＭＣＡの隣に住み、私達もよく家庭によばれたりして、親しくして頂いたのでいろいろ指導を受けた。（中略）

平和な時代であり、自由主義華やかな時代でもあったが、我々三高の生活をエンジョイし、殊に学生ＹＭＣＡを中心とする世界に楽しく生きることが出来たのは今でもよい思い出で、幸福な一時期であったと思っている。賀茂川のほとりや銀閣寺、南禅寺に通ずる川に沿うた通り（現在は『哲学の道』と呼ばれている）や、比叡山への山登り、更に京都、奈良を中心とする遠足、また夕方の四条から祇園へそして八坂神社から東山を通っての寄宿舎までの散歩等々思い出はつきない」(8)

以上のように、三高時代、ちょうど大正デモクラシー期であり、新しい思想に触れ、また、キリスト教（プロテスタント）の信仰に熱心であったことが判明しよう。

ただ、同書でも、三高時代、田中忠夫が勉学面で、栗原基先生の週一回のキリスト教講義は欠かしたことがない、と書かれているが、(9)それ以外に何を学び、研究したのかは一切触れられておらず不明である。

大正九（一九二〇）年七月二日、田中忠夫は三高を卒業した。そして、東京帝大に進み、九月一日、経済学部に入学した。経済学部は前年八年四月に法科大学から経済、商業学科を分離独立して設立された新設学部であった。経済学部には経済学科と商業学科があり、田中忠夫は経済学科に入った。修学期間は三年であり、一学年は二学期制で、秋学期が九月一一日より翌年一月三一日、春学期が二月一日より七月一〇日となっていた。授業科目は必修と選択科目からなり、次の如くで、選択科目は四科目以上の履修を義務づけていた。(10)

第一学期（秋学期）

必修科目は経済学総論、経済史、経済地理、経済学（第一外国語英、仏、独）、憲法、民法第一部。

選択科目は経済学（第二外国語英、独、仏）、哲学。

第二学期（春学期）

必修科目は貨幣論、農業政策、統計学、経済学（第一外国語英、独、仏）、行政法、民法第二部。

選択科目は経済学（第二外国語英、独、仏）、社会学。

第三学期（秋学期）

必修科目は銀行論、商業政策、経済学（第一外国語英、独、仏）、民法第三部、商法第一部。

選択科目は会計学、国際公法、演習。

第四学期（春学期）

必修科目は工業政策、交通政策、保険学、経済学（第一外国語英、仏、独）、商法第二部。

選択科目は国際金融論、政治学、演習。

第五学期（秋学期）

必修科目は経済学史、社会政策、財政学第一部。選択科目は政治学、刑法、演習。

第六学期（春学期）

必修科目は殖民政策、財政学第二部、選択科目は取引所論、国際私法、演習。

田中忠夫の在学時の学部長は山崎覚次郎（大正九年五月～一二年五月、銀行論、貨幣論、国際金融論）であり、教授陣は、金井延（社会政策、初代学部長、病気により辞任し、山崎に交代）、河津暹（経済学総論、商業政策、取引所論）、矢作栄蔵（農業政策）、森荘三郎（商業学、保険学）、本位田祥男（西洋経済史）、江原万里（交通政策、クリスチャン、内村鑑三の弟子）、河合栄治郎（経済学史、社会思想史）、舞出長五郎（経済学史、高野岩三郎の門下生）、大内兵衛（財政学）、土方成美（財政学）、渡辺鐵蔵（商業学）、上野道輔（会計学）、矢内原忠夫（植民政策、新渡戸稲造の弟子）などがいた。

なお、田中忠夫の入学前に森戸事件がおきている。森戸辰男は高野岩三郎の門下生で、『経済学研究』創刊号（大正九年一月一日発行）にロシアの無政府主義者・クロポトキンの「パンと奪取」という論文を翻訳し『クロポトキンの社会思想の研究』として発表したが、右翼の学生団体である興国同志会によって過激思想を伝えるものだとして攻撃を受けて同雑誌は回収処分となり、時の山川健次郎総長の強い判断の下に経済学部教授会は森戸助教授を休職処分とした。さらに森戸助教授は新聞紙法第四二条の朝憲紊乱罪により大正九（一九二〇）年一月一四日に起訴され、それのみか、『経済学研究』編集兼発行人であった大内兵衛助教授も起訴され、休職処分となり、さらに裁判の結果、両教授とも有罪となり、九年一〇月失官した。なお、大内助教授はその後特赦となり、田中忠夫の在学中の一一（一九二二）年二月に復職している。(11) 大学に入ったばかりの田中忠夫もこの事件の余波を聞いていたと思われるが、不明である。

なお、同期にはのちに大蔵省次官となる松山出身の田中豊（大蔵次官のあと宝酒造社長にもなる）や三高時代からの友人湯浅恭三や久米又三などがいる。また、一年先輩にのちに同志社大学総長になる住谷悦治、一年後輩にのちに東大教授となる堀豊彦などがいた。

田中忠夫は東大時代も久米又三、湯浅恭三らとともに東大ＹＭＣＡの寮で生活した。さらに、久米又三の誘いで、冨永徳磨牧師の駒込キリスト会によく通うようになった。[12] 冨永徳磨は日本キリスト教会の指導者植村正久牧師（プロテスタント）の弟子であったが、脱会し、独立して駒込で駒込キリスト会を設立していた。

東京帝大時代のことについて、三高と東大時代を田中忠夫とともにした湯浅恭三の回顧を紹介しておこう。

「（忠さんの）東大での三年間であるが、東大学生ＹＭＣＡでも大正九年から十二年まで忠さんと一緒に住んでいた。……大学時代の忠さんは引きつづいて非常にまじめで、大学の講義も熱心に出席し、日曜日の教会の礼拝も欠かさず出ていたことを覚えている。……大学時代の日本の社会もＹＭＣＡを中心とする当時の我々の活動も、大体三高時代の空気がつづいていたように思う。しかし東大ＹＭＣＡはまた特別な雰囲気を持っていて、中にいる学生諸君も学校での勉強もさることながら、学校外での研究や活動も非常に活発であった。殊に吉野作造博士を中心とする『新人会』は東大学生ＹＭＣＡの先輩や当時のメンバーを中心として活発に動いていたように思う。忠さんもそれに大分興味を持ち、我々もいろいろな機会に先輩や学生達と話しあったものである。……後に代議士となった河野密君や風早八十二君や同志社大学の総長となった住谷悦治君等も学生時代から社会主義の活動に興味を持っていたようであり、新人会の中心的存在であったので、ＹＭＣＡの食堂での食事のときや、何かの会合のときに、これらの人々の社会主義、共産主義に関する話にも我々は興味をもって耳を傾けたものである。忠さんは堅実な思想をもちつづけていたが、当時次第に拡がっていた社会主義、共産主義のことも興味をもって耳をかたむけていたことを覚えている(13)」

以上のように、田中忠夫の学生時代は、成績優秀、真面目で信念があり、冨永徳磨のキリスト教（プロテスタント）に熱心、自由主義的な考え―社会主義、共産主義にも寛容―の持ち主であったことがわかる。

ただ、同級生（森、湯浅）の回想ももっぱらキリスト教の信仰のことが中心で、大学時代に勉学面で何を学び、研究したのかは不明であるが、真面目に講義に出席し、経済原論、経済学史、古典派経済学、歴史学派の経済学、社会主義思想、社会政策論、限界効用論、古代、中世、近世、近代ヨーロッパの経済史、それらの時代の経済思想史、キリスト教など幅広く学んだことは確かであろう。田中忠夫は後に『経済思想史概説』を発刊しているが、それから推測するに、経済理論や経済学史では河津暹、河合栄治郎らから、社会政策では金井延、山崎覚次郎らから、社会主義思想では舞出長五郎、欧州経済史では本位田祥男、限界効用論は土方成美などからよく学んだものと思われる。

大正一二（一九二三）年三月三〇日、田中忠夫は東京帝大経済学部を卒業した。

第二節　松山高等商業学校教授時代

一・大正一二年～昭和四年

松山高等商業学校は、大正一二（一九二三）年二月二二日文部省の認可を受け、四月開校した。開校と共に、田中忠夫は同年四月六日、加藤彰廉校長の招きで松山高等商業学校教授に経済学の担当で任用された。このとき二四歳であった。いかなる事情で加藤彰廉が田中忠夫を知り、採用したのかについては、卒業生の田村清寿（高商第四回卒）が温山会東京支部の座談会（昭和六〇年七月）の中で一端を明らかにしている。それは、加藤彰廉が松山市出身、東京帝大生の田中豊（大正一二年卒で大蔵省に入り、後、事務次官、宝酒造社長等歴任）に依頼し、その紹介により田中忠夫を推薦され、彰廉が田中忠夫のところに行き、「是非自分の処に来てくれ」と頼み、田中豊も田中忠夫に対し「お前は実業界にはいっても駄目だ、学者になれ」と説得し、田中忠夫は随分迷ったが、赴任することを決断したという。(14)

なお、同年に採用された教員は、佐伯光雄、渡部善次郎、西依六八、重松通直、古川洋三で、経済学関係は田中忠夫一人であった。

田中忠夫の担当科目は、経済学、経済史で、倫理学も教えていた。経済学が四国において講ぜられるのは、これが始めてで、フランス語の高橋始教授によると「四国に於ける経済学講座の元祖」(15)と評せられている。そして、経済学の講義では、田中忠夫から経済学を学んだ牧野龍夫（一期生）によると、「（田中先生は）ミルを金科玉条とされていた」という。[16]また、同じく窪岡三五郎（一期生）は、「私は経済原論を習いました。先生があるとき、イギリスの社会思想史を説かれたことがある。これには皆驚いたです。あのような右と思われる人が社会主義を説くんですから。重松通直さんがやるならわかるんですがね」などと述べており、経済学のなかでは、古典派とならんでイギリスの社会主義思想を教えていたことがわかる。[17]また、二期生で田中忠夫から倫理学や経済史を学んだ森明は、倫理学ではリップスの『倫理学の根本問題』、経済史では英文原書の「中世及び近代英国経済史」で、ただ驚きの一語でついていくのが必死であったという。[18]四期生の田村清寿は「先生（田中忠夫）の思想は河合栄治郎さんの学説ですよ」[19]と述べている。

なお田中忠夫は就職後もキリスト教（プロテスタント）を信じ、日本キリスト教会系の榎町教会に通っていた。

大正一二年一一月二一日、学術研究団体として経済学、経済事情、時事問題その他の研究を目的とする「経友会」が発足した。若手教員の田中忠夫、重松通直等が指導し、生徒の岡田栄資、浜田喜代五郎等が中心であった。

大正一四（一九二五）年四月二八日、田中忠夫は松山高等女学校教師でプロテスタントの高橋つぎと信仰を通じて結婚した。

大正一四年七月一五日、学生新聞『松山高商新聞』が発刊された。新聞学会の会長に渡部善次郎、顧問に校長加藤彰廉と田中忠夫がなったが、生徒が主体で、三年生の岡田栄資、増岡喜義、野本矩一、二年生の塚本義武、土居武夫の五人が幹事となり、発刊した。新聞は、月一回発刊された。

田中忠夫は、『松山高商新聞』に「中世紀の近代文明に対する貢献」（一～四）を第二号から五号にかけて連載している。同論文は、ロンドン大学の中世史学教授らの講演録を同大学のハーンショー教授が編纂した『中世紀の近代文明に対する貢献』という書物を紹介したものである。同書の大要は次の如くであった。

歴史は古代、中世、近世に分けられ、中世紀とは、西ローマ帝国の滅亡（四七六年）から新大陸航路の発見（一四九二、一四九八年）までの約一〇〇〇年間であり、その中世はさらに四つの時期に分けられる。すなわち、第一期は西ローマ帝国が滅亡し、北方の野蛮なドイツが現れ、カール大帝が誕生する八〇〇年ころまで、第二期はいっそう野蛮なノルマンやマジャール、トルコ等が登場する八〇〇年ころより一〇〇〇年まで、第三期はカソリック文明の最も高調に達した時代であり、中世紀の精華である一〇〇〇年より一三〇〇年ころまで。その最適例は四回にわたる十字軍の遠征であり、ゴシック建築が生まれ、トマスアキナスの神学が現れ、ダンテの神曲が生まれた時代である。第四期が一三〇〇年ころより新大陸発見の一五〇〇年ころまでで、カソリック文明の崩壊の時代であり、新大陸の発見はすべての旧思想、旧社会に決別を告げ、新時代に足を踏み入れる分水嶺であるとスケッチしている。

この中世観について、一方では民衆を基調とし民衆の上に立てられた時代だとする論者があり、他方では停滞の時代、暗黒の時代と云う論者がいるが、果たしてこれらは正当な理解であろうか。ハーンショー教授の見解によると、中世紀の特徴は、第一に宗教の支配が徹底していること、すなわち、現世の生活の意義は来世の福祉をえるためであり、宗教的真理の前には現世は殆ど意味がないこと、科学よりも宗教的真理が絶対であり、経済学の賃金論、所得論、利子論もすべてキリスト教の教えを基礎として考えられており、権威の根源は神にあることである。第二に中世紀文明は徹底的な団体主義的精神にあること、すなわち、個人が社会に背き同胞に背くことは許すべからざる罪悪で、個人ではなく社会が中心であることである。

そして、面白いことに現代においてこの団体主義精神は皆無でなく、引き継がれている、いまや個人主義的時代から団体主義時代に入りつつあるといわれている。しかし、現代の団体主義精神は多数決であり、いかに偉大な思想観念でもこれが一つの社会観念になるには必ず各個人の承認を受けなければならない。また、いかに有能な思想といえども無条件に承認されず、幾ばくかの修正をへなければならない、これが近代の団体主義でデモクラシーという名で呼ばれている。

これに対し、中世の団体主義はよほど異なる。ある天才がおれば各個人はこれを崇拝、賛嘆しなければならない、修正、批評などは冒涜である。カソリックを中心とする中世紀思想は修正や独創を許さないのである。トマスアキナス、ダンテの名は明星で、中世全期を照らしているという。

しからば、中世の近代文明に対する意義、貢献とは何か。ハーンショー教授の結論は、団体主義精神は濃厚となり、社会福祉が一層盛んになり、社会組織において宗教的修正が一層盛んになり、功利観念の半面に純理想主義要素が引き入れられ、ギルド社会主義においてもその経済政策において中世紀から学ぶ必要があると。このように中世紀はなお多く現代文明に寄与する資格を有しているると。

以上のように田中忠夫はハーンショー教授の著書を紹介した上で、最後に「妄言を許されるならば」として、「時代精神は尚余りに独創に執着し、批評的であり過ぎはしないか? 今少し大綱より見て小異を棄てる雅量と偉大なる人格思想感情に傾倒し没入して学ぶべきではあるまいか?中世紀は此事を吾人に教へて居ると思ふ」[20]と結んでいる。最後の田中忠夫の一文は何を意味しているのかは十分理解できないが、中世紀は中世紀として理解し、この時期の偉大な思想家、例えばトマスアキナスなどを高く評価して、研究すべきでないかと述べているように思われる。

大正一四(一九二五)年の秋、加藤彰廉校長が、教授会に校訓「三実」(実用・忠実・真実)について諮問した。この時の教授会の雰囲気をのちに、大鳥居蕃教授が『松山商科大学六十年史』(写真編)のなかで、回想しているので、すでに紹介したが、再度引用しておこう。

「大正十四年秋頃、初代校長加藤彰廉氏から『校訓』制定につき教授会に諮問があった。校長の腹案は、真実(truth : truthful)、忠実(faith : faithful)、実用(use : useful)で、真実に初まる各語句の解釈、説明は一切無く、その代わり?に、カッコ内の英語が示された。何れも日常使い慣れた平凡な言葉で、就中、『真実』『忠実』は古今東西に遍く妥当する人倫の大道で、異論のある筈は無く、また、『実用』は眼高手低の戒めを含む、堅実な修学、処世の指針に他ならず、新生間も無い、日本の片田舎の、ささやかな私立校の校訓としては、むしろピッタリであった。というわけで、一部若い教師の間では、あまりにも地味で常識的なこの校訓に不満もあったが、表立って異議を唱えるほどでは無く、そのまま加藤提案が公式に決定した。この『校訓三実』は、その後言葉の弾みで、便宜的に『三実主義』と呼ばれるようになったが、『主義』と呼ぶにふさわしいのは、最後の『実用』—実用主義—だけで、

『真実』『忠実』など、およそ主義以前のもの、これを『主義』と呼ぶのは、おこがましい限りである――と私は思う。（一九八四・五・二九記）[21]」。

そして、大鳥居教授は、「一部若い教師の間では、……この校訓に不満もあった」と述べているが、その若い教師の一人が、実は田中忠夫であった。大鳥居教授は、後に「田中さんを偲ぶ」の中で、加藤校長が大正一四年に校訓「三実主義」を教授会に諮問したとき、「会議中は賛否何れとも意見らしいものを述べる者は無かったが、会議を了えて外に出た途端、田中さんは、呟くように一言、『つまらん』と言い放たれた。平素控え目な田中さんの人柄を知る者にとっては、これは驚きであった」とのエピソードを記している[22]。

おそらく、この校訓「三実」の提案については、当時の田中忠夫も大鳥居教授も同様の感想をもったのだろう。

若手教員にはこの校訓は平凡で不満であったが、大正一五（一九二六）年三月八日の第一回卒業式で、加藤彰廉校長が式辞とともに校訓「三実」を宣言したことは、すでに述べた如くであり、以後、校訓「三実主義」と言われるようになり、彰廉校長が入学式、卒業式で繰り返し述べ、校訓「三実主義」が本校に定着していった。

田中忠夫は、『松山高商新聞』第六号から「英国産業界の危機」（一～四）を連載した。それは、英国産業界の危機、すなわち、現在、英国産業の心臓部をなす石炭産業における激しい労資の対立について、イギリスの労働党指導者で経済史家のウエッブが「カレントヒストリー」の一〇月号に載せた論文を紹介している。それによると、本年英国の炭坑主側は賃金の大幅な切り下げを要求し、それに対し坑夫側は断固反対し、却って炭坑の国有を要求し、対立している。英国政府はこれを重大視し、調査会を作り、六月に賃金切り下げ余地なし、労働時間延長も不可能、解決の道は産業能率の増進あるのみとの解決案を提案したが、炭坑主側がこの提案を拒否し、六月三一日坑夫一〇〇万人を一時解雇し、対立が激化した。ここで首相のボールドウィンが斡旋につとめ、炭坑主側の要求する賃金と現行の賃金との開きを如何に決定するかは下院の投票に一任する、今後再び賃金の引き下げ、労働時間延長なくして能率を研究するために王立委員会を組織するという提案がなされ、危機が回避された。ウエッブは首相の勇気と決断を讃えた。そして、田中忠夫は労資双方の主張を紹介し、特に労働者側にたったウエッブの主張を紹介している。①英国の産業界は戦前よりも活力は衰えていない、石炭業においても不良炭坑は閉鎖されたが、良坑においては多額の投資が継続され、大戦前以上の利潤である。しかし、大体においては炭坑利潤は減少している。②労働者全体の賃金はすこしも上がっておらず、むしろ下がっている。失業者は産業全体では八分の一、石炭業では四分の一を数え、悲惨な状態にある。これ以上事業の縮小や賃金の引き下げはなし得ない。そしてウエッブは、イギリス経済の奇怪なる結論に達している。すなわち、英国の産業全体はすこしも衰えていない、所得総額、消費総額は減少せず、財産総額はむしろ増加している。他方、石炭その他企業の利潤はやや減少し、賃金も低下している。これは何によるか。ウエッブは国民所得を分析して、社債、国債、地方債の利子所得、地代、国庫扶助者、戦功年金者の所得増加に注目し、債権者の多くは資本家で、かれらは利潤で失った所得を利子で補っている。かかる状況下で、労働者が賃金の引き下げを忍ぶ義務はない、むしろ分配問題を公正にせよ、また、企業は労働能率を高めよ、そしてそのために国有化、ならびに経営に従業員の合

議制を採用せよと提起している。このように、田中忠夫はウエッブの主張を好意的に紹介している。(23)

大正一五（一九二六）年四月四日、田中忠夫・つぎ夫妻に長女・信子が誕生した。(24)

同年七月一七日から、田中忠夫は校友会の講演部長として、講演部の九州巡回講演の途に付き添った。一八日は福岡市、一九日は長崎市、二〇日熊本市、二一日は鹿児島市、二二日は宮崎市、二三日は大分市に廻った。(25)

昭和二（一九二七）年五月からは講演部長は一柳学俊に代わった。

同年六月、田中忠夫の妻つぎは産後の肥立ちが悪く、二番町の向井病院に入院している。(26)

同年八月一三、一四日の両日、田中忠夫は八幡浜に行き、八幡浜夏季大学にて、「恐慌とその対策」「経済政策に就て」の講演を行なった。(27)

同年一二月一四日から一二月二三日迄、二番町松山高等小学校において文部省主催の成人教育講座が開催され、本校からは一柳学俊、田中忠夫、星野通が出講し、田中は「わが国現下の金融問題」「現下金融の諸問題」について講義した。(28)

妻のつぎは体調回復せず、昭和三（一九二八）年四月一〇日、死去した。八月二一日、田中忠夫はつぎの妹みつ（小倉市西南学院の音楽教師）と再婚した。(29)

昭和三年六月五日、田中忠夫が率いる朝鮮・満州旅行団と西依六八教授引率の野球チームが高浜を出て、朝鮮、満州に遠征旅行に出かけた。野球チームは朝鮮の野球チーム（釜山鉄道、大邱、京城鉄道、逓信局、延喜専門学校、平壌実業団等）と対戦し、田中旅行団は、釜山、京城、平壌、長春、ハルビン、奉天、撫順炭坑、旅順戦跡、大連等を廻り、六月二二日無事高浜に帰った。(30)

満州旅行を終わっての田中忠夫の旅行談の大要は次の通りである。

「綿貫勇彦先生の話はただトンネルを通るにすぎないとあったが、実にさうであったと思ふ。

経済的に見たる満鮮について述べて見たいと思ふ。人口問題と満鮮との関係につき、人口緩和の資となるかどうかについて、私の考えとしてはそれは出来がたいと思った。朝鮮は会社が少なく、交通機関は限られ、農業も水利不足で、危険が多い。日本人は何を苦しんで朝鮮に行くかて、朝鮮にて富めるは地主、金貸業者、官吏にすぎず一般の生活は惨めである。本通りの家屋も実にみすぼらしい。京城にても行政官のいる町は美しいが、商業的に立っている街は少い。よって日本人は経済的に発展し得る余地はない。

満州に至れば沿線の土地は一面に平坦である。豚馬が点々と見えるのみである。民家は少きものであって、見渡す限り処女地に富めるものと予想せるに反し、一面開拓されている。人口は少なけれども開拓は行きとどき、大豆、高粱、粟を作っている。故に一段当り生産高は実に低い。支那人は大部入っているが、その生活程度は全く低く、一日十銭にて足りるといふ故に日本人が入り、これらと同じ生活に甘じることは到底不可能である」(31)

昭和四年一〇月二五日発行の『松山高商新聞』第四七号に田中忠夫は経済随筆「消費節約運動よ何処へ行く」と題し、浜口内閣が大々的に推進している消費節約運動に関し、実行の可能性に疑問を呈し、その欠陥は、根本精神の不徹底と中心組織の欠如の二点を指摘している。すなわち、浜口首相や井上蔵相が放送や文章でいくら述べてもその精神は国民中のごく一部分にしか届かず、また、普及のための団体が無力であるので、結果は推して知るべしである。そこで、田中忠夫は実行性ある具体的な私案を提案している。それは中央に永続的な消費経済合理化委員会を設けて全国的な指導の任にあたり、青年団、処女会等の団体を運動の母体とすること。そして、実行案をつくり、基本的なものから実行に着手すること、その出発点は予算生活であり、百の消費節約も予算生活を抜きにしては徹底した効果を見いだせないとして、講演や記帳方法を示し、実行者に表彰をなすことなどを提案している。(32)

二．田中忠夫著『経済思想史概説』について

昭和四（一九二九）年二月、田中忠夫は、広文堂から『経済思想史概説』を出版した。目次は次の如くである。序、序言、第一編古代の経済思想、第二編中世の経済思想、第三編商業革命時代の経済思想、第四編古典派の経済思想、第五編歴史学派の経済思想、第六編社会主義思想、第七編最近時代、結論、経済思想の批判的態度。このように、古代から現代までの経済思想を論じた体系的・系統的な教科書であった。以下、長くなるが、その大要を紹介しよう。

序では、本書が高等、専門学校の教科書、経済学入門書として著されたことを明らかにしている。また、経済学の研究方法には帰納法と演繹法があるが、共に一長一短がある。学校の講義においては、教員の考えを生徒にたたきこむのではなく、自由に思考する習慣と方法を教えることが大事で、後者の方法がよい。また、現代は資本主義と社会主義の論争白熱している時代であり、批判的態度が要求される点からも後者の方法がよい。

序言では経済思想史が取り上げる分野、意義が述べられている。それは、経済に関係ある思想の一

切であり、体系性、断片性、道徳的、実際的意見の形は一切問わない。また、当該時代の代表的思想のみでなく、なお発達幼稚だが先覚的思想も取り上げる、さらに学者の思想ではなく、社会一般の思想を取り上げる旨が述べられている。

第一編の「古代の経済思想」では、ギリシャ、イスラエル、ローマの経済思想を取り上げている。古代社会は経済生活がまだ幼稚であり、また、ギリシャは哲学倫理学等の精神科学が、イスラエルは宗教とその倫理が、ローマは道徳、政治、遊興等が中心で、経済思想の発達は断片的で幼稚であったが、なお記すべき経済思想がある。

ギリシャの経済思想はプラトンとアリストテレスに代表される。プラトンはアテネの全盛期に活動し、かれは分業を重んじ、人の衣食住の職業の必要とその生産階級ならびに職業の分業を助ける商業を認め、さらに都市国家の土木建築等のために奴隷が必要で、その存在も認めた。プラトンの理想国家は三つの社会階級、すなわち哲学者階級、国防や政治行政に従事する文武官階級、そして物質的生産に従事する生産階級からなっていて、前二者の階級には共産社会を要求し（財産の私有と妻子の私有を禁止）、第三の生産階級の仕事は社会に必要であるが、高尚な能力を必要としない卑しい仕事であり、前二者が指導監督しなければならぬこと、そして、この第三階級よりなお卑しき業務に従事させるために奴隷が必要であるという考えであった。それに対し、アリストテレスは、プラトンの共産制は人性に反し、社会の発達を妨げると反対し、分業についてはプラトンより精密に論じ、生産業について農業や牧畜のような自給自足を本質とする産業と、商業、金貸し、賃金労働のような交換を本質とし、利益を求める産業に分け、そこから財貨に関し、使用価値と交換価値を見いだしている。さらに貨幣が交換を助けることを認めていた。なお、かれはプラトンと同じく、生産業を蔑み、また奴隷の存在を認めていた。

一小国のイスラエルの経済思想を取り上げる理由は、キリスト教の母体で、中世紀の思想界を支配する最大のものであること、生産業への貢献は少ないが、金融面では中世紀以降世界経済に貢献大であるためである。イスラエルの経済思想は己の如く汝の隣を愛せよという共産主義的であり、また土地所有の絶対性を否定し、神がユダヤ民族に与えた共有財産とし、また、借金について利子を禁じ、奴隷について存在は認めるが寛大であり、五〇年毎の大安息年には奴隷を解放するというものであった。ただ、これらの高遠な理想がイスラエルの経済思想を代表するとはいえないが、少なからず、国民の思想に影響を与えたと考えて良い。

ローマの経済思想は、近世の経済思想に影響を与えたものが少なくない。ローマの歴史は三期に分かれ、第一期は建国より共和制の崩壊までの時代（χ～前三一年）、第二期は帝政の成立より帝国が分裂するまでの平和な時代（前三一～三二三年）、第三期は帝国の分裂から滅亡までの時代（三二三～四七六年）に分かれ、その経済思想は、第一期末と第三期末の危機の時代に生まれた。その経済危機を述べると、第一期末には、貧富の差が著しく、貧民の苦痛極度に達したが、その原因は、外征による貴族の私有地と奴隷の増大、その奴隷を農業に従事させたことによる農産物価格が下落、ローマ都市への食糧農産物の輸入拡大、租税の高率による自作農の没落であり、第三期末には道義心が地に落ち奢侈遊惰、政府は不生産的な土木建築に狂奔し、国費を浪費し、そのため高率な租税を徴収し、人民は金納租税に苦しみ、高利貸しが跋扈する、また、政府は租税収入のために不換紙幣の発行、悪貨鋳造による経済の混乱、等々であった。そして、この危機的経済を挽回せんとして哲学者や法律家等によって経済思想が打ち立てられた。哲学者の思想は、宇宙には大理性が存在し、人類の目的はこの大理性に一致した有徳の生活をなすことにあるとし、工業は贅沢物を生産する有害な職業であり、商業は虚偽を原理とする職業であり、他方農業は有用で純潔であり、人の生活を有徳に導く理想的なものであると唱えた。この哲学者の経済思想は後の自然法論に影響を与えたものであるが、一面的でローマの経済思想を代表するものとは言えない。当代一般の思想は法律家の思想である。その経済思想上有用なものは、正常価格論と利子論と小農保護論の三つである。正常価格論は大貴族・大商人が自己の利益のために不当に価格をつり上げることが多くなったために、これを取り締まるために考え出された観念である。この観念は始めは生産費と考えられ、後には効用と考えられたが、この観念は一九世紀の英国学派の価値論に通じるものであった。貨幣利子については、租税金納に苦しむ農民を高利貸しより保護せんとするものであったが、空文に帰した。小農保護については、貴族の所有地に制限を加えたり、過酷な誅求を制限したり、賃金労働者保護のため奴隷の使用を制限せんと改革もなされたが、不十分で、ローマの経済危機を救うことはできなかった。しかし、このローマの経済思想は自然法論にせよ、価値論にせよ後代のヨーロッパの経済思想に甚大な影響を与えた。

第二編の「中世紀の経済思想」では、中世紀はローマ文明の没落より近世文明の出現にいたる中間期で、おおよそ五世紀後半より一五世紀末の一〇〇〇年で、キリスト教史から見ると、ローマ旧教の諸民族への普及、拡大、文明化の時代であり、さらに細かく第一期が五〇〇年より八〇〇年までのゲルマン及びフランクが旧教化される時代、第二期が八〇〇年より一〇〇〇年までのマジャール、ノルマン、スラブ等が旧教化される時代、第三期が一〇〇〇年より一三〇〇年までの、欧州諸国に旧教文明が燦然と輝く時代、第四期が一三〇〇年より一五〇〇年までで、旧教文明の弊害が続出し、凋落に向かう時代に分かれる。経済史的にみても同様で、農業技術の発達も都市の発達も僧侶の教導によるもので、第一、二期にゲルマン、フランク及びマジャール、スラブの国々に農業が発達し、都市も発生した。第三期にいたって、十字軍の遠征もあって、農村と都市の発達は著しかった。南欧には一一世紀に大都市が起こり、大資本を擁する貿易商、銀行業が起こり、貨幣が相当使用された。一二世紀にはイタリアのみならずフランダースにも商工業が起こり、一三世紀にはドイツにハンザ、ライン、スラビア等の都市同盟が形成され、大商人や職人によるギルドが作られ、教会や領主より独占権があたえられ保護され、発展して行った。地方は荘園組織で、多数の農奴と少数の自由民及び奴隷からなっており、日本の荘園制度と同じであり、また、経済生活は自給自足が中心で、租税負担が重い点も日本と同じであった。ただ、ローマ教会の一〇分の一税は一一世紀には金納に代わり、諸国の領主の租税も一三世紀には金納に代わり、貨幣経済に習熟しない農民がこのために苦しみ、都会の商人や金貸しが農民を苦しめたことはいうまでもない。

この中世紀の経済思想について、代表者としてトマス・アキナスがあげられる。その理由は、彼がその最盛期である第三期に活躍し、ローマ旧教を大成した人物であり、神学のみならずあらゆる文化現象社会現象に理解を示し、その学風が総合的調和的であり、さらに現在でも旧教神学の大宗として崇められ、中世紀を代表する人物にふさわしいからである。アキナスの経済思想としては公正価格論、賃金論、労働論、商業論、利息論が重要である。その公正価格論は、売買はすべて公正価格に従うべしとの考えで、その公正価格はその財貨に生産された生産費の合計からなり、生産費は材料費、労賃等からなり、結局労賃に帰着する。つまり、公正価格はその財貨を生産する階級の生活費の合計というものである。賃金もその階級の生活費である。労働について、ギリシャ、ローマ時代には労働は卑しむべきものと見なされたが、キリスト教は労働は有用物を生産するのみならず、人の品性を陶治する有用で神聖なものである。商業について、交換には剰余物を以て家族又は国家に必要なものを与えるものと利益を得る事を目的とするものがあるが、前者は是認されるのは当然である。後者について利益のために利益を得んとする行為は非難されるべきであるが、この利益によって貧者に施す場合は非難されるべきではないと論じた。利息についても、従来は利息禁止論が主流であったが、アキナスは時勢をみるに敏で、貸金には返済されざる危険がともなうので、幾分かの利子は認められると是認した。

第三編の「商業革命時代の経済思想」では、近世を一六世紀以後として、経済史的に見て、第一期が一六世紀より一八世紀半ばまでの商業革命時代、第二期が一八世紀半ばより一九世紀半ばころまでの第一次産業革命時代、第三期が一九世紀後半以降（特に一八八〇年代以降）の第二次産業革命時代に分けて、その第一期の商業革命時代の経済思想について論じている。

第一期におけるもっとも顕著な経済史的事件は地理上の大発見であり、これにより貿易が俄かに盛んとなり、貨幣の流通、使用も益々盛んとなり、また資本がいちじるしく重要性を増し、他方、封鎖的地方的経済が崩壊して統一的な国民経済が成立したことである。この貨幣経済成立にせよ、資本主義発生にせよ、その源動力は地理上の大発見と統一国家による商業的貿易であり、商業革命と称するのが最も適当である。この時代を最も代表する経済思想が重商主義であった。

重商主義は統一国家の発展のために国を富まさんとし、国を富ます方法として外国貿易を振興し、貴金属貨幣の受け取りを増やす政策である。金銀貨幣は変質することなくその価値を長く保存でき、運搬に便利であり、流通性も大である。だから富国策の第一はこの貴金属を豊かならしめることである。自国に金銀鉱山がない場合には、外国貿易によって輸出を増やし、外国製品の輸入には高率高額の関税をかけ抑制し、受け取り金を増やす以外にない。また、重商主義は原料品を安く手に入れ、自国製品を輸出するために植民地獲得に狂奔し、植民地主義であった。さらにまた重商主義は商業、工業、農業は外国より富を得る生産的職業であるが、貴族、宗教家、学者、自由業者、小売り等は非生産的職業である。前者のうちとりわけ商業が最も国の富を増やす産業である。それゆえに、重商主義は商工業に対し、国家が極端なる干渉政策をした。外国貿易に携わる特定の会社に国家が保護を加えた。工業においても国立模範工場を作って指導奨励した。

この重商主義は経済界に種々の刺激を与えたが、弊害も起きた。それは、商工業のみを保護した結果、農業・農民をますます苦境に陥れた。貴金属の流入著しい時は却って経済に悪影響を及ぼした。また、国家の商工業保護は却って商工業に悪影響を及ぼした。そこで、重商主義を批判して生まれたのが重農主義であり、重農主義は重商主義の弊害の時代から第一次産業革命に移らんとする過渡期に現れた思想である。その代表者がケネーであった。重農学派の経済思想で重要なのは、①自然法論及び自由放任論、②農業重視、③富の循環論、④土地単税論である。

①自然法論及び自由放任論の主張は、宇宙には万古にわたって不変なる自然の大法がある。人間界

もこの大法に支配せられている。人間界の利己心も自然の大法の直接支配するところにして尊重是認せらるべきものである。利己心を有する個人が考案したものが私有財産制度である。国家は干渉を廃して、最大限の自由を個人に与えるべし、国家の干渉よりも個人の利己心の方が自然法に一致し人類の幸福に貢献する。

②の農業重視の主張は純生産論である。重商主義は商工業を保護し重視するが、真に富を増やすものではない、たとえば工業によって一フランの財貨を生産してもその原料費、労賃費に同額の費用が消費されているからである。また、商業によって一フラン得ても、そのためには同価値の財貨を提供しなければならない。しからば従来軽視された農業はどうか。農業こそは、消費した原料、労賃以上に多くの富を生産する純生産業である。なんとなれば農業には多大の自然の共働があるからである。

③の循環論は、農業のみが生産的でそれ以外の職業は不生産的で、農業以外の人たちはいかにして生活費を得ることができるかをケネーが経済表で明らかにしたものである。ケネーは全国の人を三階級に分かつ。第一階級は農業、漁業、鉱山等の生産階級、第二階級は地主、君主らの治者階級、第三階級は商工業の不生産階級。唯一の生産階級が仮に一年五〇億フランを生産するとして、そのうち二〇億フランを生産階級がとり、自分達の食糧、牛馬の食糧、来年度の種まき用に消費する。残りの三〇億フランが循環する。まず一〇億フランが第一階級から第三階級に分配されるが、それは第三階級が生産した衣料、家具、靴等のために支払われる。残りの二〇億フランは地代及び租税として第二階級に納められる。そして第二階級はこの金で第一階級から食糧を買って自己の生命を維持し、また、第三階級から工業製品を買って生活を成り立たせる。第三階級は第一階級から製造品の対価とし

て一〇億フラン、第二階級から製造品の対価として二〇億フランを手に入れ、工業製品の原料代として一〇億フランを、食糧品の対価として一〇億フランを第一階級に支払う。かくして、年度始めに第一階級から出た三〇億フランは、年度末において回収されたのである。この経済循環論は、文字、貨幣の発見に比すべき人類の三代発見の一つと評されるほどの価値あるものであった。

④の租税論・土地単税論は、治者階級の存在を容認し、二〇億フランも保証するものであったが、正義の立場から第一階級（農業者）と第三階級（商工業者）には担税能力はなく、第二階級（地主、治者階級）にだけ担税能力があるとして単一課税を要求するものであった。その理由として地代の中に地主の資本や労力によらない自然の恩恵があるというもので、地主所得の三割の課税を主張した。しかし、この重農学派は、田中忠夫も最後にコメントしているように治者階級に寛大であり、多くの誤謬を含むものであった。

第四編の「古典派の経済思想」では、一八世紀半ばより一九世紀半ばころまでの第一次産業革命期の経済思想について取り上げている。第一次産業革命期における生産上の大変化は手工業的生産方法より機械的生産方法へ、家内工業的生産より工場的生産への転換である。この変化は国によって異なり、英国は一七六〇年ころに始まって一八二〇年ころに一段落をとげ、仏・米国は一八一五年ころに始まって一八五〇年ころに一段落をとげ、ドイツは一八三〇、四〇年ころに始まって六〇、七〇年ころに完成し、ロシアは一九世紀末ころに始まった。この第一次産業革命期の経済思想は英国ではアダム・スミス、マルサス、リカード等の古典派に代表される。古典派の思想の特徴は、①経済学が独立の科学となったこと、②商工業の奨励による国富の増大する道を研究し、企業家・資本家の利益を擁護する主張であること、③自由放任論を主張していること、④その議論が原子論的で有機的でないこと、である。

まず、古典派の祖、アダム・スミスについて。その著『富国論』（一七七六年）は、一国の国民の幸不幸は、国富生産の多少によるとして、「諸国民の富の性質及原因に関する研究」を行なったもので、このうち、①富の性質、②労働論―分業、③自由放任論、④自然調和論（価格の自然調節作用）、の四点が重要である。

①の富の性質について。重商主義は富を貴金属よりなるとして、貴金属を豊かならしめるための商業、工業を生産的だとして奨励したが、重農主義はこれに反し、富を生活必要品、ことに原始的生産によって作られた財貨だとして、農業などの原始生産業を生産的として奨励したが、ともに一面的で、スミスは一国の富は原始生産物も含むが、工業製品や外国からの輸入物からなること、したがって、農工商三者はともに生産的であり、工業、商業は農業以上に尊重すべきと主張した。要するにスミスは重商主義と重農主義の意見を巧みに総合したのである。

②の労働論―分業について。富を増大させる原因として最も重要なのは労働である。労働生産力を十分に発展させるためには、分業が最も有力、重要であるとして、ピン製造工場の例をとって説明している。一人でピンを製造するなら一日一本も難しいが、工程を一八に分け、分業で生産すれば一人四八〇〇本できると。そして、分業の利益は一工場内だけでなく、各職業間、地方間、国際間で行なわれている。

③の自由放任論について。重商主義は商工業を重視し、そのための国家の保護政策を主張、他方、

重農主義は商工業の利益のみを図り農業に不利益をもたらすような国家の保護政策を否定し、自由放任を主張したが、スミスは国富を増進せしめるものは主として商工業なることを認めるが（重商主義の受け入れ）、国家の保護干渉は却って商工業の発達を阻害するといい、自由放任を主張した（重農主義の受け入れ）。また、スミスは人間の経済活動の動機は種々あるが最も強烈なのは利己心である、その活動の結果が自己の利益として報われるならば、人は常に緊張して最大源能力を発揮しようとするのである。自由奔放なる利己的活動が国富を増大させるのであると主張した。

④の自然調和論（価格の自然調節作用）について。個人の利己活動が労働能率を最大限発揮させるといってもそれで社会の物質的幸福が実現するだろうか。自由放任の結果、財貨に過不足が生じるのではないかという疑問である。それへのスミスの回答が価格の自然調節作用である。価格には効用性を基礎とする使用価値と労働量を基礎とする交換価値があり、前者が市場価格で、後者が自然価格または正常価格である。市場価格は需給状態によって変動し、正常価格と一致するものではないが、ある財貨が供給不足のために市場価格が正常価格より高騰した場合、利に敏い生産者は自然に他の方面の労働や資本をこの財貨の生産に移転して供給を増加させ、市場価格は下がり正常価格に一致する。反対に供給過剰による市場価格が正常価格以下に暴落した場合も、この生産者は他に資本と労働を転じて供給を減らし、その結果市場価格が上昇し正常価格が一致する。このように、利己心と社会善とは一致する。

スミスについて、田中忠夫は最後にコメントしている。スミスは博識で天才的洞察力を有した人物であるが、『富国論』は一七七六年で、スミスの時代には労資の対立、地主と産業資本家の対立、分配問題はまだ顕在化しておらず、産業革命期の前期を代表し、生産問題を主とする経済思想家であったと述べている。

ロバート・マルサスについて。その著『人口論』(一七九八年)は、社会主義思想家ゴドウィンへの反論の著である。マルサスは貧困の原因をゴドウィンの如く、貧富の格差、制度や組織の問題と考えず、自然法の問題、人間の努力・人力では到底解決できない必然的不幸、食料と人口の関係と考えた。すなわち、人口は二五年毎に倍加(幾何級数的に増加)するが、食料は二五年毎に一単位づつ増加(算術級数的に増加)するにすぎない。しかも土地には収穫逓減の法則があるため、追加投資してもその報酬は逓減するからである。その結果、人口数と食料量は年と共に不均衡が生じ、人口は常に食料に超過する。だが、それにもかかわらず両者の間に均衡がたもたれているのはなぜか。それは、不均衡是正のために出産制限が行なわれ、また、貧困、餓死、疫病、戦争等による人口減少がなされているからである(特に後者)。かく見るとき、貧困の問題は制度の問題ではなく、人の努力によって解決される問題ではないという主張であった。このマルサス主義が一世を風靡し、ゴドウィン説が否定され、そして、結果は、国家も富者(資本家・地主)も貧民を救済する責任が免がれる、資本家弁護の主張となっていた。

デヴィッド・リカードウ(一七七二〜一八二三)について。イギリスの産業革命期の資本家企業家の経済思想を代表する人物である。リカードウの生きた時代のイギリスは、一八〇〇年に農業国より商工業国に転変、この年より穀物輸入国に転化し、他方ナポレオン戦争の経験から穀物関税が引き上げられ、穀物価格が騰貴し、地主の利益と商工業者および労働者との利害対立が激しくなっていた。

また、当時イギリス産業革命進展の結果、資本家と労働者との利害対立が激しくなり、各地でストライキが発生していた。そのような時代に、リカードウはその著『経済学及び課税の原理』（一八一七年）を発表し、スミスの生産論を中心とした経済学に対し、分配論を重視し、土地の生産物は、社会の三階級―地主、農業資本家、農業労働者―に分配され、この地代、利潤、賃金の法則を解明することが経済学の課題で、企業家・資本家の立場を鮮明にした。リカードウの経済思想として、①地代論、②賃金論、③利潤論、④価値論、の四点が重要だとして、取り上げ紹介している。

①の地代論について。地代発生には二つの理由がある、すなわち、土地生産力には一定の限度があり、ある一定程度以上資本、労力を投じても収穫高は増大しないという収穫逓減の法則があること、もう一つは土地の生産力に優劣の差があり、同一面積に同一の資本、労働を投じても、甲地には小麦一〇〇クオーター、乙地は八〇クオーター、丙地は六〇クオーターと収穫高に差異があることである。もし人口が増大して、甲地のみで需要を満たすことができず、乙地も耕作しなければならなくなると、甲地に地代が発生する。さらにまた乙のみでなく丙も耕作しなければならなくなると、甲、乙地に地代が発生する。なぜなら、最劣等地の生産費で価格が決まるからである。しからば、この地代を地主が取得することは正当であろうか。重農学派およびスミスはこの地代を当然是認しているが、穀物価格の騰貴は人口の増加が原因で、地主の努力ではなく、不労所得にすぎない。そして、さらに当時問題となっている穀物関税政策を批判する。すなわち、関税政策で穀物価格が高騰すれば地代が高騰し、地主が利するが、小作農も労働者も得るところはない。商工業者も穀物価格が上昇し、賃金が上昇すれば生産費が高くなり販路を狭まる。その結果国民経済全体にも利潤が減少する。だから穀物関税保

護政策は少数の地主の利益のために、労働者と資本家を犠牲とし、国民経済を衰亡させる大悪法であり、早急に撤廃すべきであると主張した。

②の賃金論について。賃金も財貨の価格と同様に自然価格（正常価格）と市場価格がある。賃金の自然価格とは正常状態にある賃金で、労働者をして自己及び家族の生活を維持するに足るだけの財貨の分量、食料、生活必需品等よりなる。そしてこれは市場の変動にもかかわらず不変不動のものである。それに対し、賃金の市場価格は労働の需供状態によって常に変動する。賃金の市場価格が上昇すれば労働者は子供を多く生み、市場価格が下落すれば出産を差し控えて、市場価格は正常価格に一致する。救貧法などはマルサスの指摘せるごとく、労働者の生活を向上せしめる道でない。不真面目な労働者を保護するだけで、企業家、社会一般の利益を犠牲にするもので、この悪法は廃止されなければならないと主張し、資本家の立場を鮮明にした。

③の利潤論について。財貨の市場価格は需供関係によって定まるもので、地代の騰落が財貨の価格を変動せしむるものではない。すなわち地代は価格構成の要素ではない。ゆえに財貨は資本の利潤と賃金の二部門に分割されるのみである。故に利潤と賃金は反比例の関係にある。製造品は不断の改良で価格は常に低下する傾向にあるが、賃金は穀物価格の高騰で騰貴する傾向にある。そして、人口増加が強烈にして農業技術の進歩を凌駕する傾向があるが故に、農産物価格は常に騰貴し、賃金も騰貴し、したがって利潤率は低下する。そして、その利益はすべて地代として地主に帰属する。これは国民経済政策上実に重大問題であり、利潤の低下は企業活動、資本蓄積を萎縮せしめる、国家の産業発達を阻害する。よって資本、利潤を増大せしめる政策を実施すべきで、穀物関税の撤廃、自由貿易を

推進しなければならない。

④の価値論について。スミスも労働価値説を唱えたが、徹底したものではなかった。それに対し、リカードウは古典派経済学における価値論を大成した。すなわち、財貨には効用を基礎とする使用価値と他の財貨を購買する交換価値がある。経済学上重要なのは後者で、交換価値の基準は労働量である。たとえば、甲の財貨の生産に一時間、乙の財貨の生産に二時間かかったとすれば、乙の交換価値は甲の二倍の価値を有する。なお、この労働量には労働を助ける機械の消耗費も含むのである。元来機械も労働の生産物であり、その消耗量を労働に換算して必要労働量に加えることは決して不合理でない。労働が価値を決定することは、財貨の生産において労働の節約が行なわれたとき価値がたちまち低落することからも証明できると。

以上、スミスに始まってマルサス、りカードウにいたる古典派の自由主義思想は、一九世紀中葉にジョン・スチュアート・ミル、その弟子のジョン・エリオット・ケアンズによって発展、普及させられ、社会を動かした。一八一三年には中世期以来の徒弟条例その他の労働法規が全廃され、二四年には結社禁止法も廃止され、労働組合が設立され、団体交渉が公認され、四六年には穀物条例が廃止、航海条例も四九年と五三年に廃止され、英国の自由主義、自由貿易政策が実現した。

しかし、田中忠夫はいう。古典派の自由主義経済思想は英国の産業革命をすすめるには大変都合よく、また資本家の利益を図るには誠に適した主張であったが、後発国ドイツに移植して妥当するかどうか、また、労働者の利益に妥当するかどうかはきわめて疑わしかった。そこで、ドイツでは歴史学派が起こり、また労働者の利益擁護のために社会主義が起こったといい、歴史学派の経済思想と社会主義の経済思想を紹介していく。

第五編の「歴史学派の経済思想」では、古典派を批判してドイツでは、フリードリッヒ・リスト、ヴィルヘルム・ロッシャー、ブルーノ・ヒルデブランドなどが登場し、ここでは、リストを代表として紹介している。リストのスミス学派への根本的批判は、①古典派が経済現象を他の社会現象より全然孤立せるものの如く取扱い、また、各産業間の関係に盲目であると批判する。たとえばスミスは国富を富ますには各生産要素が十分に能率を発揮するを以て十分なりとし、その方法は分業にありというが、各産業間の調和には全く注意を払っていない。たとえば鉱山業はその採掘方法の能率の発揮だけでなく、近くに溶鉱炉がなければならないし、伸展工場（精錬）もなければならないし、その製品を使用する機械の生産工場もなければならない。また、製品の消費地も必要である。この有機的関係は独り鉱山業のみでなく、あらゆる産業に当てはまり、また、農業、工業、商業の産業全体の相関関係に通用する。要するに、富国は各産業が調和的に発展することによってのみ達成せられるのである。②また、古典派は自由放任論を金科玉条にしていると批判する。すなわち、古典派は自由放任で各国は最も得意な産業を営み、国家間に分業が行なわれ、世界的に利益があり、また、消費者も必要物資を安価に入手でき利益があるというが、全く近視眼的な俗説にすぎない。自由放任主義、自由貿易主義は弱肉強食で、後発国では十分に発達する可能性のある産業が先進国によって滅亡させられてしまうのが通常である。国民経済にとっては農工商の各産業間の有機的発展が望ましいから、消費者の一時の不便を犠牲にしても、不振の産業をも保護する必要がある。③また、リストは経済発展の五段階説（狩猟時代──→牧畜時代──→農業時代──→農工時代──→農工商時代）を唱え、英・仏の先進国は農工商時代に入っているので自由貿易政策でもよいが、ドイツ・アメリカは第四の農工時代ゆえ、先進国の圧迫を逃れるためには保護貿易政策をとらなければならないと論じた。

第六編の「社会主義思想」では、産業革命期に労働者は解放されず、逆に悲惨な状態に陥った。古典派の経済学・経済思想を批判し、労働者を解放するべく、社会主義思想があらわれたとして、種々の社会主義思想を紹介している。社会主義思想は古くは古代にまで遡るが、古代から一九世紀以前の時代の代表としてトマス・モアを、一九世紀前半の代表としてロバート・オウエンを、一九世紀後半の代表としてカール・マルクス、さらに無政府主義をも紹介している。以下、簡単に紹介しよう。

トマス・モアは一六世紀前半の英国の第一流の政治、哲学、宗教の思想家である。太西洋上のある島に共和制と共産主義の理想郷を作った。全島は五四州よりなり、各州は二〇マイル平方の土地、各六〇〇〇名の家族を有し、三〇家族毎に年一名の奉行を選び、その二〇〇名に共同事務を行なわせ、また、奉行一〇名毎に年々一名の奉行頭を選び、監督せしめる。また、一州の奉行全員二〇〇名が終身官の州知事を選挙して州務を行なわせる。国家は自治州五四よりなる連合共和政体である。そして中央政府は各州より三人づつ選出した議員一六二名で上院を構成する。共和国の経済生活は簡単で、住民は男女とも農業が専業であり、兼ねて大工、左官、鍛冶、建築、織布等の必要生活手段の職業のいずれかを修得する。年々必要品の生産を行ない、農産物は必要の二倍を生産し、半分を外国に輸出する。内七割を外国の貧民に施し、三割を外国産の必要物と交換する。家屋も田野もすべて共有。各人は欲するだけ共同倉庫より日用品の供給をうけて生活を楽しむ。労働は全国民に強制されるが、労働時間は六時間である。他の自由時間は勉学、運動、趣味などに使われる。このユートピアは、共和政体と共産主義を結合し、自由にして平和な、安楽にして豊かな、元気溌剌にして清潔な社会を建設したのであった。ただ、この理想社会はトマス・モアの空想上の産物で、まさに空想的社会主義であった。ロバート・オウエンは英国の紡績労働者であったが、マンチェスター第一の紡績工場の支配人となり、さらにウエールズ最大の紡績工場の組合企業家に上りつめたが、労働者の無知と生活の悲惨さに対する同情の念が強く、一八〇〇年にニューラナークに一工場を買収して、労働者による協同組合組織を作り、学校を作り、労働者の子弟を教育し、住宅、工場の設備を改善し、消費組合も設け、大成功をおさめた。一八一五年に英国に恐慌がおこり、多数の労働者が失業し、非常な苦痛を経験した。それを契機に一八一六年にオウエンは労働者救済策を政府に提案したが、それは共産村の提案であった。また、二〇年には世の不幸は私有財産制度と貨幣制度にあるとして労働貨幣の提案を行なった。だが、うけいれられず、同志とともにアメリカにわたり、私財を投じてインディアナ州にて共産主義的な生活と労働の共同体を実験したが失敗した。あまりに現実ばなれであり、空想的社会主義者と称された。

科学的社会主義の代表はカール・マルクスである。マルクスの主要な学説は、①唯物史観、②階級闘争、③剰余価値論、の三点であり、簡単に説明する。

①の唯物史観について。マルクスはヘーゲルの精神史観をひっくり返し、経済力が歴史の原動力とする。そして経済力の中心は人的及び物的生産力、殊に後者である。物的生産力、または物的経済力が社会の基礎、土台であり、経済組織、政治組織、各種の精神文化はその上層建築である。一定の社会組織は一定の物的生産力に対応してこれを発展せしめるために生じた。ところが、物的生産力の変

化によって人と人との生産関係、交換関係が変化し、また、経済組織全体が改変され、これに対応するために政治組織、また社会の精神文化等も改変される。いったん作られた社会組織は、絶えず変化してやまぬ物的生産力の変動に適応し得るものではない。ここに生産力と社会組織の間に矛盾が生じる。そして、この矛盾が頂点に達した時社会組織に革命が生ずるのである。これは必然で、到底人間の力でもって阻止することはできない。

②の階級闘争について。ある社会制度はある階級にとっては利益にして他の階級にとっては不利益である。生産力と社会組織の間に不調和が起きてくると受益者の利益はますます大に、不利益者の苦痛はますます大になり、階級対立、闘争が起きる。この闘争に勝てるものが歴史を導いていく。階級闘争は今、資本家と労働者との間で行なわれている。此の闘争は永遠に存在する自然法則ではなく、私有財産制を基礎とする社会においてのみ現れる歴史法則にすぎない。共産主義社会になると消滅する。

③の剰余価値論について。資本家の利益は労働者によって生産された商品の交換価値と労働者に支払われた賃金との差額である。そして、商品の価格はこれを生産するに必要な社会的平均的労働量であり、賃金はリカードウが言う如く労働者の最低生活費である。労働者は毎日一〇時間働いて一〇時間分の交換価値を生産するが、労働者の受けとる賃金は二時間分にすぎない。この差額八時間分が剰余価値で資本家の利益となる。ところが、資本主義の下では、この剰余価値の実現がますます困難になっていく。資本家は剰余価値増大のために、労働時間の延長や賃金の切下げを図ろうとするが、それらは労働者の反抗によって困難となっている。また資本家は機械を採用して生産性を上げるが、

それは労働力の減少に通じる。機械に投じられた資本は不変資本と呼ばれ（価値を増やさない）、賃金のために支払われる資本は可変資本と呼ばれている。自由競争の結果、不変資本の可変資本に対する割合は益々大となり利潤率は低下していく。さらに生産力は益々増大するが、他方賃金は安く、社会全体の消費は上がらず、生産と消費の不調和が甚だしくなり、恐慌が発生し、剰余価値の実現が阻まれる。かって生産力を発展させた資本主義制度は崩壊する必然性がある。社会主義制度に移るのは時間の問題である。

田中忠夫は最後の箇所でマルクスの学説にコメントしている。価値論において労働価値説を採用したこと、剰余価値論がこれを基礎としてうちたてられたが十分精細なる分析を経ていないこと、資本集積と利潤率低下を誇張していること、さらに唯物史観をとったこと等において批評の余地はなお多く残っているが、社会主義思想家中、プラトン、モアと並ぶ三大偉人の一人であり、断然その第一人者であると述べている。その功績のことに顕著な点は、資本主義社会が変革し得ることを明瞭に指摘したこと、その転回の鍵は労働者にあること、強固なる団結を図るべきことを教えたことであろうと述べている。

無政府主義者は多数いる。一八世紀末の英国のゴトウィン、フランスのバブーフ、一九世紀初めのフーリエ、一九世紀中葉のフランスのプルードン、後半にはロシアのバクーニン、クロポトキン等がいる。無政府主義者の権力への特別なる憎悪は、その背景をみることなしには理解できない。まずフランスでは、フランス大革命以前には、国土の三分の二は国王と少数貴族が所有し、小作農の所得は極端に少ない。すなわち、かりに年一〇〇フランとすれば国税が五三フラン、一〇分の一税が一四フラン、小作料が一四フランで、手取りはわずかに一九フラン。それに塩税以下種々の間接税があり、誅求と称するも誇張ではない。革命がおきても革命後再び旧時の不条理な制度が漸次復活し、人民をして暴力以外に変革不可能との感を痛感せしめた。また、ロシアの事情も同様で、国王および貴族一三万人の耕地は全国農地の九割にあたり、農民はほとんどすべて自由なき農奴であった。一九世紀半ばの農奴数は四九〇〇万人いた。一八六一年に農奴解放令が出て、国王直轄地の農奴は法律上自由を得たが、その土地は時価にて払い下げることにしたため、何ら重大なる変化は現れなかった。一九世紀末でも国王及び貴族の土地は八割を占めていて、貧富の格差は甚大であった。また、歴代国王の残忍なる抑圧政治が続き、ニコライ二世の治世中、モスクワ大学の学生の五分の一はシベリアに追放されたという。一九〇六年に国民議会ができたが、議会は単なる諮問機関となり、選挙権も一三万人の貴族に制限され、このような国家において議会政策を説くは無意味で、熾烈なる憎悪が国家に向けられた。

無政府主義者の根本思想は、個人の自由を極度に主張し、権力強制を廃止した自由結合の社会を理想とし、私有財産を捨てた共産制度を求めている。そしてその手段として革命手段（流血）やむを得ないと認めている。

田中忠夫はこの無政府主義について、特殊なる専制国家に対する批判と反抗心を外にしても疑問多く、重大な欠陥があると否定的にコメントしている。

第七編の「最近時代」では、一八八〇年代以降の第二次産業革命期における経済思想を取り上げている。この時代の経済界の著しい変化として、資本の集中化、生産組織の規模の著しい拡大、交換・

分配組織の著しい拡大複雑化、経済問題が国民生活の最大問題となり、国策の中心が経済政策となったこと、労働者・無産者の知的水準の向上、政治勢力化が進み、労働問題が社会問題の最大問題になったこと、等々述べている。

ただ、この時期を田中忠夫は「第二次産業革命期」というが、現在の経済史研究では、独占資本主義の時代という方が正しいであろう。この時期の経済思想として、田中忠夫は新しく台頭した理論経済学と社会主義思想の発展を紹介している。

まず、理論経済学について。その代表は限界効用論であり、一八七〇年代から最近にいたる経済学界はこの派によって代表される。数学派の台頭もあるが、限界効用論の補足である。この派の祖は英国のジェヴォンズが創立者、また、スイスのワルラスも同じ名誉にあずかり得るだろう。限界効用説は一八七一年ジェヴォンズ、オーストリアのカール・メンガーによって発表され、七四年スイスのワルラス、八一年米国のクラークによって主張された思想である。この学派は快楽主義者、又は抽象学派とも呼ばれている。それはこの学派が次の二つの前提の上に理論を構築したからである。それは、第一に人間心理は苦痛を避け、快楽を求めようとする。経済現象はこの心理を基礎としてなされる人間行為の交通関係である。第二にこの人間心理の複雑な要素は捨象し、この人間心理を出発点に推理によって経済法則を建設することで、経済学の目的とは経済現象間に不変なる法則を樹立せんことである。そして、田中忠夫は限界効用論の唱える①価値論、②交換論、③分配論について紹介している。

①の価値論について。財貨の価値は古典派の如くその物の生産に費やされた労働量や生産費ではなく、そのものが人間に対し効用を有するからである。そしてその物の価値を決定する効用はその物が

有する全部の効用ではなくして限界効用の量である。たとえば、ある人が水五升を有する場合、一升目は最も効用大なる飲用に用い、二升目はこれに次ぐ食物炊事用に、三升目は洗濯用に、四升目は植木の遣り水に、五升目は散水用に充てると仮定すれば、彼は水一升に対し散水用の効用を感じるにすぎないで、五升全部に対して感じる効用は散水用の五倍である。

②の交換論について、なぜ交換が両当事者にとって利益であるかは、限界効用で明快に解ける。たとえば、甲が水五升を有し、塩を有せず、乙は塩五升を有し、水を有しないと仮定して、甲にとって五升目の水は散水の効用にすぎないが、乙にとって生命を維持すべき必要な効用であり、他方塩の一升は甲にとって生命を維持する絶大の効用を要するが、乙にとっては五升目の塩は漬け物を作るに必要な効用の程度にとどまる。故に、甲乙の間に水と塩の交換が行なわれたとすれば、共に小なる効用を捨てて大なる効用を得ることができ、交換がなされるのである。

③の分配論について。古典派の分配論は幼稚である。彼らは利子は総収益から地代、利潤、賃金を除いた残りといい、地代は総収益から利潤、賃金、利子を除いた残りだといい、利潤も同様で、彼らの考えは一方に多く分配すれば他方の分配が圧迫されるという事実を説明するだけである。限界効用論では分配論も明確に説明できる。たとえば労働の賃金は企業者に対する限界効用によって決定せられる。たとえば、同一能力を有する一〇〇人の労働者を使用するとしても各労働者の収益能力は同一でない。各労働者に対する企業者の尊重の念は限界収益能力者に対する程度以上にはでない。もし労働者一人を失うとすれば企業者は限界収益者一人を失うを以て足るからである。土地の地代、資本の利子もすべて同様の説明で明瞭となるという。

ただ、田中忠夫はこの限界効用論に疑問を述べている。すなわち、①限界効用論は、人間心理を分析して快を求め、苦をさらんとすることを最も主要な動機と考え、その他を捨象している点に疑問がある。今日、生産、分配への国家の干渉する範囲は広く、この如き一般抽象論は危険である。②経済学研究の目的は健康なる社会生活の実現であって、個人行為ではない。原子論的に個人心理より出発して推論する態度に賛成できない。③経済学の目的を経済現象間の法則の発見に求めている点にも疑問がある。自然科学ならそれでよいが、経済学の終極の目的は創造的進化の指導原理の確立である。④経済法則について不変にして普遍なる法則があるとの考えにも疑問がある。変化常なき人心の動きと社会活動により、経済現象も不断に変遷する。不変にして普遍なる法則はあり得ない。⑤価値論についても、効用は瞬間的なる欲望に対して言われることであって、この時間的変転常なき効用性のいずれが標準となるか疑問である。たとえば同じうどんであっても、空腹時の効用と満腹時の効用とでは大いに相違がある。このいずれが価値の標準となるのか。元来効用とは個人心理の問題である。それ自身ではそもそも比較を許さない。

次に、田中忠夫は社会主義思想について概観している。すなわち、最近労働者の自覚がまし、その団結力も強固となり、ドイツ、ロシア、オーストリアその他の国々で社会革命が成就し、英国でも一度は労働党が政権をとるなど、社会主義の影響がいちじるしい。そして、この時期の社会主義思想は各国において固有に発展し、その国の国民性と社会事情に相応じたものになっていることである。たとえば、同じマルクス主義でも、仏ロは非妥協的、英独はやや穏健で議会重視の漸進的社会主義である。英は独よりさらに議会主義的で、その基調をキリスト教精神と民主精神においているのが特徴という。

もう少し詳しく述べると、仏では一八七一年のパリコミューン以来挫折していたが、七七年ころより再び活動が活発になり、無政府主義の上にマルクス主義を接ぎ木したサンジカリズムが優勢で、この思想の下に労働組合が発達し、九五年にはフランス総同盟が組織され、一大勢力になった。ロシアでは一九世紀末までは無政府主義が中心であったか、世紀末にマルクス主義を奉じる社会民主労働党が結成され、その中でレーニン率いるボルシェビキが優勢となった。英国の社会主義思想は、マルクス主義を奉ずる社会民主党もあれば、サンジカリズムを英国化したギルド社会主義もあり、社会政策を研究するフェビアン協会もあリ、キリスト教倫理と民主主義を基調とする独立労働党もあるが、多くは有識者中心の少数団体にすきない。英国の労働組合を見ると、熟練労働者の組合で当初は社会主義思想を奉じなかったが、一八九〇年代より漸次社会主義化し、遂に労働党を支持するようになった。ドイツでは最近の社会主義思想には三つの潮流に分裂し、ベルンシュタインらの修正派、カウツキーらの階級闘争的議会政策派、リープクネヒト、ローザルクセンブルグらボルシェビキ派に分かれており、多数派は修正派の率いる社会民主党となっている。

以上の概観の上に、田中忠夫は、主要な社会主義の思想を取り上げ、コメントしている。第一がマルクス主義の修正派で、ドイツのベルンシュタインが代表であり、マルクスの労働価値説、唯物史観、階級闘争史観を否定した。英国のウエッブらのフェビアン協会もこの修正派に含まれる。ウエッブは理論的基礎をジョン・スチュアート・ミルらにおき、常識、穏健に社会改造を進めている。第二がこの修正主義に反対して、労働組合を基礎にして活動しているのが、仏のサンジカリズムや英のギルド社会主義である。前者は産業別組合を組織し、同盟罷工を繰り返し、労働組合の力によって革命を行なうというものであり、後者は賃金制度を廃止することなしには労働者の解放はされないとして中世紀の生産組合ギルドを今日の社会に復活することを主張している。第三がレーニンの率いるロシアのボルシェビキで、マルクス主義の否定的精神と革命精神を特に主張しているのが特徴である。田中忠夫は「ザンジカリズムがリファインされた仏の無政府主義とマルクス主義との間に出来た都の子であるとすればボルセビズムはマルクス主義と凶暴なるロシアのニヒリズムとの間に生まれた荒野の子供であるといふ事ができる」と特徴づけている。そして、ボルシェビキの最終目標は自由人がその能力に応じて働きその欲望に応じて消費する、何らの強制ない自由社会という理想郷の実現を目指し、そのためには、長い過渡期があり、政治面では労働者専制の国家組織たるソビエト、経済面では共産主義の実行であるが、現在までの成績は芳しくなく、成功しないのではないかというのが多数意見であるが、田中忠夫はソ連は漸次その空想論を現実的に縮小し、過激な急進論を緩和してきているので挫折はしないだろう、と見ている。

そして、ヨーロッパにおける社会主義勢力の影響力を考察し、「社会主義思想が頗る有力なる社会勢力となりし事実は否定するを得ない」と結論づけている。

本書の結論において、田中忠夫は、これまでの古代から現代までの経済思想を改めてまとめた上で、「経済思想の批判的態度」について自己の態度を述べている。それは以下の如くである。

「吾人の態度。思想の任務が進化を助くるにありとすれば、思想が其任務を完全に果す為には第一精密に現在の経済事情を知り、第二経済現象の運行の傾向性に就いて正しき智識を有し、第三経済現象と他の一般文化現象との関係を知り、第四健全なる良心を以て将来の構図を描く事が必要である。其完全なると否とに従って思想の完全と不完全、又是非が分かれるのである。経済思想は太初以来且つ興り且つ亡んで其任務を果して来たが、近世期に入って益々急激な発展を遂げて一層其任務を完全に果さんとしつゝある。古典派と云ひ歴史学派と云ひ、或は又社会主義思想と云ひ無政府思想と云ふも、大観すれば凡そ経済思想を完成せんが為の部分的努力であったと考へられる。マーシャルが経済学に革命なく、唯綿々たる進化の過程ありしのみと云ひし言葉は又経済思想史に於ても妥当するであろう。

右するか左するか。又左すべき右すべきかは問題であるが、唯マーシャルの言葉を玩味して、奇矯の論に馳する事を慎しみ、又独断的偏見に陥る事なからん事を期するべきである。然り、最も恐るべきは独断論である。現在の如き思想界の過渡期に於ては、特に厳正なる批判的態度を持して苟も盲目的独断と軽挙とを慎むべきである。此聡明と自重のある時、左右いずれの結論に至るも危険はないのであらう。ウエッブの所謂『熱より光を！』求むる心は、独り左派に就いてのみならず、人類全部に要求せられつゝある文化の命令である」

以上、田中忠夫の『経済思想史概説』は、ヨーロッパの経済史の幅広い知識の上に、古代から現代に至るまでの種々の経済思想を歴史的に且つ公平・中立的に取り上げ、盲信もせず、独断に陥ることもなく、適切なコメントもし、大変優れた著書であると評価できる。このとき、田中忠夫はわずか三〇歳であり、如何によく勉強、研究していたのかをうかがうことができよう。

三．昭和五年～九年

昭和五（一九三〇）年三月二四日、田中忠夫は夫人、令嬢同伴、加藤彰廉校長、渡部善次郎、一柳学俊教授、温山会員ら多数の見送りを受け高浜港を出て、妻の実家の福岡に立ち寄り、夫人と令嬢を残し、次いで、郷里の岡山に滞在し、倉敷カソリック教会のクリセル神父にドイツ語の特訓を受け、またドイツ留学先の下宿（クリセル神父の姉の家）の紹介を受け、五月三日、敦賀発大草丸に乗船、シベリア経由で経済学研究のためドイツに留学の途についた。(33)

昭和五年六月二五日付けの『松山高商新聞』第五五号に、「ロシヤよ何処へ行く（一）」と題し、第一信を寄せた。大要は次の如くで、革命後のソ連への印象はよくなかった。

「五月三日午後四時に敦賀を出た。日本人客はモスクワ行きとベルリン行きの二人がいた。三日目の朝、浦塩港につくと、いきなりＧＰＵ（秘密警察）と赤軍の一隊が甲板に入ってきて、税関の検査、所持金の検査を受けた。ロシヤ語のわかる先生すら青くなった。だが、めでたく無罪放免で上陸した。当地唯一の邦人ホテルに宿泊したが、便所は汚物が尻に迫らんとし、また、部屋一帯には得も言われぬ悪臭が漂い、洗面所も風呂もない。浦塩は人口一三万人、うち日本人は五〇〇人。浦塩の繁華街を見物に出かけた。人の多いこと銀座と変わりない。行き交う人を観察したが、顔色は悪く、やせ細っており、ほとんど全部栄養不良と診断せざるを得なかった。また、服装がまた汚い。男の着物は木綿服が多く、破れて綿がはみ出している。女の服装もスカートははげちょこだ、靴も破けている。餓鬼等というのが浦塩を象徴する最適の言葉だ。駅では餓鬼のような憐れなロシヤ人が一杯ごろごろ転がって寝ている。夜、浦塩を汽車で出発、車室はかならずしも悪くない。四人一室で、コズロフという医師とロシヤ夫人、そしてベルリン行きの日本人との四人が同室であった。途中の駅に停車すると皆湯を飲みに行く。駅に下りて驚くのは、多数のロシヤ人が汽車を見つめていること、また待合室では一杯人がいて地面に転がっていることだ。また駅の食堂、売店には食物らしきものがほとんどないことだ。イルクーツクで悲惨な箱を見た。モスクワからの二もつないだ貨車で、その箱にはほとんど座ることもできぬ程四人が一杯詰め込まれていた。あれで一〇日以上やられると命が持たないと思った」(34)

昭和五年七月二五日の『松山高商新聞』第五六号に、「ロシヤよ何処へ行く（二）」と題し、第二信を寄せた。ロシアで見聞きした事情報告で、大要は次の如くである。

「沿道の風景。只広い野原と白樺の林、然し広いというだけで耕されていない。白樺といっても細いものだ。バイカル湖畔の美しいこと、ウラル以西になると家がふえ、畑が多くなり、シベリアとは別天地の感だ。食物。夕食時紅茶もコーヒーも出ない。パンはすべて酸っぱく、下剤用の粗い皮のひっついたものでとても食えたものでない。パンは不足し、駅のパン売り場は行列だ。ロシヤの一ルーブルは日本円で一円五〇銭。これはロシヤ政府の厳命だ。食堂車でコーヒー一杯六〇コペイカ、ビフテキ一皿一ルーブル六〇コペイカ。以下は駅の食堂で聞いた話だ。駅長の給料は、一等駅長が三五〇ルーブル、二等駅長が二五〇、三等が一五〇、普通駅夫で一〇〇、婦人が八〇程度。給料は上下の差が少ないのはさすがである。生活費は一家五人で三〇〇ルーブル。だから主婦も働いている。物価を尋ねると、政府定価で黒パン四〇〇グラム三コペイカ、肉一〇〇グラム二五コペイカ。

パンも肉も販売制限があり、これでは不足し、民間から買うが民間では黒パンが同量二五コペイカ、肉同量が二ルーブル五〇コペイカで生活費がかさむ。革命警察のことを聞く。モスクワに六万人いるという。なにか政府に不平でも漏らすようなことがあると早速やられる。ロシヤ人の海外渡航や外国人の入国を極端に制限している。政府の経済をみると一九二九年の統計では、一九一五年の戦前より四分の増加であり、さらに国策をみれば鉄道計画、電化計画、住宅計画等が着々進んでいると書いてあるが、しかし、ロシヤはどこに行きつつあるか。革命警察の強圧は無知なる国民を抑えるに足るであろうが、物資に窮しつつある。歴史の必然を説く唯物史観は自らの行方を説明できるか。事実は事実だ。一〇〇%の事実だ。ロシヤ共産主義の行き詰まりを明示しているのは一〇〇%の事実だ。夫れにしてもロシヤは果たして何処へ行こうとしているのか[35]」

昭和五（一九三〇）年九月二七日の『松山高商新聞』第五七号に、「ロシヤと波蘭と独乙」の記事を寄稿した。大要は次の如くである。

「ロシヤからポーランドに入ると印象が一変した。さらにドイツに入るとさらに一変した。ポーランドを田舎者とすればドイツは都会だ、ロシヤはさしずめ野蛮国ということになる。これは誇張ではない。昔はウラルまでが西洋文明の国だといわれたが、共産革命以来の事実はなんとも致し方ない。ドイツに入ってまず第一に感じるのはトリム整調、統一された整調という感じだ。リンゴや梨、サクランボの果樹園をみるとまるで定規ではかったように真っ直ぐの線の上に並んでいる。平野を走る直線街道には必ず並木があり、その並木が整一だ。街道には必ず道標が立っていて、街路樹が植えられている。特に著しく眼を射るのは家屋の線の整一なことだ、ベルリン以下各都会がその高

さを一定している。この線の整調を見るときドイツ人の性格の強さを強く感じる」(36)

昭和五年一一月五日より、田中忠夫はドイツのアイフェル地方の視察を終えて、ドイツ第三の都市、人口七五万人のケルン市のケルン大学に留学した。(37)

昭和五年一二月二五日の『松山高商新聞』第六〇号にケルンから記事を寄稿した。その大要は次の如くである。

「小生は月初めにケルン市に出、又学生生活に帰りました（目下当地には日本人学生はなし）。いろいろ高名の人の講義を冷やかして居りますが、流石は学問の本場、殊に其の評判が忽ち聴講者の数にあらはれ、飯びつに関係する国柄だけあって、講義は甘いものです。特に世界的に盛名のあるハルトマン、法律のケルゼン、近頃売出の経済学者ウィーゼ等は……。ケルンのピカ一だったマックスセーラーが物故したのは誠に残念です。

然し経済学部に無関係。同学部は正教授十二名、名誉教授並びに私講師各六名宛、外講師十八名を有し、独乙大学中最も多数を誇って居ります。

此充実は学生数にも反映して経済学部学生数は伯林を凌いで独乙一です。

楽屋話になりますが、困る事には折角の各教授の分からない事が度々ある事です。夫は彼等が矢鱈にラテン語をフリマワシ、どうかすると五、六分間もラテン語許りしゃべる事があるからです。特に法科、哲学科に多い様ですが、経済、倫理学でも少なくありません。

何しろ、独逸のギムナジュウムは九年間之で学生をイジメ抜き、其上大抵毎年弐割位は之で落第させて威嚇するのですから（仮卒に非ず）、先生自身にも若い時の恨が凝って無意識にこ、に出るのかとも思っております。

然し夫にしては学生は案外こたえぬのが不思議です。尤も学生には古代語のラテン、ギリシャ、現代語の英、仏は自由に読み、書き、話が出来るのでなければ大学生でないと云ふ常識があるのですから不思議でもなんでもないでせう。

こうなるとさしずめラテン語は老書生なる黄顔の小男をいぢめ、恥かしめる目的のみを以て用ひられると云ふ結論になります。

兎も角、老書生の語学力の貧弱さは、彼等学生と教授をして驚異と憫笑とを惜しみなく与へしめて居ります。

在校当時、苦しめるのみで、自らは握り○玉遊んでいた罰だと、神妙に此恥を忍んで居ります。

では御機嫌よく。

在ケルン　田中生

十一月十八日」(38)

田中忠夫はケルン大学留学中に、プロテスタントからカトリックに改宗した。その理由について、下宿先（岡山県の玉島のカトリック教会クリセル神父の姉宅）がイエスズ会であり、誘われて修道院に行き、修道者の高徳・学識に驚嘆し、感銘を受けたこと、「自らを救うために改宗なさい」という言葉が深く胸に刺さったこと、さらに正直に述べると、「a、キリスト直伝がカトリックであり、b、二千年の歴史の彫琢と二千年の宗教的天才の富の蓄積がカトリックにあり、c、自分が理想として描いてきた以上の生活の現実が修道院の中に生きているという確証。……d、それは自分の非力と無力に対する自覚、あるいは絶望感と申してもよい。多分これが一番大きい理由であったと思う」[39]と述べている。ドイツに来て、宗旨替えするほど、よほど絶望感に陥ったものと思われる。ケルン大学の後、田中忠夫はミュンスターに向かい、主として経済学を学び、また、神学部（カトリック）の聴講をしている。[40]

その後、田中忠夫はベルリンに移り、同大学で学んだ。

ただ、現在のところ、このドイツの二年間の留学生活の詳細――三つの大学の留学期間ならびになにを学んだのか等――は不明で、研究課題である。

さて、田中忠夫は二年間の留学を終え、帰国の途につき、昭和七（一九三二）年四月一八日神戸港に着し、郷里岡山県小田町に立ち寄り、四月二三日帰松した。[41]なお、田中忠夫は、帰国するや、プロテスタントの夫人と子供に「もしカトリックに改宗しないなら、離縁する」と強い意志で宣告し、岡山から高松に行き、高松教会で渡辺神父の前でカトリックの結婚式を行ない、夫人も子供もカトリックに改宗させられている。[42]

五月一四日、温山会は創立五周年祝賀会と田中忠夫先生帰朝歓迎会を石手川林泉亭にて開催した。加藤彰廉校長、渡辺良吉教授や温山会の井手要太郎、増岡喜義、浜田喜代五郎、岡田栄資ら多数出席した。[43]

昭和八（一九三三）年四月一〇日、古参の教頭・渡部善次郎が、脳出血、言語障害のため惜しまれて退職した。

同年五月四日から、田中忠夫は渡部の後任として生徒課長に就任し、教務課長の佐伯光雄教授とともに学校運営の中枢をになうことになった。

しかし、このころ加藤彰廉校長の体調が急激に悪化した。彰廉校長は大正一三年頃に関節リュウマチを患い病気をおして校務に従事していたが、昭和八年五月胃腸病を併発し、上、中旬は時々学校にきて校務をとっていたが、五月下旬から六月にかけて発熱し、三八度台となり、静養していた。七月には三七度五、六分にやや低下したが、微熱が続いていた。八月には左下腹部に腸間膜リンパ炎が襲い、継続的に痛みが続いていた。菅井医師が往診の度に痛い〱といわれていた。(44)

八月三一日、彰廉校長は晩期を悟ったのであろう、佐伯光雄教授（教務課長兼庶務課長）とともに田中忠夫（生徒課長）を自宅に招き、学校の後事を託した。田中忠夫は『加藤彰廉先生』の追想録のなかで「二十九日先生の鉛筆で自署された葉書が届いて、三十一日朝十時に佐伯教授と二人で来て呉れとあった。定刻に二人でお伺ひすると、先生は周囲の人を凡て遠ざけて、学校の後事に就いて縷々誠心を披瀝されてのお話があった。先生も涙の中に語られ、我々も亦涙の中に承った次第である」(45)と述べている。そして、その後事とは、①辞職願を理事会に伝達することと②山内正瞭先生に後任校長を依頼すること。山内先生には一応ご内諾を得てあるとのことであった。(46)山内正瞭は、明治九年愛媛県の生まれで、東京帝大法科大学を卒業し、東京商科大学教授になっていた。また、大正一一年以来、松山高商の評議員をつとめ、加藤彰廉の後任校長として意中の人であった。

九月一八日、加藤校長は遂に死去し、二一日に校葬が行なわれた。以後、松山高商の混乱が始まった。

一〇月二六日、井上要理事が新田長次郎の了解を得て、去る四月に病気辞任のため退職していた渡部善次郎を担ぎ出し、第二代松山高商校長に据えた。教授会構成員にとっては、全く唐突、異常な事

態であったが、田中忠夫ら教授陣は健気に渡部校長を支えた。(47)

ところが、渡部校長は昭和九（一九三四）年度の入試作業が終わった後、三月三一日付けで、遺恨のためと思われるが、古参教授で、教務課長兼庶務課長の佐伯光雄教授を解雇し、それがもとで、五月二三日、卒業生による渡部校長監禁事件が発生し、五月三〇日、渡部校長が辞職するという、本校始まって以来の危機的事態がおきた。

そのような、学校の危機的状況の下、五月三〇日、田中忠夫が松山高商校長代理に任命された。

そして、再び、次期校長選びが始まった。田中忠夫校長代理は二度にわたり、東京に行き、彰廉校長の意中の人であった東京商科大学教授の山内正瞭先生に校長就任を依頼したが、多忙を理由にキッパリ断られ、帰りに大阪に立ち寄り、その旨を板東富夫理事に報告し、校長推薦方を依頼し、後、九月下旬長次郎が井上要理事を招き、後任校長問題について協議した。そこで、後任校長は「学校教授会の推薦に待ちたい」との意見になった。そして、井上が帰松し、その旨教授会に伝え、教授会で協議した。教授会では、西依六八教授の提案で田中忠夫に決まった。その経緯については、さきに述べた通りである。

なお、田中の校長代理時代の人事として、去る七月に退職した渡辺良吉教授の後任を大阪商科大学の村本福松教授に推薦を依頼し、九月三〇日に商業、英語の担当として戸川年雄（大阪商科大卒、商学士）を採用した。また、一〇月二一日に佐伯光雄の後任と思われるが、簿記、商業学等の担当として川崎三郎（東京商大卒、商学士）を採用した。(48)

第三節　松山高等商業学校・松山経済専門学校長時代

昭和九（一九三四）年一〇月六日、田中忠夫は松山高商第三代校長兼財団専務理事に就任した。このとき、僅か三六歳の少壮教授であった。その就任式での田中校長の挨拶は次の如くであった。

「唯今理事井上先生より御紹介にありました通り、此度不図も私が光輝ある松山高等商業学校の校長に就任致す事になりました。実は去る十月二日に井上先生より同僚諸先生よりの御推薦状を示されて、兼ねて学校は早く後任校長を得て安心し度いと思って居た所、此度学校教授会よりお前を推薦されたに就いては、是非引受ける様にとのお話があったのであります。何分突然の事ではあり、学校にとっても亦私にとっても重大事件でありますので、御返事の猶予を御願ひ致して置きました処、同夜数人の先生が御来訪下さいまして御懇切なる御勧告がありましたので、熟考の末遂に自ら揣らず此大役を御引受けする事に致したのであります。之全く同僚諸先生の御推薦下さった理由に承服した為であります。

先生方の申されますのに、お前を推薦した理由は、我松山高等商業学校の特異の性質とその独特の使命とにあるのである。我々の学校の特質は加藤彰廉先生の御人格と、之を理解して助けられたる新田温山先生の聖き動機とを基礎として立てられた教育団体であるという点にある。単に幾許かの金と、幾許かの人の原力とを集めて出来た物理的組合はせではなくて、世に類稀なる教育者の聖なる人格と寄附者の聖なる動機とを待って始めて成った人格的組織体たる点に、我松山高等商業学校存在の深い意義があるのである。

学校の此特異性を基礎として其独特の使命が生まれてくる。早く学校存立の此光輝ある特質を永久に伝へる事之である。即我々としては独り文部省の実業専門学校令に規定されたるが如き教育を授け、学校の外形的発展を計るを以て能事了れりとなすべきではなく、何よりも先づ加藤先生の人格と、温山先生の御意図とを忠実に守るものでなければ其使命を全ふするものとは云へない。校長銓衡に当っても亦此視点より慎重に考慮されなければならぬ。然らば後任校長は最も長く加藤先生の御薫陶を受け、其御意図を見聞した先生の弟子の社中からすべきものではなかろうか。其識見が狭く、其社会的地位が低く、従って之によって学校の外形的発展に於ては失ふ所あらうとも、夫は不得止ものと云はねばならぬ。

就任に至る経過をかく細々と申し述べました理由は、之によって私の校長たる性質と私の大体の方針とを理解して頂き度い為であります。即私の校長たる性質は『加藤先生の墓守』なる一語に尽きます。従って今後の方針は、世の常の校長の如く自己の意志と経綸とを実施すべきでなく、加藤先生の記憶と墓標とを忠実に守る所に私の本来の使命がなければならないのであります。言葉を代えて申せば、加藤先生の御人格、御意図を墓の彼方より呼び起して、之を学校の内部に常に生々と充満せしめ、入学する程の生徒の心の画布に加藤先生の御人格の姿を描き出す所に私の使命があると信じます。之によって外部社会国家に対し、有為有徳の人材を送り出し、加藤先生の憂国済世の至情を果す事が私の使命であると信ずるのであります。

加藤彰廉先生の墓守！語は頗る箇でありますが、実行は私共の鈍根と不徳を以てしては至難、否不可能ではなからうかと懼れて居ります。願くば幸に此墓守たる使命を完うする事の出来る様に、同僚諸先生方、生徒諸君、茲に此席に居られませんが、学校の理事、評議員、会員の先生方、温山会員各位、県人会各位及理解と同情ある国内大方の諸彦と御協力と御鞭撻とを就任に際して特に御願する次第であります」[49]

この就任の辞から、田中忠夫が加藤彰廉先生の人格の忠実な継承者として推挙されたこと、そして、田中がそれを自覚し、「加藤先生の墓守」を使命とすると述べた言葉が印象的であり、田中の謙虚で誠実な人柄を伺うことが出来よう。

しかし、その後の学校の拡張ぶりをみると、田中校長は「加藤先生の墓守」に終わることなく、さらに松山高商を拡張・躍進・建設させるべく、情念を傾けていったことがわかるであろう。

一．躍進時代（その一）――昭和九年～一二年――

㈠ 昭和九年一〇月以降

田中新校長就任後の校務体制は、長老の西依六八教授が教頭となり、大鳥居蕃教授が一〇月八日から生徒課長から教務課長に就任し、補佐した。なお、大鳥居教授はその後一貫して教務課長を続け、昭和二四（一九四九）年四月一二日まで担当した。まさに田中校長の右腕となった。[50]そして、後任の新生徒課長には伊藤秀夫教授が就任し、昭和一二（一九四七）年二月まで担当した。

田中忠夫が第三代校長に就任した昭和九（一九三四）年の時点での本校の規模は、生徒定員三〇〇名、校地約七〇〇〇坪、校舎約一〇〇〇坪、専任教員は一四名程度であり、他方、当時の全国の高商は官立一二校、私立も一校で、計一三校あったが、本校の生徒定員は高千穂、昭和の両校と並んで一七位、日本女子高商と新設の善隣協会専門学校を除くと最下位であったという。(51)

そこで、田中校長は、翌昭和一〇（一九三五）年二月一日から一〇日にかけて、大鳥居蕃教務課長とともに、東京商大附属商学専門部、大倉高商、巣鴨高商、高千穂高商、横浜高商、市立横浜商業専門学校、私立横浜専門学校、名古屋高商、彦根高商、同志社、関西学院、県立神戸高商などの高等商業学校を視察した。そして、松山に帰ったころには、田中校長は学校の適正規模は定員を六〇〇名、校舎等の建物は寄宿舎を含んで三五〇〇坪、校地は二万坪という結論に達し、これを一〇年にして完成するという大略の案を樹てたという。(52)

そして、田中校長は、この構想を以て、時期は不明だが、大阪の新田長次郎を訪問した。長次郎はこの構想に理解を示したが、(53)長次郎は「私はね、計画してから三年は胸の中でじっと暖めるのがモットーでしてね」と焦る若い校長をたしなめ、その結果、実現は三年後となったという。(54)

昭和一〇（一九三五）年三月八日午前一〇時から本科第一〇回卒業式ならびに別科第二回修了式が本校講堂にて、愛媛県知事大場鑑次郎、井上要、新田幸一、小倉長太郎の各理事らの出席の下に挙行された。田中校長にとっては初めての卒業式であり、長時間にわたり訓示した。田中校長は、卒業生の就職状況について説明し、昨年度の不祥事について陳謝し、卒業を祝し、餞の言葉として、聖校長の人格のエッセンスを語り、「誠実をもって貫け―吾等が聖校長の遺訓はこれ」と熱弁を振るった。

その大要は次の通りである。

「長官閣下並に来賓各位。本日こゝに本校本科生第十回卒業証書授与式並に別科第二回修了証書授与式を挙行するに当りまして多数各位の御臨席を辱ういたしましたことは本校の洵に光栄とし、また感謝に堪えへない所であります。今回別科修了生の数は三十四名でありまして数名の実業界入りを外にしますれば、他は全部なお高等程度の学校へ進まんとする者であります。また本科の卒業生総数は間もなく八十八名となるのでありますが、このうち大学に進まんとする者十二名、自家にあって家業にいそしまんとするもの七名、爾余六十九名は社会に出、実業に就かんとする者であります。この六十九名に対し只今までに就職が決まっている者が五十二名で、尚未就職者十七名を残して居りますことは誠に遺憾でありますが、然しこの中にも数名の内定者があり、相当有望と認められる者も数人ありますから、卒業後暫くにしてそれぐ落着くべき所へ落着いてゆくものと考へておるのであります。先きには初代の加藤校長を失ひ、昨年度は弊校受難の時代でありまして、今年度の卒業生の就職に対しましては多大の憂慮を致して居りましたに拘らず、かく卒業生の大部分が就職の道を得ましたことは、経済界好況の影響によることは勿論でありますが、また官民各位の深甚なる御同情と御熱誠なる御援助の賜物でありまして、厚く御礼申し上げる所であります。殊に昨年度に不祥事を出しましたに就きましては平素の御同情者に深く御詫申し上げますとともに此時御示し下さいました厚い御同情に対して深く御礼申し上げます。

次には親愛なる卒業生及び修了生諸君に対して一言致します。本年は種々の事情からこの式後諸君と再度会合する時機なく、またこの式前に親しく談合する時を持ちませんでしたゝめ、来賓各位に対しましては誠に恐縮でありまするが、少しく平素の所懐を述べて諸君を送る言葉と致したいと存じます。まづ本科の卒業生に申し上げる。蛍雪の功を積んでこゝに卒業の喜びを持ったことに対して、お喜びを申し上げたいと思ふ。三年間といへば、悠久なる時間よりすれば誠に短い時間である。然し人間一生の学問の仕上げの時間としては決して短い時間ではない。殊にこの期間は人生において最も多情多感なる三年間であり、種々の情緒情感が或は春の野に萌え出づる若草の如く萌え出してその何れを取りその何れを捨つべきかに迷ふ時代である。或は夏の野に生ひ茂る青草の如く刈れども刈れども茂りに茂って刈りきれない時である。しかも外部社会の生活に対しても漸くその目が開ける時である。政治経済社会人事凡百の事がその多感なる心と交渉を持ちはじめ、殆どその応接に遑ないほど目まぐるしい時代である。しかも最近三年間の世相の動きは殊更目まぐるしくて、我々社会人にとってさへその応接に息もつげぬほど多忙の時であった。若し一歩を過たんか、その身を焼き、一足つまづかんか、その全生涯を葬るべき深淵誘惑が到るところに伏在しているのでる。しかも諸君は兎も角その拠るべき所を過たず、その遵るべきところを体得して、今日の喜びを得たのである。諸君に対しても諸君の御家庭に対しても誠に幸福と申すの外はない。この点について先つ諸君にお喜びを申し述べたいと思ふ。

三実主義を実現した諸君

次に諸君が我松山高等商業学校創立の精神であり我校の誇りたる三実主義をよく学生々活の中に実現して我校風の発揚に歴史的栄誉を付与したる点について諸君を祝福したい。諸君はその初めに於て我創立の慈父加藤聖校長を喪った。しかも昨年度は突如として教育界未曾有の不祥事となり、ジャーナリズムの吹聴した不幸なる経験に遭遇しなければならなかった。人間的に云へば諸君ほど不幸な卒業生は今迄になかった。我校には未だ曾てストライキの歴史なく、誠実和協の校風を誇りとして来ていた。然しかほどの大事件を前にして果してよくこの誇りを守り通し得るやは、正直のところ我々にも非常に疑問であった。然るに諸君は世論のゴウ〳〵たる中にあって平常の心を失はず、あくまで冷静にあくまで沈着によく世評の上に超然としてその守るべきを守り、その踏むべきを踏み通したのである。即ち只の一時間も課業を廃することなく、私かに決するところあって、校名の挽回を聖校長の墓前に誓ったのである。昔は明治初年の上野彰義隊の戦争に硝煙全市に濛々たる中に英書の講読に孜々として倦まざりし慶応義塾の気骨は我学会の一美談であった。諸君の昨年度における態度は或はこれに比すべきか、諸君の沈着と栄誉を祝福したいと思ふ。我等の慈父加藤校長も定めし御満悦のことゝ思ふ。

次に別科修了者諸君に対し一言申し上げる。只今本科卒業生に申したことは修業年限の三年を一年にすれば其儘諸君に該当する。多情多感なる一年を無事修学の中に了へたこと、また本校の非常時に際して少しの動揺もなく、一糸紊れず勉学にいそしんだことは私の最も満足とし、別科生のために私かに誇りとしている所である。殊に別科生は他の学校を見ても兎角統制がとれ難く綱紀がゆるみ勝ちであるに拘はらず、常に本科生と一致協力して学校の難局に処し、またよく勤勉して皆出席者五名を出し、また優等生一名を出したことは非常な成績であって、これまた満悦に堪へないことである。

加藤先生の御生活の凝縮は誠実の一語に尽きる

以上の祝詞に併せて一言餞けの言葉を贈りたいと思ふ。諸君の卒業に当って如何なる言葉を贈るべきかを考へ出すことは誠に雑作のない話であって、加藤先生の学校における十年の御生活のエッセンスを贈ればよいからである。而して先生の十年の我学校における御生活の凝縮は何であるかと云へば『誠実』の一語に尽きる。彼の三実主義は全部先生と新田温山先生の御人格のエッセンスであるが、殊に加藤先生の御生活を想起して私の眼前に彷彿する姿は『誠実』の行者といふ姿である。去る昭和五年には卒業生の一人々々に書を書いて与へられた。私はその書の一つを乞うて頂いたが、それは題して『丹心』とある。即ち誠実の別名である。之を見る毎に加藤先生を思ひ、加藤先生を偲ぶ毎にこの扁額を思ふ。

実業家と誠実　成功の最捷径

私は最近四、五ケ月間、各所で相当の実業家に会ふ毎に、如何なる人物をお求めになるか、また如何なる人物が成功しますかと尋ねてみた。ところが全部が全部、誠実の一語に尽きると答へられたには感心もしたが、また丸で我等の加藤先生がほめられているやうで、甚だ痛快でもあった。実業家の方々の云はれるのに、人の能力には少々の差はあらうけれども、専門学校を卒業しているもの同士の間における能力の差違などといふものは殆ど云ふに足りない。日常生活や日常の執務にこれといふ能力の差が現はれることは殆どないと云って差支ない。能力よりは誠実である。例へば銀行家になって帳面をつける、一分二分の仕事の早い遅いはあるかも知れぬが、専門学校卒業者で帳面のつけられぬ者はない。仮に遅かったところが、誠実にやって居ればもう一分遅ければもう帳面はつく。ところが人より早い人間でも少し投げやりの気持ちになって帳面をつけて、一行忘れたりなどすると、どうなる。凡ての他の努力がフイになってしまって帳面が合はない。即ち誠実は実業家として成功する最良の方法であると云はれる。

然しながらこの誠実の価値といふものは兎角若い人からは軽んぜられ易いもの丶やうである。それは誠実には、ハイカラ味やスマートさやイキなところがなくて、余りに地味過ぎるし、また田舎者らしく見えて何だか物足りないからである。何となれば一生懸命に一つの仕事にのみかゝって居れば、能力の全部はそこに費やされていることが判る。たとへ十分の仕事が出来たにしても、之はあの男の能力の全部だといふことになって、能力の奥が見えるからである。然るに何やかやへ手を出しておれば、たとへ一つの仕事は十二分にゆかなくても、能力の他の部分は他のことに費やされていることが判る。従って何だか能力の奥行が判らぬやうな印象を他人に与へるからである。然しながら諸君、実は誠実はまことに痛快な男らしい態度である。自分の力量の凡ては之でムると自己を裸にして人に見せるからである。之に反して半可通は誠に卑怯なる態度である。自分の能力を真価以上に人に発表せんとするものだからである。田舎から出て早く都会風に染みたいとか、根もない他人の風評の中に自負と自己欺瞞とに生きようとする軽薄者流に誠実の愛せられぬのも無理はない。然し実業界の大家達は皆大成の道はこの一途のみであると云はれる。

処世の要諦　かつ人間の道

曾て私は奈翁の伝記を読んで感じたことがある。奈翁は常に少数の兵力をもって己に数倍する敵を撃破しているのであるが、然しこれは全部としては少数であっても、勝敗を決すべき局部においては常に敵より優勢な兵力を集中していたのである。諸君はたとへ人より能力が一割劣っていても、補ふに二割の誠実をもってすれば必ず相手に勝つこと出来よう。処世の要諦は誠実である。誠実というのはたゞ真面目にやるといふだけではないやうである。仕事に誠実といふことは、その仕事を愛し、その仕事本位に考へて私情を挟まぬといふ意味も含むやうである。加藤先生が学校に対せられる態度がこれであった。少しつらいから本気でしないとか、この会社より他の会社が沢山給料を呉れるからそれに代らうとか考へるのは、誠実のない証拠である。仮に待遇に他の会社との差があっても、また同僚との間に不当な区別をされようとも、どこまでもその会社の利益を中心として孜々して倦む所がないのが誠実である。勿論時には堪へられないやうな思ひをすることもあらう。その時には自分一人で態度を決しないで、親や親族にも相談し、学校へも相談してほしい。ただ僅かの利害で仕事を変える等のことは避けて貰いたい。

ある私等の先生が学校に初めて赴任する愛弟子に言われた言葉がある。女にほれよ、仕事にほれよ、その土地にほれよと。私の先輩は字義通りこの言葉を遵守して非常に出世した。（中略）

諸君。誠実は独り出世の為にあるのでない、実に人間の道であり、また独り人間の道たるのみならず、我等が先生の遺訓である。どうぞ卒業後の一カ月の誠実でなしに、願はくば誠実をもって終世を貫いて呉れ給へ。願はくば自分の仕事を見て他を見ず、自分の女房を見て他の女を思はず、自分の国土、郷国に惚れて誠実の行者になって呉れ給へ。今日この卒業式の喜びを加藤校長と共になし得ざるは諸君の遺憾とするところである。然し、こゝに聖校長の御像の前で、諸君心から聖校長に感謝して別れを惜しんで呉れ。またこゝには誠実丹心の道がある。日々この遺訓を守ってこの道に永遠に生きている聖校長と冥合して下さい。加藤聖校長の喜びはこれより外にないのであります。

一言申し述べて諸君を送るの言葉と致します」[55]

なお、「三実主義」が加藤先生と新田長次郎の人格の反映というのが後の校史『三十年史』の解釈であるが、[56]その見解を田中忠夫がこのとき表明していることが判明する。

三月二一日、専務理事田中忠夫は、文部省（松田源治文相）に対し「松山高等商業学校規則中改正ノ件ニ付申請」をした。それは情勢の複雑化に対応し、実業科目を拡大充実するためのカリキュラムの改革であった。具体的には校則第七条の改正で、①従来「修身」四時間中より一時間を減じ、新たに「心理及論理」一・五時間を加える。②近時内外事情の複雑化に鑑み、「商業学」一時間、「経済学」二・五時間、「経済地理」〇・五時間を各増加し、別に「経済時事」科を新設し、随時経済時事問題に関する教授を行なうこと、③外国語について英語を一時間増加し、選択外国語を一時間減じる。④必修科目中「商業学」では一二時間中より「貨幣論」一時間減じて、「信託論」一時間、「交通論」一時間を増やす。「経済学」三時間中より「原論」〇・五時間を減じ、新たに「貨幣論」一時間、及び「経済政策」二時間、計三時間を加え、差し引き二・五時間を増加する。「経済地理」一時間に新たに〇・五時間を加える。以上必修学科において四・五時間を増加するという改正であった。そして、三月二五日文部省より認可をうけ、一〇年四月より実施となった。[57]

なお、教員人事として、田中校長は自分の後任、経済学担当者として、田中力（岡山県出身、一高を出て、大正八年東京帝大経済学部卒）を四月から講師として採用した。田中力は東京帝大では経済史を専攻し、本位田祥男の弟子であった。[58]

した。

本年度の校務も、教務課長を大鳥居蕃教授が、生徒課長を伊藤秀夫教授が続け、田中校長を補佐

二 昭和一〇年度

昭和一〇（一九三五）年度の入学試験が三月末に行なわれた。この入試にあたって、田中校長は志願者増大をはかるべく、試験場を松山本校の外に大阪（大阪商大）、福岡（九州帝大）に拡大した。それは県外出身者の拡大を図り、志願者の質的量的向上をはかるためであった。[59] その積極策の結果、定員は前年と同様に一〇〇名であったが、志願者は六八九名と、前年（四七九名）より大幅に増え、大成功であった。そして、四月一〇日に入学式を行ない、一二四名が入学した（前年は一三四名）。[60]

入学式の状況は『松山高商新聞』によれば次の通りである。

「七百名に垂んとする多数の受験者中選ばれた新入学者百余名の入学宣誓式は四月十日午前十時より本校講堂で本校職員、井上、新田、小倉の財団理事及び多数父兄列席の下にいとも厳粛に挙された。先つ田中校長は学校の性質、創立の趣旨、校訓につき説明、之を承知して宣誓され度き旨訓示すれば、新入学生友田君起って誓旨を朗読、本校学生として本分に悖らざる旨を誓ひ、ついで各自自署す。宣誓修了後田中校長は再び登壇し高等商業学校は高等の経済教育を施す機関であるのみならず、社会文化の指導機関として重大なる意義を要すると縷々高商の本質、社会的使命につき説明、又本校が新田、加藤両先生の人格の再現を使命とせる特殊の意味を持つ点を強調して新入生の覚悟を促した。ついで井上理事来賓として祝辞を述べ、高等専門学校に於ては倦まざる研究心の必要なる所以を説き、茲に十年度新入生の宣誓式を厳粛裡に終了した」[61]

そして、田中校長の式辞は次の如くであった。校長就任初めての入学式の訓示であり、長時間にわたり、格調の高い式辞であり、加藤先生の精神を真に受け継いでいたことがよく判る。

「入学生諸君!! 諸君は只今校規の遵守を誓ひ、校訓実行の決意を表明しまして、名実共に本校の生徒となりました。健康に於て、学業に於て又操志に於て勝れたる百数十名の選良諸君を迎へました事は本校の深く誇とし又最喜とする所であります。一言謹んで祝意を表し、所懐の一端を披露致しまして諸君を迎へるの言葉と致し度いと存じます。

先づ諸君が六百八十九名の多数の受験者中より選ばれて入学の栄誉を得られた事に就いて御喜申上ます。之れ全く諸君が中学校、又は商業学校に於て五年間健康を錬磨し、学業を励み、徳行を慎まれた賜でありまして、過去に於ける諸君の此蛍雪の努力に対しまして衷心より敬意を表する次第であります。

諸君!! 諸君は過去に於てよく此蛍雪の功を積まれました。此度本校に入学致しまして如何なる心掛を以て修学致すべきでありませうか?

申す迄もない事でありますが、人間の道は何処、如何なる時に於きましても、其大本は些かも異る所のないものであります。従って諸君の踏むべき道も過去五年間踏み来った努力と異るべき筈はありません。否過去五年間に歩み来った操守を変へないことこそ諸君修学の要諦であります。

然し乍ら修学の課程が違ひ、学校の学風が異るに従ひまして、大本は同一と致しましても、そこに自ら異なる心掛の必要となるは当然であります。仍って次に高等商業学校とは何であるか、又高等商業学校とは如何なる学校であるかについて一言し度いと存じます。

高等商業学校とは先づ第一に経済界に活動する為に必要な高等の学問を修むべき所であります。此点商業学校と大差はありませんが、中学校とは余程趣を異にする所であります。中学校に於て学ぶ所は高等程度の学問をする準備的な学問でありまして、其儘社会生活に役立つ学問を致すべき所ではありません。商業学校と雖も亦少からず高等程度の学問を致す為の基礎学科を教授致します。然るに高等商業学校に於て学びます所は皆其儘社会生活に役立つべき学問であります。勿論其日常生活に凡て直接役に立つもののみではありませんが、然し経済界に於て指導的位置に立つべき諸君に対しましては、必ず常識として有って居なければならぬ学問を致す所であります。然れば諸君は中学におけるよりも一層確実に之を把握して、即座に応用する丈の錬磨の功を積むべきであります。

第二に高等商業は経済社会に入る為の長期の入門試験期であります。社会へ出ての成敗は必ずしも学校の成績と比例致しません。就職の如何も必ずしも学校の成績のみによるものではありません。然し就職に当って最も有力な条件は此三年間の成績であります。高等商業学校三年間の成績は単に学校内部の関係のみに終始するものでなく、実に経済社会へ就職入門の採否を決定すべき鍵となるものであります。専門学校卒業生の少かった二十年以前に於きましては成績の如何は就職の障碍とはならなかったかも知れません。然し高等専門学校卒業生年々五万を数へ、然も其半数が就職の機会を得ないと云ふ現状に於きましては、三年間の成績の如何は実に諸君の就職の成否を支配するものであります。

第三に高等商業は諸君の大部分にとりましては学校教育最終の課程であります。換言すれば過去十二年以上継続されたる学校生活の最後のしめくくりをつける処であります。若し高等三年の生活に於て失敗せんか過去十二年の蛍雪の努力は凡て水泡に帰するのであります。二宮尊徳先生の尊徳夜話に飯粒を大切にすべしと教える一節があります。飯粒一つは誠に小さいもので人は之を粗末にし易いものだが、しかし一粒に成る迄に幾許の辛苦が積まれて居るかを考へねばならぬ。種籾の保存、選定、苗代、田植より始めて、幾度かの田の草取り、施肥、水あて、次いで籾すり、精白、最後には之が炊き上げの手間。飯粒の一粒を粗末にする人は神と人との此並々ならぬ辛苦を軽ずる人で誠に心なき人、容易ならぬ忘恩の罪人と云はなければならぬと申されて居ります。諸君の高等三年の生活は単なる三年に非ずして過去十二年の積たる価値をもって居ります。諸君の一日も単なる一日に非ずして過去十二年の総和たる意義を持つのであります。戒心して有終の美を尽さん事を望みます。

高等商業学校とは第四に人格を意識的に仕上げるべき時であります。単に形式的十二年の積たる意義を持つのみでなく、実質的に過去十二年に学び来った所を諸君が意識して集結し固定的人格の形に形成すべき人生の一時期であります。期間は僅かに三年であります。然しながら諸君の一生に対する価値より見ますれば、他の幾十年にも代え難い貴重なる三年であります。若し此期間に於て諸君の人格が正しく形成されますならば、諸君の一生は先づ安心してよいでありませう。然らずしてもし正しからざる方向に決定されんか、恐らくは諸君一生の禍となるでありませう。然も此時期は諸君の自由意識が発達して自由を希望する事最も大なる時期であります。人生の最も貴重なる人格形成の時期に於て、然も他よりの干渉を最も排除する理の発達する時期であります。人格の形成は各人をして自己の責任に帰し為さしめんとする天の配剤と申すの外ありません。学校は諸君に対して中学校に於けるが如き干渉を致しません。注意も成るべく最少限度に差控へます。天と諸君との只二人のみの与るべき人格形成の神秘に充てたる神聖の時を冒涜しないで下さい。

最後に高等商業学校は社会文化、殊に地方文化に対して指導者たる使命を有して居ります。そこで学ぶ学生は其地方の青年、中等学生、惹いては其他市民全体の気風を指導すべき任務を帯びて居ります。何となれば専門学校の生徒は同年配の青年中僅かに百分の一に過ぎざる特別に恵ぐまれた境遇に置かれて居るからであります。又之を待つ社会的地位も亦同様社会文化、一般社会人を指導すべき並々ならぬものだからであります。一般学生の風紀が紊れ、一般学生の中に勤勉努力の切磋琢磨の気風が失はれたと云ひ、之が社会一般の風紀の頽廃と懶惰安逸の弊風の結果であるとして社会に其責を負はせる人が相当にありますが、之は甚だ当たらないと思ひます。専門学校ある地方に於て一般の風紀の頽廃、向学心の銷磨があるとするなら夫こそ却って専門学校の学生の責に帰すべきでありませう。願はくば諸君は独り一般社会の軽佻懶怠の風潮に染まざるのみでなく、進んで此風潮を矯正するの覚悟をもたれんことを望みます。

以上述べました所を要約しますれば、高等商業学校は経済社会に活動する為の知識を修得すべき所であり、社会入門の資格を獲得する所であり、学生課程の最後にして然も意識的に人格を形成する所であり、社会教化の使命を有する所であります。諸君が特別の覚悟を以て終始一貫此三年間を通じてよく高等商業学校本来の使命を果されんことを望んで止みません。

以上は一般に高等商業学校の目的を述べたに過ぎませんが、我松山高等商業学校には他の学校に異なる特殊の使命、特殊の学風があるのであります。

本校は新田温山先生の人格と加藤彰廉先生の人格を基礎として生まれ、且此御二方の心血を注いでの育成に与って生長して来た学校であります。併し両先生の御人格に就きましては、他日詳細御話申上げる機会を得度いと思ひますが、之を一言にして尽しますれば、校訓三実たる誠実、真実、実用に要約されるのでありまして、此御二方の人格を概念化したる校訓三実を実行する事こそ我校の目的であります。万事に亘って誠を以て終始し、真理を愛して真実を探求し、事を為すに当って華を去って実に就く事之であります。

世に高等商業学校の数は沢山あります。若し高等商業学校の課程を授ける事のみを目的とするならば、我松山高等商業学校の必要はなかったかも知れません。然し一代の聖徳新田温山先生と加藤彰廉先生は我実業界に道の行はれざる現状に慨かれ、道の勇者を送って実業界に貢献せんと本校を設立せられたのであります。学校の外面的設備は尚未だ不充分であります。学園を守る我々学校の教職員は識見徳行共に甚だ未熟であります。然し学校設立の精神は官公私立の何れの学校に対しても誇るに足るべき事を確信します。又其十二年間の歴史は他の何れの学校にもおとらぬ光輝あるものたる事を確信致すものであります。

然ればここに学ぶ諸君は独り高等商業学校の生徒として勤勉善良なる学生となるのみならず、又進んで他の何れの学校の生徒にも勝って立派な道の人となり、光輝ある本校の歴史に尚一層の光彩を添へ、かくて本校設立の趣旨に副はんことを切望致します。右祝辞に併せて一言希望を述べて諸君を迎ふるの言葉と致した次第であります」(62)

なお、この式辞の中で、加藤彰廉創唱の校訓「三実」は実用・忠実・真実であるが、田中忠夫はこのときは忠実を誠実に言い換え、誠実を全面に出しており、そして、本校は新田温山先生の人格と加藤彰廉先生の人格を基礎として生まれ、この二人が心血を注いで育成した学校であり、校訓「三実」はこの二人の人格の概念化であり、校訓「三実」を実行する事が我校の目的であり、万事に亘って誠を以て終始し、真理を愛して真実を探求し、事を為すに当って華を去って実に就く事を述べている点が注目される。

さて、昭和一〇年度、田中校長は、すでに渡部善次郎校長時代に着手されていた加藤彰廉先生記念事業（①加藤先生の胸像建設、②加藤先生の伝記の編纂、③学生のための奨学金設定、④記念会館建設）のうち、加藤先生の胸像が出来、四月二六日に除幕式を行なった。(63)

五月二八日から三一日までの四日間、田中校長は文部省主催の全国実業専門学校校長会議に出席した。会議では教育制度、教育内容（国体観念の明徴、国史教育、修身教育の徹底等）等が議題であり、六日に帰松した。(64)

七月一二日、専務理事田中忠夫は文部省（松田源治文相）に対し、「松山高等商業学校規則改正ノ件ニ付申請」を出した。(65)それは、別科の定員三〇名を五〇名に増やす改正であった。改正理由は、別科の志願者が八年度三九名、九年度六一名、一〇年度八三名と増大の一途をたどっていたためであった。翌年一月二九日認可を受け、一一年四月から実施された。

一〇月、田中校長は英語の担当として三浦勘之助（宮城県出身、青山学院商業部卒）を採用した。(66)

昭和一一（一九三六）年二月、法律学の村川澄教授が来る四月に大連にて設立される大連高商の創立委員兼首席教授に就任するために急遽退職した。村川教授は大正一四（一九二五）年三月三一日に赴任して一一年間勤務し、校友会活動でも水泳部を創設し瀬戸内海横断の壮挙を敢行し、また剣道部を創設して全国大会でしばしば優勝させるなど多大の貢献をされた方であるが、田中校長も惜しいがやむを得ないと容認した。[67]なお、村川教授の後任はとらず、星野、浜田教授が担任することになった。

なお、二月二六日には、陸軍の青年将校（皇道派）による軍事クーデターがおきた。クーデターは鎮圧されたが、以後統制派による軍部独裁化が進んで行った。

三月初め、本科第一一回卒業式ならびに別科第三回修了式が行われたが、その記事は『松山高商新聞』には残念ながらない。

三月末には田中忠夫校長の後任であった田中力講師が退職した。病気のためであった。そしてその後任として、東北帝大卒の賀川英夫（宮城県、東北帝大法文学部経済学科卒。前大阪商科大学経済研究所研究員）を採用した。[68]

また、渡部校長時代に解雇されていた佐伯光雄教授が昭和一一年度から非常勤で教鞭をとることになった。[69]

(三) 昭和一二年度

田中校長は、加藤精神を継承しながらも、昭和一一（一九三六）年からは学内に「日本一の高商に」という雄図あふれるスローガンを掲げ、加藤時代の小規模学園に甘んじることなく、時局の拡大に応じながら、大胆な行動に打って出たのである。[70]なお、本年度も教務課長を大島居蕃教授が、生徒課長を伊藤秀夫教授が続け、田中校長を補佐した。

昭和一一（一九三六）年度の入学試験は三月二六、二七日に行なわれ、定員は一学年一〇〇名であるが、募集人員は約一二〇名で、志願者は、前年よりさらに増え、八一九名に達した。そして、四月一一日に入学式が井上要らの来賓の出席の下に挙行され、一三〇名が入学した。(71)

二・二六事件後の非常時日本の下での、入学式の式辞は次の如くであった。

「唯今諸君は本校校規の遵守を誓って名実共に本校の生徒となりました。八百十九名の多数の応募者の中より厳選せられ、学業に於て、体格に於て、又操守に於て最も優秀なる諸君を得ました事は本校の無上の喜であります と共に、其原因たる諸君多年の蛍雪の功に対しては深く敬意を表したいと思ひます。

専門学校の何たるかについては本校の入学を志願致されました諸君に於ては既に相当の理解があり、本校が特に如何なる学校であるかに就いては、今後修身に於て或は訓示に於て折に触れて申上げる機会が多いと思ひますから、茲には省略致しまして、高等専門学校の学生と社会文化の関係に就て一言私共の所見を申述べて諸君の参考に供し度いと思います。

所謂インテリ階級とは普通の専門学校以上の卒業生並在学生の事を指して居りますが、最近の時局以来インテリ層の地位は転落して了って、文化の担当者、社会の指導者としての地位は他の層に移ったのではないかと言ふ事が憂慮せられて居ります。果してインテリ層の使命は終へたものでありませうか。

抑々インテリ層の文化に対する地位は文化の各部分の総合者であり、プロポーションの整備者であり、文化の愛好育成者であると言ふ点にあります。必ずしも現状打破の闘士たる役割を演ずるものではありませんが、苟も之れを欠いでは均整のとれた大文化は育成しません。否文化の混乱転落を避ける事は出来ないのであります。然ればたとへ暫くでもインテリが社会の信用を失って文化担当者たる地位より転落するといふ事は、社会と文明の危機と言はなければなりません。

これ程大切なインテリが然らば何故に我国に於て転落したと云はれるのでありませうか。現在インテリの批評せられている要点はインテリが利己的であり享楽的であり、歴史を無視して国家と文化の擁護者たる使命感に欠けているといふ点にあります。かの武士道華やかなりし頃の武家は一朝有事には君公の馬前に一死を辞せざる覚悟があり、平時には身を慎しんで四民の師表たるの意気があったと申します。然るにインテリは其地位は過去の武士と等しいに不拘、その覚悟は匹夫匹婦の俗腸に堕落していると言ふのであります。若し果して然らばインテリ層の転落は自然の数であり、その結果文化の危機は正しく到来すると申さなければなりません。今や其警鐘が政界にも学界にも又経済界にも乱打されつゝあるのであります。

かゝることを申せば余りに誇大な感傷であると感じる向もあるかも知れませんが、少くとも封建時代のインテリたる古武士の覚悟はそれでありました。山鹿素行の士道論を読みますと左の句があります。『……士は農工商をさし置きて斯道を専ら務め三民の間苟くも人倫をみだらん輩をば速やかに罰して以て人倫の正しきを待つ……文道心に足り武道外に調て三民自ら之を師とし、之を尊んで其教に従ひ、其の本末を知るに足れり……』

例外は勿論ありましたらうが、此精神が武士階級に滂湃として漲り亘っていたことは全国到る処の名もなき軽輩中より幾多の義人節婦が排出したことで明らかであります。

封建時代のインテリと現代のインテリとを比較して、現代のインテリが利己的であり、享楽的であり、醇風美俗に対する道義的責任感が薄いと非難されて果して之を否定するを得るでありませうか。

歴史はインテリ層が凋落したと論告しております。日本史はその責がインテリ層にあると絶叫して止みません。然らば我々インテリ層はこの警鐘に対して如何に答へるべきでありませうか。

人道と国運とに対する古武士の覚悟と矜持を恢復することが最初にして最後の答であると信じます。このことは言ひ易くして而も極めて行ひ難き処でありますが、特に因習の中に泳いで来た現実界の人には俄かに期待出来ません。この意味に於て、純理と理想的に生きる学生生活に特別の意味があると言はなければなりません。明治、大正を通じて啓蒙的役割を発揮した学校は今や新時代に直面して、新武士道を樹立し実行すべき使命を負はされているのであります。

入学の喜びに心傲り、学校一時の喜に夢を貪るべき秋では断じてありません。不徳不明ではありますが、我々も諸君と共に節夫義人の徳行に親炙して俗腸を洗ひ度いと念じて居ります。

然らばお互いに微力ではありますが、我々インテリに課せられた歴史的責務を果し得て、上は宸襟を安め奉り、惹いては我校存立の意義を全うするを得るでありませう[72]」

このように、本年の入学式の式辞において、田中忠夫校長は現代のインテリ階級の凋落に警鐘をならし、封建時代の古武士の精神を称揚し、新武士道の樹立を唱え、新入生に対し、天皇の宸襟を安んじ、また本校の三実の精神を全うするよう努力せよと論じた。前年までの式辞と異なり、少し奇異な感じがするが、それは明らかに、天皇機関説事件・国体明徴運動・二・二六事件などの国内情勢の変化が背景にあるのだろう。

五月二五日、田中校長は「職員退職手当規定」を制定した。[73] これは、田中校長が教職員が安んじて勤務続けられるようにとの考えから制定したものであった。

また、引き続き、加藤彰廉先生記念事業の計画を実行し、このうち、④の記念会館は加藤会館として、木子七郎（新田長次郎の娘婿）の設計で、鉄筋コンクリート製で、昭和一一年五月に着工した（竣工は昭和一二年四月二五日）。[74]

五月二九日、温山会は新田長次郎の生誕地（温泉郡味生村大字山西の新田仲太郎邸内）に長次郎八〇歳の誕生日を記念して記念碑を建立し、井上松山市長、井上要、新田仲太郎等々の来賓出席の下に除幕式を盛大に挙行した。そして、田中忠夫温山会長が式辞を述べた。[75]

七月一七日には、本校設立の慈父・新田長次郎が死去した。享年八〇歳であった。葬儀は二〇日大阪四天王寺本坊にて挙行され、会葬者は六〇〇〇名に達した。本校からは、田中校長、西依教頭、太田、増岡教授らが出席した。そして、田中校長は温山翁の遺髪を奉じて帰松し、新田家と学校との関係について、長次郎は「新田家と学校との関係は永遠のもので自分が死んだのちも、変わることなく、面倒を見ていくことになっている、この点安心して教育のことに当たってほしい」と述べたことを披露している。[76] 事実、その後も新田家は長次郎の遺訓を守った。

九月一七日には愛媛松山にて五団体（本校、温山会、松山市、松山商工会議所、味生村）共同主催の新田長次郎翁の追悼会を青年会館にて挙行し、田中校長が長次郎翁を徳行の人、学園の師父と称え、追悼文を述べた。[77]

昭和一二（一九三七）年三月六日に本科第一二回卒業式ならびに別科第四回修了式が挙行された。本科卒業生は一一九名、別科四九名であった。なお、この日卒業式の田中校長の式辞は『松山高商新聞』には掲載されていない。[78]

また、加藤彰廉先生記念事業のうち、②の加藤先生の伝記が三月に、星野通、伊藤秀夫、高橋始、増岡喜義、野中重徳編で『加藤彰廉先生』として刊行された。[79]また、③の奨学金は加藤奨学金として、三〇〇〇円の基本金で、数人の学生に授業料補助ための奨学金として設置した。

㈣昭和一二年度

本年度の校務も、教務課長を大鳥居蕃教授が、生徒課長を伊藤秀夫教授が続け、田中校長を補佐した。

昭和一二（一九三七）年度の入学試験は三月末に行なわれ、定員は一〇〇名、募集人員は約一二〇名で、志願者は一〇四六名となり、初めて一〇〇〇名を超えた（前年は八一九名）。そして、四月一二日に入学式が井上要、小倉長太郎、新田幸一理事ら出席の下、挙行され、一三七名が入学した。なお、この入学式の田中校長の式辞も『松山高商新聞』には掲載されていない。[80]

教員人事面で本年度特筆すべきことは、田中校長が四月に住谷悦治（東京帝大卒、経済学、文化史等）を採用したことである。住谷氏は同志社大学経済学部に勤めていたが、マルクス主義の「汚染」ゆえに治安維持法により昭和八年同大学辞任を余儀なくされていたが、堀豊彦教授（大学時代の友人、台北帝国大教授）が浪人中の住谷氏を台北帝大に招聘しようとしたが、同様の理由で潰れたため、堀が田中忠夫に頼み、採用した。住谷採用は、東大ＹＭＣＡ時代の友情のあらわれであり、軍国主義化が急速に進んでいる時代にあって、田中校長の「自由主義」精神、リベラリズムのあらわれとみなすことができよう。田中忠夫は路頭に迷っていた住谷家にとってはまさに「救世主」であり、また、この人事は後に伊藤恒夫元松山商科大学学長も云うように「かなり思い切った人事」であり[81]、高く評価すべきであると思う。

四月二五日、加藤彰廉先生記念事業のうち、④の加藤会館の落成式を加藤家からは孫の静子嬢を迎えて挙行した[82]。

五月二五日から四日間、文部省において全国高等実業専門学校長会議が開かれ、田中校長も出席した。生産力拡充に要する人的要素の整備が審議され、定員増加が要請されている[83]。

本年、田中校長は就任後の全国の高商視察から温めていた学校拡張事業計画を樹てた。それは次の通りであった。

①生徒定員の増加。三〇〇名を六〇〇名に倍加する。昭和一三年度に四五〇名に、一六年度に六〇〇名に増やす。
②校舎の増築。木造建て校舎三棟、延五九〇坪、費用一一万三〇〇〇円。
③校地の拡張。隣接地約一万坪を購入し、二万坪に増やす。費用一五万六〇〇〇円。
④校内運動場設備及び造園。費用五万円。
⑤講堂改築。木造建講堂二七〇坪。旧講堂は改築して教員の研究室、図書館の拡張に当てる。費用

一〇万円。

⑥武道場改築。木造建一七〇坪。費用五万円。

⑦体操館新築。木造建二〇〇坪。費用五万五〇〇〇円。

⑧食堂改築。木造建一〇〇坪。旧食堂は生徒集会室に使用。費用一万八〇〇〇円。

⑨寄宿舎増築。第一期計画として一五〇人収容の寄宿舎新設。土地二〇〇〇坪、木造建物六〇〇坪。

　費用一四万円。

以上の費用合計は六八万二〇〇〇円にのぼった。[84]

このうち、①の生徒定員の増加について。専務理事田中忠夫は、文部省（木戸幸一文相）に対し、昭和一二（一九三七）年一二月二七日に「松山高等商業学校規則中改正並生徒定員変更ノ申請」書を出した。[85] 改正の要点は第三条の改正で、生徒定員本科現在三〇〇名を四五〇名に増員すること、ならびに第二三条の改正で授業料を九〇円から一〇〇円に値上げすることであった。定員改正の理由は、近年志願者数が増大し、入学者に対し、三倍から一〇倍になっていること、また、就職も良好であることをあげた。授業料値上げは校舎の増築や教職員の待遇改善のためであった。そして、昭和一三（一九三八）年二月一六日文部省により認可され、一三年四月から実施となった。なお、入試の提出資料は次の如くであった。

年度	志願者	入学者
昭和七年度	三六〇	一二四
八	三八四	一一一

九	四七九	一三四
一〇	六八九	一二四
一一	八一九	一三〇
一二	一〇四六	一三七

また、研究面では、昭和一二（一九三七）年一二月一〇日、商事調査会「松山高商研究彙報」を創刊した。[86] 後の「商経研究会」の前身である。

学校拡張計画のうち、③の校地の拡張では、昭和一二年二月二八日に三九五四坪を購入し、翌一三年一二月に埋め立て工事が完成した。

ところが、田中忠夫校長時代は、日本の軍国主義化が急激に進展して行く時代である。昭和一二年七月、盧溝橋事件が勃発し、日中全面戦争に発展していく。その影が本校にも及んできた。

同年八月、教授の古川洋三、柔道師範の赤川寿太郎、教練教師の菅野定市の三名が応召された。そのために、学校は、一〇月一六日、皇軍の武運長久を祈願し、職員生徒一同県社阿沼美神社に参拝した。[87] だが、菅野定市は後に戦死する。

また、一二月一一日、南京陥落を祝し、午前で授業を中止し、全校教職員、学生が加藤会館前に集合し祝賀式を行ない、終わって提灯行列に参加するなどした。『松山高商新聞』に次のように記されている。編集子も南京陥落に高揚している。

「上海包囲を完了した皇軍は破竹の勢で蘇州を抜き、常州を屠り、句容を陥れ、遂に敵の首都南京の首級をあげた。この南京陥落の号外の鈴の音鳴るや、待ちに待った国民各団体は予て同意していた祝賀プランに依って、それぞれ二十世紀の特筆大書すべきこの偉業を心から祝った。

本校に於ても十二月十一日昼より授業を中止し、午後一時二十分加藤会館前に全校職員、生徒集合、国旗掲揚の後、校長出張中の為に、西依教頭の南京陥落祝賀の挨拶があって、南京攻略に不幸敵弾の為にたふれた戦死者に黙祷して後、西依教頭の発声で天皇陛下万歳、皇軍万歳を夫々三唱して祝賀式を閉ぢ、直ちに古町阿沼神社に神霊の加護の感謝将来と皇軍の武運長久を祈願して一度び解散(88)」

本校卒業生の二人がこの上海〜南京戦の中で戦死している。本校最初の犠牲者は第八回卒業の福田球磨夫と第七回卒業の神原利弘である。福田は昭和八年に卒業し、神戸商大に進学し、一一年三月卒業し、三菱重工に就職したが、一二年九月応召され、一〇月三日上海戦線にて戦死した。神原も同じく上海戦線で南京目指し進撃中、無錫で戦死した(89)。

昭和一三（一九三八）年二月一一日、憲法発布五〇周年記念日に際し、田中校長は次のような訓辞を学生に行なった。戦時迎合の訓辞で、大要は次の如くであった。

「外に皇軍の華々しき活躍があり、内には国民精神総動員の美はしき実が結ばんとしつゝある此時に当り、万古不滅の帝国憲法御発布五十周年記念日を、建国祭のこの佳き日に迎へることはわが光輝ある帝国臣民の一人として誠に慶祝に堪へないところである。……我々はこの記念すべき憲法発布五十年の記念日に当り、改めてこの有難き大典御発布の大御心を拝し奉り、感謝感激を新にしてわが憲法政治の健全なる発達に尽力し、もって陛下の御期待に副ひ奉るべきである(90)」

同年三月五日、非常時、戦時体制下の本科第一三回卒業式、別科第五回修了式が、知事、井上要理

事等来賓の出席の下に挙行された。田中校長の式辞は次の如くで、非常時局、三実主義による経済報国、自由主義と社会主義の排除、国家生活、伝統重視、国体の精華などを述べ、全体主義への迎合論がみられた。他方、世の知識階級批判に対し、知識階級人として使命を自覚せよと叱咤激励した。

「本日ここに本科第十三回、別科第五回の卒業証書授与式を挙行するに当りまして、多数御来賓各位の御臨場を恭う致しました事は本校の非常に光栄として深く感謝致す所であります。

此度の本科卒業生は近く卒業致すべき者十二名を加へまして、一二五名でありますが、其中自家営業の者三名、他大学入学志願者八名、就職希望者一一四名でありまして、此の中今尚就職の確定せぬ者六名ありますが、之も其中夫々其所を得るものと期待致して居ります。

別科卒業生は四八名ありまして、自営及就職希望者五名を除いて後は凡て上級学校へ進まんとするものであります。

さて、次に我親愛なる卒業生諸君に御慶を申上ます。諸君は外に苛烈なる時局の嵐が荒び、内に騒然たる知性、感情の波が荒れ狂う中に、我々不徳なる者の指導にもよく服して、自粛自戒蛍雪の功を積んで所定の学業を了へまして、今や非常時下の財界戦士として十分なる教養と体力を蓄はへて、ここに目出度く卒業の喜を見たのでありまして、我々の本懐之に過ぎるものはありません。諸君の胸中に油然として湧き上る歓喜を思ひ、又諸君の成業を鶴首して待たれた御家族の御満悦を想うて衷心より御喜申上度いと存じます。

現在の非常時局をよく認識し、今後日本の置かるべき国際的地位を深く洞察し、又之に処するに教育勅語の大精神に則して、本校三実主義の実践窮行を以て経済報国の実をあげんと覚悟しつつある諸君に対しましては、最早此期に臨んで何の加うべき必要を認めません。願はくば今日此処にもたる諸君の美しい覚悟と決心とを、社会生活の最後の日まで持続けられる事を望むのみであります。只一つ最近知識階級問題が仕切りに論ぜられて居りますので、知識階級人として社会に立たんとせられる諸君に対しまして婆心迄に此問題についての所懐の一端を披瀝しまして御参考に供し度いと思ひます。世評が知識階級に対して加へる非難の第一は其思想傾向が国家本位でなくエゴイスチックであるか、コスモポリタニックであり、伝統を尊ばないで合理主義的であると云ふ点にあります。

惟ふに学問研究の特徴は、簡単な仮定の上に研究を進め、純理を追うて論理を構成する所にあります。従って学問研究の人々が伝統を忘れて合理主義的となり、純理に走ってコスモポリタニックになる傾向は一面不得止事情であるかとも見えるのであります。

然し仮定はどこ迄も仮定に過ぎません。現実界に於ては、国家生活は社会生活の最大事実であり、伝統は生活を規定する最大の動力であります。現実界に適用する為には之を無視しては如何なる名論卓説も百害を伴う事を免れません。

夫の明治後期以来の極端なる自由主義、大正中期以後の過激なる社会主義が、敢て麗はしい我民族の伝統に目をつぶり、尊厳なる我国家生活の事実を無視せんとした態度は、我国運の健全なる発展を甚だしく阻むものでありまして、常に鼓を鳴らして責むべきでありました。此意味に於て最近知識階級の思想に非難が加へられ、其訂正が強ひられつつあることは誠に結構な事であると申さなければなりません。

若き知識階級たる諸君に若しいささかでも其様な思想の残滓がありますとすれば、此際十分に清算せられまして尊厳なる我国体の精華を護り、光輝ある我民族の美風を愈々育くむやう努力せられん事を切望して止みません。

知識階級に対する第二の非難は、其生活態度が思索的で実行的でないと云う点に向けられて居ります。道徳の本旨から云って実行の熱が、知識の光に勝る事は申す迄もありません。然し時に熱よりも光を尊しとする時期が無いではありません。善悪利害の帰趨の不明なる場合が夫れでありまして、如斯際こそは熱よりも光を必要とする時なのであります。非常時局に際会しまして国内の諸事情も、国際関係も社会思想も、変転漸く甚しからんとする、我国明日の事態こそは正に其時であると信ずるものであります。然らば現在に於ては此思索的傾向は知識階級の短所ではなくて、実に其長所であると、申さねばなりません。

知識階級人として明日の日本を荷ふ諸君が、諸君の地位と使命とを十分に自覚して、東洋経倫の第一歩を踏み出さんとする我国をして誤ることなからしめるやう、其持場持場に於て深い思索と熟慮とを払はん事を熱望して止みません。

今やうやく学窓を出でんとする諸君に対して之等の注文は余りに過大であるかも知れません。然し千里の道も一歩より始まると教へた古人も志は須く大なるべしと、説いて居ります。一方に自らの未熟と弱点を自覚して日々日々を謙遜着実に築き行くと共に、他方に知識階級人としての自己の地位と使命とを自覚して、大衆に盲従する事なく、常に静思して、明日に備へる用意を怠らないやうにお願ひします。

然らば、諸君によって国運は益々進展するでありませうし、諸君の勤める会社は無限の発展を期待する事ができるでありませうし、又翻って諸君一身の前途も洋々として多幸でありませう。更に此上に望むらくは諸君が一人残らず健康に恵まれ、円満純潔なる家庭生活の幸福をも併て得て、人として享け得る限りの至幸至福を享け得ん事であります。

以上婆心を附け加へまして訓辞と致します。

昭和十三年三月五日

松山高等商業学校長　田中忠夫
」(91)

二．躍進時代（その二）——昭和一三年～一六年——

(一)昭和一三年度

昭和一三（一九三八）年度から本校は学園拡張第二期時代に入っていく。前年に定員増加の認可がおり、本年度から定員は四五〇名（一学年一五〇名）となり、現在の校地、校舎では狭隘となり、第二期学園拡張工事に着手することになった。

また、昨年以降戦争の影響がすでに本校に現れていたが、昭和一三年四月には国家総動員法が公布され、さらに戦争に巻き込まれていき、田中校長はそれに積極的に迎合していく時代である。

本年度の校務も、教務課長を大島居蕃教授が、生徒課長を伊藤秀夫教授が続け、田中校長を補佐した。

昭和一三年度の入学試験が三月末に行なわれ、定員は本年度から一学年一〇〇名から一五〇名に増大したこともあり、志願者は一二〇五名にのぼり、前年（一〇四六名）を大幅に上回った。四月一二日に入学式を行ない、一八〇名（中学卒業一三一名、商業学校卒業四九名）が入学した。のち、補欠があり、一八三名（前年一三七名）が入り、定員をかなりオーバーして入学させた。[92]なお、田中校長の式辞は『松山高商新聞』には掲載されていない。

教員人事面では、田中校長は四月に中国語の教員として、京都帝大の倉石武四郎教授の推薦で浜一衛（大阪出身。京都帝大卒。副手を勤めた後、二年間北京に留学）を採用した。[93]

四月には商事調査会を「商経研究会」に再編成した。

四月二九日、天長節の日に田中校長が訓示を行なった。その大要は次の通りで、日中戦争の戦果を讃え、「八紘一宇」の精神をもって、新支那指導原理の建設に邁進せよというものであった。

「非常時第二年の今月今日、こゝに麗かなる天長の嘉節を迎へまして、誠に恐懼感激に堪えへない所であります。我国曠古の大業が陛下の此御盛年の時に企てられつゝありますことは誠に感激の至りであります。

今や非常時第二年を迎へまして、漸く持久戦に入りました。相手は面積でわが国の十六倍、人口で六倍、活力に於て強靭無類の民族であり、世界列強の狂的庇護を受けております。この敵に対し、北支、中支で輝かしい戦果を収めましたが、今後さらにこの戦果を拡大し有終の美をなすは容易ならぬ覚悟を要しますが、必ずやこの大業は完全に達成されると確信しております。その際、残る大問題があります。それは第一に支那政府討伐後の新支那の指導と第二にこの指導に伴って起こるわが国民道徳への影響の問題です。支那の指導原理は普遍的であると同時に支那に適合したものでなくてはなりません。この指導原理はまだ確立されておらず、その究明は我々知識階級の課題です。また、我が国民道徳への影響では低級民族に接し、また、支配・被支配の関係になりますと、支配者の我儘、被支配者の卑劣さが生じ、双方の人間性が傷つきます。支那民衆を救い、我国民の徳性を高めるためには人道の勇者が続々あらわれなければなりませんが、その点も我々知識階級に課せられた課題です。

　政府はこの支那指導原理と支那ならびにわが国の精神文化の発展確立のために八紘一宇の精神を闡明せんとしております。八紘一宇の精神は神武天皇登極のさいに発せられた勅語であります。この大精神を想起して、新支那指導原理の建設と新時代の徳性確立を企画せんとする政府の意図は誠に時宜をえたものであります[94]」

五月には学園拡張第二期工事の内、新運動場（四〇〇〇坪）の埋め立て工事を始めた[95]。

六月二五日にはさきに亡くなった新田長次郎（昭和一一年七月一七日死去）の温山蔵髪碑の竣工式を遺族の新田宗一氏（新田帯革会社社長）や井上要、山本義晴らの臨席の下に執り行った。蔵髪碑は本校を望む松田池湖畔に建設された。その碑文は田中校長が住谷悦治に命じたが、その後、長次郎をよく知る田中忠夫が書くのがよいということになって、田中校長自身が書いた[96]。

八月下旬に、本校卒業生の大西俶（昭和一〇年三月卒業）が漢口攻略途中にて戦死した[97]。

九月二九日に、学園拡張計画のうち、新校舎建設の工事着手がなされた。

一〇月一四日から、田中校長は満州及び北支の視察に出発し、大連高商新築移転式に参列し、ハルピンに向かい、移民村を視察し、北京、天津を視察して一一月七日に帰松した。その帰国談によると、「特に深く感じたことは我国の植民政策が人道的で声明した如く王道楽土の建設に背く所は全然ない。殊に欧州諸国の政策に比較すると一層この感じが深い。……欧州諸国が資本主義の物質的基礎を作る為に採った政策は甚だ非人道的であるが、満州に於ける日本の政策は真に王道楽土の建設を目的としたもので、支那人自身にとっても幸福であり……我国の支那経営に就いて外国からとやかく文句を言はれる理由は全然ない」などと述べている。(98)

また、本校卒業生の戦死が続いた。一〇月二二日には第五回卒業の広瀬守三が南支作戦の攻略中に、一〇月二五日には第六回卒業の森脇高智夫も同作戦の中で戦死した。(99)

一二月二八日に、菅原義孝教授（本校第一期卒業。九州帝大文学部卒。昭和九年赴任）が一〇月下旬から腸チフスで発病し、入院中であったが死去した。三三歳の若さであった。(100)

一二月六日には学園拡張第二期計画の新購入土地三九五四坪の埋め立て工事が完成した。

一二月一五日には「松山高商論集」第一号、創立一五周年記念号が刊行された。その論文は、住谷悦治「黎明期日本社会政策思想」、太田明二「現代信託業の意義」、川崎三郎「原価計算に関する一研究」、賀川英夫「宇和島藩財政経済の発展」、星野通「日独法典論争の顛末」、大鳥居蕃・増岡喜義「今治綿業の研究」、菅原義孝「十九世紀英国に於ける基督教社会主義運動史」、伊藤秀夫「英国々民性について」、三浦勘之助「言語と感情」であった。(101)

昭和一四（一九三九）年三月上旬には本科第一四回卒業式、別科第六回修了式が行なわれたが、その記事はない。

同年三月三一日には学園拡張第二期計画にもとづいた木造校舎二号館（四教室）が竣工した。

(二)昭和一四年度

本年度も教務課長を大鳥居蕃教授が、生徒課長を伊藤秀夫教授が続け、田中校長を補佐した。

昭和一四（一九三九）年度の入学試験は三月末に行なわれ、定員は前年と同じ一五〇名で、志願者は一五〇二名にのぼり、前年（一二〇五名）をさらに上回った。四月始めに入学式を行ない、一八三名が入学した。前年と同じ入学者数であった。

田中校長の式辞は皇軍の武威と共にヴィーストを引用する格調高いものであった。

「新入生諸君!! 諸子は千五百余名の多数の中から厳選せられた選良である。品行、身体、学業に於て優秀なる諸子を迎へて新学年を開始することは、本校の無上の喜とするところである。

然も諸子は校規、校則を遵守して本校生徒たるの名誉を汚さざらん事をも誓った。此上に更に加ふべき必要を認めないとも思ふ。唯明日の日本を率いるべき重大使命を有する諸子である。一言婆心迄に所懐を述べて諸子の参考に供することゝする。

諸子活躍の舞台は満、蒙、支を含む広大な地域である。独り支那本土のみをとって見ても、面積は我国土の十三倍、人口は四億を超える膨大な国である。仮に現在皇軍の武威の及んでいる範囲のみを考へても、面積は国土の四割以上、人口、経済富力約七割に及ぶ広大さである。之が挙げて我国の指導、開発を待ちつゝあるのである。

之を現在世界最強最大の国と謳はれている英国と比べて見る。彼の支配しているところは人口に於ても、面積に於ても、経済力に於ても、凡て世界の四分の一に及ぶと言はれている。然しその支配する土地は世界各地に分散した、本国より遠隔の地域であり、支配する人口五億と云ふも多くは野蛮未開であるが、生活力の薄弱な種族のみである。

然る支那は一塊にまとまった土地であり、日本と一葦帯水の地位にあり、其国民は亦強靱無比な生活力を有する文化の民である。彼と是と到底同日の論ではないのである。

我々は今迄有たざる国日本と教へられて来た。然し明日の日本は世界一に有てる国であり、世界一に強い国であり、世界史上嘗てなき富強を誇り得る国家である。

而して諸子は此光栄ある大国家の指導階級にたらんとするのである。深く其光栄に感激すると共に、よく其使命を達すべき覚悟をしなければなるまいと思ふ。

では此大使命を果すためにはどうしたらよいであらうか。

知識の修得、体力の養成、徳行の修業凡て必要であることは言ふまでもない。唯然し我国未曾有の大事業で有り、世界史上無類の大難事である。自ら雄大な準備と、高邁な覚悟とがなければなるまいと思ふ。

これについて思ひ起すのは世界大戦前後哲学界を賑はした近代文明の批判修正の声である独逸の哲人ヴィーストが『素朴さと敬虔さ』に於て極言している事は我々の参考になるであらう。

ヴィーストは近代文明の病根は知識に対する幻惑から、其限界を忘れて之を実在と置き代えたところに始まるといふ。実在は幽玄、霊妙なる生ける生命であるが、知識は人間活動の便利の為に案出された実在の符牒、無内容な抽象的死物に過ぎない。前代の人々は、実在に対して驚異と畏怖の情を以って之を尊敬したが、近代文明人は知識のみに満足して実在を顧ることをしなくなった。生命体との内的関係を断たれた現代人の生活内容が空疎となり、其文化が病弱用ふるに堪へなくなったことは当然である。快楽主義、個人主義、合理主義、及び之れより派生する諸々の罪悪は、凡て其源をこゝに発する。

では近代文明の呪詛より解放せられる道は何であるか。実在に対する素朴な信頼、尊敬の態度を以て之との内的関係を恢復することである。勿論知識人に原始的素朴を望むことは不可能である。故に之に代るものとして、意識されたる素朴さとも云ふべき敬虔―知識の限界を知って実在の幽玄に拝する態度を修得することである。メスの先に神なし、検〔顕〕微鏡下に精神写らずとして之を否定したり、男女関係は性欲、親子関係は種族保存の本能に過ぎずと定義して、他の一切の玄妙崇高な人的関係を抽象した傲慢を去らなければ救は絶対にない。知識以上の存在、知識以前の生活事実、歴史伝統に額づく謙虚な態度から出直さなければ、詛縛は解き得ないといふのである。

明治以来の我国は、近代文化の悪風に随分浸食はされたが、まだ多分に素朴さを存している。当松山の地は僻地に偏在して、素朴の遺風尚自ら掬すべきものが多い。我等の学園亦創立以来此態度の養成には相当の努力を払って来た積りである。此態度修業の道場として、本校の環境は最も有利と云はなければならぬ。田舎風、拙劣さ、素朴さを恐る、勿れ。こ、にこそ近代文明の救はあり、新文化建設の鍵が秘んでいるのである。諸子が本校三年間に尚一層此素朴さ、敬虔さの修業を積まんことを望んで止まないのである。

最後に一つの提案がある。此実在に対する尊敬の修練として諸子が親子関係といふ神聖な事実に留意せんこと之である。此三年間に特別の工夫をこらし意識して孝道を完うせんことを、入学式当日の課題として諸子に提唱して置き度いと思ふ」[102]

教員人事面では、田中校長は四月に哲学の教員として東北帝大の哲学教授・高橋里美に推薦依頼して同大卒の木場深定（石川県出身。東北帝大卒）を採用した。[103]

六月に田中校長は学園生活基準一〇箇条（遅刻絶滅、体育振作、断髪励行、禁煙、禁酒、貯金励行等）の申し合わせをきめ、生徒への統制を強化した。

本年も本校卒業生の戦死者があいついだ。第六回卒業生の安東次郎が中支で、第一二回卒業生の中路一彦が北支で、第一一回卒業生の黒星芳男が南支で、いずれも戦死した。[104]

一一月一一日、学校と温山会主催で日中戦争で倒れた本校職員及び温山会員一一名の慰霊祭を本校講堂において、遺族、学生、教授らの出席の下に挙行した。[105]

昭和一五（一九四〇）年 三月五日、本科第一五回卒業式、別科第七回修了式が挙行され、本科一二〇名、別科四八名が卒業した。田中校長の式辞は『松山高商新聞』に掲載されていない。[106]

(三) 昭和一五年度

本年度も教務課長を大鳥居蕃教授が、生徒課長を伊藤秀夫教授が続け、田中校長を補佐した。

昭和一五（一九四〇）年度の入学試験を三月末に行ない、定員は一五〇名で、志願者は一四九一名で、前年（一五〇二名）より若干減少した。四月一一日に入学式を行ない、一六三名が入学した。のち補欠入学もあり、総計一八八名が入学した（前年一八三名）。

田中校長の式辞の大要は次の如くで、「興亜の聖業」を翼賛しようと学生に叱咤激励するものであった。

「本年度における本校志願者千四百九十一名の中から選ばれた一六三名の諸君は身体においても、学力においても、操守においても最も優れた学生であると言って差し支えありません。この優れた諸君をお迎へすることは本校として誠に喜ばしい事であります。

専門学校とは如何なる性質のものか、また、本校はどのような特質を持っているのかについては別の機会に譲り、ここでは次の点につき所懐を述べて諸君の参考に供したいと思います。

それは、現在我々が直面している興亜の聖業を如何にして翼賛し奉らんかということであります。この事変の最初においてこの戦いの意義についてこれほど深く大きいものであることは国民のだれも十分認識し得なかったのでないかと思います。我々も認識が不十分であったと思います。

今事変の進展と共に世界人口の四分の一を包含する政治、経済体制がその端緒についたのであります。世界の強国から隔離された安全無比の東亜の広大な天地に、他の如何なる国も持っておらぬ新しい政治経済体制を発揮することになったのであります。かかる大事件は我国家の二千六百年の歴史においてかってなきことであり、今後の世界史においても恐らく起こらないであろう。この世界的大事件の指導的担当者はわが国であり、諸君はまさにこの責任者としてここに生をうけているのであり、今度の事変の意義の大なることを認識しなければならぬのであります。

今ヨーロッパにおいて惨憺たる死の格闘が行なわれておりますが、それは東亜における世界史的建設的意義を持つ聖戦とは比ぶべくもない無意味のものであります。そこからは何も生まれてこない、いわばナンセンスの戦争であります。

それに対し我等は新秩序建設のためにこの聖戦を戦いつつあるのであります。無意味な死闘と希望に満ちた聖戦と比べて、その幸福が如何に日本に大であるかを考えなければなりません。では、我々は如何なる覚悟を必要とするか。事変を遂行する十分な潜在力を有していることは疑いないが、興亜の大識見と大抱負を有し、大国民としての態度と意識を有しているかという点になると頗る疑わしいのであります。事変遂行に際して、困難にあうとも何ら動揺せぬ胆力、その完遂のための高き教養、大支那の複雑な社会状態に対する高邁な識見につき、遺憾なしとしないのであります。我々は必ずこの事変を完全に遂行しなければなりません。我々は我が日本民族に眠っているあらゆる潜在力と可能性を呼び起こしてこの大事件を敢行しなければなりません。

聖上陛下におかれましては、昨年青少年学徒に対し、優渥なる勅語を賜りました。『汝等其レ気節ヲ尚ビ廉恥ヲ重ンジ……其思索ヲ精ニシ其ノ識見ヲ長ジ』と申す言葉がございますが、この有り難いお言葉を拝し、学業にいそしみ、識見を長じ、気節を貴ぶ気高い気風を養成し、本校三年間の生活において十分に之を鍛練しなければなりません。諸君は独り各人が自らの大国民たる教養を完うするのみでなく、国民大衆を率いていかなければなりません。それが専門学校の教育を受けた人々の責任であります。興亜の聖業を完遂し、世界史的大事業を成就するためには諸君が立つと共に多くの国民を率いていかなければなりません。

学校当局も時局の重大性、聖業の意義を痛感しております。東亜を率い、興亜の聖業を成就するために諸君に高き人格、大国民として教養を高めるために熱情を傾ける覚悟であります。諸君においてもどうか青年の意気と純情とを傾けて、共に興亜の聖業を翼賛し奉るために粉骨砕身の誠を尽したいと存じます」[107]

七月一九日、専務理事田中忠夫は文部省（松浦鎮次郎文相）に対し、学園拡張計画にもとづき、「松山高等商業学校規則中改正ノ件」を申請した。それは、①第三条生徒定員本科「四百五十名」とあるを「六百名」に改める、②第七条「学科目其程度左ノ如シ」とあるを「本科ノ課程ヲ分チテ第一部及第二部トス、学科目及其程度左ノ如シ」と改め、学科目其程度の表を別表の如く改めることであった。すなわち、一六年度から定員を四五〇名から六〇〇名にさらに増員し、そして、本科を一部、二部とし、第二部を東亜科とし定員は一五〇名、支那語を第一外国語とする、また、東洋文化史、東亜経済事情などの科目を必修とすることであった。また、就職先も大陸方面に求められた。この改革は、時局迎合、戦時対応のカリキュラム改革であった。なお、定員増の理由は次の如く志願者の急増であった。

「本校本科生徒定員ハ曩ニ昭和十三年二月十六日付ヲ以テ従来ノ参百名ヨリ現行ノ四百五十名ニ変更方認可アリタル処其後入学志願者ニ対スル入学者比率ハ殆ド変化ナク寧ロ減率ノ傾向ヲスラ示シ入学難ハ毫モ緩和セラレザルノ実情ニ在リ。本校本科入学志願者ニ対スル入学者比率左ノ如シ

年度	志願者数	入学者数	志願者に対する入学者率
昭和一〇年	六八九	一二四	〇・一八
一一年	八一九	一三〇	〇・一六
一二年	一〇四六	一三七	〇・一三
一三年	一二〇五	一八三	〇・一五

一四年　一五〇二　一八三　〇・一二
一五年　一四九一　一八八　〇・一三」[108]

なお、東亜科の中心となる中国語の浜一衛教授が北京に留学中の昭和一四（一九三九）年八月に召集され、帰国しそのまま大阪の連隊に入隊した。そこで、田中校長は、浜教授が戻ってこないと「東亜科」計画は御破算だといい、一五（一九四〇）年の夏、大島居教授が大阪の連隊に派遣され、軍と交渉し、その結果、浜教授は九月召集解除になり、学校に戻ってきた、というエピソードがある。[109]

そして、この定員増は九月四日文部省により認可され、一六年四月より実施されることになった。

一一月一〇日、近衛内閣は紀元二六〇〇年奉祝典（昭和一五年が神武天皇即位から二六〇〇年に当たるとされて、祝典を行なった）を宮城広場で開催し、本校からも生徒課長・伊藤秀夫教授引率の下、生徒二名が参加した。

また、一二月一六日、田中校長は文部省の指導方針に従い、学園新体制樹立のため、校友会を解散し、報国団を結成した。『松山高商新聞』に「本校創立以来共に歩み来た校友会は十二月十六日、遂に解散を宣言された。然しそれは破壊的な解散ではなく、新しき時代に伸びる建設的な解散である。この日学園は新しい体制にその第一歩を踏出す喜びに満ち溢れ午前八時前職員生徒は講堂に入場、皇居遥拝と皇軍有士への感謝の黙祷の後、希望と校友会への愛惜を包んで粛とせる瞬間、田中校長は正面に登壇、声高く校友会解散を宣言、次いで力強く「松山高等商業学校報国団結成」を宣言し、終って職員代表西依教授田中校長の前に進み、教育機関の至誠をその一言一句に吐露して宣誓を行ひ、生徒代表進んで報国団員としての宣誓を行ふ」とある。その後田中校長が報国団結成の意義を述べ、時局に対する覚悟を促した。そして、団長は田中忠夫校長、総務部長は西依六八教授、理事が大鳥居蕃、伊藤秀夫、増岡喜義、星野通、土屋靖民、住谷悦治の各教授であった。基本的にこの学園新体制は学園の軍国主義化・全体主義化への道であった。[110]

一二月二九日、また、戦死者が出た。去る昭和一二年以来応召中であった、本校の教練講師菅野定市氏が武漢で戦死した。[111]

田中校長は、一六年四月からの第二部（東亜科）設置のために、東亜科の支那語教員（中国語が第一言語）を増員すべく（浜一衛教授のほかに）、京都大学の倉石武四郎先生に推薦方を依頼し、浜教授の後輩でもある三木正浩を採用した。[112]また定員増のために英語教員として一六年三月に古茂田虎生（東京商科大学予科卒、高等教員検定合格）、また、体育教員として比嘉徳政（日本体育会体育専門学校卒）を採用した。[113]

昭和一六（一九四一）年三月五日、本科第一六回卒業式及び別科第八回修了式が挙行された。本科は一四七名、別科は四四名が卒業した。田中校長は「東亜共栄圏の確立も国内新体制の完遂も一つの愛による」旨の訓示を行なっている。[114]なお式辞文は『松山高商新聞』には載っていない。

㈣ 昭和一六年度

本年度の校務も、教務課長を大鳥居蕃教授が、生徒課長を伊藤秀夫教授が続け、田中校長を補佐した。

昭和一六（一九四一）年度の入学試験が三月末に行なわれ、定員は本年度から一学年二〇〇名に増大したため（一部一五〇名、二部東亜科五〇名）、志願者は一八八五名にのぼり、前年（一四九一名）の約二倍で狭き門となった。そして、四月一二日に入学式があり、一部、二部あわせて二二八名（内、第二部の東亜科五九名）が入学した[115]。四クラス編成で、一部が一～三組、二部（東亜科）が一組であった[116]。なお、この年に入学した生徒の中に、後、同志社大学教授になる内田勝敏がいる。

田中校長の式辞の大要は次の如くで、「東亜共栄圏」を確立し、その盟主に日本が立つことが「日本が永遠に生き抜くべき唯一、必然の道」と断じ、新入生に覚悟と意気を求めた。

「本校はその識見において、身体において、人格において優秀なる諸君を入学せしめたことを誠に欣快と存じます。この記念すべき日に一言所懐を述べて諸君の参考に供したいと思います。

諸君は二千三百八十五名の多数の応募者の中から選ばれた選良であります。諸君は如何なる社会的地位にあるか考えていただきたい。年々の小学校卒業生は二百万人、中学卒業生が二十万人、そのうち高等専門学校に進むものが四万人で、高等専門学校で学び得るものは全国民中、五十人に一人の割合です。諸君は自らのこの特別の地位幸福について深く顧みることがなければならないと存じます。

次に高等商業学校の性格について一言付け加えて置きたいと思います。第一に高商生活の意味は長き人生の最も大切な三年間を学びつつ過ごすということです。人生に重大な時期というものは少なくありませんが、一人前の人間として完成する時期ほど重大な時期はありません。人間は十九歳から二十四、五歳の間に一生を貫く思想や性格が形成されると云われています。この多感にして重大な時期を本校にて過ごすのです。新たな覚悟が求められます。第二に高等商業は完成教育であるということです。中等学校の教育は殆ど準備教育ですが、高等商業は、政治、経済、文化は如何になっているのかを深く学ぶところです。第三に高等商業は社会への入門の第一歩である点に重大な意義があります。就職に際し、会社は諸君の学校の成績、人格、身体の鍛練などを問題にするのです。かくて、本校における三年間は真に人間完成の道であると同時に社会への入門試験の時期でもあることです。

次に時局が今諸君に期待していることが甚だ多いことです。今年一月に松岡外相が声明した東亜共栄圏の概念についてご承知の事と思います。この新概念は仏印、蘭印、タイ等も包摂し、一千七十万平方キロの広大な面積と世界人口の三分の一に当たる人口を擁しています。然もここに日本が盟主として立とうとするのであります。このことは大それたことのように見えるかも知れませんが、それこそが日本が永遠に生き抜くべき唯一、必然の道なのです。

この重大なる転換期に本校もこの東亜共栄圏の確立に一役を買う意味において本年度より支那科を設立致しました。支那語を第一志望とした諸君が多かったことは世界情勢が青年層に力強く反映したものとして欣快に堪えません。

時代は切迫しております。諸君は新たなる覚悟と意気をもって、東亜共栄圏の確立に邁進し、日本の永遠なる発展に参画し、歴史的貢献を果されんことを望んで止みません」(117)

なお、入学式の前々日の四月一〇日午前八時より講堂において比嘉徳政、古茂田虎生、三木正浩ら新任教員の就任式ならびに昭和一六年度の始業式を挙行した。そして、この始業式において田中校長は訓示を行ない、そして、校訓「三実主義」の「明文化」と「確定解釈」を行なった。

まず、訓示の大要は次の如くで、加藤校長の「三実主義」を讃え、生徒に規則を守り、自覚を求めるものであった。

「学園内外の拡充による学校の発展は誠に喜ばしいことである。支那語科の新設に伴ふ新校舎、或いは造園計画による外観の拡張と共に生徒数の増加により学校は益々進歩して行く。本校の三実主義は実に現下の時局に最も適応した名訓であり、加藤初代校長の明晰多識なる御人格に感歎せざるを得ない、多数の者を擁する学園に於てその統制を完全ならしめ以て教育の目的を達せんが為には規則を生徒自らが守ることより道はない。本年度より特に遵法精神の強調を要請する。然し伝統を誇る特殊の学風、即ち家庭主義は益々これを尊重し、明朗なる学園建設に進む事は言を俟たない。経済新体制の漸く確立されんとする時諸君の自覚殊に深くその責務に向って邁進せんことを願ふものである(118)」

そして、田中校長が時局に対応した校訓「三実主義」の「明文化」と正しい解釈を行ない、それを「昭和一六年度の生徒要覧」に発表した。それは次の如くであった。

「人が生活に一定の信条をもつことは自ずからその生活に風格を与え、信条以外の徳を修める機縁をも供するもので、修徳上極めて有益である。殊に団体にあつては、この信条は時と共に団体の風尚を育て、この風尚は自づから団員を薫化して驚くべき陶冶力を発揮するものである。さればわが加藤聖校長も本校の校訓制定については特別の苦心払われ、本校の創立に先立つてこれを決定されたのであつた。聖校長御苦慮の要点は、卒業生の置かるべき立場—新時代の実業家という職分と、国民の指導者といふ身分—と、新田温山先生（長次郎氏）の人格—本校創立の動機とその生涯を貫いた生活態度―の二点であり、之を如何に把握し如何に表現するかにあったといふ。かくて成れるわが三実の訓へは同時に聖校長の人格の縮図でもあり、三十年に亘る尊とい教育体験の結晶でもあったのである。

真実――とは真理に対するまことである。皮相な現象に惑溺しないで進んでその奥に真理を探り、枯死した既成知識に安住しないでたゆまず自から真知を求め、伝統的陋習を一擲して潔よく真理に殉ぜんとする態度のことである。換言すれば旺盛なる『科学する心』に外ならない。

実用――とは用に対するまことである。広い意味では真理を真理のままに終らせないで、必ず之を生活の中に生かさんとする積極進取の実践的態度である。最近叫ばれつつある日本的真理研究の運動も、日本的用を重しとする清新な実用主義であるといふてよいが、本校のそれは、さらに一歩を進めて自己の職域に対する用を求めんとするもので、最も切実旺盛な実践的態度である。

忠実――とは人に対するまことである。人のために図つては己を虚うし、人と交わりを結んでは終生操を変えず、自己の言行に対してはどこまでも責任をとらんとする重厚な態度のことである。かくて深く人を信ずると共に、人をしても深く己を信ぜしめ、信を以て人と人を結ばんとする清き温かき情誼の精神である。

これを要するに、一つには客観的真理を自己の職域における実用面に即して探究し、この結果をその職域に生かしてまことをつくすと共に、二つにはその探求実践の母胎たる社会の結合を、人と人との信をもつて鞏固にし、かくて社会的努力の成果を、全体として強大ならしめんとすることが本校の三実主義なのである。

而うしてこの真と用と人との三者に対して一つのまこと—実を貫くことが、実にわが三実主義の要諦なのである[119]」

田中校長が校訓「三実主義」の「明文化」と「確定解釈」を行なった理由について、『三十年史』はいう。「昭和十四・五年頃になると、校訓三実主義の内容如何ということがようやく問題になり始めた。加藤校長逝去後に来任した教員が多くなつたこと、校訓制定以来十五年を経、加藤校長逝去後でも七年を経過していて、校訓の再検討を要する時期にもなつたこと、説かれること少く、又書かれること殆どなかつたこの校訓（昭和二年の卒業式訓示が現存文献の唯一のものである）は、今にして確定解釈を下して置かないと内容不明になるかも知れないという不安のあること、又時局の要請により、指導方針に新らしい要素が次々に加わりつつある現状で、三実主義はどのような位置を占めるべきであるかという実践的必要の加わつたこと。およそ以上のような理由から、学校としての意志表示をすべきであるという意見が教員間に漸次強まって来た。

たまたま昭和十五年の初頭、第十一師団司令部の某少将が、県内の或る公開の席上で、本校の校訓に対する批判らしきものを洩らしたことが、一卒業生によつて田中校長に伝えられた。それは『教育勅語以外に校是・校訓の如き特異のものを作る学校があるが心得難い。師団は幾つあつても一つの軍人勅諭で十分である如く、学校は幾つあつても一つの教育勅語の信奉でもって足る筈でないか』というのである。前述の理由もあり、又直接にはこれが刺激となつて、田中氏は『校訓三実主義』という一文を草して、昭和十五年度の生徒要覧の巻頭に載せた[120]」

ところで、この『三十年史』の文中、校訓「三実主義」の明文化を「昭和十五年度の生徒要覧」に載せたとあるのは間違いで、正しくは「昭和十六年度の生徒要覧」である。なお、その後の『五十年史』は「昭和一六年度の生徒要覧」に掲載と正しく表記され直されているが、さらにその後の『田中忠夫先生』の稲生「前掲論文」五一頁では「一五年度の生徒要覧」であり、『三十年史』の間違いが踏襲されている。

なお、『松山高商新聞』第一六四号（昭和一六年四月二五日）では、「三実の信条を以て薫化せん聖校長の訓へ明文化さる」とはっきり書き、次のように解説している。

「本校創立当時加藤初代校長によって制定された真実・実用・忠実の校訓三実は新田温山翁及加藤聖校長の人格の縮図として生まれたもので、この三実主義は本校の生命であり本校生徒の生活の根本信条であるが、近年稍もすれば之の解釈が区々となるやの感あるに鑑み今回此の三実主義の精神、解釈を明文し、その精神を更に徹底、昂揚するため始業式に当り校長から正しい解釈が発表されると共に生徒要覧にも掲載された(121)」

ここで、少し、この田中校長の校訓「三実主義」について考察しておこう。加藤校長が大正一五年の卒業式において宣言した校訓「三実」の順序は、実用・忠実・真実であったが、昭和一六年度の始業式で田中校長は、①真実をトップに出し、真実・実用・忠実に順序を変えたことと、②校訓「三実主義」をやや詳しく説明し、三実の明文化と「確定解釈」をしたこと、この二点が新しい変化・特徴である。田中校長が軍部の校訓「三実主義」不用論にあらがい、校訓「三実主義」を守り、さらに真実をトップに出したことは、戦時下の日本において高く評価されるべきと思う。また、校訓「三実主義」の明文化は、さすが、田中校長が加藤校長の「墓守」人だけあって、加藤校長の「精神」を受け継ぎ、よく考えられて、「明文化」「確定解釈」「正しい解釈」をしたもので、これも一応高く評価されよう。しかし、時は戦時下である。総力戦体制下である。この校訓「三実主義」の田中的解釈には時局に迎合し、全体主義の指導精神が色濃く盛り込まれている。それは初代校長の加藤彰廉が使用しなかった、すぐれて日本的な言葉である「まこと」という概念を使用したことである。この点をするどく指摘したのが、服部寛氏の「学内報」の論考であった。[122]

時代は、近衛内閣下、日中全面戦争が泥沼化し、アジア太平洋戦争に進む時代である。昭和一五年一〇月には大政翼賛会が発足する。「まこと」というのは大政翼賛会発足時に頻繁に使われた言葉である。近衛首相は一〇月一二日の大政翼賛会発会式の挨拶で、「わが大政翼賛の運動こそは、古き自由放任の姿を捨てて、新しき国家奉仕の態勢を整えんとするものであります。……各位はこの重大なる使命達成のため、挺身これに当られ、大御心を安んじ奉り、忠誠の実を挙げられんことを切望してやまざる次第であります。……（本運動の綱領は）大政翼賛の臣道実践ということであり、上御一人に対し奉り、日夜それぞれの立場において奉公の誠をいたすということに尽きると存ずるのでありま す」[123]と述べていた。一二月一四日の「大政翼賛会実践要綱」では「一、臣道の実践に挺身す。すなわち、無上絶対普遍的真理の顕現たる国体を信仰し、歴代詔勅を奉体し、職分奉公の誠をいたし、ひたすら惟神の大道を顕揚す[124]」とある。当然、田中もこの大政翼賛会発足時に使われた「忠誠の実」「奉公の誠」「職分奉公の誠」「無上絶対普遍的真理」という言葉を十分認識していたと思う。それで、昭和一六年四月の校訓「三実主義」の「明文化」と「確定解釈」の際に、ひらがなで「まこと」をいれたのではないだろうか。

そこで、私は、この田中の昭和一六年の校訓「三実主義」の解釈・配列を、加藤彰廉の校訓「三実主義」と区別するために、「戦時三実主義」と名づけた。[125]

なお、『三十年史』において、田中、大鳥居らは「残念ながら戦時体制より来る指導精神の新要素が次々に重課されて、そのため校訓成熟の機がなかったというのが実状である」[126]と反省の弁を述べているが、私は、戦時下の学園の実態は「校訓成熟の機がなかった」というよりも、むしろ、服部氏が指摘するごとく、三実主義の形式的性格、無規定性のために、戦時期には体制にとっての実用、体制にとっての忠実、体制にとっての真実という方向に転変されたものと思う。[127]実用は「職分奉公のまこと」に、忠実は「忠誠のまこと」に、真実も「日本的真理のまこと」に転変し、加藤校長時代の「戦前三実主義」は「戦時三実主義」に転変し、学生、教職員を「東亜共栄圏」「大東亜共栄圏の建設」のための戦争体制へと駆り立てていったのが真実でないかと思う。

五月三〇日には、学園拡張第二期計画にもとづき、三号館（二階建四教室）が竣工した。

九月三日、田中校長は臨戦体制に即応すべく「松山高等商業学校報国団」（前年一一月一六日結成）の出動隊たる「松山高等商業学校報国隊」を結成した。隊長が田中忠夫、大隊長が伊藤秀夫、中隊長が住谷悦治、星野通、古川洋三という布陣であった。[128]

一〇月六日、第一回集団勤労動員が始まり、二年生約九〇名が広島の陸軍兵器補給廠に動員された。

一〇月一六日、政府は大学、専門学校などの修業年限の短縮（一六年度は三カ月短縮）を決めた。戦争動員のためであった。それにより、本校でも卒業を三カ月短縮して、一二月二六日に第一七回卒業式を挙行した。『松山高商新聞』にその記事はない。

昭和一六（一九四一）年一〇月一六日、近衛内閣が総辞職し、一八日東条英機内閣が成立した。そして、一二月一日、御前会議で対米英蘭開戦を決定し、八日、マレーと真珠湾の攻撃を行ない、太平洋戦争がはじまった。

一二月一六日、第一四回卒業の船谷利章が、大東亜戦争勃発とともに出征中、壮絶な死を遂げた。(129)

昭和一七年三月二三日、学園拡張第二期計画にもとづき、校舎四号館（大合併二教室）が竣工した。また、三月二三日、田中校長は前年の東亜科新設に伴い、支那語の一層の充実のために李講師を採用した。(130)

三．学園機能喪失・崩壊時代（その一）――昭和一七年～一八年――

(一) 昭和一七年度

昭和一七（一九四二）年の前半は日本軍は破竹の勢いであったが、六月のミッドウェイ海戦の敗北以降、戦局は不利となった。ガダルカナルでは敗北につぐ敗北であった。それに伴い、戦時日本の全体主義化は次々と進み、学校も学問の場でなくなっていった。『三十年史』の第一章の総記では、田中校長時代の昭和九年から一八年頃までを「躍進時代」、昭和一五年から終戦までを「戦時統制の強化」と時期区分し、また、第二章の「教務」では、昭和九年から一五年までを「躍進時代（その一）」、昭和一五年から終戦までを「躍進時代（その二）―戦時統制の強化」と時期区分しているが(131)、「戦時統制の強化」は昭和一五年以前から始まっており、また、昭和一七年以降の時期の学校は「躍進」ではなく、戦時統制の強化により学園が学園でなくなっていく時代であるため、私は「学園機能喪失・崩壊時代」と名づけておきたい。なお、『三十年史』も「十六年十二月大東亜戦争突入以後は、学校は教育機関というよりはむしろ簡易軍人養成所、軍需産業要員特設機動部隊という方が適当な性格のものに変質して行った[132]」と述べているが、言い得て妙である。

本年度の校務も、教務課長を大鳥居蕃教授が、生徒課長を伊藤秀夫教授が続け、田中校長を補佐した。

昭和一七年度の入学試験が三月五、六日に行なわれ、定員は前年と同じ一学年二〇〇名に対し、志願者は二六五三名もあり、前年（二八八五名）とあまりかわらず、狭き門となった。四月一日に入学式があり、二二二名が入学した。この時に入学した生徒に、後に大阪大学教授になる作道洋太郎氏や小桧山鎮男氏がいる。

入学式における田中校長の訓辞の大要は次の如くで、今事変、即ち日米開戦は「世界再建のための戦争である」と断じ、新入生諸君に覚悟を求めた。

「本日ここに二百数十名の新入生諸君を本校に迎へてまことに欣快に堪えない。本年度本校志願者総数二六五三名中、無試験志願者一二四名で、そのうち三二名を許し、残りの一八〇名の諸君を試験の結果選考した次第である。

諸君は今事変勃発後に中等学校に入学されたのであるが、今事変は世界再建のための戦争である。この世界再建という大目標の前に、最もふさわしい学生として修養されるのが諸君である。今、私は諸君の覚悟を促すべきことは次の三項目、一、今事変の意義、二、高専教育の意義、三、高商三年間の意義、である。

今事変の意義はいうまでもなく、大東亜共栄圏の確立で、我が民族国家の発展にとって極めて重要な意味をもっている。共栄圏の面積は豪州を含めて約二千万平方キロ、これは日本本土の三十八万平方キロ、朝鮮台湾含めて六十八万平方キロに比べて実に広大である。人口も日本の一億余りに対し共栄圏総人口は七億である。これにインドを含めると総面積二四〇〇万平方キロ、総人口十一億で世界の半ばに当たる。日本はこの大東亜の建設、英米勢力の駆逐による大東亜の蘇生にとりくまねばならぬが、この秋に当たり日本人の指導力如何は極めて重大である。日本人の高邁な人格、あたたかい愛情はもとより、共栄圏各地の社会事情をよく了解していることが指導者として欠くべからざる条件でなければならない。

高専教育の意義については、特殊の意義を有している。年々国民学校を卒業するものは二四〇万人、中学校を卒業するものが二六万人でそのうち高専卒業者は三万六千人と、百人中わずか十数人にすぎない。これら少数の者が外地において異民族を指導し、国内において国民大衆を指導する地位に置かれているのである。諸君の今後の使命まことに重大なものがあると云わねばならない。

高商三年間の意義について、この学生生活において本当に生きる方法を理解することが大切である。鉄は赤く焼けた時に打たねばならぬ。人間の一生もこの学生時代を除けばたたき直す時は来ないのである。人格、能力、識見等殆ど凡てがこの高商時代に培われ、完成するのである。また、就職の際に会社から本人の人物や成績について照会されるが、この三年間は社会への入門試験の時期でもある。

今や日本は最も重大な時期に際会している。我々はこの大いなる時代の意義を失ってはならない。ハワイ海戦の史実は千年の後まで輝くであろう。本校はここに『事変の申し子』たる溌剌たる新入生を迎えてその学生生活が豊かな内容をもつに到るであろうことを期待するものである」[133]

しかし、戦線の拡大と共に戦死者がふえた。四月一二日、本校第一二回卒業生の田中澄雄がビルマ戦線で戦死した[134]。また五月七日に、本校第一五回卒業生の松田喬がフィリピンの上陸後バターン半島の攻略戦の中で戦死した[135]。

五月七日、文部省（橋田邦彦文相）の要請による校則改正がなされ、体操・教練強化、国史、日本産業論、東亜経済論、植民論、経済法の新科目設置がなされ、他方、英語の時間数が削減され、また商業科目中、外国為替、貿易、市場論などが廃止された[136]。敵性語の縮小であり、戦争に役立たない科目の廃止であり、カリキュラムの戦時化であった。

六月一〇日には、第一三回卒業生の山本博が中国戦線で戦死した[137]。

七月一四日に太田明二教授が京城高商に転任のため、また、住谷悦治教授が退職することになり、学校では両教授の告別式を行なった。田中校長の諄々たる挨拶、また両教授の挨拶がなされた。住谷教授は昭和一二年に松山の土になる覚悟で赴任してきたのに、僅か五年で辞めねばならなくなったことはまことに残念で、断腸の思いである、私は人前では泣きません、泣きたければ一人になった時に泣きます、ゲーテのように、などと述べ、松山高商の五年間は立派な校長先生の指導のもと幸福で愉快にすごすことが出来たと感謝し、別れに臨んで鑑真和尚の弘法のための強靱で不撓不屈の精神、又芭蕉が鑑真の墓の前で泣いたことを紹介し、最後に諸君はこれからの人生に幾度が断腸の思いを経験することがありましょうが、その時はじっとそれを噛みしめて鑑真の強靭な意志と文化のための努力を想い、大東亜共栄圏の文化発展のためにお尽くし下さいと別れの挨拶をした。(138)

住谷悦治教授が退職を余儀なくされたのは、文部省教学局の圧力のためであった。(139) それを、密告したのが、松山高校の教授であり、司法保護観察司をしていたY教授であった。(140) 田中校長も住谷教授を擁護したが、駄目であった。(141) 後、住谷悦治（同志社大学総長）は無念さを次のように回想している。

「わたしの生涯で最も楽しかった時代は昭和一二年四月から一六年末までの松山高商時代と仙台第二高等学校の三年間と東京の大学生活の三年間の青春を心ゆくまでエンジョイしたころである。松山高商教師時代を「青春」というのはどうかなアと評されるかもしれないが、七八歳の今から顧みればまさに青春の名に愧ぢないと思う。そのころの同僚諸先生も四五歳を超えた教頭の西依六八、伊藤秀夫の両先生を除けば田中忠夫校長をはじめ皆四〇歳前後、三〇歳代の若手教師そろいであった。私は四〇歳を少し出た元気のころであった。

教師も生徒も若々しく日常の談話ははずみがあり、気候の温和、海の幸・山の幸豊かな、人情の厚い城下町風景の中、それに道後温泉という天下の名宝を自由に満喫しえた。一生涯を過ごす決心で赴任したのに、大東亜戦争の勃発はまさに事志と違い、軍部と文部省の意向により、昭和一七年に無念さ、残念さを噛みしめつつ松山を去らねばならなかった(142)」

本年の三年生は、卒業をさらに六カ月短縮して、昭和一七年九月一二日には第一八回卒業式が挙行された。一八〇名が卒業し、戦場へ、銃後の職場へと散っていった。卒業式において田中校長は人文主義を超克して新しい世界文化、及び東亜共栄圏文化建設のために挺身すべきことを訓辞した。(143)

一二月二〇日、第一六回卒業の足立賢次が東部ニューギニヤで戦死した。[144]

昭和一八（一九四三）年に入ると、戦局はますます厳しくなった。前年からのガダルカナルの戦いは敗北し、二月一日から撤退がはじまった。各地で玉砕が続いた。山本五十六連合艦隊司令長官も四月一八日戦死した。

本年一月、田中校長は太田明二教授の後任として、吉田昇三氏（和歌山県出身。昭和四年和歌山高商卒、一〇年まで大阪商大の助手を勤め、広島県立商業学校で教鞭をとっていた。メンガー、ゴットルなどの研究者）を教授として採用した。吉田氏は大阪商大時代に賀川英夫教授と同僚で、賀川の尽力で採用された。[145]

同年二月五日、田中校長の生みの親である西依六八教授が死去した。学校は七日校葬をして応えた。

㈡昭和一八年度

本年度の校務も、教務課長を大鳥居蕃教授が、生徒課長を伊藤秀夫教授が続け、田中校長を補佐した。

昭和一八（一九四三）年度の入学試験が三月末に行なわれ、定員は前年と同じ一学年二〇〇名に対し、志願者は二八〇六名で、前年（二六五三名）を上回り、狭き門が続いた。四月八日に入学式があり、二一五名が入学した。この時入学した生徒の中に、後、松山商科大学学長になる梶原晴（後、稲生家に入り稲生晴）氏がいる。

入学式における田中校長の訓辞の大要は次の如くで、時代を正しく認識し、東亜の指導者として、工業も必要だが商業も必要であり、熊沢蕃山の如く気魄を持つよう叱咤激励した。

「本校はその識見において、人格において、また身体において優秀なる諸君を入学せしめ得たることを洵に欣快と存じます。一言所懐を述べ併せて次の三項目について諸君のご注意を促したいと思います。一、選ばれた者としての諸君自身の責任、二、時代に対する正しい認識、三、学校愛。
一、諸君は二八〇六名の多数の志願者の中から選抜された選良でありますが、それだけではなく、国民の中から選ばれた代表者としての責任を負っているのです。現在日本の国民学校生徒は一三〇〇万人、中等学校は一〇〇万人、高専・大学は一四万人です。国民の中で高専入学の喜びを受けるのは百人中僅か十数人です。国家が諸君に期待するところ大でありますから、諸君はこれに対し大なる責任をもっているのです。
二、諸君は諸君自身の責任と共に時代というものを正しく把握しなければなりません。諸君の小学校の同級生のなかには少年航空兵としてガダルカナル島や又少年戦車兵として南方に派遣されている方もいるでしょう。産業兵士としてそれぞれの職域で励んでいるでしょう。然るに諸君は中等学校の課程を終えて更に本校に学ぶことになったのであります。又大学生にはドイツでも認められていない徴兵延期の特典があります。それは国家の諸君に期待するところ大であるからです。国家は特に優秀な者にたいしては産業界から離れて研究を期待するものです。時代は益々非常な躍進を遂げております。東亜の新秩序は印濠を含めて二千四百万平方キロ、人口十一億人です。我々日本人はこの人々を指導していくようになるのです。世界人口の半分を占める地域の盟主として日本は立とうとしているのです。かかる東亜の指導者として立つには学校教育を振興することはいうまでもありません。今日実学・科学教育といえば高等工業といわれるが、工業方面が少なく不十分であることは事実ですが、高商が多すぎるというのは当たらない。簿記・会計・一般教養・商業の高商教育は必要なのです。

三、最後に付言したいことは、本校に学ぶ事を喜びとし誇りとし、また新しく踏み出す覚悟をしてほしいのです。かの熊沢蕃山先生が中江藤樹先生の門を叩かれて教えを乞うたが、願いを聞き入れられなかったのですが、然しあきらめず入門を許される迄その門前を去らなかった熊沢蕃山先生の気魄です。かかる気魄は道を学ばんとする者が常に考えておくべき事です。この気魄の現れが学校を愛する精神と云えましょう。かゝる気魄をもって新しく出発されんことをお願いするものであります(146)」

昭和一八（一九四三）年は創立二〇周年に当たる。学校は職員、生徒より委員を選び、記念祭を計画した。その計画は記念行事と記念事業で、大体は次の如くであった。

記念行事としては、五月一五日二〇周年記念式典、一六日関係物故者慰霊式、一七日運動会、展覧会、そして二二日に安倍能成、上原専禄氏の講演会等、記念事業としては、創立二〇周年の「松山高商論集」、「日本特殊産業の展相」の出版、「戦没勇士追想録」、懸賞論文の募集等であった(146)。

五月一五日、本校は創立二〇周年の記念式典を文部大臣代理、知事代理、高松高商校長、商工会議所会頭、新田家代表等の臨席を得て挙行した。その式典において、田中校長は式辞を述べ、高商の発展ぶり―定員を当初の一五〇名から昭和一六年には六〇〇名に増やしたこと、大東亜共栄圏建設という国策に協力して「支那語科」を特設した、また、新田家の本校への支援に感謝し、教育方針としての「三実主義」を論じ、また、最近の科学教育論の問題点などに就いて述べた。

「本日、本校創立二十周年記念式ヲ挙行スルニ当リマシテ、多数ノ来賓ノ方々ノ御来臨ヲ得マシタコトハ本校ノ光栄トシテ深ク感謝致ス所デアリマス。

顧ミマスレバ本校ノ創立セラレマシタノハ大正十二年ノコトデアリマシテ創立者タル故新田長次郎氏ノ教育愛ト愛郷心ガ、ソノ親友加藤恒忠氏ノ忠言ニヨッテ一層燃エ上リ、創立ノ事務一切ヲ引受ケタ加藤彰廉氏ノ努力トニヨッテ本校ハ誕生ヲ見タノデアリマス。即チ大正十一年十二月ニ設立の許可ヲ受ケ〔筆者注：大正十二年二月の間違い〕翌大正十二年四月開校ノ運ト相成リマシタ。爾来ヲ閲スルコト二十年、卒業生ヲ出スコト二千名、幸ニ大過ナクシテ今日ニ至リマシタニツキマシテハ、第一ニ広大無辺ナル国恩ノ御陰デアリ、次イデハ文部当局ノ御指導、軍、県、市、当局ノ御援助、同僚、学校、大学、一般学界ノ御指導、加藤彰廉先生記念事業会、並ニ地方一般ノ方々ノ御援助、事業界ノ方々ノ御厚情ノ賜物デアリマシテ、二十年ノ長キに亘ッテ賜ハリマシタ御厚情ニ対シマシテハ衷心感謝申上ゲ度イト存ジマス。尚ホヤ、内輪ノコトヲ申上ゲテ恐縮デアリマスガ、温山会ノ母校愛、新田家ノ終始不変ノ学校愛ニ対シマシテモ、此機会ニ深ク御礼ヲ申上ゲマス。

此機会ニオキマシテ二十年間ノ本校ノ歩ミヲ御報告申上ゲルコトハ、本校ニ深イ同情ヲ寄セラレル各位ニ対スル礼儀デアルト考ヘマスノデ、冗長ノ誹ヲモ不省一言御報告ヲ申上ゲタイト存ジマス。

ソノ始メ本校ハ定員一五〇名トイフサ、ヤカナ学校トシテ発足シマシタガ、入学希望者ノ激増ト卒業生ニ対スル社会需要ノ増加ニ応ジマシテ漸次定員ヲ増加シ、大正十三年〔筆者注：大正十四年の間違い〕ニ二五〇名、昭和六年ニ三〇〇名、同十三年ニ四五〇名、同十六年ニ六〇〇名に増加シテ今日ニ至ッタノデアリマス。

　最後ノ拡張ハ大東亜共栄圏建設トイフ国策遂行ニ協力セントシテ、第二部（支那語科）ヲ特設シタ点ニ特別ノ意味ガアルノデアリマスガ、殊ニ本校ニトリマシテハ此ノ拡張ハ他方ニ旧来ノ設備ヲ拡張シテ校地約一万四千坪、建物延坪約二千坪ノ新設ヲ意味スルモノデアリマシテ、本校ノ歴史ニ於テハ特筆スベキ大事件デアッタノデアリマス。ソノ理由ハ本校ハ小規模ナ理想ノ細カイ学校トシテ特徴ヲ保ッテ行ク方針ノ下ニ、セイゼイ三〇〇名以上ニハシナイ主義デ当初ノ設備ガデキテ居リマシタノデ、四五〇名迄ハドウニカ収容ガ出来マシタガ、六〇〇名トナレバ当然当初ノ計画ヲ根本的ニ建テ直ス必要ガアッタカラデス。然シ時局ノ要請ハ我ガ国ノ教育程度ヲ少クモ米国程度ニハ高メル必要ガアリ、然ラバ高等専門学校ノ生徒数ヲ少クモ現在ノ五倍ニハ増ス必要ガアルト確信シマシタノデ二十周年記念事業トシテ敢テ此決意ヲ固メタ次第デアリマス。

　敷地ノミハ幸ニシテ予定ニ近イ約二万坪、寄宿舎用地約三千坪ニ達シタノデアリマスガ、建物ノ方ハ延坪七〇〇坪余リ、即チ予定ノ僅カ三分の一ヲ満タシタノミデアリマシテ、講堂、体操館、大食堂及寄宿舎ノ建築ハマダ未着手ノマヽデアリマス。コノ不完全ナ姿デ今日ノ記念式ヲ迎ヘマスコトハ、タトヘ時局ノ影響ガソノ多キニ居ルトハ申セ、学校長ニ於テ処置宜敷ヲ得ナカッタ結果トシテ設立者並ニ学校同情者各位ニ対シテ深ク御詫ビ申上ゲル次第デス。

　以上ハ学校外面ノ歴史デアリマスガ、次ニハ内面生活ノ歩ミニツイテ一言御報告申上ゲマス。本校ノ内面生活ニオキマシテハ学校経営ノ主義ト教育方針ト訓育ノ方法トニヤ、特徴ガアル。少クモコノ三点ニ特徴ヲ持チ度イト企図シテ参ッタト考ヘルノデアリマス。先ヅ経営ノ主義トシテハ、設立者ノ卓見ニ基キ、設立者ハ学校ノ兵糧補給ノ面ノミヲ担当シ、運営ノ一切ハアゲテ学校当局ニ一任スルコト、ソノ代リ学校当局ハ日本ノ私立学校史ニ汚点ヲ残サザルコトヲ根本信条トスルコトノ二点ヲ不文律トシテ建テマシタ。

教育ノ方針トシテハ三実主義─実用、真実、忠実ニ特ニ力ヲ注イデ参リマシタ。実用トハ日本的用職域的用ニ対スルまことデアリ、真実トハ真理ニ対スルまことデアリ、忠実トハ人トノ交リニ於ケルまことデアリマス。蓋シ此ノ三実ノ備ハルトキ外見ハ如何ニアリマセウトモ国益ニ役立チ、職域奉公ノ誠ニ欠ケズ、社会生活ニ大過ナキヲ得ルトノ趣意カラデアリマス。

訓育ノ方法ハ機会的、規則的デナクテ愛情深ク家族的タルコトヲ定メマシタ。

以上ノ三点ハ初代校長ノ特ニ留意シタ点デアリ、学校経営ノ十年間ニ本校内面生活ノ基調トシテ確立セントシタ努力ノ焦点デアリマス。創立者新田長次郎氏ハ六年前ニ物故シマシタガ、後継者新田宗一氏以下新田家重役方ノ本校ニ対スル関係ハ毫モ変ズル所ガナク、昭和十六年以来の拡張計画ニ対シテモ約四十万円ヲ醵出シ、官吏の制度ニ準ジタル教職員恩給制度ノ創設ニ当ッテモ十数万円ヲ供出シタノヲ始メトシ、創立者ト変ラザル愛情ヲ本校ニ対シテ傾ケナガラ、運営ノコトハ挙ゲテ学校ニ一任サレツ、アリマス。又加藤校長ハ十年前ニ他界シマシタガ、我々現在ノ学校後継者モ本校存立ノ意義ハココニアルト確信シマシテ、ソノ道ニ外レザランコトニ汲々ト致シテ居りマス。然シ生徒定員ノ増加ト制度ノ激変ニツレマシテ、其特質ノ保持漸ク困難トナッタコトヲ意識シテ深く痛心スルト共ニ日夜戒慎ヲ誓ッテ居ルノデアリマス。殊ニ日本私立学校史ニ寄与スルノ一点ニツキマシテハ私立学校ニ対スル朝野ノ認識ハ尚著シイ変革ハナク、本校周辺ノミニツイテ見マシテモ、我々ノ微力ノタメニ私学ニ対スル認識ノ十分ニ革ラナイコトニツイテハ、深ク我々ノ無力ヲ恥ヂテ居ル次第デアリマス。

唯我々ノ希望ハ本校ノ卒業生デアリ、現在ノ学生デアリマス。幸ニ学生ノ修学態度ニヤ、満足スベキモノガアリ、卒業生ノ国家ヘノ御奉公ニ聊カ期待ニ副ウ所ノアリマスコトハ、私共ノ私カニ意ヲ強ウスルニ足ルモノデアリマス。各位ニ於カレマシテモ我々ノ無不ニ失望セラレル、コトナク、今後一層ノ御同情ヲ賜ハランコトヲ切望スル次第デアリマス。

以上ノ御報告ニ併セテ一言私共ノ今後ノ覚悟ヲ付言致シマスコトハ、本校同情者ニ対スル義務デアルカト存ジマス。

最近大東亜戦争完勝ノ為ニ又東亜共栄圏建設ニ科学教育ノ必要ガ叫バレテ居リマスコトハ誠ニ結構デアリマス。唯私共ノ懸念致シマスコトハ余リニ個々技術ニノミ囚ハレテ大局ヲ見ル目ガ覆ハレテ居ナイカノ点デアリマス。個々ノ戦闘技術ハ固ヨリ大切デアリマスガ、全般的作戦計画、全般的戦闘指導ノ重要性ハ決シテ之ニ劣リマスマイ。然ルニ現在ノ科学教育論ニハ個々ノ技術論ノミ盛ンデアリマシテ、組織力トカ全体トシテ生産能率ノ測定トカ、ソノ能率増進技術トカノ必要性ヲ忘レタ議論ガ多イコトハ遺憾デアリマス。殊ニ驚キマスコトハ有識者、当局者ニ之等ノ高等技術の習得ガ何等科学的研究ト教育ヲ用ヒナイデ、常識ト習慣デ習得デキルト云フ錯覚ニ陥テ居ル人ノ多イコトデアリマス。現在ノ戦争経済遂行上ノ難点ガ適正配給ノ困難ナ点ニアリ、適正価格公定ノ困難ナ点ニアリ、全体トシテ物資ト人員トノ適正配置ノ困難ナ点ニアリ、統制経済運行ノ能率発揮ノ困難ナ点にアルコトハ周知ノ事実デアリマス。若シ為政者、有識者ニ此等ノ技術的智識ガ十分デアルナラバドレ程戦争経済ノ遂行ハ促進サレルコトデアリマセウ。セメテ其重要性ヲ知ッタ丈デモ非常ナ進歩デアリマス。而シテ高等商業学校ハ正ニ之等ノ高等技術ヲ研究シ教育スル機関デアリマス。私共ハ今程高等商業学校ノ重要性ヲ痛感シテ居ル時ハアリマセン。従ツテ今コソ挺身職域奉公ノ誠ヲ致スベキ時デアルト覚悟致シテ居ルノデアリマス。

以上、過去二十年間ニ賜リマシタ各位ノ御厚情ヲ謹ンデ感謝申上ゲルト共ニ今後ノ我々ノ覚悟ヲ披瀝シ併セテ今後ノ御支援ヲ願ッテ式辞ト致シマス。

昭和十八年五月十五日　松山高等商業学校　田中忠夫[147]」

ここでは、校訓「三実主義」の配列が二年前の田中の「確定解釈」と異なり、「実用」がトップにきて、その解釈が「日本的用職域的用ニ対スルまこと」となり、完全に「国益ニ役立」「職域奉公ノ誠」「挺身職域奉公ノ誠」の精神に転変されている。戦時下、真実の探求も人への誠＝忠実も無い。ひたすら戦争への奉公、それが「実用」であった。田中は校訓「三実主義」の「明文化」を行ない、「再確認」「確定解釈」をしたが、実際には、時代の流れ・全体主義に迎合し、「戦時三実主義」に転変させたといえる。なお、このとき、「実用」を先にもってきて、「真実」を後にまわしたのは、列席者もいる式典での祝辞であり、時局迎合のためであったと推測される。

五月一六日、田中校長は学園の物故者への慰霊式を挙行した。物故者は加藤校長ら一八四名で、また戦死者三一名であった[148]。

そして、松山高等商業学校は、二〇周年記念事業の一環として『戦没者勇士追想録』を出版した。日中戦争、太平洋戦争の激化に伴い、本校関係者の戦死者が少なからず出たため、戦死者を勇士とし、その武勲、尽忠の至誠を讃え、そしてあとに続く温山会員の士気を励まし、叱咤激励のためであった。編集委員長は田中忠夫で、田中は今次の戦争は一〇〇〇年に一度あるか無いかの世界史的大事件であり、この戦争に君（天皇）のために殉じ、死を覚悟する精神はまさに日本道徳史における「金字塔」だと讃え、さらに、この昭和武士道の精神を日常生活の各方面に拡充し、さらに東亜の天地に拡充して一億民のために王道楽土を築き、大昭和武士道を完成することは、我々ならびに後をつぐ温山会員に残された課題だと述べている。なお、編集は高橋始、増岡喜義、浜田喜代五郎、賀川英夫が行ない、実際は賀川が全部引き受けた。

戦没者の氏名とその卒業年、生年月日、略歴（位階勲等、本籍、父兄の住所、遺族の状況、学歴、職業歴、軍歴、応召、出征、戦死地等）は次の如くであった。(149) なお、この名簿に載っていない戦没者も多数いる。

菅野　定市　本校講師。明治二一年一月二〇日生まれ。愛媛県新居郡大生村。昭和一一年一二月三一日、本校講師採用。一二年出征。一五年一二月二九日中支瑞昌県にて戦死。五三歳。

高本　　武　昭和四年三月（第四回）卒業。山口県吉敷郡仁保村。大阪にて計理士開業。昭和一四年七月二九日応召、中支に出征。一六年七月五日中支湖北省にて戦病死。

広瀬　守三　昭和五年三月（第五回）卒業。福岡県門司市。印刷業。昭和一三年八月二〇日応召。一〇月二二日南支広東省にて戦死。

安東　次郎　昭和六年三月（第六回）卒業。愛媛県松山市。愛媛県職員。昭和一二年年八月二七日応召。一四年八月二〇日中支湖北省にて戦死。享年三四歳。

森脇高智夫　昭和六年三月（第六回）卒業。明治四三年五月一二日生まれ。山口県玖珂郡柳井町。大阪長瀬商会。昭和一三年年五月出征。一〇月二五日南支広東省にて戦死。享年二九歳。

神原　利弘　昭和七年三月（第七回）卒業。徳島県名西郡神領村。徳島地方専売局勤務。出征、戦死日不明。無錫にて戦死。

武智　俊夫　昭和七年三月（第七回）卒業。愛媛県松前町。東西電球株式会社勤務。昭和八年一月一〇日応召。一七年四月七日ジャワ島にて戦病死。

福田球磨夫　昭和八年三月（第八回）卒業。明治四四年一月二〇日生まれ。熊本県飽託郡城山村。昭和八年四月神戸商業大学入学、一一年三月卒業、三菱重工業会社神戸造船所勤務。昭和一二年九月一二日動員命令。一〇月三日中支江蘇省にて戦死。

関谷　　武　昭和九年三月（第九回）卒業。大正二年九月九日生まれ。愛媛県伊予郡岡田村。昭和一二年三月神戸商業大学卒。久留米市日本タイヤ会社就職。昭和一四年一〇月九日出征。一五年二月一一日漢口にて戦病死。

土佐健太郎　昭和一〇年三月（第三回別科）卒業。大正四年六月一四日生まれ。松山市相生町。今治警察署勤務。昭和一二年八月二一日入隊。九月二七日中支江蘇省宝山県にて戦病死。享年二三歳。

大西　　俶　昭和一一年三月（第一一回）卒業。大正三年五月六日生まれ。愛媛県松山市。松山税務署就職。昭和一二年一月三一日台湾部隊入隊。一三年九月七日中支瑞昌県にて戦死。享年二五歳。

黒星　芳夫　昭和一一年三月（第一一回）卒業。大正三年七月二一日生まれ。愛媛県松山市。合資会社山本顧弥太商店勤務。昭和一二年一月二一日大阪部隊入隊。一四年九月三日南支広東省にて戦死。享年二六歳。

渡部　秀之　昭和一一年三月（第一一回）卒業。今治市。今治精華高等女学校教諭。昭和一三年応召。九月一七日南京兵站病院にて戦病死。

大東　威敏　昭和一二年三月（第一二回）卒業。愛媛県温泉郡北吉井村。呉海軍工廠勤務。昭和一二年一二月一日入隊。一二月二三日湖北省崇場県にて戦死。享年二六歳。

木原　三雄　昭和一二年三月（第一二回）卒業。愛媛県越智郡波止浜町。今治商業銀行就職。昭和一三年七月一八日入隊。一五年四月一七日満州陸軍病院にて戦病死。

竹下　好男　昭和一二年三月（第一二回）卒業。広島県安芸郡倉橋島村。昭和通商株式会社に就職。昭和一六年一二月八日タイにて殉職。享年二七歳。

田中　澄雄　昭和一二年三月（第一二回）卒業。大正五年一〇月一六日生まれ。山口県玖珂郡米川村。名古屋市出光商会に就職。昭和一三年一月一〇日入隊。一七年四月一二日ビルマにて戦死。享年二七歳。

富本　迪男　昭和一二年三月（第一二回）卒業。徳島県麻植郡川島町。大阪市藤沢友吉商店勤務。昭和一三年九月二九日徳島部隊入隊。一七年一月一五日フィリピンにて戦死。

中路　一彦　昭和一二年三月（第一二回）卒業。松山市久保町。大阪市株式会社田中源太郎商店に就職。昭和一三年一月一〇日応召。一四年八月三一日中国山東省昌邑県にて戦死。

中安　正矩　昭和一二年三月（第一二回）卒業。姫路市汐間町。日本電力株式会社に就職。昭和一三年一月一〇日入隊。一四年八月二三日満州国興安北省にて戦死。享年二五歳。

村川　善夫　昭和一二年三月（第一二回）卒業。山口県玖珂郡通津村。昭和一三年一月一〇日西部第四部隊入隊。一四年一二月二二日南支広西省賓陽県にて戦死。享年二六歳。

村上　芳雄　昭和一二年三月（第一二回）卒業。大正六年二月二八日生まれ。越智郡関前村。大阪市株式会社吉田商店に就職。昭和一三年一月一〇日松山部隊に入隊。一六年四月二三日朝鮮平安道龍岡郡にて戦死。享年二五歳。

武市　範男　昭和一三年三月（第一三回）卒業。大正七年一月三〇日生まれ。伊予郡南伊予村。広島の芸備銀行に就職。昭和一四年五月三日応召。九月三〇日中支江蘇省丹徒県にて戦死。享年二三歳。

山本　博　昭和一三年三月（第一三回）卒業。大正五年八月一七日生まれ。松山市。東洋レーヨン株式会社松前工場に入社。昭和一四年入隊。一七年六月一〇日中支江蘇省にて戦死。享年二七歳。

井上謙太郎　昭和一四年三月（第一四回）卒業。大正六年二月七日生まれ。岡山県上道郡西大寺町。満鉄社員消費組合に就職。昭和一四年一二月四日岡山部隊入隊。一六年七月二〇日北支江蘇省にて戦死。享年二六歳。

船屋　利章　昭和一四年三月（第一四回）卒業。大正六年一一月二日生まれ。高知県香美郡片地村。昭和一六年奉天六〇九部隊陸軍士官学校卒業、陸軍少尉。一六年一二月二一日江南漂

福田　鉄雄　陽城王家村にて戦死。享年二五歳。
昭和一五年三月（第一五回）卒業。大正七年三月一〇日生まれ。愛媛県西条市。昭和一五年四月満州国満炭株式会社阜新鉱業所に就職。一五年一二月一日西部第二七部隊入隊。一七年七月一日中支湖北省武昌県にて戦病死。享年二五歳。

福永　郷一　昭和一五年三月（第一五回）卒業。大正九年一月一三日生まれ。福岡県大門郡柳河町。昭和一五年三月東京芝浦電気株式会社に就職。一五年一二月入隊。一七年二月一三日シンガポールにて戦死。享年二三歳。

松田　喬　昭和一五年三月（第一五回）卒業。広島県豊田郡吉名村。昭和一五年三月芸備銀行に就職。一六年入隊。一七年五月七日フィリピンにて戦死。

三好　広美　昭和一五年三月（第一五回）卒業。大正八年 九月三日生まれ。愛媛県松山市。昭和一五年二月松前東洋レーヨンに就職。一五年一二月一日西部三二部隊に入隊。一六年八月一五日中支にて戦病死。享年二三歳。

そして、同書には、部隊長による戦闘・戦死状況の報告ならびに教員の思い出等が記されている。編集後記で賀川英夫は「今度ほど辛い編輯はなかったと思ふ。……編輯子は夜半いくたびかさめざめと流涕した。これまでそれほどとも思はれなかった英霊諸君の偉大性に完全に打負かされたからである」[150]と述べている。

そのような戦時下の中でも、五月、松山高商商経研究会は、創立二〇周年記念事業の一環として、共同研究『日本特殊産業の展相』を刊行した。それは、明治以降の伊予の産業の展開を考察したもので、五一五頁にわたる大部な画期的な研究成果であった。論文名を掲げると次の通りである。川崎三郎「伊予絣の研究」、大鳥居蕃「今治綿業の研究」、増岡喜義「伊予和紙の研究」、賀川英夫「松前のおたた研究」、太田明二「愛媛県に於ける銀行合同の研究」、賀川英夫「宇和島藩の財政と殖産興業」、賀川英夫「若松常齢の宇藩経弁」、住谷悦治「三瀬諸淵の研究」であり、今日でも通用するすぐれた成果である。

六月二五日、東条内閣は閣議決定で「学徒戦時動員体制確立要綱」を決めた。それは、戦争拡大につれて不足する労働力を学徒で補うためであった。以後、翌年から本校生徒にも勤労動員命令が来ることになった。

八月、賀川英夫教授（西洋経済史、経済地理、ドイツ語等担当）が台北帝国大学文政学部助教授に転任のため退職した。ところが、台北帝国大学への赴任の途中、輸送船が不慮の災禍（米軍の潜水艦の魚雷爆撃）にあい、一家六人亡くなられた。享年三七歳。悲劇であった。[151]

本年の三年生も、前年と同じ六カ月短縮の繰り上げ卒業で、昭和一八（一九四三）年九月二〇日に第一九回卒業式が挙行された。この年に卒業した生徒の中に後に同志社大学教授になる内田勝敏氏（昭和一六年四月入学）がいる。なお、内田氏はこのあと九州帝大に進学し、在学中学徒出陣する。

一〇月一二日、東条内閣は「教育ニ関スル戦時非常措置方策」の閣議決定をした。それは、①徴兵猶予の停止、②理工系学徒の入営延期、③理工系学校拡充、④文科系学校の統合整備、⑤義務教育八年制延期、⑥徴用の強化、⑦女子動員の強化等であった。[152]この閣議決定により、文系学生の徴兵猶予が廃止され、学徒出陣が始まることになり、一〇月二一日に東京明治神宮外苑競技場で出陣学徒壮行会がなされた。また、この閣議決定により文系の統廃合・縮小化が始まった。[153]文部省は、全国官公立、私学の文科系学校の定員半減を指示し、直轄高商の半分を工業専門学校、工業経営専門学校に改組することにした[154]。

二月五日、政府の「金属類回収令」（昭和一八年八月一二日勅令）により本校の三恩人胸像が供出させられた。

一二月一九日には、二年生二〇〇名（昭和一七年四月入学）中、昭和一八年度の徴兵適格者谷村富男他八八名の卒業式が行なわれた（本来ならば昭和一九年九月の第二〇回卒業式に参列すべき生徒たち）。二年生の約四割が修学わずか一年八カ月で「仮卒業」し、学徒出陣・軍務についたのである[155]。その一人が出陣の挨拶をした谷村富男（後、改姓して坂本富男）である。後の回想を紹介しておこう。

「仮卒業式から一二月一日の入隊までの時間的余裕は僅か一〇日余りでした。荷物を整理して故郷に帰り慌ただしかった記憶があります。慌しい状況の中に私の入隊したのは姫路十師団の第五四部隊（輜重兵隊）でした。『輜重兵が兵隊ならば蜻蛉・蝶々も鳥のうち』と言われたくらい軍隊では馬鹿にされたような存在の輜重兵でした。どうしてこのような部隊に入ったのだろうかと言って文句を言っても仕方がありません。輜重兵隊には自動車中隊と輓馬部隊がありましたが、私が配属されたのは後者でした。要するに馬車ひきです。武器・弾薬・被服・糧食などを車に積み込んで馬に引かせるための色々な訓練をする訳です。荷を積むの一つにしても『梱包・積載教範』なるものがあって、これを勉強しなければなりません。

それより大変なのは馬の世話です。何せ当時は人間（兵隊）より馬の方が大切な時代です。朝の点呼のあとすぐ厩にかけつけて馬の世話を一通り終わり、厩の臭いを班内に持ちかえってやっと朝食にありつけます。訓練の終わった時も同様です。入隊までに馬にさわった経験のある学徒兵はほとんどありません。蹴ったり、噛みついたりする癖のある馬もあり、尾に赤のしるしがついていますので一応は注意していても蹴られて重傷を負った者もありました。私自身もある日、馬の蹄鉄を手入れしている最中に急に馬が足を降ろし、私はすぐ手を引いたが間に合わず手を踏まれて左手の薬指の爪がすっぽり剥げ落ちて、治るまでに時間がかかり不自由しました。……これは大変な所に配属になったものだと思いつつ辛抱している中に、幹部候補生の試験が始まりました。兵科と経理があります。若し兵科の幹部候補に合格して任官しても、所詮、馬車引きの親玉みたいなものだと思っていました。幸運にも私は経理の甲種幹部候補生の試験に合格し、これでやっと馬の世話から開放されると実はほっと一息ついたのです。がしかし、そのあとが大変で、班の古兵達から『経理を志望するなんてお前は弛んでいる』と毎晩のように点呼のあと、痛い目に合わされました。

やっと原隊を離れられたのは、姫路師団管轄の各部隊の経理の甲種幹部候補生の集合教育が始まった時でした。短期間の集合教育の後昭和一九年五月には新京の経理学校に派遣されました。……六ケ月の新京の経理学校の教育が終わり、経理部見習士官に任命されると同時に、それぞれ配属される部隊が決められます。大多数は関東軍・北中支派遣軍などの部隊に配属が命ぜられました。少数の者が内地の部隊に行くことになり、私は幸いにもこの小数組の方に入っていました。戦況いよいよ急を告げる一九年の暮も迫ったころ、釜山を経由して内地に帰着しました。ソ連に抑留され、また北中支で復員まで苦労された方も多かったことと思います。私はそう言うわけで終戦は福島県の郡山市にある部隊で迎え、早く故郷に帰ることができました」(156)

もう一人、学徒出陣の生徒を紹介しよう。作道洋太郎の友人の小桧山鎮男氏で、氏は一二月一日東部二十四部隊（会津若松）に入隊し、その後、朝鮮をへて中国戦線に行き、敗戦で珠江東沿岸の東莞で捕虜となり、昭和二一年四月復員船で帰還した。(157)

この八九名の学徒出陣組の人生はさまざまであり、少なからず生命を落としたものと思われ、遺族を探し、慰霊する義務があろう。

昭和一九（一九四四）年一月、文部省はさきの「教育ニ関スル戦時非常措置方策」の閣議決定にもとづき文系の定員を半減することを明らかにした。本校にとって存続の危機であった。だが、本校は私学の専門学校として全国屈指の優秀校と知られていたので、文部省の好意的示唆——自発的に願い出るよう——により、私学の福知山高商を吸収合併し、両校の夫々半減せる定員を合して、本校は定員六〇〇名を維持する事が出来た。二月一二日、田中校長と大鳥居教授が福知山高商にいき、福知山高商を吸収合併する事で合意した。生徒を引き受けるが、財団役員や教職員は引き受けない、とりわけ、福知山の理事長兼校長の理事の一員に加えてほしいとの要望も拒絶し、代わりに移籍生徒の授業料全部を福知山財団に還付するという犠牲により合意し、二月一三日、福知山高等商業学校を吸収・合併した。(158)

二月一九日、専務理事田中忠夫は文部省（岡部長景文相）に対し、寄附行為変更と学則の制定の申請をした。それは次の如くであった。

「財団法人松山高等商業学校寄附行為第参条ヲ左ノ通リ変更致度同寄附行為拾七条ノ規定ニ依リ理事及監事決議書写相添へ此段認可申請候也

一、変更条項及理由

時勢ノ進運ニ伴ヒ教育内容ノ刷新ニ資スル為第三条「本財団法人ハ財団法人松山高等商業学校ト称ス」トアルヲ「本財団法人ハ財団法人松山経済専門学校ト称ス」ト改ム」

また、「松山経済専門学校学則」は次の如くで、主要条文を掲げておく。

「第一条　本校は専門学校令ニ拠リ皇国ノ道ニ則リテ高等ノ学術技芸ニ関スル教育ヲ施コシ国家有用ノ人物ヲ練成スルコトヲ以テ目的トス

第二条　修業年限ハ三ケ年トス

第三条　第一学年ニ入学セシムヘキ生徒定員ハ二百名トス

第四条　学年ハ四月一日ニ始リ翌年三月三十一日ニ終ル

第五条　学年ヲ分ッテ左ノ二学期トス

前学期　四月一日ヨリ十月二十日ニ至ル

後学期　十月二十一日ヨリ翌年三月三十一日ニ至ル

第六条　休業日左ノ如シ

一、日曜日、大祭日、祝日、創立記念日

一、春季授業休止　三月二十一日ヨリ同月三十一日ニ至ル

夏季授業休止　七月二十一日ヨリ同月三十一日ニ至ル

冬季授業休止　十二月二十五日ヨリ翌年一月五ニ至ル

第七条　学科目及ソノ程度左ノ如シ

（詳細は略するが、科目は道義、国語、理数、教練、体練。経済科目は商業経済論、経済史、経済地理、経済学、経済統制論、東亜経済論、財政、統計。経営科目は経営総論、工場経営論、簿記及会計、原価計算、工業概論、実務実習。法律、外国語、演習、増課、定時修練）」(159)

第八条　以下省略

このように、松山経済専門学校の学則の第一条は「皇国ノ道ニ則リテ……国家有用ノ人物ヲ練成スル」であり、松山高等商業学校時代の商業教育という目的は廃止され、皇国のため、国家有用の人物の練成が目的となったのだった。

三月一日、前年六月の閣議決定「学徒戦時動員体制確立要綱」により動員命令が下り、在学生（一年生と二年生の残り）が新居浜住友機械、西条倉敷航空化工、壬生川富士紡、松前東洋レーヨンに各一四日間勤労動員された。(160)

三月三一日、寄附行為及び学則の変更が文部省により認可された。(161)

四．学園機能喪失・崩壊時代（その二）——昭和一九年〜二〇年——

㈠　昭和一九年度

昭和一九（一九四四）年四月一日、松山高等商業学校は松山経済専門学校と改称し、田中校長は自動的に松山経済専門学校の校長になった。教務課長は大鳥居蕃教授、生徒課長は伊藤秀夫教授が続け、田中校長を補佐した。

昭和一九年度の入学試験が三月末に行なわれ、定員二〇〇名に対し、志願者は二三一九名で、前年(二八〇九名)よりは減ったが、それでも狭き門が続いた。四月初めに入学式が挙行され、二一五名が入学した。この年に入学した生徒の中に、後に松山商科大学学長になる神森智氏や同志社教授になる住谷磬氏(住谷悦治の次男)や天理大学教授になる北川忠彦氏(北川淳一郎の子息)らがいる。

四月一日、松山経済専門学校は福知山高商生徒の編入学式を行なった。福知山の三年一〇〇名、二年一七〇名、一年一〇名の二八〇名が転校してきた。[162]そのため、生徒数が急激に増えた。昭和一九年四月の本校の生徒数は、三年二二二名、二年二一五名、一年二一五名の合計六五二名であったので、[163]一気に在学生が九三二名に膨れ上がった。

昭和一九年四月に入って、一年生を除き、授業はほとんど行なわれず、二年生~三年生は各地の勤労動員に駆り出された。例えば、四月二〇日から上浮穴郡柳谷村字黒河の黒河水力発電所ダム工事場(~一二月二〇日。その後は新居浜住友化学へ)、四月二一日から新居浜住友化学(~終戦[164])。

そして、五月に入ると、吉田浜飛行場(現松山空港)への勤労動員である。一年生はこの吉田浜飛行場の日帰り勤労動員に駆り出された。神森氏の回顧を紹介しよう。

「四月に入学してから、吉田浜の飛行場(今の松山空港)、あれは海軍の飛行場だったのですが、そこで堰堤を作る。コの字型に土を盛って土手を作る作業に行きましたね。そこに飛行機を入れると、三方から爆弾が落ちても護られる。そういう堰堤を作る作業に駆り出されました。何回も何回も行きましたね[165]」

七月六日には、勤労動員は県外に広がり、兵庫県三木飛行場に動員されることになった。当時一年生で動員に駆り出された神森氏の回顧を紹介しよう。

「昭和一九年の初めての夏休みの直前には、兵庫県の三木という所、加古川から入るのですが、この飛行場を作る作業に行きました。一週間の泊まり込みで、それから現地解散して夏休み。夏休みが済んだらもう一遍ここに来い、つまり現地集合。九月の初めにまた三木に行って、飛行場の建設作業をしました。今だったらブルドーザーがありますが、あの頃は建設機械などはありません。人間がモッコで土運びをするのです。原始的ですね。そういう作業をしました」[166]

八月二三日、国家総動員法にもとづき、「学徒勤労動員令」が出された。これにより、通年の勤労動員化へと進んでいった。[167]

三年生（昭和一七年四月入学）は、六カ月短縮の繰り上げ卒業で、昭和一九年九月一日に第二〇回卒業式が挙行された。残留三年生二二六名（うち九六名が福知山高商からの転入生）が卒業した。この繰り上げ卒業者の生徒の一人が作道洋太郎氏である。作道氏はその後、九州帝大法文学部経済科に進学したが、二〇年一月大学在学中東京陸軍経理学校に入隊している。[168]

九月以降、経専の生徒は二年生（稲生氏らの学年）と一年生（神森氏らの学年）のみとなった。その生徒たちに通年の勤労動員が続いた。

九月二一日、長崎の三菱造船所に勤労動員の命が下り、二九日に、増岡喜義、戸川年雄、比嘉徳政教授に引率されて、二年生二〇三名（福知山からの転校生と本校の混合部隊）が高浜より長崎に出発し、敗戦まで勤労動員された。二年生の稲生氏も長崎に行き、その後徴集を受け、高知に配属された。また、この長崎組は昭和二〇年八月九日、原爆にあうが、この時には徴集などにより二〇名ぐらいに減っており、また、犠牲者は出なかったという。[169]

九月二四日、新居浜住友機械、波止浜ドッグに勤労動員の命が下り、一年生の二クラスが勤労動員された。一年生の神森氏や北川氏は一〇月から新居浜の住友機械に動員された。神森智氏の回顧を紹介しよう。

「それ（筆者注：三木飛行場）から松山に帰ってきて、少し授業があったら一〇月からは通年動員。政府の『学徒勤労動員通年実施』の決定に従ったのです。私たちのクラスは新居浜に行きました。住友機械という工場です。私は一組だったのですが、二組は波止浜の造船所に行きました。三・四組は名古屋の飛行場（筆者注：名古屋熱田愛知航空機）に行きました。また、一級上の二年生は長崎の造船所に行きました。三年生は九月に繰り上げ卒業したのでいません。ですから昭和一九年の一〇月からは学校は空っぽです。市内の自宅通学生からなる防護班、二〇人くらいでしたか、それを除いて生徒はいない」[170]

戦時体制強化・全体主義の波はまたまた教員に及んだ。一一月二〇日、古川洋三教授が、「非協力的自由主義者」の咎により、退職を余儀なくされた。それは、講義中の発言が密告されたためであった。松山商科大学の『松山商大物語』（毎日新聞の連載記事を転載したもの）に古川洋三の教室での発言――陸軍特別幹部候補生制度批判――が紹介されている。

「君たちは何のために学校に来ているんだ。勉強するためだろう。そんなら他のことは考えずに一日でもよけいに勉強するのが君らの本分だ。特甲幹という制度が出来て君らを勧誘しているが、すぐ将校になれるということをエサに君らをつのっているんだ。進んで志願するものじゃない」[171]

古川教授は、去る七月に三年生中五人が陸軍特別幹部候補生として学園を去ったことを念頭において批判したものであった。[172]田中校長が文部省や憲兵隊に交渉したが、だめであった。

後、古川洋三は、自分のことを次のように回想している。

「小生の辞職は田中校長の命によったものでなく、田中先生の立場を考えて自ら退いたということである。田中先生が当時小生のために人知れず如何に心配して下さったか、小生のために文部省や憲兵隊に迄足を運ばれてご苦労されたかを知って感謝の念にたえない思いで自ら学校を退いたのである。当時学生中には徴集令状による召集ではなくして、自ら途中で学校を放棄し軍隊に入る者が出るに及んで、小生は一日二年生の合併時間に、学業継続を極力力説し、学業途中で軍隊に入ることを戒め、当時の軍部の施政方針を批判したのであった。これが原因して憲兵隊の探索するところとなり、小生は飽く迄信念を貫き、軍部の圧力に対抗し追放されたのであり、決して田中先生の御本意によるものでなかったことを改めて申し上げておきたい[173]」

昭和一九年度の後期は通年動員で、学校は空っぽとなった。そこで、一二月一九日から空になった旧本館の教室を軍隊が入れ替わり立ち替わり使用するようになった。神森氏の回顧を引用しよう。

「空になった教室の建物、今は建て替えてありませんが、そこへ軍隊が入ってきたのです。昭和一九年一二月のことです。これは松山の連隊の兵隊ではなかったようです。推測するに、戦地に行く途中で松山にいる間だけ使うことになったのでしょうか、入れ替わり立ち替わり出入りがあったようです[174]」

昭和二〇（一九四五）年にはいって、戦局は益々悪化し、学校では勤労動員がつづいた。一月二三日に名古屋愛知航空機への勤労動員がなされ（〜終戦）、一年生の三、四組が行き、学園には市内通学者の防空要員五〇名のみが残った[175]。根こそぎ動員である。

この時名古屋に勤労動員された一年生の広沢澄郎（神森氏と同期）の後の回想を紹介しよう。

「昭和二十年一月末、いわゆる根こそぎ動員で私たちは軍需会社の工場へ行くことになった。名古屋市熱田区五番町、愛知航空機熱田寮松山経専報国隊ということである。夏休みには兵庫県三木の飛行場づくりの勤労奉仕をしたが、田中忠夫校長の大変なお骨折りで、名古屋に行くまで私たちは勉学ができた。

　四国松山からはるばる列車、連絡船で名古屋駅に行き、下車してから大きな荷物を背負い、トランク二つ両手にさげて南に六キロほど歩いた。雪は二、三十センチも積もり、御岳颪《みたけおろし》はひどく寒かった。

　職場では原価計算係にまわされ、到着してあいさつに行った。原価計算の本を私がもっていたからであろうか。愛知航空機は愛知時計会社の工場であり、海軍の艦上爆撃機彗星をつくっていた。エンジンはドイツのダイムラーベンツ六〇一の国産型「アツタ」で液冷であった。……職場あいさつのすんだ夜、突然敵機来襲―警報がけたたましく鳴り、みんな防空濠へ逃げ込んだ。

　次の日、私は高熱にうなされ、起きることができなくなった。工員の病棟に入れられたが、四十度にもなった体温は何日も下がらなかった。このため、両親が来て郷里に連れてかえり療養することになった。……春暖かくなって、私は元気になり、名古屋の工場へ帰った。復帰して驚いたのは、工場が三重県津の海軍工廠へ疎開中であったこと、上平少尉が敵機の投下爆弾を直接うけ体が飛び散って亡くなったということである。

私は追い立てられるかのように津の海軍工廠の寮へ向かった。……工場は石灰石を堀り進んだ穴ぐらの中にあり、八月十五日の終戦のラジオ放送は、この中の広場で聞いた[176]」

同年三月一八日、政府は閣議決定で「決戦教育措置要綱」を決めた。これにより、昭和二〇年四月一日より一年間学校の授業が停止されることになった[177]。

(二) 昭和二〇年度（八月一五日まで）

敗戦末期の年である。本年度の校務も、教務課長を大鳥居蕃教授が、生徒課長を伊藤秀夫教授が続け、田中校長を補佐した。本年度の入試は昭和一九年一二月に行なわれ、一学年定員二〇〇名に、志願者は何と四一五六名に達した。だが、文部省により入学定員制限緩和の通牒があり、定員を大幅に上回り、二〇年一月に合格発表し、三七七名を入学させた。開校以来最高の記録であった。だが、入学予定生のほとんどが各地軍事工場その他に勤労動員中であり、作業能率に支障を来すことになり、文部省の指示で入学式は四月でなく、七月に延期された[178]。

また、このころ新設の松山逓信局が庁舎に困り、本校に貸与を申し出て、本校は軍に貸すよりは良いと考え、二月に本館・講堂を貸与する契約がなり、逓信局は七月四日に移転してきた[179]。

五月一四日、新入生の一部（勤労動員先をもたない）の入学式が行なわれ、学校防衛に当たり、七月五日には、残りの新入生一八〇名の入学式が武道場で行なわれた。しかし、授業は停止されたままで、わずか五日後の七月一〇日、新入生の大半は西条と高知県を結ぶ軍用道路建設工事に動員され、少人数が学校に残った。当時一年生で、学校に残った武馬司郎は後に次のように回想している。

「風雲急を告げる時局でもあり、入学五日後には殆どの学生が石鎚山系の西条市と高知県を結ぶ軍用道路建設作業従事の為現場へ動員され、直ちに出発したのである。私は学校に残った十数名の中の一人として、校庭で食糧増産の為に耕作されていた農作業に従事することになった(180)」

七月二六日午後一〇時より、松山が米軍B29約六〇機による大空襲に襲われた。松山市が焼け野原となった。この空襲で出淵町の佐伯光雄元教授夫妻が犠牲となった。また、中一万の田中校長宅も被災した。田中校長はいち早く登校し、教職員や生徒らと学校の防火にあたったが、本校の木造校舎二号館、三号館、四号館、武道館が焼失した。この日の学校日誌を『三十年史』から引用しておこう。

「午後十時二十五分警戒警報発令、同二十三分空襲警報あり。間もなく敵機の爆音を聞くや同五十分には第一弾を被る。宿直せる三木教授、中野書記、防空要員及び、次々に馳せ付けたる井手使丁、栗田書記、比嘉教授らは警戒警報と共に已に登校せられたる田中校長の統率指揮の下に、敵弾雨下し、火炎濛々たる中に決死敢斗、被害を最小限度に喰止めて午前二時には大体鎮火せり(181)」

また、神森氏の回想によれば、「焼け残ったのは鉄筋の本館・図書館及び加藤会館。木造ながら残ったのは有師寮・学生会館のみ(182)」であった。田中校長が拡大計画で実現した校舎が灰塵に帰した。学校崩壊であった。

八月六日広島、九日長崎に原爆が投下され、八日にはソ連が対日宣戦布告、九日満州に侵入した。そして、一四日ポツダム宣言を受諾し、一五日敗戦を迎えた。正式の降伏文書調印は九月二日であった。

なお、新居浜の住友機械に勤労動員中であった神森氏は体調を崩し、夏休みに郷里の広島に帰っていたところ、被爆し、敗戦を迎えている。

五．戦後期・学園機能回復時代——昭和二〇年～二二年——

㈠昭和二〇年八月一六日以後

戦後の校務も教務課長を大鳥居蕃教授が、生徒課長を伊藤秀夫教授が続け、田中校長を補佐した。昭和二〇（一九四五）年八月二二日午後一時、焼け残った本館階下の校長室にて、戦後初の教授会を開催した。田中忠夫校長や、星野通、大鳥居蕃、高橋始、増岡喜義、戸川年雄、川崎三郎、古茂田虎生、吉田昇三、比嘉徳政の一〇人が出席した。そこで、当面の措置を決めた。①校内復旧作業のために、松山付近在住の一年生三〇名に二五日出校を、二、三年生に二七日出校を命じる、②二、三年生の養護班は八月まで休養のところ、松山付近の在住者は二七日出校を命じる、③西条方面の勤労動員の作業解散帰休者は九月一六日出校を命じ、東洋レーヨン松前工場製塩作業者は交渉成立次第出校を命ずる、等々を決めた。(183) 授業の再開の準備である。

八月三一日の教授会で三年生の卒業を戦時教育令にもとづき九月に行なうこと、一年生の授業を一〇月一日から行なうこと、二年生は未定の旨などを決めた。(184)

九月一〇日の教授会で、三年生の卒業資格の認定が行なわれ、三四九名全員を合格とした。

一年生は、東洋レーヨンとの交渉が成立し、九月一六日より一一月一九日までの二カ月間、同工場の工員寮に起臥しつつ、隔日交代授業制の下に同工場の塩田作業に従事した。このような変則的授業になったのは、校舎が焼け、また、焼け残った本館にまだ借家人の松山逓信局が居たためであった。[185]

九月一五日、教授会を開催し、学科目改正案を審議、可決した。改正の趣旨は、①合理的、能率的事務処理能力の涵養、②経済関係の専門的知見の啓培、③島国的偏狭性を脱却せる国際水準に於ける教養の確立、であった。[186] これをみると、敗戦の原因を考察し、世界情勢の知識の欠如、事務処理能力の欠如、近代科学精神の欠如、世界的教養の欠如等を反省し、学科目改正を協議しようとしたことが推測される。

九月二〇日に第二一回卒業式を挙行した。六カ月短縮で、三年生全員に卒業資格認定した。なお、このときの式辞は残念ながら未発見である。このときに卒業したのが、稲生晴氏（昭和一八年四月入学）である。この年の卒業生は、勉強したのは一八年度の一年ぐらいで、一九年度以降はほとんど勤労動員の世代であった。なお、稲生氏はこの後、九州帝大法文学部経済学科に進学する。

戦後直後の新しい教員人事として、田中校長は九月に歴史学者の松本新八郎を採用した。松本は大正二年愛媛県生まれで東京帝大を卒業し、同大の史料編纂所に勤めていた。同氏はマルクス主義歴史学の立場からの日本の封建制の研究者であった。『学生新聞』編輯子は「（一〇月一三日）新任経済史の松本教授の初授業あり。あのちいさな身体によくあれだけの事が詰まっているものだ。松山高校を経て東大国史学科を御卒業、史料編纂所に八ケ年の研鑽を積まれた日本歴史学界屈指の新進史学者の一人。本校の至宝的存在[187]」と高く評価している（ただし、勤務は短く、二二年三月退職）。

一〇月一〇日から、二年生の授業を焼けなかった加藤会館ホールで開始した。[188]
当時二年生であった神森智氏の授業の回顧を紹介しよう。

「終戦とともに通年勤労動員は終結。しかし授業開始は一〇月下旬、それも本校では二年生の半分のみ。残り半分と一年生は松前の東洋レーヨンを借りて授業。三年生は九月卒業生の最後の組ですでにいない。本校での二年生半分の授業は、加藤会館二階の広間に寺子屋式で座りこんで、長さ一間（一・八メートル）幅四〇センチ位の三人用の机で講義を聞いた[189]」

一〇月一一日、マッカーサーは日本政府に五大改革指令を出した。その中に学校教育の民主化が含まれていた。

一〇月二五日、教授会を開催し、自由主義の本旨にもとづき講義を行なうことを決めた[190]。そして同日より、本校は新教育理念実現のため、自由講座を開設し、九州帝大文学部の重松俊章教授を招聘した。なお、重松俊章は愛媛県出身、東京帝大文科大学卒。大正八年松山高校教授、昭和二年九州帝大法文学部教授、東洋史学の講座担当。昭和一九年定年退官。同年石手寺の住職であった。のち、二四年に松山商科大学教授に就任した（八年間在職）。

一二月九日、GHQより「民主主義教育」に関する通牒があり、先の九月一五日に決定した学科目改正案を再審議し、さらに検討することとした[191]。

一二月一七日、衆議院選挙法が改正公布され、男女二〇歳以上に選挙権、二五歳以上に被選挙権が与えられた。一八日衆議院が解散され、翌年一月に戦後初めての総選挙が予定された。

昭和二一（一九四六）年一月四日、GHQは軍国主義者の公職追放指令を出した。この追放令の結果、一月の総選挙は延期され、二月二五日、幣原内閣は、戦後初の衆議院選挙を四月一〇日に決定した。この戦後初の総選挙に対し、田中校長を代議士にすべく、教職員や卒業生が運動を始めた。

一月二〇日、松山経済専門学校のある教員が岡田温（元、衆議院議員、元、帝国農会幹事、元、石井村長）宅を訪れ、応援依頼をしている。岡田温日記に「経済専門学校××先生来宅、田中校長立候〔補〕ニ付禎子ニ応援ヲモトメラル」とある。禎子は温の次女で、劇作家、小説家でつとに有名であった。ところが、選挙運動が軌道に乗りかけた途端、田中校長がＧＨＱの公職追放命令に抵触する問題が起こり、立候補を辞めざるをえなくなったのである。(192)

同年三月四日、戦争中本館・講堂を占拠していた逓信局が漸く移転した。

三月八日、応召されていた中国語の浜一衛教授が台湾から帰校した。他方、哲学の木場深定教授と中国語の三木正浩教授が退職した。(193)

(二) 昭和二一年度

本年度の校務も、教務課長を大鳥居蕃教授が、生徒課長を伊藤秀夫教授が続け、田中校長を補佐した。

昭和二一（一九四六）年度の入学試験は、四月七日、本校では行なえず、松山商業学校（唯一戦災を免れた）を借りて挙行した。定員二〇〇名に対し、志願者は一六七七名に達した。そして、四月一四日に筆答試験の合格者六四九名が発表され、四月二六日に口頭試験・身体検査が行なわれ、五月三日、二六一名の合格発表を行なった。そして、六月三日に入学式の予定であったが、文部省から「軍関係学校出身者生徒は在籍人員の一割以内とし、且つ追って指示あるまで入学式を無期延期せよ」との通達があり、入学式は延期された。(194)

四月一六日、田中校長は先に軍部の圧力により学校を退いていた古川洋三を教職に復帰させた。[195]
四月二九日の教授会で、学科目の改正を決めた（四月実施）。昭和二一年度からの新しい学科目は次のようになった。[196]

公民（倫理、文化史、哲学）、国語、化学、物理、数学、体操、英語、独・仏・華語、商業経済、経済地理、経済史、経済原論、経済政策、経済変動論、金融、財政、日本産業論、国際経済、統計、経営、簿記、会計、商業数学、珠算、事務用文、貿易実務、法学通論、民法、商法、経済法、原書講読。選択学科（保険、銀行、外国文学、親族相続法、社会政策、政治学、西洋史、会計監査、工業経営、外国経済、海運、農業政策）

なお、『三十年史』の「教務」の執筆者・大鳥居教授は「出来上がった新学科課程は、結局目新しい内容は盛られなかった」[197]と遠慮して述べているが、戦前の経済統制論、東亜経済論は削除されている。

五月一日には、松山経済専門学校の「学生新聞」が創刊された。その前身の「松山高商新聞」は昭和一八年四月三〇日の第一八九号で廃刊を余儀なくされていたが、あらたに創刊された。編輯兼発行人は住谷磬（住谷悦治の次男）であった。創刊号では「自由を我等に」と題し、戦時中学生の自由や科学的真理の探究が抑圧されたことが、侵略戦争を聖戦として、学生の純真さを悪用し侵略戦争に駆り立て、好戦的日本人を作ったと深く反省し、一日も早く、学校を真理探究の殿堂として再建し、学校の民主化をはかり、今こそ目覚めて正義のために新生日本のために活動しようではないか、真実を追求し、人格の完成を目指し努力しようではないかという、大変格調高い論説を発表した。著者は吉田二郎で、それは次の如くであった。

「自由の鐘は今高らかに学園の黎明を告げている。理想の炬火をかゝげ理知の進軍を続けつゝある学生の前途を祝するが如く又励ますが如く力強く希望に満ちて鳴り渡っている。憧れの此の鐘の音を聞きつゝ学生は戦時中の悪夢より目覚め、明るい太陽の光を仰ぎみてがっちりスクラムをくんで、遠き真理の輝きを探しもとめて、若いそして力に充ちた新生の第一歩を踏み出そうとしている。

吾々は此の自由の鐘を響かす為に如何に多くの犠牲を払ったことだらう。父母を兄弟を、そして先輩を、遂には生活の根拠たる住居迄も又更には学生の生命とも云ふべき書籍をも軍部内の勢力争ひの侵略戦争の犠牲として失って了ったのだ。今その極めてその高価な犠牲の代償として漸く学生の自由そして又学園の自治は与へられたのである。我々の血と汗と苦痛とそして努力の結晶としてのみ自由なる学園の新生は大いなる意義を持つものである。この自由を正しき方向に発展せしむる権利と義務は吾ら全学生の手中に委ねられたのである。

自由なき学園は魂なき人間の養成、軍部の野望満足の機関としての外何等意義をもたず、学園本来の使命を失へるも甚だしい。戦時中学生の自由なる意志は極度に制限され、軍閥官僚の不正なる侵略搾取に反対するが如き、一切の科学的真理は極度に排斥され、自己の都合よき誤れる史実の暗記を強制して学生を偏狭なる思想不具者と為し、八紘一宇、大東亜共栄圏確立等一聯の不合理的説明、不可能の理論を以て、侵略戦争を聖戦と呼ばしめ、学生の魂を萎縮せしめて骨抜き人形としてその純真を悪用し侵略戦争の矢面に立たしめたのである。

個人意志の自由、学問研究の刺激と、そしてより正しき真理探究への烈しき欲望なき所に科学の進歩あるべき筈は無く、科学を軽侮し精神万能を信じ続けたその結果は、今回の如き徹底的敗戦を招いたのである。日本の今迄の教育は総て好戦的日本人の養成といふ世界の人々から客観的に見て明らかに誤った方向に向っていたのであり、その総てが今次大戦の原因ともなったことを反省してみなければならない。

敗戦は日本の誤った教育の為にはといふより我等学生の為には大きな幸福であったかも知れない。古い総ての制度を打破することは容易ではない。然し此の荊の道を越え行けば遥か彼方には希望の光明が、真理の輝きが我らをさし招いているではないか。旧制度の打破、此れは若い人々、特に純粋なる理性的批判を下し得る自由な立場にある学生の手により、その若き熱と力を以て勇敢に行なはねばならないのである。

先づ第一に一日も早く学生の為の学校を作る事である。学生の自治による自主的な真理探究の殿堂として再建しなければならない。学校を民主化せしめる者、それは誰か？聯合軍司令官でもなく、現内閣でもなく、又封建的組織の中に眠る教授連では更にないとすれば、それは云ふ迄もなく、我ら学生の務めである。学生全体の自由意志に基く総意こそが学校を改善するのでなければならないのである。

学生は今こそ永き夢から覚めて自分自身を取戻し脚を大地にふみつけて先づ自己といふものを発見しなければならない。何時迄も命ぜられた事を何の批判も無く、黙々と馬車馬の如く行ふといふのでは社会の進歩はあり得ない。正義に向かって積極的な勢力を傾けるといふ学生こそ、新生日本に存在する価値があるのであり、徒らに伝統を唯一無二のものと思ひ、その殻の中に逃避し、時代の進歩に順応、否時代の進歩を先導して行けない様な消極的学生は社会の正しき発展を妨害する以外の何物でもない。

もう二度とだまされてはならない。自分自身の外に誰を頼る事が出来よう。今迄の誤った歴史の観念を一掃し、古い伝統の束縛から脱出して真に正しきもの、本当に真実なもののみを心の友として、楽しき学園生活の中で個人人格の完成を目指して一層の努力を続けようではないか。理性的批判力を持ち、正義を愛し、実行力の或る学生のみが社会進歩の推進力である事を堅く銘記しなければならないのである」[198]

また、創刊号には、文部大臣の安倍能成が「新生日本の方途」という論文を寄稿し、元、松山高商教授で同志社大学教授の住谷悦治が「松山経専学生新聞に寄す」と祝辞を寄せている。

五月七日には、教職追放の大綱に関する勅令（教職員の除去、就職禁止及び復職の件）が公布され、教職員の適格審査のため、本校では六月一一日に二名の委員候補者（星野、伊藤教授）を選出し、四国地方高専学校集団長（高松経専校長）に通達した。以降適格審査が始まった。本校では、田中校長と浜田喜代五郎教授が対象となった。田中校長は翼賛壮年団の県役員であったこと、浜田氏は憲法学の論文が問題とされた[199]。

六月一日に、『学生新聞』第二号が刊行された。立命館大学学長の末川博が「民主主義学園と生活」と題する論文を寄稿した。また、編輯子による「唯物史観」の解説文が掲載されており、戦後民主主義、社会主義の雰囲気が学園にうかがわれる。

九月一日、延期されていた新入生の入学式がやっと挙行され、一年生二四六名が入学した。田中校長の入学式における式辞は次の如くで、敗戦後の生活困難、動乱の時代への覚悟、民族の将来への希望、平和で幸福に生きる道を失わないこと、西欧文明の受け入れと我が国の固有文物の廃棄に臆病であってはならぬが、だからと云って文明の輸入と固有文物の廃棄に軽率であってはならず、その取捨選択に正しい態度をとるべく総合的叡知を持つように新入生を激励した。

「向学心に燃える本校第二十四回目の新入生諸君を迎へて、まことによろこびにたえない。戦時中は学徒動員によって向学心を抑へられ、今年に入っても入学が五ケ月も延期せられたことについては、定めし遺憾にたえなかったこと、思ふが、それだけに今日の入学に対する諸君のよろこびの大きいことに祝意を表する次第である。

しかし諸君を待っている学生生活の苦しい現実については、これ又深く同情せずにはをれないのである。食糧事情の窮迫、宿舎事情の困難、学校々舎、教育施設の不備、更に又社会事情の急変があり、思想界の革命がある。これら数々の不備と不足と不安定とは国民全体の深い悩みであるが、とくにすべてに感受性に鋭い諸君にとっては他の年齢層に幾倍する苦痛であるに相違ない。

社会と思想の変革の容易ならぬことについては誰しも一通りの覚悟をもっていたと云はれやうが、食糧や生活必需品の窮乏については、恐らく国民の大部分が予想もしなかったところであったと思ふ。七百五十万人の軍動員、千三百万人の軍需産業動員、併はせて二千万人を超える労働力、質の特に優秀な国民労働力の半分が平和産業に復員するのである。この事情は産業の設備と資材についても同様であって、労力と資材の優秀なる半分以上のものが民需に転換するについては、国民生活が急速に豊かになるであろうと想像することは少しも無理からぬ希望であった。この期待が裏切られて、終戦以来一年を経た現在に至って、戦時中以上の生活苦にあへがなくてはならぬとは何としたことであらう。正常の経済活動への復帰にさへなほ数年、少なくも今後三、四年を要するといふに至っては唯々驚くの外はない。三、四年と云へば諸君の本校における学生生活の全部である。その全生活が国民生活の非常時下に過ごされるであらうといふことは、まことに同情にたえないのである。

しかし、これを社会事象の安定と思想混乱期の終熄の困難とくらべれば、とうてい同日の談ではない。一応の安定は或は十年とか二十年といふ近い将来に期待できるかも知れないが、世界の進運にマッチし、これにプラスすることのできるやうな解決は、とても一世代位の簡単な努力で片づく問題ではあるまい。少くも諸君の一生はこの動乱期にただようもいと覚悟しなければなるまい。

それではこのやうな時代にあってどのやうな心構が要請せられるであらうか。

思ふにその一つは民族の将来に対する希望を失なはないといふことであらう。哲人スプランガーも言ってをるやうに、悲劇に対処する態度の如何が民族の真の偉大さを決定できること、信ずる。武器は捨てた。帝国主義的野心も完全に抛棄した。しかし世界的レベルにおける文化国家として、平和に平福に生きる道はふさがれてはいまい。若しわれわれにしてつとめて怠たらないならば、更に進んで世界の文化に高い程度に貢献することも不可能ではあるまい。軍事的政治的には無力であったギリシャが、ローマ的世界における文化の先達であったことを想起しようではないか。

その第二は総合的叡知であると思ふ。その意味は、馬車馬のやうに或る一事にのみ盲目的に熱中するのでなくて、広く見、深く考へて片寄らない正しい判断力をもつといふことである。一体戦争に敗れるといふこと程、その国の文物制度に深酷〔刻〕な反省を与へ、外来文化の輸入に徹底的態度をとらせることはない。しかるに我々は絶海の孤島に隔絶して生きてきた上に他民族との戦争の経験に乏しく、これに敗れた経験を全然もたない。したがって外来文化の影響を心の髄迄泌み込んで受取り、自国の文化を徹底的に清算する機会をもたなかったのである。中古以来の中華の文物の摂取にしても必ずしも徹底的とは行かなかったし、とくに明治以来の西欧文明の輸入は極めて皮相なものに過ぎなかった。いはば今度の戦敗は、わが国民が心を空うして西欧文明を徹底的に輸入し、これを通じてわが国の文物制度を全般にわたって反省するはじめての歴史的機縁であるといはなければならぬ。

このやうに広く深い問題の解決にあたるについては、特別の心構がなければならぬ。外来文物の輸入と、固有文物の廃棄に臆病であってはならぬ。それかと云って輸入と廃棄に軽率であってはならぬ。その取捨選択に正しい態度をとり得るためにこそ総合的叡知が要請せられるのである。

悲劇の間に処して希望を失はず、文物の取捨選択に総合的叡知をはたらかすといふことは生やさしいことではない。これは国民全部に課せられた歴史的使命であるが、とくべつの程度において知識人に課せられた特殊の使命であると云はなければならぬ。親愛なる新入生諸君が、七百のベテランとともによく学びよく思って、この歴史的使命を果すに足る十分の教養を身につけんことを念ふ次第である(200)」

九月一日の『学生新聞』に「教授漫描」として編輯子からみた田中校長の人物像が載せられていて、大変興味深い。

「田中校長こそは我々が松本教授と共に全国に誇るべき人である。創立以来二十余年校長として教授として先生が本校に注がれた愛情は正しく母の子に対するが如く、その昔の寺子屋式一田舎高商をして今日たらしめたのは先生の燃ゆるが如き学校愛に他ならない。少々保守的であられる点、我々には飽き足らぬ感もないではないが、しかしとに角我々にとって『偉い人』である。軍閥時代には自由主義教育で学校を守ったが、戦後はこれを売り物にして急進的になるでもない。反動的な保守でない所に偉さがある。本校家庭的親密さは校長から発するといへよう」[201]

九月に入ってから田中校長は教授会に辞意を表明し、後任校長の選出を依頼されたようである。それに対し、九月二一日増岡先生が温山会を代表して上京し、適格留任を求めて陳情運動を行なった。[202]九月二六日に三年生の各組代表が田中校長を訪ねて資格問題について訪ねた。その問答が『学生新聞』第六号に掲載されているので、紹介しよう。

「問　生徒は学校当局より何等この問題につき聞いていません。

答　生徒諸君も大体の事情は知っていると思ひ又話しても仕方が無く、話す要も無いと思った。

問　審査の内容経過如何

答　当然私は抵触するものであるが、温山会等の助力により、私は学校にどうしても必要な存在であるといふ理由で延命の状態である。

問　進退に関する決意如何

答　五日〔月〕発表の勅令以後私自身では私の進退はどうにも決定し得ぬこととなった。只審査の結果を待つのみである。

問　審査決定後の身の処置は

答　現在は何ともいえぬが、私は戦時中の行動に対して何等道徳的責任は感じていない[203]」

最後の一文を見る限り、田中校長は戦時中の自己の行動に対し責任は感ぜず、反省をしていないようで、驚きである。

一〇月二九日の教授会において、田中校長は、自らの適格審査の結果不適格と判定されたことを報告した。不適格の理由は、戦時中翼賛壮年団の役員（愛媛県支部の副支部長）になっていたことであった。この校長報告に対し、伊藤秀夫教授が教職員一同を代表して再審査の申請手続きをとりたいとして、再審査の請求、人格証明等の努力を行なったが、無駄であった[204]。

一一月三日、新生日本の象徴たる新憲法・日本国憲法が公布された。全国で祝賀行事が行なわれた。本校では午前八時より、田中校長始め各教授、生徒一同が会し、式典を挙行した。田中校長が式辞を述べたが、新憲法発布を祝すると共に新憲法発布に当たり国民意識の盛り上がりが不足していることを率直に指摘している点が注目される。

「此度の新憲法発布にあたって痛感する事は、先ず全国民が余りにこれに無関心である事です。敗戦後僅か一年余りにして、このやうな憲法を発布できた事は、何としても大きな喜びでなければなりません。第二は安倍能成氏も云はれる如くこれが全国民の心からの意思を盛り上げたものでない事です。と云ってこれをゆるがせにせよというのでは決して無く、世界に対する日本の約束とも云ふべきですから我々は遵法して行く決意を固める必要があると思ふものです[205]」

一二月一九日の教授会を最後にして田中先生は謹慎した[206]。

昭和二二（一九四七）年二月二〇日、田中校長は公職追放により、正式に辞職した。また、浜田喜代五郎教授も辞職した。

そこで、第四代の校長を選出することになり、二月二〇日、伊藤秀夫教授を四代目の校長及び専務理事に選んだ。

伊藤秀夫は明治一六（一八八三）年九月一九日松山藩校教官で久松家の待講伊藤奚疑の次男に生まれた。松山中学を経て、明治三九（一九〇六）年早稲田大学文学部哲学科を卒業し、同年岩手県立一関中学教諭となり、四一年帰郷して北予中学校英語科主任教諭、大正二（一九一三）年松山中学教諭を経て、同一五（一九二六）年九月から松山高商教授に就任した。昭和四（一九二九）年の六月から翌五年八月まで英国に留学していた。そして、同九（一九三四）年一〇月より生徒課長を続け、第三代田中校長の右腕で、温厚で白髪頭の上品な老紳士であった。[207]

伊藤秀夫を校長に選んだ理由について、『三十年史』は次のように述べている。

「田中氏の校長辞任の善後策として、教授会では後任候補者は『学内よりこれを求めること』とし、教授会と事務員会とは『適宜連絡しつゝ』、それぞれ別個に意見を具申することになったが、衆目の見るところ、学内の最年長教授であり、また、故西依教授の後を受けて当時すでに財団理事の一員でもあった伊藤秀夫氏が、両会の圧倒的支持により校長候補に推薦され、二月二〇日付を以て第四代校長に就任した[208]」

このように、戦後の校長選びにおいては、教授会のみならず、事務職員の意見も聞いていたことが分かり、戦後民主主義の現れであった。

三月二日に第二二回卒業式が、新校長伊藤秀夫の下で行なわれた。経専の第一期（昭和一九年四月の入学者）の卒業の年であり、二二九名が卒業した[209]。神森智氏もこの年に卒業した。

公職追放された田中校長は、昭和二三（一九四八）年一月一日、日進産業株式会社の社長になった。それは、卒業生の田村清寿（高商四回卒）が田中先生のために作った会社であった[210]。

昭和二三（一九四八）年七月二八日、専務理事伊藤秀夫は文部省に対し、松山商科大学の設置を申請し、翌二四年二月二一日、文部省より認可され、四月より開学した。学部学科は商経学部で、学科は経済学科と経営学科であった。そして、初代学長に伊藤秀夫が就任した[211]。

昭和二六（一九五一）年四月三〇日、前、田中校長は追放解除となり、松山商科大学教授に復帰した。なお、浜田喜代五郎教授は復帰しなかった。

昭和三一（一九五六）年四月一日、田中教授は松山商科大学教授のまま、愛光高等学校校長に就任。

昭和三三（一九五八）年三月三一日、松山商科大学を退職し、名誉教授となり、愛光校長職に専念した。

昭和五三（一九七八）年一二月一日、田中忠夫は死去した。八〇歳であった。

まとめ

本章により、田中忠夫ならびに『田中忠夫先生』に関し、明らかになった点、再確認される点、ならびに課題等についてまとめておきたい。

第一に、信仰に関してである。田中忠夫はカトリックからプロテスタントに、そしてまたカトリックへと改宗していることである。すなわち、幼き頃は家庭環境から自然とカトリックの信者であったが、三高時代にふとしたことから京大のＹＭＣＡに入りプロテスタントに改宗し、東大時代もＹＭＣＡ生活をおくり、冨永徳磨牧師に心酔し、また松山高商に就職したあともプロテスタントに熱心であったが、昭和五（一九三〇）年にドイツに留学し、下宿先がカトリックであったため、次第にカトリックに目覚め、強烈な信者となり、七年に帰国するや妻と子供を強制的にカトリックに改宗させるなどの遍歴をたどっていることである。この点については、これまでも指摘されている点であり、再確認されるが、ただ、何故、改宗したのかについてはその真相は十分に解明されているとは思われない。

第二に、教育・研究に関してである。田中忠夫は東京帝大時代ならびに松山高商教授時代に経済学史、経済史、経済地理などを幅広く学び、研究していた。特に昭和四（一九二九）年、弱冠三〇歳の時に出版した『経済思想史概説』は教科書と謙遜しているが、古代のプラトンからはじまって、中世、重商主義、重農主義、古典派、歴史学派、社会主義、限界効用学派等々、主要な経済学説・経済思想を経済史の流れの中でおさえ的確に紹介し、それらの学説に盲信もせず、全否定もせず、独断的解釈にも陥らず、公平・中立的立場から叙述しており、その研究水準は高く、また、田中忠夫の学問へのリベラルな態度がうかがわれるのである。その後、田中忠夫は昭和五（一九三〇）年から二年間ドイツに留学した。だが、そこで何を学び、何を研究したのかが不明なことである。帰国の二年後には図らずも第三代校長兼専務理事に就任し、以後は学校経営に邁進した。その間、さしたる研究はしておらず、田中忠夫のその後の人生は研究者の道をあきらめ、学校経営者になったとみてよい。

第三に、第三代校長時代に関してである。昭和九（一九三四）年一〇月に第三代校長に就任するや、加藤彰廉校長の「墓守」と云いながら、「日本一の高商」をめざし、学校拡張路線を積極的に押し進めていったことである。その経営能力・リーダーシップには眼を見張るものがある。田中忠夫は加藤時代には三〇〇名であった学校の定員を、昭和一三（一九三八）年度に四五〇名に、一六（一九四一）年度には六〇〇名に倍加させた。志願者も大幅に増やした。校地面積も大幅に増やし、校舎も建設した。加藤会館も作り、彰廉の胸像も作った。また、住谷悦治などの優秀な教員も多く採用した。「中興の祖」との指摘は明らかに再確認される。

第四に、校訓「三実主義」に関してである。田中忠夫は昭和一六年四月の生徒要覧に校訓「三実主義」の明文化を行ない、再確認をした。これは本校の教育方針の確立にとって画期的であると評価できる。とりわけ、加藤彰廉校長の提唱は実用・忠実・真実の順であったが、田中忠夫は、順序を入れ換え、真実をトップにもってきたことは、軍部にあらがう姿勢として高く評価される。この点はこれまでも指摘されたことであり、改めて田中の良心として再確認できよう。また、軍部や文部省の住谷悦治追放に際しても軍に説得に行ったことなども田中の良心として評価されよう。

第五に、戦時下の学校運営に関してである。戦時下、全体主義下の日本である。有無を云わさず、学校に戦争の荒波が押し寄せ、田中校長もこの波には抗しえず、迎合せざるを得なかったことである。式辞をみると、二・二六事件、日中戦争頃から国策への迎合が始まっていたことがわかる。そして太平洋戦争下になると、学校は教育の場ではなくなり、生徒を早く卒業させ、軍隊に送り、国家の戦争に協力し、またせざるを得ず、また、在学生に教育をするのでなく、勤労動員に駆り立てて行き、最終的には学校崩壊を導いたことが再確認されるのである。そして、そのあげくが田中校長の「公職・教職追放」であった。稲生晴氏が田中忠夫に対し「一種の戦争の犠牲者(212)」と述べているが云い得て妙である。戦争は人の良心を奪い、殺してしまうものである。

第六に、『田中忠夫先生』の中の稲生晴氏の「松山高商と田中忠夫先生」論文に関してである。出色の好論文であるが、ただ、若干の論証不足と史実に関し不正確な諸点がみられることである。たとえば、三三頁に田中忠夫の「精神的バックボーン」として、「キリスト教と武士道精神の合一」と述べているが、それは、東大時代の恩師の冨永徳磨のことであって、田中自身のことではない。そもそも田中忠夫の出自は商家であり、士族出身ではない。また、史実確認が不正確な点は、二六頁の渡部善次郎校長の就任期日を「一一月一八日」としていたり、五一頁の田中校長による校訓「三実主義」の再確認を「昭和一五年度の生徒要覧」としていたり、また田中校長の教職追放解除を「昭和二四年一二月」としていたり、さらに年譜の三三四頁で、大正一五年を昭和二年としている点、等々である。

（注）

（1）渡部重久「生い立ち　幼年—少年のころ」松山商科大学『田中忠夫先生』昭和六一年、三〇三頁。田中忠夫「恩師冨永先生」『田中忠夫先生』三二八頁。

（2）杉本明治「忘れ得ないかずかずの思い出」『田中忠夫先生』三〇四頁。

（3）浅野二郎、奥原万作「中学時代」『田中忠夫先生』三〇五～三〇六頁。

（4）三宅とら「私の忠さん」『田中忠夫先生』二八一頁、三宅章一「ロザリオを愛した田中忠夫先生」『田中忠夫先生』二八三頁。
（5）田中忠夫「恩師冨永先生」『田中忠夫先生』三二九頁。
（6）田中忠夫「寄宿舎の思い出」『田中忠夫先生』三〇八～三一一頁。
（7）岩田春之助「田中君の思い出」『田中忠夫先生』二五七頁。越智通正「田中先生の思い出」『田中忠夫先生』一六九頁、
（8）湯浅恭三「三高と東大時代の忠さん」『田中忠夫先生』二六二～二六四頁。
（9）田中忠夫「恩師冨永先生」『田中忠夫先生』三二九頁。
（10）『東京大学百年史　部局史1』九二六頁、『東京帝国大学五十年史』一〇六四～一〇六七頁。
（11）『東京大学百年史　部局史1』九三〇～九三一頁。
（12）森明麿「田中忠夫氏の東京帝大時代を語る」『田中忠夫先生』三一一～三一四頁。
（13）湯浅恭三「三高と東大時代の忠さん」『田中忠夫先生』二六二～二六四頁。
（14）「座談会　田中忠夫先生を語る　温山会東京支部有志」『田中忠夫先生』二三八～二三九頁。
（15）高橋始「母校中興の薫使」『田中忠夫先生』九四頁。
（16）牧野龍夫「ハダシで庭球に打ち込まれた田中先生」『田中忠夫先生』一五三頁。
（17）「座談会　田中忠夫先生を語る　温山会東京支部有志」『田中忠夫先生』二三八～二三三頁。
（18）森明「田中先生と句集『冬薔薇』の発刊」『田中忠夫先生』一五六頁。
（19）「座談会　田中忠夫先生を語る　温山会東京支部有志」『田中忠夫先生』二四一頁。
（20）『松山高商新聞』第二、三、四、五号、大正一四年八月一日、九月一日、一〇月一日、一一月一日。
（21）大島居蕃「『松山商科大学三十年史』補遺」『松山商科大学六十年史』（写真編）、一九八四年、一九五頁。なお、加藤校長の校訓「三実主義」の配列の順序は実用・忠実・真実の順で、大島居教授の記憶違いである。
（22）大鳥居蕃「田中さんを偲ぶ」松山商科大学『田中忠夫先生』昭和六一年、七四頁。
（23）『松山高商新聞』第六号～九号、大正一四年一二月一日、一五年一月二〇日、二月二五日、四月一二日。
（24）『松山高商新聞』第九号、大正一五年四月一二日。『田中忠夫先生』では昭和二年三月二八日となっているが間違いであろう。

(25)『松山高商新聞』第一二号、大正一五年七月二〇日。
(26)『松山高商新聞』第二〇号、昭和二年六月二〇日。
(27)『松山高商新聞』第二二号、昭和二年八月二七日。
(28)『松山高商新聞』第二四号、昭和二年一一月二〇日。
(29)『松山高商新聞』第三三号、昭和三年九月二九日。なお、『田中忠夫先生』の年譜で、再婚を昭和四年三月一九日としているが、間違いであろう。
(30)『松山高商新聞』第三一号、昭和三年六月二一日。同三二号、七月五日。
(31)『松山高商新聞』第三二号、昭和三年七月五日。
(32)『松山高商新聞』第四七号、昭和四年一〇月二五日。
(33)『松山高商新聞』第五二号、昭和五年三月二五日。『松山高商新聞』第五四号、昭和五年五月二五日。三宅章一「ロザリオを愛した田中忠夫先生」『田中忠夫先生』二八三～二八四頁。
(34)『松山高商新聞』第五五号、昭和五年六月二五日。
(35)『松山高商新聞』第五六号、昭和五年七月二五日。
(36)『松山高商新聞』第五七号、昭和五年九月二七日。
(37)『松山高商新聞』第五九号、昭和五年一一月二五日。
(38)『松山高商新聞』第六〇号、昭和五年一二月二五日。
(39)田中忠夫「恩師冨永先生」三二九～三三二頁。越智通正「田中先生の思い出」『田中忠夫先生』一七〇頁。
(40)服部寛「田中忠夫と三実主義についての一試論（1）」松山大学『学内報』四三〇号、二〇一二年一〇月一日。
(41)『松山高商新聞』第七四号、昭和七年四月一二日。
(42)三宅良子「田中のおじさま」『田中忠夫先生』二八四～二八五頁。
(43)『松山高商新聞』第七五号、昭和七年五月一二日。同七六号、昭七年六月一三日。
(44)『松山高商新聞』第八六号、昭和八年七月一一日。同、第八七号、昭和八年九月一八日。
(45)田中忠夫「御訓示を中心として」『加藤彰廉先生』一七四頁。
(46)田中忠夫「温山会報と五十年史を読んで」『温山会報』第一七号、昭和四九年。稲生晴「松山高商と田中忠夫先生」『田中忠夫先生』二七頁。

(47)『三十年史』二一〇頁。
(48)戸川年雄「田中忠夫先生を憶鵜」『田中忠夫先生』一〇〇～一〇一頁。『三十年史』八四頁。
(49)『松山高商新聞』第九八号、昭和九年一〇月三〇日。稲生晴「松山高商と田中忠夫先生」松山商科大学『田中忠夫先生』三〇頁に抜粋が、また、『三十年史』の二二頁に最後の一文が載せられている。
(50)『松山高商新聞』第九九号、昭和九年一〇月三〇日。『三十年史』一九五頁。
(51)稲生「前掲論文」三四～三五頁。
(52)『三十年史』二四～二五頁、稲生「前掲論文」三四～三五頁。大鳥居は後、「回顧四十年（その2）」の中で、「結局、この視察旅行のもたらしたものは一つの信念―『やる気』があれば、私どもの学校を『日本一』よい学校にすることができる、ということだったと思う」と回想している（『温山会報』第一〇号）。
(53)『三十年史』二二五頁。
(54)松山商科大学「松山商大物語」二七頁。
(55)『松山高商新聞』第一〇二号、昭和一〇年三月一一日。なお、最後の行の新聞記事が不明であり、要約した。
(56)『三十年史』一五七～一五八頁。
(57)「松山高等商業学校規則中改正ノ件ニ付申請」昭和一〇年三月一一日、国立公文書館所蔵。なお、「経済時事」は昨年来の学生の要望に応えたものであり、又、統計学を三年から二年に、交通論を二年から一年に変更した（『松山高商新聞』第一〇三号、昭和一〇年四月一五日）。『三十年史』七三頁。『五十年史』一三七頁。
(58)『松山高商新聞』第一〇二号、昭和一〇年三月一一日。
(59)『松山高商新聞』第一〇二号、昭和一〇年三月一一日。稲生「前掲論文」四二～四三頁。
(60)「学校規則改正申請書類」『三十年史』八七頁。
(61)『松山高商新聞』第一〇三号、昭和一〇年 四月一五日。
(62)『松山高商新聞』第一〇四号。昭和一〇年五月一三日。
(63)『松山高商新聞』第一〇四号。昭和一〇年五月一三日。『三十年史』一三三頁。
(64)『松山高商新聞』第一〇五号。昭和一〇年六月一二日。
(65)「松山高等商業学校規則改正ノ件ニ付申請」昭和一〇年七月一二日、国立公文書館所蔵。
(66)『三十年史』八四～八五頁。

(67)『松山高商新聞』第一一二号。昭和一一年二月二八日。
(68)『松山高商新聞』第一一二号、昭和一一年二月二八日。『三十年史』八四〜八五頁。
(69)『松山高商新聞』第一一三号。昭和一一年四月二四日。
(70)稲生「前掲論文」三五頁。
(71)『松山高商新聞』第一一二号、昭和一一年二月二八日、『三十年史』八七頁。
(72)『松山高商新聞』第一一三号。昭和一一年四月二四日。
(73)稲生「前掲論文」四三頁。
(74)『三十年史』一二三〜一二四頁、稲生「前掲論文」四一〜四二頁。
(75)『松山高商新聞』第一一五号、昭和一一年六月二四日。
(76)『松山高商新聞』第一一六号、昭和一一年七月二四日。
(77)『松山高商新聞』第一一七号、昭和一一年八月二四日。
(78)『松山高商新聞』第一二二号、昭和一二年三月六日。
(79)『松山高商新聞』第一二三号、昭和一二年四月二〇日。
(80)同。
(81)堀豊彦「田中忠夫、住谷悦治両君のことども」『田中忠夫先生』二五九頁、住谷磐「わが家の救世主田中忠夫先生」『田中忠夫先生』二一八〜二二二頁。伊藤恒夫「田中先生と三実主義」『田中忠夫先生』一二六頁。
(82)『松山高商新聞』第一二四号、昭和一二年五月二三日。
(83)『松山高商新聞』第一二五号、昭和一二年六月二〇日。
(84)稲生「前掲論文」四四〜四五頁、『三十年史』一二四〜一二六頁。
(85)「松山高等商業学校規則中改正並に生徒定員変更ノ申請」昭和一二年一二月二七日、国立公文書館所蔵。
(86)「90年の略史」。
(87)『三十年史』八八〜八九頁。
(88)『松山高商新聞』第一三〇号、昭和一三年一月一日。
(89)『松山高商新聞』第一三一号、昭和一三年一月二七日。
(90)『松山高商新聞』第一三二号、昭和一三年二月二四日。

(91)『松山高商新聞』第一三三号、昭和一三年三月二三日。
(92)「松山高等商業学校規則改正申請書類」より。『松山高商新聞』第一三四号、昭和一三年四月二五日。『三十年史』一一三頁。
(93)『松山高商新聞』第一三四号、昭和一三年四月二五日、浜ふみ「田中先生と軍隊の思い出」『田中忠夫先生』一〇六～一〇八頁。
(94)『松山高商新聞』第一三五号、昭和一三年五月二五日。
(95)同。
(96)『松山高商新聞』第一三七号、昭和一三年七月二四日。撰文は同新聞は『三十年史』三〇頁。住谷悦治「楽しかった高商生活」『温山会報』第一六号、昭和四八年九月。田中忠夫「温山会報と五十年史を読んで」『温山会報』第一七号、昭和四九年。
(97)『松山高商新聞』第一三八号、昭和一三年一〇月六日。
(98)『松山高商新聞』第一四〇号、昭和一三年一一月二五日。
(99)同。
(100)『松山高商新聞』第一四一号、昭和一三年一二月二一日。
(101)『松山高商新聞』第一三九号、昭和一三年一〇月三一日。
(102)『松山高商新聞』第一四四号、昭和一四年四月三〇日。
(103)木場深定「田中忠夫先生との出会い」『田中忠夫先生』一〇九～一一三頁。
(104)『松山高商新聞』第一四八号、昭和一四年九月三〇日。
(105)『松山高商新聞』第一五〇号、昭和一四年一一月三〇日。
(106)『松山高商新聞』第一五三号、昭和一五年二月二九日。
(107)『松山高商新聞』第一五四号、昭和一五年四月二九日。
(108)「松山高等商業学校規則中改正ノ件」昭和一五年七月一九日、国立公文書館所蔵。『三十年史』八九～九〇頁。
(109)『三十年史』九一頁、大鳥居「回顧四十年（その２）」『温山会報』第一〇号。
(110)『松山高商新聞』第一五九号、昭和一五年一〇月三一日、第一六一号、昭和一五年一二月二四日、『三十年史』九二頁。

(111)『松山高商新聞』第一六二号、昭和一六年一月二一日。
(112)『三十年史』九〇、九一頁。三木正浩「田中校長の学恩を偲んで」『田中忠夫先生』一一四～一一六頁。
(113)古茂田虎生「小川に沿うて—田中先生の思い出—」『田中忠夫先生』一〇二～一〇五頁。比嘉徳政「田中先生の思い出」『田中忠夫先生』一一七～一一九頁。
(114)『松山高商新聞』第一六三号、昭和一六年三月一八日。
(115)『三十年史』九一頁。
(116)『五十年史』一八九頁。
(117)『松山高商新聞』第一六四号、昭和一六年四月二五日。
(118)同。
(119)『三十年史』一七四、一七五頁。『松山高商新聞』第一六四号、昭和一六年四月二五日。
(120)『三十年史』、一七三、一七四頁。
(121)『松山高商新聞』第一六四号、昭和一六年四月二五日。なお、『松山高商新聞』の三実主義の順序が間違っている。
(122)服部寛「田中忠夫と三実主義についての一試論（1）（2）（3・完）」松山大学『学内報』第四三〇号、四三一号、四三二号、二〇一二年一〇月、一一月、一二月。
(123)歴史学研究会編『日本史資料　5　現代』岩波書店、一九九七年、九三頁。
(124)同、九四頁。
(125)拙稿「新田長次郎、校訓三実主義についての一考察」『松山大学創立90周年記念論文集』二〇一三年一〇月。
(126)『三十年史』一七五頁。
(127)服部寛氏の指摘。
(128)『松山高商新聞』第一六八号、昭和一六年九月二九日。
(129)『松山高商新聞』第一七二号、昭和一七年二月五日。
(130)『松山高商新聞』第一七三号、昭和一七年四月二五日。
(131)『三十年史』三二、三五、七三、九二頁。
(132)『三十年史』三五頁。

(133)『松山高商新聞』第一七三号、昭和一七年四月二五日。
(134)『松山高商新聞』第一七六号、昭和一七年九月一八日。
(135)『松山高商新聞』第一七五号、昭和一七年七月一五日。
(136)『三十年史』九三頁。
(137)『松山高商新聞』第一七六号、昭和一七年九月一八日。
(138)同。
(139)『三十年史』九三頁。
(140)伊藤恒夫「田中先生と三実主義」『田中忠夫先生』一二六頁。なお、Y教授とは行本方円である（内田勝敏「回想・松山高商の恩師（三）―住谷悦治先生―」『温山会報』第五二号、平成二一年一月）。
(141)田中校長が軍と折衝したことについて子息の住谷磬が回想している。「戦後知ったことは、当時善通寺にあった陸軍の師団司令部から直接、学校長の田中先生へ『住谷悦治は学生に会うことを禁止する』という通達があったとのことでした。教師が学生に会えないことは教師ではなくなる事です。田中先生は善通寺まで行って父の立場を説明し、援護して下さったそうです」（住谷磬「わが家の救世主田中忠夫先生」『田中忠夫先生』一二〇頁）と述べている。
(142)「楽しかった高商生活」『温山会報』第一六号、昭和四八年九月。
(143)『松山高商新聞』第一七六号、昭和一七年九月一八日。
(144)同。
(145)『松山高商新聞』第一八〇号、昭和一八年一月三〇日。吉田昇三「田中忠夫先生を偲ぶ」『田中忠夫先生』一二〇～一二三頁。
(146)『松山高商新聞』第一八二号、昭和一八年四月三〇日。
(147)『松山高商新聞』第一七七号、昭和一八年九月一八日。
(148)同。
(149)松山高等商業学校『戦没勇士追想録』昭和一八年五月。
(150)同、一五五頁。
(151)内田勝敏「回想・松山高商の恩師（八）―賀川英夫先生―」『温山会報』第五七号、平成二七年二月。

(152)『五十年史』二一〇頁。
(153)軍部の意見は商業は国家経済にとって寄生虫的有害無益な存在であり、如何に精密、高級な学問であるとしても、その根本的性格の改まらない限り、この毒性を払拭することはできないというものであった(『三十年史』三八頁)。
(154)『五十年史』二一一頁。
(155)『三十年史』九五頁。
(156)坂本富男「私の学徒出陣・復学と戦後」『温山会報』第三九号、平成八年。
(157)小桧山鎮男「私にとっての昭和『戦中日記』」『温山会報』第五五号、平成二五年一月。
(158)『三十年史』九五、九六頁、『五十年史』二一一頁。稲生晴「松山高商と田中忠夫先生」『田中忠夫先生』五五頁。
(159)『三十年史』九七~一〇二頁。『五十年史』二一二~二一三頁。
(160)『三十年史』一八〇頁。
(161)なお、他の高商はどうなったのか。東京商科大学は東京産業大、神戸商業大は神戸経済大学に校名変更。他の官立の彦根・和歌山・高岡高等商業学校は工業専門学校に、長崎・名古屋・横浜高商は工業経営専門学校に。他の高商、小樽・山口・高松・大分などは、経済専門学校になった。大阪商大だけは市立のため、名が存続。私立の福知山高商は工業専門学校に、大倉高商は大倉経済専門学校に校名を変更した。
(162)『三十年史』九六頁、『五十年史』二一一頁。なお、福知山高商の一年一〇名は二年に進級できなかった留年生と推測される。
(163)『三十年史』一〇二頁。
(164)同、一八〇頁。
(165)神森智「自分史と松山商大時代を語る」、二〇一二年一一月一日「松山大学コミュニティカレッジ二〇一二年度秋期講座、特別講座　松山大学九〇年史話」
(166)同。
(167)『五十年史』二一三~二一五頁。
(168)水沼直行「親友・作道洋太郎君を偲んで」『温山会報』第五〇号、平成一九年。
(169)『三十年史』一八四~一八八頁。

(170) 神森、前掲講演。
(171) 『松山商大物語』三三頁。
(172) 『三十年史』九三～九五頁。
(173) 古川洋三「心に残る思い出」『温山会報』第一六号、昭和四八年九月。
(174) 神森、前掲講演。
(175) 『三十年史』一八〇頁。
(176) 広沢澄郎「経専時代の思い出」『温山会報』第三八号、平成七年。
(177) 『近代総合年表』岩波書店、三四三頁、『五十年史』二一五頁。
(178) 『三十年史』一〇一～一〇二頁。年譜七頁。『五十年史』二一五～二一六頁。
(179) 『三十年史』三九頁。
(180) 武馬司郎「経専時代の想い出」『温山会報』第五四号、平成二三年。
(181) 『三十年史』四〇頁。
(182) 神森、前掲講演。
(183) 『三十年史』一〇三頁。
(184) 同、一〇四頁。
(185) 『三十年史』一〇四頁。
(186) 同、四四、一〇九頁。
(187) 松山経済専門学校『学生新聞』創刊号、一九四六年五月一日。
(188) 松山経済専門学校「学生新聞」創刊号、一九四六年五月一日。『三十年史』四二頁。
(189) 神森智『回顧　松大の戦後70年』松温会での講演。
(190) 『三十年史』一一〇頁。
(191) 同、四四頁。
(192) 増岡喜義「田中先生と新田家の思い出」『田中忠夫先生』一四五、一四六頁、「座談会　田中忠夫先生を語る」『田中忠夫先生』一三九頁。田中先生擁立の中心メンバーは明らかでないが、おそらく教員では増岡喜義、卒業生では田村清寿（高商四回卒業）であろう。

(193) 松山経済専門学校『学生新聞』第二号、一九四六年六月一日。
(194) 『三十年史』一〇七頁。松山経済専門学校『学生新聞』創刊号、一九四六年五月一日。同、第三号、一九四六年七月一日。同、第四号、一九四六年八月一日。
(195) 『学生新聞』第二号、一九四六年六月一日。
(196) 『三十年史』一〇八～一〇九頁。
(197) 同、一〇八頁。
(198) 松山経済専門学校『学生新聞』創刊号、一九四六年五月一日。
(199) 『三十年史』一一二頁、『田中忠夫先生』六二頁。
(200) 『学生新聞』第五号、一九四六年九月一日。
(201) 同。
(202) 『田中忠夫先生』六二頁。
(203) 『学生新聞』第六号、一九四六年一〇月一日。
(204) 『三十年史』一一三頁、『田中忠夫先生』六二頁。
(205) 『学生新聞』第七、八号、一九四六年一二月一日。
(206) 『田中忠夫先生』六二頁。
(207) 『愛媛県史　人物』、内田勝敏「回想・松山高商の恩師（四）―伊藤秀夫先生―」『温山会報』第五三号、平成二三年一月。
(208) 『三十年史』一一二頁。
(209) 同、一一三頁。
(210) 「座談会　田中忠夫先生を語る」『田中忠夫先生』二四〇頁。
(211) 『五十年史』二四五頁。
(212) 稲生晴「松山高商と田中忠夫先生」『田中忠夫先生』六一頁。

あとがき

学校の歴史叙述には、制度論的アプローチ（理事会・評議員会・教授会・各種委員会の記録・財務記録等）もあれば、人物論的アプローチもある。そして、その双方を加味した総合的アプローチもあろう。総合的アプローチが最善であるのは当然であるが、身に余り、本書は主として三人の校長を中心に人物論的アプローチを試みたものである。その際、校長の入学式、卒業式等の式典の式辞をできるだけ漏らさず盛り込んだ。式辞の中に、校長の時代認識ならびに校長の思想・考え・教育方針が反映され、校史叙述に役立つと考えたからである。式辞は本来は、学校の最も重要な記録として保存されている筈であるが、探索し得ず、本書は『松山高商新聞』からとった。『松山高商新聞』は生徒主体の優れた新聞であり、『松山高商新聞』なしには本書は成り立たず、時の松山高商生記者の能力の高さに敬意を表したい。

松山高商・経専・松山商科大学の歴史に関しては、これまで、『三十年史』『五十年史』が刊行されているが、本書でしばしば論じたように、『三十年史』に関しては、種々誤植・事実誤認がみられる。『三十年史』は本校最初の教員自身の手になる記念すべき校史であり、学内外からの引用度の高い校史であり、それだけに今後正確な改訂版を発刊する必要があろう。

本書の第一章、二章に関しては、著者が『松山大学論集』に発表した既論文（「松山高等商業学校創立史話」『松山大学論集』第二六巻第六号、二〇一五年二月、「加藤彰廉と松山高等商業学校（上）（下）」『松山大学論集』第二七巻第六号、第二八巻第二号、二〇一六年二月、六月）をもとに改訂したものであり、序論、第三章、四章は新たな書き下ろしである。既発表論文の転載に関しては松山大学総合研究所に感謝申し上げる。

本書の執筆に当たっては、松山大学元学長の神森智先生並びに法学部の服部寛氏に原稿をお読みいただき、貴重なご意見を頂いた。厚く御礼申し上げます。

最後に、松山高商・経専時代の校史研究の諸課題について述べておきたい。

一．制度論的アプローチ研究を深めるために、理事会、評議員会、教授会、各種委員会の記録、文部省への申請書類、財務書類等々の掘り起こしが必要である。

二．人物論的アプローチ研究を深めるために、三人の校長研究に関しては、特に無視されてきた感のある渡部善次郎の研究の深堀が必要である。また、何かと教授会側からの評価の低い井上要理事についても研究を深め、その正負併せて正当に評価する必要があるだろう。さらに、校長以外の教授達の活動や研究面の考察も必要である。

三．さらに学校創立の三恩人（新田長次郎、加藤拓川、加藤彰廉）の研究を深め、その上でホームページ上での三恩人の略歴、プロフィールについて正確さを期す必要があるだろう。

四．戦時下の高商・経専についての研究は全く不十分である。戦死者の一部は判明しているが、多くは不明である。勤労動員の実態も同様である。この時期を知る生存者が次々に亡くなっているおり、聞き取り調査をする必要がある。

五．田中忠夫、浜田喜代五郎の公職追放・教職追放の研究もまた不十分である。史料を探索し、研究を深める必要がある。

本書の刊行に関して、愛媛新聞社サービスセンターの出版部長・渡部哲生氏に大変お世話になりました。感謝申し上げます。

川東　竫弘

●著者略歴

川東竫弘（かわひがし　やすひろ）

1947年香川県生まれ。
京都大学経済学部卒業。
大阪市立大学大学院経済学研究科博士課程単位取得。
松山大学名誉教授。博士（経済学）。
主な著書
『戦前日本の米価政策史研究』（ミネルヴァ書房、1990年）
『高畠亀太郎伝』（ミネルヴァ書房、2004年）
『高畠亀太郎日記』全6巻（愛媛新聞社、1999～2004年）
『帝国農会幹事・岡田温日記』全11巻（松山大学総合研究所、2006～2015年）
『農ひとすじ　岡田温—愛媛県農会時代—』（愛媛新聞サービスセンター、2010年）
『帝国農会幹事　岡田温（上巻）— 一九二〇・三〇年代の農政活動』
（御茶の水書房、2014年）
『帝国農会幹事　岡田温（下巻）— 一九二〇・三〇年代の農政活動』
（御茶の水書房、2014年）

松山高商・経専の歴史と三人の校長
—加藤彰廉・渡部善次郎・田中忠夫—

平成29年3月30日　初版　第一刷発行

著　者　川東竫弘
発行者　土居英雄
発行所　愛媛新聞サービスセンター
〒790-0067　松山市大手町1丁目11-1
電話089（935）2347
印　刷　アマノ印刷

ISBN 978-4-86087-131-4